Export/Import - Procedures, Rules, Regulations and Documents

國際貿易實務

經營學 博士 柳 海 民 著

pnc
publishing and culture
피앤씨미디어

머리말

한국은 부존자원이 없음에도 불구하고 모든 무역주체들이 노력한 결과 1조 달러 무역규모를 달성하고, 세계 8대 무역대국으로 진입하게 되었다. 무역주체들의 노력은 무역증대를 위한 기업의 신인도 상승, 수출상품의 경쟁력 제고 및 무역상무를 원활히 수행할 수 있는 인재양성이 전제되었기 때문이다.

무역은 관습, 제도, 사회적 가치관 등 사회적 조건과 토지 등 자연적 환경이 상이한 국가 간의 상거래이며, 상거래를 원활히 수행하기 위해서는 무역상무에 대한 이해가 필수적이다. 그러나 무역상무는 무역계약의 성립, 이행 및 종료 시까지의 제반 업무를 실천하는 과정이므로, 그것이 가지는 포괄성과 복잡성 때문에 이해가 용이하지 않다. 특히 무역상무의 경험이 전혀 없는 대학생이 교재만으로 무역상무를 학습하는 경우, 구체적인 지식의 습득보다는 상당히 추상적인 느낌을 갖게 되며 무역현장에서 학습한 내용을 실질적으로 활용할 수 없는 것이 현실이다.

무역상무의 한 부문은 무역거래 전체에 연계되어 있으며, 한 부문을 잘못 수행하게 되면 무역상무 전체를 수행하지 못하는 결과가 됨으로 무역계약, 수출입절차, 해상운송, 무역결제 등에 관한 경영학적, 법학적 및 상학적인 연구가 동시에 필요하다.

저자는 은행계와 무역업계에서 다년간 습득한 무역상무 경험과 30여년의 연구와 강의를 통한 이론을 바탕으로 법리적 중심의 저서와 단순히 무역실무 만을 내용으로 하는 기존의 저서들과는 달리 무역실무의 수행에 필요한 기본적인 법리와 절차적인 체계를 용이하게 해설하여 누구나 쉽게 이해할 수 있는 책을 집필하게 되었습니다.

2015. 8. 5.

저자 류 해 민

E－mail: yoohm@bufs.ac.kr

차 례

제1장 무역의 기초개념

제1절 무역의 정의와 특성 3
1. 무역의 정의 • 3
2. 무역의 특성 • 4
3. 무역의 주체와 객체 • 6

제2절 무역의 종류 7
1. 시장의 범위에 따른 분류 • 7
2. 물품의 이동방향에 따른 분류 • 7
3. 무역계약의 성립형태에 따른 분류 • 8
4. 물품의 가공방식에 따른 분류 • 12
5. 결제방식에 의한 분류 • 14
6. 수위탁판매무역 • 21
7. 임대수출과 임차수입 • 25
8. 연계무역 • 26
9. 외국인도수출과 외국인수수입 • 29
10. 기타 무역 • 30

제 2 장 한국의 무역관리제도

제 1 절 무역관리의 의의 ······ 39

제 2 절 무역관련법규 ······ 39

1. 대외무역법 • 40
2. 외국환관리법 • 42
3. 관세법 • 43
4. 개별행정법 • 44
5. 무역진흥에 관한 법 • 45

제 3 절 무역관리기구 ······ 45

1. 산업통상자원부장관 및 협조행정기관장 • 45
2. 무역위원회 • 45

제 4 절 수출입 주체관리 ······ 47

1. 무역업자 • 47
2. 무역대리업자 • 48
3. 무역업고유번호 • 50
4. 전문무역상사 • 53

제 5 절 공고 ······ 55

1. 수출입공고 • 55
2. 전략물자수출입고시 • 59
3. 통합공고 • 59

제 6 절 수출입 승인제도 ······ 60

1. 수출입승인과 수출입요건 확인 • 61
2. 수출입승인기관과 수출입승인 신청 • 61
3. 수출입승인의 유효기간과 변경 • 65
4. 수출입승인의 사후관리 • 65
5. 수출입실적의 인정 • 65

6. 특정거래형태의 수출입인정 • 66
7. 전자적 물체의 수출입인정 • 68
8. 용역의 수출입인정 • 68

제 7 절 수출입 질서유지 69
1. 불공정한 수출입행위 금지 • 69
2. 수출품 디자인 보호 • 70
3. 수출입조합 • 70

제 8 절 수출입 지원제도 71
1. 관세환급 • 71
2. 무역금융 • 71
3. 내국신용장 • 72
4. 구매승인서 • 73
5. 무역어음 • 75
6. 수출보험 • 76

제 3 장 수출무역절차

제 1 절 거래선 발굴 81
1. 해외시장조사 • 81
2. 거래선 물색 • 82
3. 신용조회 • 88

제 2 절 무역계약 체결 92
1. 거래제의와 조회 • 92
2. 무역계약 성립 • 97

제 3 절 수출품 확보와 수출검사 98
1. 수출품 확보 • 98
2. 수출검사 • 98
3. 운송계약 및 보험계약 체결 • 100
제 4 절 수출통관 102
1. 수출물품 장치 • 102
2. 수출신고 • 103
2. 세관심사 • 106
3. 세관검사 • 106
4. 수출신고수리 • 106
5. 수출신고필증 • 108
6. 보세구역 반입 • 108
7. 수출신고 취하 및 각하 • 109
8. 보세구역 반입명령 • 110
제 5 절 선적 110
1. 선복 수배 • 111
2. 선적 지시 • 111
3. 화물인수장소 • 112
4. 재래선 선적 • 112
5. 컨테이너선 선적 • 115
6. 선적통지 • 117
제 6 절 수출대금 수취 119
1. 화환어음 추심 또는 매입 의뢰 • 119
2. 화환어음거래약정서 • 122
3. 전자무역 e-네고 시스템 • 122
4. 관세환급과 사후관리 • 124

제 4 장 수입무역절차

제 1 절 수입신용장 개설 128
1. 신용장 개설방법 • 128
2. 신용장 개설 시 유의사항 • 128
3. 신용장 조건변경 • 129
4. 신용장 개설 제비용 • 129

제 2 절 수입대금 결제 130
1. 선적서류 심사 • 130
2. 환어음 결제와 선적서류 인도 • 131
3. 수입화물선취보증서 • 132
4. 선적서류 대도 • 136

제 3 절 수입통관 138
1. 적하목록 제출 • 138
2. 보세구역 또는 타소 장치 • 138
3. 수입신고 • 144
4. 세관 심사와 검사 • 149
5. 관세 납부 • 150
6. 수입신고 수리 • 151
7. 부두직통관제도 • 152
8. 종합인증우수업체 제도 • 154

제 5 장 무역계약의 기초

제 1 절 청약 ········ 157

1. 청약의 의의 • 157
2. 청약의 효력 소멸 • 158
3. 청약의 종류 • 162

제 2 절 승낙 ········ 169

1. 승낙의 효력발생시기 • 169

제 3 절 무역계약의 법적성격 ········ 171

제 4 절 무역계약의 체결 ········ 173

1. 무역계약의 조항 • 173
2. 무역계약의 종류 • 175
3. 무역계약의 효력 증명 • 176

제 6 장 무역계약조건의 협정

제 1 절 거래형태에 관한 조건 ········ 183

1. 본인거래 • 183
2. 대리인거래 • 184

제 2 절 품질조건 ········ 185

1. 품질의 결정방법 • 185
2. 품질의 결정시기 • 192
3. 품질의 증명방법 • 193

제 3 절 수량조건 ········ 194

1. 수량의 단위 • 195
2. 수량의 결정 시기 및 방법 • 196

제 4 절 가격조건 ········ 199
1. 가격의 산출근거 • 199
2. 가격의 구성요소 • 200
3. 매매가격의 표시통화 • 200

제 5 절 선적조건 ········ 201
1. 선적과 인도 • 202
2. 선적의 증명 • 205
3. 선적시기 • 207
4. 분할선적과 환적 • 209
5. 제3자 선적 • 211
6. 선내하역비 • 211
7. 선적지연에 따른 면책조항 • 212

제 6 절 결제조건 ········ 213
1. 결제시기 • 213
2. 결제방식 • 215
3. 결제장소 • 221

제 7 절 보험조건 ········ 222
1. 무역위험의 종류 • 222
2. 보험조건 • 223
3. 무역거래조건과 보험계약 • 224

제 8 절 포장조건 ········ 225
1. 포장의 의의 • 225
2. 포장의 종류 • 227
3. 화인 • 228

제 9 절 무역계약 성립에 관한 조건 ········ 230

제10절 클레임 해결에 관한 조건 231
1. 클레임의 의의 • 231
2. 무역클레임의 발생원인과 종류 • 231
3. 무역클레임 제기 • 232
4. 클레임의 해결방법 • 235

제 7 장 정형거래조건

제 1 절 국제무역거래법의 법원 247
1. 국내법 • 247
2. 국제협약 • 248
3. 국제무역규칙 • 249
4. 관습법 • 250

제 2 절 정형거래조건 252
1. 국내 및 국제정형거래조건의 사용에 관한 ICC규칙 • 253
2. 개정미국무역정의 • 254
3. Warsaw－Oxford Rules for C.I.F. Contract • 256
4. 국제물품매매계약에 관한 UN협약 • 257
5. 미국통일상법전 • 258

제 3 절 Incoterms® 2010의 구성 259
1. Incoterms® 2010의 개정 배경 • 259
2. 위험부담과 비용부담의 분기점 • 261
3. 매도인의 제공서류 • 264
4. 당사자의 기타의무 • 265
5. 서문 및 개별조건의 지침서 • 265
6. 관련 용어의 정의 • 265

7. 정형거래조건의 종류 • 267
8. 개별조건의 당사자 의무 • 269

제 4 절 Incoterms® 2010의 당사자 간의 법률 270
1. 공장인도조건 • 270
2. 운송인인도조건 • 271
3. 운송비지급인도조건 • 272
4. 운송비·보험료 지급인도조건 • 273
5. 도착터미널인도조건 • 274
6. 목적지인도조건 • 275
7. 관세지급인도조건 • 276
8. 선측인도조건 • 277
9. 본선인도조건 • 278
10. 운임포함인도조건 • 279
11. 운임·보험료포함인도조건 • 280

제 8 장 신용장

제 1 절 신용장의 개념 285
1. 신용위험 • 285
2. 신용장의 정의 • 286
3. 신용장의 효용과 한계 • 287

제 2 절 신용장의 거래원칙 291
1. 신용장의 독립성 • 291
2. 신용장의 추상성 • 293
3. 엄밀일치의 원칙 • 293
4. 상당일치의 원칙 • 294
5. 사기서류배제의 원칙 • 295

제 3 절 신용장거래의 당사자 295
1. 신용장 발행의뢰인 • 295
2. 신용장 발행은행 • 297
3. 수익자 • 300
4. 통지은행 • 300
5. 확인은행 • 301
6. 매입은행 • 301
7. 지급은행 • 302
8. 인수은행 • 303
9. 연지급 확약은행 • 304
10. 결제은행 • 304
11. 양도은행 • 305

제 4 절 신용장의 종류 305
1. 무역신용장과 무역외신용장 • 305
2. 개인신용장과 은행신용장 • 307
3. 우편신용장과 전신신용장 • 307
4. 취소가능신용장과 취소불능신용장 • 311
5. 어음매입수권서와 어음매입지시서 • 312
6. 확인신용장과 미확인신용장 • 313
7. 상환청구가능신용장과 상환청구불능신용장 • 314
8. 매입신용장과 지급신용장 • 314
9. 일람출급신용장과 기한부신용장 • 316
10. 선지급 신용장 • 319
11. 단순신용장, 상환신용장 및 송금신용장 • 320
12. 회전신용장 • 321
13. 연계무역신용장 • 322
14. 원신용장과 내국신용장 • 323
15. 양도가능신용장과 양도불능신용장 • 323

제 9 장 국제물품운송

제 1 절 국제해상운송 333
1. 해상운송의 형태 • 333
2. 해상운송계약 • 335
3. 해운동맹 • 337
4. 해상운임 • 339

제 2 절 컨테이너운송 346
1. 컨테이너의 개념 • 347
2. 컨테이너의 종류 • 347
3. 컨테이너운송의 이점 • 348
4. 컨테이너 선박의 종류 • 349
5. 우리나라 컨테이너 육상운송 • 350

제 3 절 국제항공운송 353
1. 국제항공운송의 의의 • 353
2. 항공운송계약 • 353
3. 항공운송의 운임과 요율 • 354

제 4 절 국제복합운송 357
1. 국제복합운송의 개념 • 357
2. 복합운송인 • 357
3. 복합운송인의 책임 • 358
4. 복합운송 관련 국제규칙 • 360
5. 국제복합운송 루트 • 360

제10장 해상보험

제 1 절 해상보험계약 ········ 365
1. 해상보험계약의 의의 • 365
2. 해상보험계약의 관계당사자 • 366
제 2 절 해상보험의 기본용어 ········ 367
1. 피보험목적물 • 367
2. 피보험이익 • 368
3. 보험금액과 보험가액 • 370
4. 보험료 • 372
5. 보험기간 • 373
6. 고지의무 • 375
7. 근인설과 상당인과관계설 • 376
제 3 절 해상위험과 해상손해 ········ 378
1. 해상위험 • 378
2. 해상손해 • 382
제 4 절 부보조건 ········ 386
1. 협회적하약관 • 387
2. 구협회적하약관 • 387
3. 신협회적하약관 • 393
4. 부가위험담보조건 • 395
5. 위부와 대위 • 397
6. 해상적하보험의 구상 • 400

제11장 무역서류

제 1 절 무역서류의 의의 ········ 405

제 2 절 환어음 ········ 406

1. 환어음과 무역대금결제 • 406
2. 환어음의 기재사항 • 407

제 3 절 선하증권 ········ 410

1. 선하증권의 법적 성격 • 410
2. 선하증권 수하인 표시 • 412
3. 선하증권 배서 • 413
4. 운임표시 • 414
5. 선하증권의 종류 • 415
6. 신용장 관련 조항 • 420

제 4 절 항공화물운송장 ········ 422

1. 항공화물운송장의 기능 • 422
2. 항공화물운송장의 표준화 • 423

제 5 절 보험서류 ········ 424

제 6 절 상업송장 ········ 425

1. 상업송장의 기능 • 425
2. 송장의 종류 • 426

제 7 절 기타 선적서류 ········ 430

1. 포장명세서 • 430
2. 원산지증명서 • 432
3. 검사증명서 • 436

부록 ········ 439

찾아보기 ········ 521

CHAPTER 01 무역의 기초개념

제 1 절 무역의 정의와 특성
제 2 절 무역의 종류

제 1 절 무역의 정의와 특성

1. 무역의 정의

무역의 사전적 의미는 '지방과 지방 사이에 서로 물건을 팔고 사거나 교환하다', '국가 간에 서로 물건을 수출입하여 팔고 사다'이다. 무역은 물품의 매매(賣買: sale of goods), 교환(exchange) 또는 거래(transaction)라고도 한다. 우리나라 대외무역법은 무역을 '물품의 수출입'으로 규정하고 있다. 무역은 일국 내의 상거래인 국내무역(home or domestic trade)과 국가 간의 상거래인 외국무역(foreign trade)으로 구분되나, 일반적으로 무역이라 하면 외국무역을 말한다.

왜 무역을 하는가? 어떠한 인간이나 국가도 스스로 자급자족의 문제를 완전하게 해결할 수는 없다. 외딴 섬에서 자급자족의 문제를 해결하고 혼자 살 수 있다 할지라도 문화적인 생활을 영위할 수는 없다. 자급자족의 문제를 해결하고 더 높은 풍요로운 생활을 영위하기 위하여 자연스럽게 무역이 발생하게 되었다.

무역은 고전학파 경제학자 데비드 리카도(David Ricardo)의 비교생산비론에 근거하고 있다. 비교생산비론(theory of comparative cost)이란 비교우위론(theory of comparative advantage)이라고도 하며 어떤 재화이든 생산비의 차이가 있으면 무역이 발생하고, 일국이 특정 국가와의 거래에서 모든 면이 열위에 있다 할지라도 상대적 우위에 있는 재화를 생산하여 무역하는 것이 더 유리하다는 학설이다. 호주는 자동차 1대를 생산하는 자원으로 10톤의 쇠고기를 생산하고, 한국은 쇠고기 10톤을 생산하는 자원으로 자동차 5대를 생산한다고 가정하면, 동일한 자원으로 호주는 소고기, 한국은 자동차를 각각 더 많이 생산하는 비교우위에 있다. 자동차 1대 생산에 호주가 소모하는 자원이 한국의 절반으로 호주의 산업능력이 자동차와 쇠고기 모두에서 우위라도 호주는 쇠고기를 한국에 수출하여 자동차를 한국에서 수입하는 것이 모두에게 더 낫다. 호주는 자동차 생산을 1대 줄이면 쇠고기 10톤을 더 생산할 수 있고, 한국은 쇠고기 생산을 2톤 줄이면 자동차 1대를 더 생산할 수 있다. 자동차 1대 값으로 쇠고기 5톤(또는 쇠고기 5톤 값으로 자동차 1대)을 책정하여 무역을 한다면, 호주와 한국은 자동차 1대 거래마다 각각 쇠고기 5톤과 3톤만큼의 이익을 본다.

그림 1-1 무역의 정의

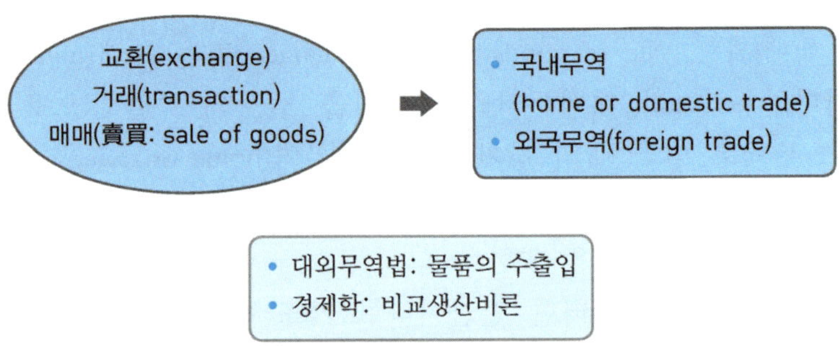

2. 무역의 특성

1) 국제상관습성

무역은 언어, 상관습, 무역제도, 가치관, 통화단위 등이 상이한 국가 간의 상거래이므로 국내거래와는 달리 신용위험, 운송위험, 환위험, 비상위험 등 많은 위험이 내재되어 있다. 무역업자는 각자 자신의 상관습을 중시하므로 무역은 각국의 법과 무역관습의 차이로 오해와 분쟁의 발생 소지가 높고, 무역 분쟁 시 준거법의 적용 문제가 발생한다.

2) 해상의존성

대부분의 무역품은 대량으로 장기간의 해상운송을 통하여 국가 간에 이동된다. 해상운송은 운송 중의 위험을 담보하기 위하여 해상운송보험을 전제로 이루어지므로 무역은 해상의존성이 강하다. 오늘날의 무역은 해상운송을 전제로 한 'CIF', 'FOB' 등 무역계약조건을 기초로 운송계약, 보험계약 등 거래당사자의 권리와 의무를 약정한다.

3) 국민경제성 및 세계경제성

모든 국가는 국민경제의 발전과 후생수준의 증대를 위하여 무역을 장려하고 있다. 무역은 비교생산비론을 바탕으로 국제분업(international division of labor)을 촉진시켜 양질의 물품을 국제적으로 공급 및 유통시켜, 수입국에는 생산에 필요한 원료를 공급하고 수출국에는 수익증대와 대량생산과 고용증대를 통한 국민경제의 발전을 가능하게 한다. 각국의 국민경제는 서로 이해관계에 얽혀 세계경제를 구성하게 된다.

그림 1-2 무역의 특성

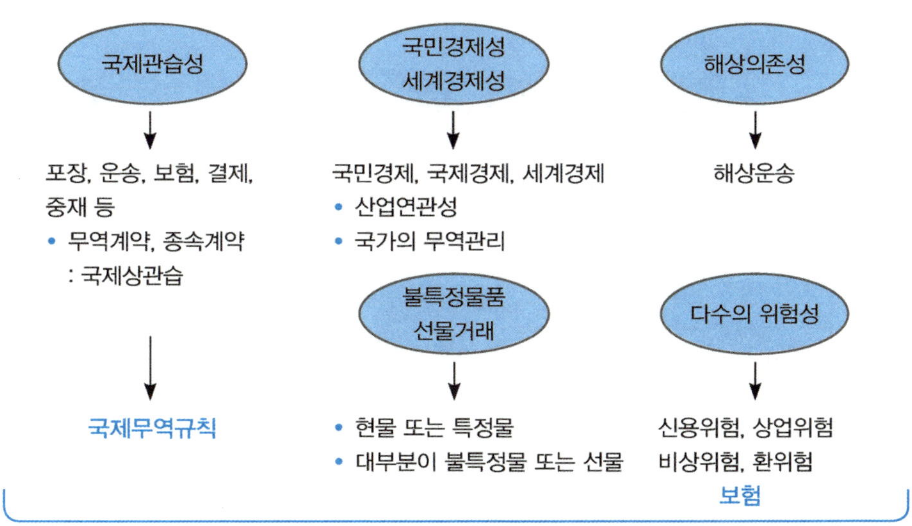

3. 무역의 주체와 객체

무역의 주체란 무역을 행하는 자로서 경제 주체인 개인, 기업 및 국가를 말하며, 무역의 객체란 무역의 대상인 물품(goods or merchandise)을 말한다.

물품은 협의의 물품과 광의의 물품으로 구분된다. 협의의 물품은 유체물(有體物)인 상품(goods)을 말하며 민법상의 동산(動産)에 해당된다. 협의의 무역이란 국가 간에 이루어지는 상품거래 즉, 상품의 수출입을 말한다. 광의의 물품은 협의의 물품인 상품과 무체물(無體物)인 자본과 운송, 보험, 관광, 기술 등의 용역(service), 즉 경제적 가치가 있는 모든 대상을 말한다. 광의의 무역이란 국가 간에 이루어지는 상품, 자본 및 용역 거래 즉, 모든 대외경제거래를 말한다. 일반적으로 무역은 상품거래가 자본 및 용역 거래보다 금액 규모가 크기 때문에 협의의 무역을 말한다.

그림 1-3 무역의 주체와 객체

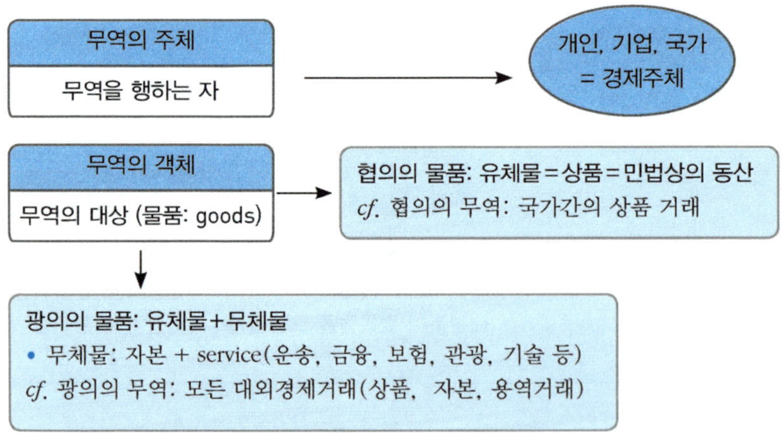

제 2 절 무역의 종류

무역의 종류는 관점과 그 수행방식에 따라 다양하게 분류할 수 있다.

1. 시장의 범위에 따른 분류

무역은 무역이 이루어지는 시장의 범위에 따라 외국무역, 국제무역 및 세계무역으로 구분된다.

1) 외국무역

외국무역(外國貿易: foreign trade)은 대외무역(對外貿易: overseas trade)이라고도 하며 자국의 특정 1개국에 대한 대외상거래 활동을 말하며, 일국과 일국 간에 이루어지는 국제상거래를 일국의 주관적인 입장에서 본 무역이다. 대일무역, 대미무역, 대외무역법 등은 무역이 이루어지는 시장의 범위를 1개국으로 한정하므로 외국무역의 개념이다.

2) 국제무역

국제무역(國際貿易: international trade)은 일정한 지역 내에서 수 개국 간에 이루어지는 부분세계의 무역을 말하며, 일국의 객관적인 입장에서 본 무역이다. 국제무역을 세계무역(世界貿易: world trade)이라고도 하나, 진정한 의미에서 세계무역은 세계 전체의 무역현상을 의미함으로 국제무역의 총합을 말한다. 국제무역은 무역이 이루어지는 시장의 범위가 일정한 지역 내의 수개 국에 불과하며, 세계무역은 전 세계가 된다.

2. 물품의 이동방향에 따른 분류

무역은 물품의 이동방향에 따라 수출무역, 수입무역, 재수출무역, 재

수입무역, 통과무역 등으로 구분된다. 통과무역을 제외한 이외의 무역은 단순한 물품의 이동방향에 따른 표현에 불과하므로 큰 의미가 없다

통과무역(通過貿易: transit trade)이란 환적무역(換積貿易: transshipment trade)[1] 이라고도 하며, 물품이 수출국에서 수입국으로 운송 중에 제3국을 통과하는 경우 제3국에서 부르는 명칭이며 다음의 특징을 갖는다.

① 수출시점에 수입지가 확정되어 있다.
② 제3국(통과국)에서 물품이 가공되지 않고 원형대로 통과한다.
③ 물품의 제3국 통과에 대한 제3국의 자의적인 개입이 없다.
④ 통과국의 수익은 물품통과에 따른 노임, 운임, 보험료 등이다.

그림 1-4 통과무역 흐름도

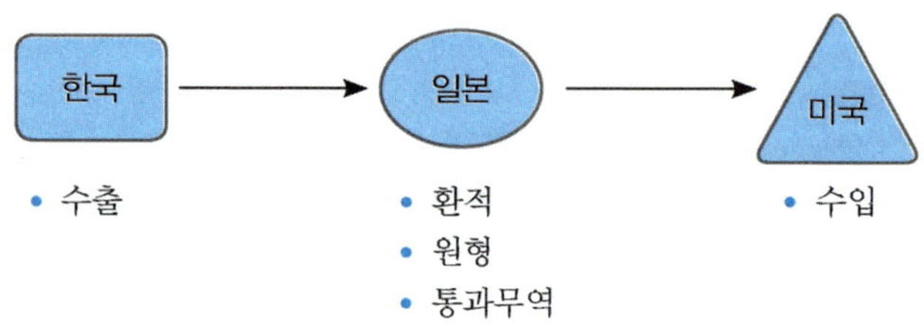

3. 무역계약의 성립형태에 따른 분류

무역은 무역계약의 성립형태에 따라 직접무역과 간접무역으로 구분된다.

1) 직접무역

직접무역(直接貿易: direct trade)이란 제3자(국)의 개입 없이 수출·입업자(국)간의 직접적인 무역계약의 체결로서 성립되는 직수출 또는 직수입 형태의 거래를 말한다.

---

1) 환적이란 어떤 선박에 선적된 화물을 다른 선박이나 기타 운송기관에 재적재(reloading)하는 것을 말하며 도난과 파손의 위험 및 재적재에 따른 비용이 수반된다.

2) 간접무역

간접무역(間接貿易: indirect trade)이란 무역업자가 상품을 직접 생산하지 않는 경우, 제3의 생산자로부터 직접 구매하여 판매하거나 중개(仲介)하는 것을 말한다.[2] 직접 구매하여 판매하는 경우, 판매하지 못하거나 가격하락으로 구매가격보다 저가로 판매해야 하는 위험이 따른다. 거래를 중개(주선)하는 경우, 수수료를 취득함으로써 직접 구매하여 판매하는 것보다 수익이 상대적으로 적다.

간접무역은 중간상인의 계약당사자로서의 개입여부에 따라 중개무역과 중계무역으로 구분되며, 물품의 인도방법과 중계지 경유 여부에 따른 구분이 아니다.

(1) 중개무역

중개무역(仲介貿易: merchandising trade)[3]은 제3자(국)의 중개에 의한 거래를 말하며 제3자(국), 즉 중개업자의 입장에서 본 무역으로서 다음의 특징을 갖는다.

① 물품이 수출국에서 수입국으로 직송되고, 대금결제는 일반적으로 수출입업자 간에 직접 이루어진다.

② 중개업자는 계약당사자가 아니며 최초 수출업자나 최종 수입업자의 거래 알선(주선) 대리인으로서 중개수수료를 목적으로 거래에 참가하여 쌍방 또는 일방으로부터 약정의 중개수수료를 영수한다.

③ 수출업자가 해외 판매망이 없는 경우에 활용한다.

---

2) 중개인(仲介人: broker)이란 매매당사자 사이에 개입하여 거래가 원활히 이루어지도록 거래를 주선하는 자를 말하며 계약의 성립과는 아무런 관련이 없다.

3) 중계(中繼)란 중간에서 받아 이어 주는 것(relay)을 말한다.

그림 1-5 중개무역 흐름도

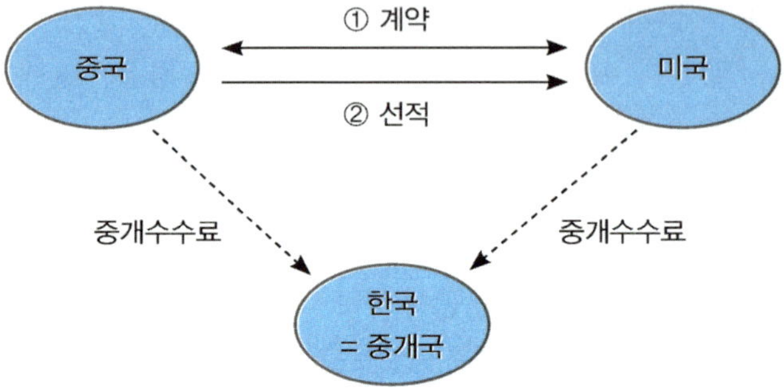

(2) 중계무역

중계무역(中繼貿易: intermediary trade)은 중계상(국)이 수출을 목적으로 자신의 위험과 비용 부담으로 물품을 자국으로 수입하여 수입관세와 내국세가 유보된 보세구역(保稅區域: bonded area), 타소장치장 등의 장소에 반입하였다가 제3국으로 수출하는 수출입을 말한다.

① 중개무역의 중간상인은 계약당사자가 아니지만 중계무역의 중간상인은 계약당사자로서 가득액[4]을 목적으로 거래에 참가한다.

② 수입계약과 수출계약은 전혀 별개의 거래이며, 수입금액과 수출금액의 차액이 중계상의 중계수수료(이윤)가 된다. 무역실무에서 수입무역과 수출무역의 차액을 흔히 중계수수료라고 하지만 엄격한 의미에서 가득액(稼得額)이다.

③ 우리나라는 중계무역의 목적을 가득액의 획득에 두고 수출금액이 수입금액보다 적은 경우 중계무역으로 인정하지 않는다. 급격한 국내외 가격변동, 거래처와의 신용유지 등 거래 특성상 불가피한 경우는 예외적으로 인정하고 있다.

4) 가득액(稼得額)이란 수출금액에서 수출용원자재 금액을 차감한 잔여금액을 말한다. 수출용원자재는 수입원자재와 국산원자재로 구성된다. 우리나라는 가득액을 수출금액(FOB기준) - 수입금액(CIF기준)으로 계산한다.

④ 물품이 최초수출국에서 최종수입국으로 직송되거나 제3국(중계국)에서 환적(換積)되어 운송되기도 한다. 제3국에서 물품이 환적된 후 원형대로 또는 가공되어 최종수입국으로 수출되며, 가공되어 수출되면 가공무역이 된다.

⑤ 물품이 최초수출국에서 최종수입국으로 직송되는 경우, 최초수출업자 또는 최종수입업자가 서로 상대방에게 알려지게 되고 장차 그들간의 직거래가 이루어질 수 있다. 중계자는 자신의 중계차익을 위하여 최초수출자의 환어음을 자신의 환어음으로 대체하여 최종수입업자에게 제출할 수 있다. 그 외의 선적서류는 제3자 서류(third party documents)[5]가 사용된다. 선하증권은 송하인(送貨人: shipper or consignor)이 최초수출업자, 수하인(受貨人: consignee)이 최종수입업자 또는 그의 거래은행의 지시인, 통지선(notify party)이 중계자 또는 최종수입업자로 발행된다. 물품이 중계국에서 환적되어 운송되는 것은 가공을 위하여 또는 중계자가 최초수출업자와 최종수입업자 어느 한쪽이 상대방에게 알려지는 것을 꺼려하거나 최종수입국 또는 최초수출국의 무역정책을 회피하고자 하는 경우이며 중계자가 자신의 중계이익을 위하여 선하증권(船荷證券) 등 선적서류를 최초수출업자로부터 직접 받아 재작성하여 최종수입업자에게 제시한다.

⑥ 자국 수출품의 공급능력에 한계가 있는 경우, 그 부족 물량을 제3국에서 수입하여 다른 제3국에 수출함으로써 지속적인 해외시장을 관리하거나 중계차액을 획득하기 위하여 활용된다. 최종수입국이 최초수출국으로부터의 수입을 제한하고 있는 경우, 중계무역은 최종수입국의 무역정책에 혼란을 야기 시켜 수입제한 등 보복조치를 당할 위험이 있다.

⑦ 중계무역이 이루어지기 위해서는 물품의 중계가 용이하고, 교통이 편리하고, 외환거래가 자유롭고, 상품의 집산지이고, 무관세지역이어야 하므로 홍콩, 싱가포르, 마카오 등 자유무역항을 중심으로 성행하고 있다.

---

5) 제3자 서류란 실제 수출상과 운송서류의 송하인이 다른 서류를 말한다.

그림 1-6 중계무역 흐름도

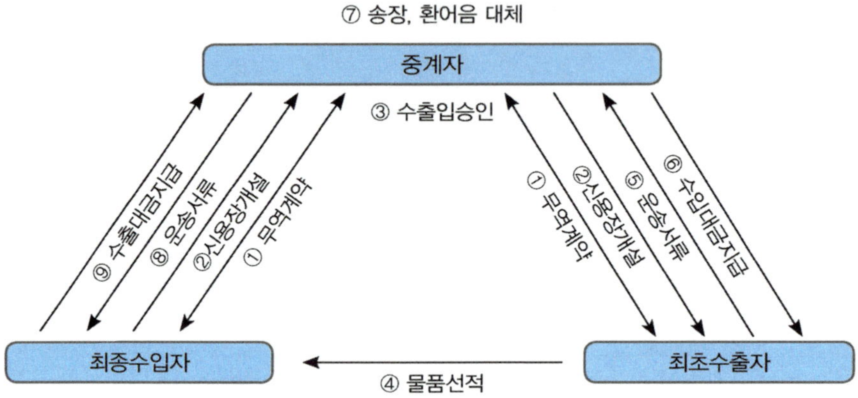

4. 물품의 가공방식에 따른 분류

가공무역(加工貿易: improvement trade or processing trade)이란 가공을 목적으로 원자재를 외국으로부터 수입하거나 외국으로 수출하여 가공된 물품을 다시 외국에 수출하거나 또는 외국으로부터 수입하는 거래를 말한다.[6] 가공무역은 위탁가공무역과 수탁가공무역으로 구분되나, 두 거래는 동일한 형태의 단순한 반대개념이다.

가공이란 상품의 형태나 성질을 바꾸어 경제적 가치를 향상시키는 것을 말한다. 가공은 제조, 조립, 재생, 개조의 개념을 포함하므로 위탁가공할 원자재 범위에 원자재, 부자재, 부품 및 구성품은 물론 재생, 개조를 위한 완제품도 포함된다. 씨앗, 경작비 등을 제공하여 성장, 번식 또는 사육한 후 최종수확물을 수입하는 거래는 위탁농업활동으로 인정하여 위탁가공의 대상이 되지 않는다.

6) 가공무역계약을 'Consignment Processing Contract' 또는 'CMT(cutting, making, trimming) contract'라고 하며, 가공임을 통상적으로 'CMT charge'라고 한다.

1) 위탁가공무역

위탁가공무역(委託加工貿易: passive improvement trade or processing deal trade)이란 가공임(conversion cost)을 지급하는 조건으로 외국에서 가공할 원자재 전부 또는 일부를 수출하거나 외국에서 조달하여 이를 가공한 후 가공된 물품을 수입하는 수출입을 말하며 수동적 가공무역 또는 가공수입무역이라고도 한다.

① 대외무역법이 외국인도수출을 허용하고 있으므로 위탁가공국에서 원자재를 조달하여 가공한 후 가공된 물품을 위탁가공국 또는 제3국에 판매하는 경우는 물론, 제3국에서 원자재를 조달하여 가공한 후 가공된 물품을 위탁가공국 또는 제3국에 판매하는 경우도 위탁가공무역에 해당된다.

② 대외무역법이 또한 외국인수수입을 허용하고 있으므로 가공할 원자재의 전부 또는 일부를 외국(위탁가공국)에서 조달하거나 또는 제3국으로부터 외국(위탁가공국)으로 직접 수입하여 사용하는 경우 그 물품대금을 국내에서 지급할 수 있다.

③ 가공을 위한 원자재 수출은 전부 유환 또는 무환, 일부 유환 또는 무환으로 모두 가능하다.

그림 1-7 위탁가공무역 흐름도

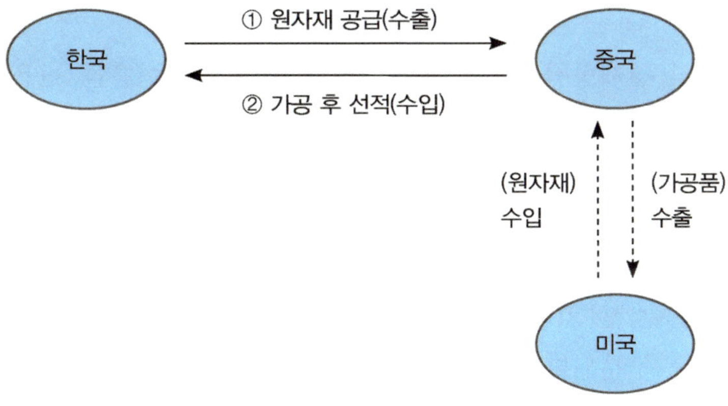

④ 외국의 저렴한 노동력이나 고도의 기술을 이용하기 위하여 활용된다. 우리나라의 경우 국내 인건비의 상승으로 중국, 동남아, 서남아 등의 현지 생산을 위하여 활용되고 있다.

2) 수탁가공무역

수탁가공무역(受託加工貿易: active improvement trade)이란 가득액(稼得額)을 영수하기 위하여 원자재 전부 또는 일부를 거래 상대방의 위탁에 의하여 수입하여 가공한 후 위탁자 또는 그가 지정하는 자에게 가공된 물품을 수출하는 수출입을 말한다.

수탁가공무역은 결제방법 및 원자재 조달방식에 따라 유환수탁가공무역(有煥受託加工貿易)과 무환수탁가공무역(無煥受託加工貿易)으로 구분된다. 유환수탁무역이란 원자재 수입대금과 가공품 수출대금을 별도로 지급 또는 영수하는 거래를 말하며, 무환수탁가공무역은 그 가득액만 영수하는 거래를 말한다.

수탁가공무역은 위탁가공무역의 역으로 우리나라의 저렴한 노동력이나 고도의 기술을 이용하기 위하여 본국의 모회사와 우리나라에 진출한 자회사 간에 많이 활용되고 있다.

5. 결제방식에 의한 분류

무역대금의 결제방식은 송금결제방식과 화환(貨煥)어음을 이용하는 추심결제방식과 화환신용장(貨煥信用狀)결제방식으로 구분된다.[7)]

1) 송금결제방식

송금결제방식(送金決濟方式: remittance basis)이란 수출입대금을 은행을 통한 외화송금으로 지급·영수하는 거래를 말하며, 사전송금방식과 사후송금방식으로 구분된다.

송금수단으로는 송금수표(demand draft; D/D), 우편환(mail transfer; M/T)

---

7) 제6장 6절과 제8장 전체 참조

및 전신환(telegraphic transfer; T/T)이 사용된다.

그림 1-8 송금결제방식 흐름도

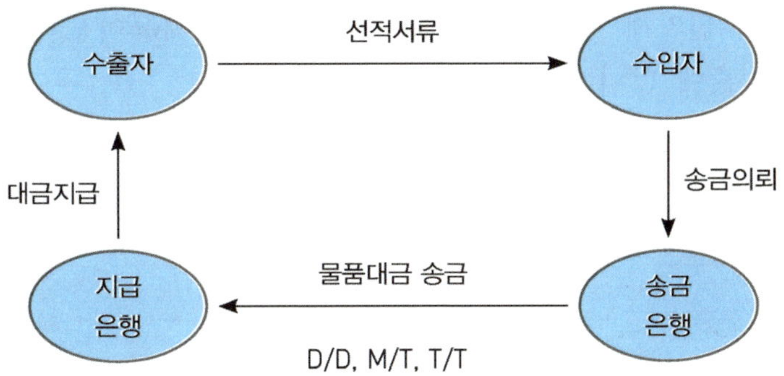

사전송금방식이란 물품의 선적 이전에 수출입대금 전액을 지급·영수하는 조건을 말한다.

그림 1-9 사전송금결제방식 흐름도

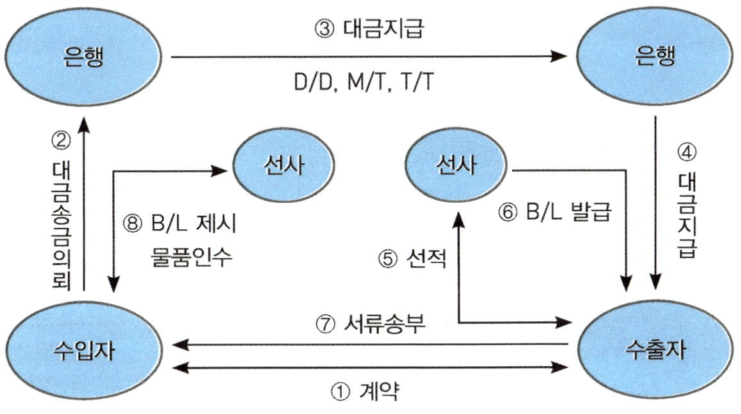

사후송금방식이란 물품의 인도(선적)나 선적서류의 인도와 동시 또는 인도 후에 수출입대금을 지급·영수하는 조건을 말하며 대금교환도조건이라고도 하며, 현물상환도와 서류상환도로 구분된다. 사후송금방식에 의한 수출은 러시아, 베트남 등 신용장 개설과 외환결제가 어려운 국가 또는 과다한 인지세 부과로 대금결제 시 환어음 사용이 어려운 유럽지역으로의 수출에 많이 활용된다.

그림 1-10 사후송금방식 흐름도

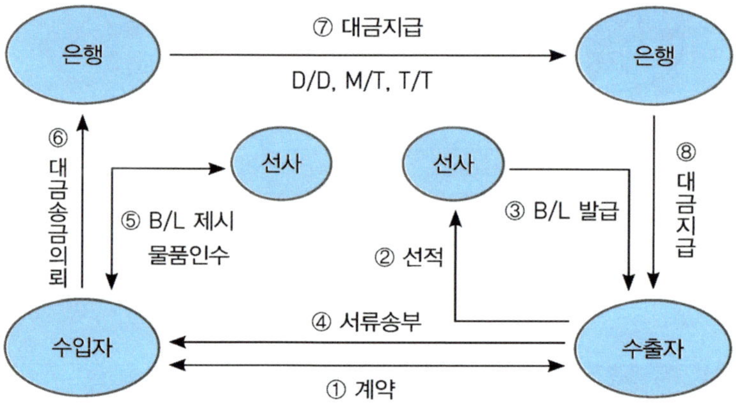

(1) 현물상환도

현물상환도(現物相換度: cash on delivery; COD)란 대금결제 대상이 물품 즉, 수입업자가 물품인수와 동시에 결제하는 거래를 말한다. 일반적으로 수출업자의 수입지 지사나 대리인 등이 물품을 보관하였다가 수입업자에게 직접 보여주고 대금을 영수하고 선적서류를 인도한다. 수출업자의 지사가 물품을 통관하여 보관하므로 선하증권(船荷證券)의 수하인(受荷人: consignee)을 'To order of 수출업자의 지사'와 같이 지시식으로 발행되는 것이 일반적이다. 수입업자는 현품을 직접 보고 검사한 후 인수할 수 있는 이점이 있다. 수출업자의 대리인인 수입지 지사가 수출업자에게 수출대금을 송금하여야 거래가 종료됨으로 대리인의 신용에 의존되는 거래이다.

그림 1-11 현물상환도 흐름도

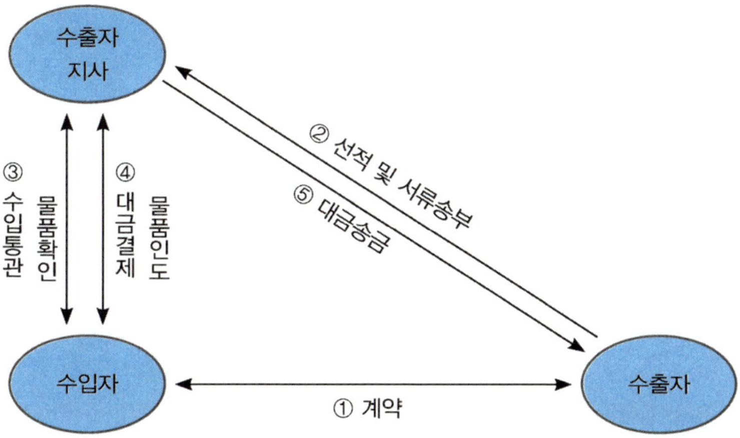

(2) 서류상환도

서류상환도(書類相換度: cash against document; CAD)는 수입업자의 대금결제 대상이 서류 즉, 수입업자가 현품을 보지 않고 단순히 물품 관련 서류를 인수함과 동시에 결제하는 거래를 말한다. 통상적으로 수출국에 수입업자의 지사나 대리인이 있는 경우에 활용되며, 그들이 없는 경우에는 수출업자가 물품 관련 서류를 은행을 통하여 또는 수입업자에게 직송하여 제시하기도 한다. 어떠한 경우라도 환어음이 발행되지 않으므로 인지세 부담으로 환어음 사용을 꺼리는 유럽지역에서 선호하므로 유럽식 'D/P'라고도 한다. 은행을 경유하여 제시하는 경우에는 수입업자가 은행에 결제한 후 서류를 인수시키도록 하고, 수입업자에게 직송하는 경우에는 수입업자가 물품을 통관인수하고도 대금을 결제하지 않으면 그 위험을 수출업자가 부담하게 된다.

그림 1-12 서류상환도 흐름도

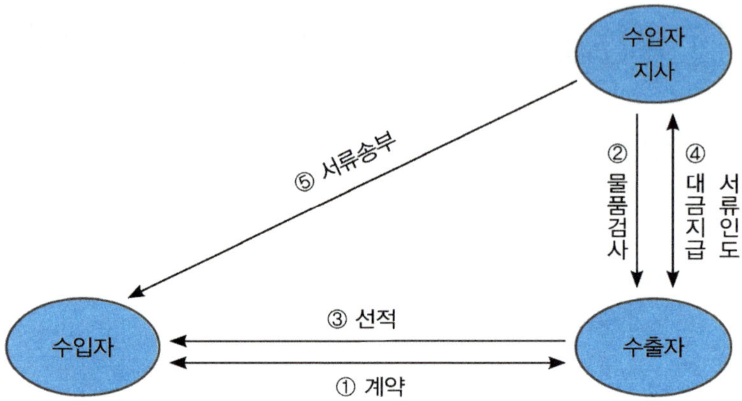

2) 추심결제방식

추심(推尋: collection)이란 은행이 소지인의 의뢰를 받아 수표 또는 어음을 지급인에게 제시하여 지급하게 하는 일을 말한다.

추심결제방식(推尋決濟方式: collection basis)이란 신용장을 이용하지 않고 단지 물품매매계약서(物品賣買契約書)를 근거로 수출업자가 물품을 선적한 후 화환어음을 구비하여 자신의 거래은행을 통하여 수입업자에게 제시하여 수출대금을 영수하는 방식을 말한다. 추심결제방식의 관련은행은 신용장거래와는 달리 수출업자에게 대금지급의무를 부담하지 않고 단순히 어음의 추심업무만을 담당한다.

화환(貨換)어음(documentary bill of exchange)이란 선적서류가 첨부된 환어음을 말한다. 선적서류(shipping documents)란 물품의 선적과 관련된 선하증권(bill of lading; B/L), 상업송장(commercial invoice), 포장명세서(packing list), 원산지증명서(certificate of origin), 검사증명서(inspection certificate), 중량·용적증명서(list of weight and/or measurement) 등을 말한다.

환어음(bill of exchange)은 발행인이 지급인에게 발행인이 지시하는 자에게 환어음 금액을 무조건 지급하도록 위탁하는 증서를 말하며, 일람불환어음(sight bill of exchange)과 기한부환어음(usance bill of exchange)이 있다. 일람불환어음은 지급인에게 제시되는 시점에 지급되도록 발행된 환어음을 말하며, 기한부환어음은 지급인에게 제시되는 시점에 지급인이 환어음의 만기에 지급하겠다는 확정적 의사표시인 인수(acceptance)가 이루어지고 인수된 날로부터 환어음의 기간(외상기간)이 경과된 만기일(maturity)에 지급되도록 발행된 환어음을 말한다.

추심결제방식은 대금결제기간을 기준으로 일람불화환어음을 이용하는 지급인도조건(documents against payment; D/P)과 기한부화환어음을 이용하는 인수인도조건(documents against acceptance; D/A)으로 구분된다.

추심결제방식에서 수출업자의 거래은행이 화환어음을 매입하는 경우 거래은행에 환어음은 수출업자의 인적담보, 선적서류는 물적 담보가 된다.

그림 1-13 D/P와 D/A 흐름도

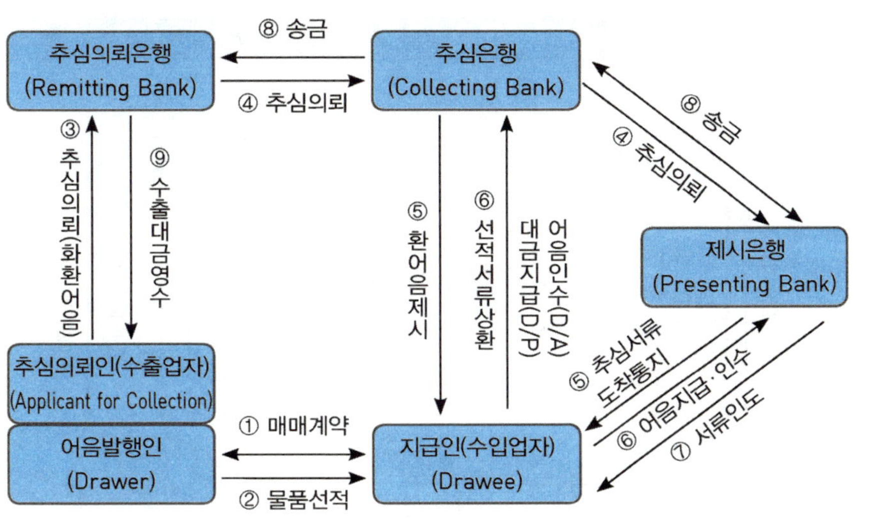

3) 화환신용장결제방식

신용장(信用狀: letter of credit; L/C)이란 수입업자의 요청에 따라 그의 거래은행이 수출업자 앞으로 발행하는 서장으로서, 서장의 조건과 일치하는 선적서류와 상환으로 수출업자 또는 그의 지시인에게 대금지급을 확약하는 조건부 비양도성 증서를 말한다.

화환신용장(貨換信用狀: documentary L/C)결제방식이란 지급을 위하여 화환어음의 제시를 요구하는 화환신용장에 의하여 대금결제가 이루어지는 거래를 말한다. 수출업자가 신용장 발행은행 앞으로 화환어음을 발행하여 자신의 거래은행을 통하여 발행은행에 제시하면 발행은행이 지급하게 된다. 수출업자의 거래은행이 화환어음을 매입하는 경우 거래은행에 환어음은 수출업자의 인적담보, 선적서류는 물적 담보가 된다.

신용장은 화환어음의 제시를 요구하는 화환신용장(담보신용장)과 선적서류 없이 환어음만의 제시를 요구하는 무담보신용장(clean L/C), 대금지급시기에 따라 지급인도조건(D/P)과 유사한 일람불신용장(sight L/C)과 인수인도조건(D/A)과 유사한 기한부신용장(usance L/C)으로 구분된다.

그림 1-14 신용장결제방식 흐름도

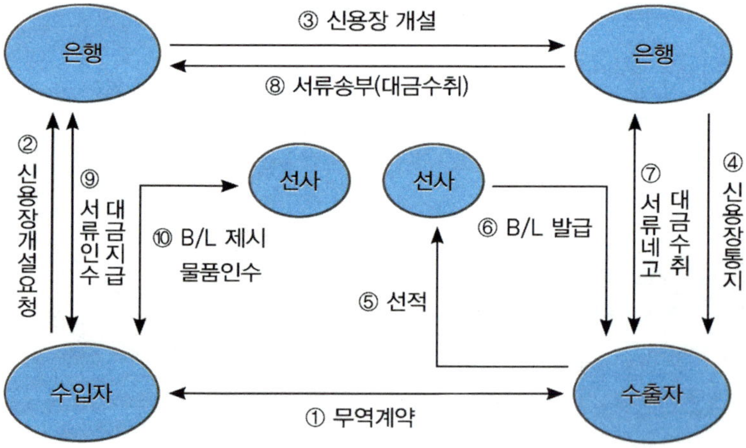

6. 수위탁판매무역

위탁매매(委託賣買: consignment)란 중개상인이 고객으로부터 주문을 받아 행하는 상품 매매를 말하며 중세의 국제무역과 관련하여 발달하였다. 중세 유럽에서 점원이 주인의 명령으로 상품을 휴대하고 해외여행을 하면서 영업에 종사하고, 영업이 종료된 후에도 해외에 상주하면서 본국의 주인이 계속하여 보내는 상품을 자기 명의로 판매하고, 주인으로부터 보수를 받은 것에서 유래하였다. 점원은 해외에 상주하면서 본국의 주인뿐만 아니라 본국의 다른 상인을 위해서도 영업을 행하였다. 위탁매매인을 이용하면 위탁자는 해외지점 설치비용과 수고를 덜 수 있고 또한 판매시장을 확대할 수 있는 이점이 있어 위탁매매제도가 18C 경까지 크게 유행하였다.

1) 위탁매매인

위탁이란 법률행위나 사실행위의 수행을 다른 사람에게 의뢰하는 것을 말한다. 자금을 맡겨서 그 운영을 부탁하거나 타인을 신뢰하여 어떤 행위를 부탁하는 것을 말한다. 위탁을 받은 사람은 위탁의 취지에 따라 자기 재량으로 사무를 처리할 수 있다. 위탁을 한 사람과 위탁을 받은 사람의 명칭은 법률관계에 따라 다르며, 위임관계에서는 위임자·수임자, 신탁관계에서는 위탁자(indentee)·수탁자(bailee)라고 한다.

위탁매매인(factor)이란 자기 명의로서 타인의 계산으로 물건 또는 유가증권의 매매를 영업으로 하는 자[8]를 말한다. 자기 명의로서 타인의 계산에 의한 법률행위를 주선이라고 하며, 위탁매매인은 주선행위를 하는 자이다.

① 자기 명의로서 매매한다. 자기의 명의란 위탁매매인 자신이 제3자와의 사이에서 매매계약의 당사자가 되어 그 계약상의 권리·의무의 주체가 된다는 의미이다. 그러나 매매계약의 경제적 효과는 위탁자에게 귀속되어 법률적 형식과 경제적 효과가 다르다.

---

8) 상법 제101조－제113조

② 타인의 계산으로 매매한다. 타인의 계산이란 매매에서 발생하는 비용·손익이 모두 타인인 위탁자에게 귀속된다는 의미이다. 위탁자란 거래의 따른 모든 책임을 부담하는 자로서 위탁매매인에게 물품의 판매 또는 매입을 의뢰한 자를 말한다.

③ 불특정 다수(생산자나 소매상)의 위탁에 의해 자기 명의로 이들 위탁자를 위해 상품을 대신 매매하고 그 성과에 따른 수수료를 목적으로 상거래에 참가하는 보조 상인을 말한다.[9]

④ 위탁계약에 따른 위탁매매인과 위탁자와의 법률관계는 위임이므로, 위탁매매인은 수임자로서 선량한 관리자의 주의를 가지고 그 위탁사무를 처리해야 한다.[10]

⑤ 국제무역의 대표적인 위탁매매인의 유형은 위탁판매점과 독점판매점이며, 그 이외 외국의 수입업자로부터 구매위탁을 받아 국내물품을 구매하여 수출하는 형태가 있다.

⑥ 위탁매매인은 본인으로서 구매자 또는 판매자와의 매매계약에 따른 모든 책임을 부담하고 위탁받은 물품을 구매 또는 판매함으로 인한 매매차익을 향유하며, 대리인은 본인(타인)의 이름으로 행하며 그 대가로 본인(타인)으로부터 일정한 수수료를 받는다는 점에서 위탁매매인과 다르다.

⑦ 위탁매매인의 의무

가. 통지의무·계산서 제출의무

위탁받은 매매를 한 때에는 지체 없이 위탁자에 대하여 그 계약의 내용과 상대방의 주소·성명의 통지를 통지하고 계산서를 제출하여야 한다.[11]

나. 이행담보책임

위탁자를 위하여 한 매매에 관하여 상대방이 채무를 이행하지 않는 경우 스스로 그 이행을 하여야 한다.[12]

---

9) 주식이나 중고차 매매의 경우 주식이나 중고차를 맡긴 후 매도되면 그 대금을 받는 것
10) 민법 제681조
11) 상법 제104조
12) 상법 제105조

다. 지정가액 준수의무[13)]

위탁자의 매매가격는 시가위탁과 지가위탁에 의하여 결정된다. 위탁자가 지정한 가액보다 염가로 매도하거나 고가로 매수한 경우에도 위탁매매인이 그 차액을 부담한 때에는 그 매매는 위탁자에 대하여 효력이 있다. 위탁자가 지정한 가액보다 고가로 매도하거나 염가로 매수한 경우에는 그 차액은 다른 약정이 없으면 위탁자의 이익으로 한다.

2) 위탁판매수출

수위탁판매무역(受委託販賣貿易: import or export on consignment)이란 물품을 무환으로 수출하는 위탁판매수출과 무환으로 수입하는 수탁판매수입으로 구분된다.

수위탁판매계약은 일반 물품매매계약과는 약간 달리 물품의 인수와 인도, 소유권 및 물품관리, 보험, 판매경비, 대금지급, 수수료, 지급보증, 가격정책, 판매조건, 계약의 종료와 갱신, 계약위반, 분쟁해결 방법 등을 약정하여야 한다.

위탁판매수출(委託販賣輸出: export on consignment or consignment export trade)이란 물품을 무환으로 수출하여 당해 물품이 판매된 범위 내에서 수출대금을 영수하는 계약에 의한 수출을 말한다.

① 매매계약은 소유권 이전을 목적으로 하는 계약이다. 위탁판매계약은 소유권 이전과는 달리 판매에 관한 대리관계를 기초로 물품이 무환으로 위탁자로부터 수탁자에게 이전된다. 물품의 이전에 따른 위험과 비용을 위탁자가 부담하고, 소유권이 수탁자에게 이전되지 않으므로 수탁자는 위탁자가 지정한 조건에 따라 자신의 명의로 상품을 판매한 후 판매대금 중 자신의 판매경비와 수수료 등을 공제한 금액을 위탁자에게 송금하고 매잔품(賣殘品)을 반환하여야 한다.

② 수탁자의 판매가격은 지가위탁방식(指價委託方式: with price limit)과 시가위탁방식(市價委託方式: without price limit)에 따라 결정된다. 지가위탁방식이란 판매위탁자(consignor)가 판매수탁자(consignee)에게 최저판매

---

13) 상법 제106조

가격을 지정하는 방식을 말하며, 시가가 지정한 최저판매가격보다 높을 경우 그 초과금액은 판매수탁자에게 귀속된다. 시가위탁방식이란 수탁자가 현지시장에서 형성되는 시세대로 판매할 것을 위탁하는 방식을 말하며, 수탁자가 시세를 속일 수 있으므로 그를 신뢰할 수 있는 경우에만 활용된다.

③ 위탁자가 거래에 대한 모든 위험과 비용을 부담하므로 자금의 여유가 있는 경우, 적극적인 신 시장 개척 또는 그 지역의 유능한 판매상을 통한 수출증대 목적 또는 수출경험이 없거나 시장정보가 부족한 경우에 활용된다.

3) 수탁판매수입

수탁판매수입(受託販賣輸入: import on consignment)이란 물품을 무환으로 수입하여 당해 물품이 판매된 범위 내에서 수입대금을 결제하는 계약에 의한 수입을 말한다.

수탁판매수입은 사후송금방식에 의한 수입이므로 수입자금 및 거래에 따른 위험 부담이 없어 수탁자가 무분별한 수입을 할 수 있으므로 이를 방지하고 외화자금의 효율적인 운용을 위하여 외국환관리규정에서 엄격하게 규제하고 있다.

4) 보세창고도거래

보세창고도거래(保稅倉庫度去來: bonded warehouse transaction; BWT)란 수출업자가 자신의 위험과 비용 부담으로 수입지에 지점, 출장소 또는 대리인을 두고 현지 정부의 허가를 받은 보세창고로 물품을 반출한 후 현지에서 수입업자를 물색하여 수출계약을 체결한 후 판매하는 방식을 말한다.

① 물품이 수입국의 보세창고에 보관됨으로 현지국의 관세 및 내국세가 부과되지 않은 보세상태로 수시로 판매 또는 반송될 수 있으나 관련 반송비용, 대금회수 지연 등의 위험을 수출업자가 부담하여야 한다. 수입업자는 도착한 물품의 상태를 확인한 후에 구입할 수 있으므로 자신

이 원하는 물품을 구입할 수 있는 이점이 있다. 우리나라는 네덜란드의 로테르담(Rotterdam), 파나마의 콜론(Colon) 등에 이러한 용도의 보세창고를 운영하고 있다.

② 통상적으로 신속한 인도를 요하는 원자재, 선용품(船用品) 등의 거래와 적극적인 판매활동을 위하여 활용된다.

③ 신용장거래의 경우 신용장에 달리 언급이 없는 한, 선하증권은 운송기간을 고려하여 늦어도 발행일로부터 21일 이내에 지급을 위하여 은행에 제시되어야 한다. 그 기간을 초과하여 제시된 것을 기간경과선하증권(期間經過船荷證券: stale B/L)이라고 하며 지급이 거절된다. 일반적인 무역의 경우, 관련 일자가 매매계약 체결일자, 신용장 발행일자, 선하증권 발행일자 순서가 된다. 그러나 보세창고도거래의 경우, 수입업자가 확정되지 않은 채 즉, 매매계약 체결 이전에 물품이 선적되고 해외로 반출된 후 수입업자가 결정되어 매매계약이 체결되고 신용장이 발행되므로 일반적인 무역과는 달리 관련 일자가 선하증권 발행일자, 매매계약 체결일자 그리고 신용장 발행일자의 순서가 된다. 보세창고거래는 선하증권이 일반적으로 발행일자로부터 21일이 경과된 후에 지급을 위해 은행에 제시되므로 이를 수용하기 위해서 기간경과선하증권을 수리한다는 'Stale B/L Acceptable'의 조건이 있는 신용장을 사용한다.

7. 임대수출과 임차수입

1) 임대수출

임대수출(賃貸輸出: export on lease)이란 임대계약에 의하여 물품을 수출하고 일정기간이 경과된 후 그 수출물품을 다시 수입하거나 그 기간의 만료 이전 또는 이후에 그 수출물품의 소유권을 이전하는 수출을 말한다. 우리나라는 기계공업의 발달에 따라 후진국을 대상으로 시설기계의 임대수출이 증가하고 있으며, 그 기계에 의한 생산제품의 수입시장 확보, 기술의 상호협력 등의 목적으로 임대수출을 활용할 수 있다.

2) 임차수입

임차수입(賃借輸入: import on lease)이란 임차계약에 의하여 물품을 수입한 후 일정기간이 경과된 후 다시 그 수입물품을 수출하거나 그 기간의 만료 이전 또는 이후에 그 수입물품의 소유권을 이전하는 수입을 말한다. 임차계약기간 만료 후에 임대인(국)에게 재수출하는 것이 원칙이나 양당사자 간의 합의에 의하여 제3국으로의 수출도 가능하다. 임차한 시설에 의한 생산제품을 임대인에게 수출하는 조건으로 거래하는 경우가 많으며, 중소기업의 설비투자나 외자도입업체의 추가 생산시설의 도입을 위하여 활용되기도 한다.

8. 연계무역

연계무역(連繫貿易: counter trade)이란 수출과 수입이 연계되어 이루어지는 수출입을 말한다. 상계방법, 계약서 작성방법, 대응구매비율 및 대응구매기간 등의 조건에 따라 연계무역은 물물교환(物物交換), 구상무역(求償貿易), 대응구매(對應購買), 산업협력(産業協力) 등 여러 형태로 구분된다. 1960년대 사회주의 국가와 자본주의 국가 간의 심한 무역불균형의 해소 목적 즉, 외화부족 국가의 국제수지 악화방지를 위하여 수출한 만큼 수입하여 실질적인 외화의 흐름 없이 거래하기 위하여 사회주의 국가의 요구로 연계무역이 시작되었다.

1) 물물교환

물물교환(物物交換: barter trade)이란 수출에 대한 대가를 수출시장으로부터 동일한 가치의 상품을 수입하는 방식의 수출입을 말하며, 수출물품의 대가로 받은 물품을 판매하여야만 수익이 발생하고 거래가 종료된다.

① 인류경제사 최초의 거래방식으로서 외환사정이 어려운 국가 간에 가끔 이용된다.

② 수출거래와 수입거래가 하나의 계약서로 성립되며, 교환물품의 양

과 질에 의하여 쌍방 간의 지급의무가 상계되므로 무환구상무역이라고 할 수 있다.

③ 환거래가 발생하지 않으므로 매매계약이 아니라 교환계약이며, 통상적으로 상품의 인도와 인수가 거의 동시에 이루어지며 대응수입의무를 제3국으로 전가할 수 없다.

④ '크레이그스리스트(Craigslist)', '유익스체인지(U-Exchange)' 등 세계적인 물물교환 사이트의 출현으로 오늘날은 물물교환이 세계화되고 있다. 역사적으로 경기 침체기에는 최대한의 현금보유를 위하여 재화나 서비스의 물물교환이 각국의 국내에서 증가하였으며, 주택수리의 대가로 법률상담을 받거나, 영어강의의 대가로 치과진료를 받는 것 등의 형태로 이루어졌다.

2) 구상무역

구상무역(求償貿易: compensation trade)이란 원칙적으로 수출거래와 수입거래가 하나의 계약서로 성립되고 기탁신용장(escrow L/C), 동시발행신용장(back to back L/C), 토마스신용장(Thomas L/C) 등의 특수신용장을 이용하여 대금결제가 이루어진다.

① 쌍방 간에 합의한 통화에 의한 환거래가 발생하고, 수입의무를 제3국으로 전가할 수 있다는 점에서 물물교환과 다르며, 수입의무를 제3국에 전가하는 경우를 삼각구상무역(triangular compensation trade)이라고 한다. 대응수입의 이행기간이 통상적으로 3년 이내이며, 대응수입비율이 통상적으로 20%~100%이다.

② 거래당사자 양측이 서로 동액의 신용장을 개설하여 거래하는 형태를 각서무역(覺書貿易: memorandum trade)이라고 하며, 이는 광의의 구상무역에 해당된다. 한 당사자가 먼저 상대방 앞으로 신용장을 개설하면, 상대방이 동액의 신용장을 일정기간 후에 개설하겠다는 보증서를 자신의 거래은행 앞으로 발행하는 것이 먼저 개설된 신용장의 유효조건이 된다. 각서무역은 일본과 중국 간의 국교 정상화 이전인 1962년에 양국간에 이용되었으며, 양국이 연간 서로 교역할 금액을 정하고 이에 대한 각서를 교환하여 거래하였다고 하여 불러지는 명칭이다.

3) 대응구매

대응구매(對應購買: counter purchase)는 역구매방식(逆購買方式)이라고도 한다.

① 수출대가의 일정비율 또는 일정금액으로 수입하는 조건의 거래라는 측면에서 구상무역과 유사하나, 형식상으로 분리된 두 개의 별도계약서로서 두 개의 일반신용장이 개설된다는 점에서 다르다.

② 쌍방 간에 합의된 통화에 의한 환거래가 발생한다. 수출업자는 수출대금 전액을 주로 신용장방식으로 수취한 후 일정한 기간 내(보통 6개월~1년)에 수출대금의 전부 또는 일부로서 수입업자의 상품을 구매한다는 수입계약을 동시에 체결한다. 대응수입의무를 제3국으로 전가할 수 있으며, 대응수입이행기간이 통상적으로 5년 이내이다.

③ 구상무역과는 달리 수출물품과 수입물품이 동시에 결정되지 않아도 계약이 가능하며, 수출업자는 수출 후 수입물품을 물색할 수 있는 시간적 여유를 가질 수 있다.

4) 산업협력

산업협력(産業協力: industrial cooperation)이란 수출설비에 의한 생산제품수입(제품환매: 製品還買: product buy-back deal)과 합작투자(合作投資: joint venture)로 구분된다.

① 대응수입계약은 별도의 계약서에 의해 성립되며, 대응수입의무를 제3국으로 전가할 수 있다. 대응수입의 이행기간이 통상적으로 3년~25년 정도이며, 대응수입 횟수가 1회에 한하지 않고 그 비율도 100%를 초과할 수 있다.

② 수출설비에 의한 생산제품수입은 플랜트(plant), 장비, 기술 등의 수출에 대응하여 이들에 의한 생산품을 수입하는 거래를 말하며, 세계시장에 수요가 있으나 공급이 부족한 경우에 효과적으로 활용할 수 있다.

③ 합작투자는 일반적인 자본재 수출이 아니라 수출업자가 자본참여, 판매망 제공 등으로 참여하는 형식을 말한다.

9. 외국인도수출과 외국인수수입

1) 외국인도수출

외국인도수출(外國引渡輸出)이란 수출대금은 국내에서 영수하지만 국내에서 통관되지 아니한 물품을 외국으로 인도하는 수출을 말한다.

산업설비수출, 해외건설, 해외투자 등 해외사업현장에 필요한 기자재를 제3국 도착 수입형태로 구입하여 사용한 후, 국내로 반입하지 않고 다시 매각할 때 또는 항해중이거나 어로작업중인 선박을 현지에서 수출하고자 하는 경우 등에 활용된다. 기자재나 선박을 해외에서 국내로 반입한 후 다시 수출하는데 따른 시간과 비용을 절감할 수 있는 이점이 있다.

그림 1-15 외국인도수출 흐름도

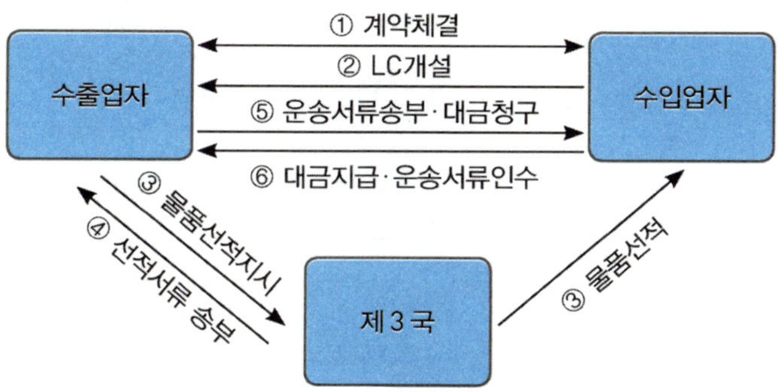

2) 외국인수수입

외국인수수입(外國引受輸入)이란 수입대금은 국내에서 지급하지만 수입물품을 외국에서 인수하는 수입을 말한다. 산업설비수출, 해외건설, 해외투자, 위탁가공무역 등에 필요한 기자재 또는 원자재를 외국 현지에서 수입하여야 하는 경우, 그 수입대금은 국내에서 지급하고 수입물품은 직접 해외현장에서 인수하는 경우에 활용된다.

① 수입에 필요한 선적서류는 은행을 통하여 국내에서 인수된 후 물품수령을 위하여 외국으로 송된다.

② 수입물품이 외국에서 외국으로 이동된다는 점에서 중계무역과 동일하다. 그러나 중계무역은 수입거래와 수출거래가 각각 발생하며 수입한 후 수출함으로써 소유권이 제3자에게 이전되나, 외국인수수입은 1건의 수입행위만이 발생하며 외국에서 각종 사업에 필요한 기자재(機資材)를 수입하여 사용하는 것이 목적이므로 소유권(所有權)이 수입업자 즉, 국내에서 수입대금을 지급하는 자에게 이전된다.

그림 1-16 외국인수수입 흐름도

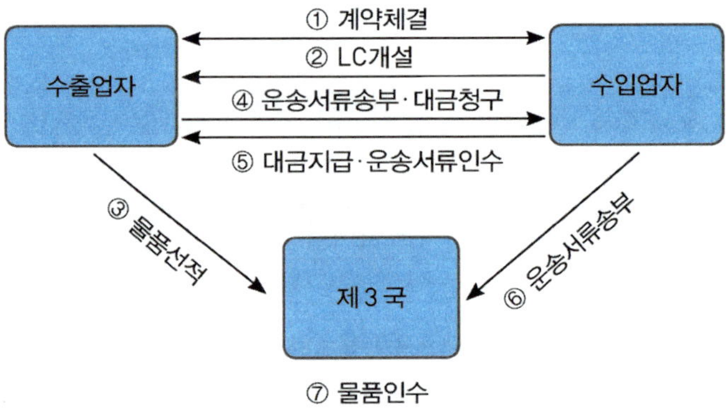

10. 기타 무역

1) 무환수출입

무환수출입(無換輸出入: export and import without foreign exchange)이란 외환거래(外換去來)가 수반되지 않는 물품의 수출·수입 즉, 물품의 이동만 이루어지는 거래를 말한다.

무환수출(export without exchange)은 무상의 상품견본, 증여품 등과 같이 순수한 무상수출과 클레임 해결을 위한 대체품수출이나 대리점수수료를 화물로 보내는 경우, 위탁가공무역에 의한 원자재 수출, 물물교환에 의한 수출 등과 같이 외국환 이외의 다른 형태의 결제에 의한 수출을 말한다.

무환수입은 무상의 상품견본, 선전용품, 박람회출품화물, 외국인 사무용품 등 비상업적 목적으로 수입되는 순수한 무환수입과 수탁가공무역에 의한 원자재 수입, 물물교환에 의한 수입 등과 같이 외국환 이외의 다른 형태의 결제에 의한 수입을 말한다.

2) 병행수입

병행수입(parallel import)이란 국내 공식 수입업자(총판대리점: exclusive selling agent)가 있음에도 불구하고 다른 수입업자가 외국에서 판매하는 동일한 물품을 관세를 부담하고 정당하게 수입하는 것을 말한다.[14] 공식 수입업자가 수입하여 판매하는 상품을 통상적으로 정품이라 하며, 제3자가 수입하여 판매하는 물품을 병행수입품이라고 한다. 정품시장을 화이트마켓(white market), 밀수품 시장을 블랙마켓(black market)이라고 하며, 병행수입품 시장은 제3자가 수입하였으므로 그레이마켓(grey market)이라고 한다.

병행수입품은 애프터서비스(after service)에 있어서 정품보다 수리비를 많이 지급해야 하는 단점과 많은 국가에서 지식재산권 침해라는 논쟁이 있지만 소비자 이익의 증대라는 측면에서 자유시장의 원칙에 따라 허용되고 있는 추세이다. 우리나라는 2014년에 관세청이 무역관련 지식재산권보호협회(Trade related IPR[15] Protection Association; TIPA)와 전국 12개 애프터서비스 전문업체간 양해각서(諒解覺書: memorandum of understanding; MOU)를 체결하여 병행수입품의 애프터서비스 불편이 없도록 협력하기로 하고 병행수입품 통관인증표시(quick response code; QR Code)에 애프터서비스업체 정보를 넣기로 했다.

---

14) '지식재산권 보호를 위한 수출입사무처리에 관한 고시'에 의하여, 세관장은 병행수입 제한물품인 경우 상표권자(전용사용권자)에게 병행수입사실을 통보하여 침해 여부 등을 확인하게 할 수 있으며, 수입자에게는 병행수입 제한물품임을 통보하여 통관을 보류할 수 있다.

15) IPR(지식재산권 : intellectual property right)

3) 스위치무역

스위치(switch)란 바꿔치는 것을 말한다. 스위치무역(switch trade)이란 무역계약이 수출입업자 간에 직접 체결되고 물품 또한 수출업자로부터 수입업자에게로 직송되지만, 대금결제에 제3국의 무역업자가 개입하는 거래를 말한다. 대금결제에 개입하는 무역업자를 스위츠(switcher)라고 하며, 이들은 스위치 수수료(switch commission)를 받는다.

스위치무역은 무역수지의 불균형으로 지급외환이 부족한 경우, 제3국의 결제통화 또는 계정을 이용하여 결제할 수 있는 경우에 활용된다. 미국이 인도네시아에 수출하는 경우, 매매계약이 양당사자 간에 직접 체결되고 물품이 미국으로부터 인도네시아로 직송되지만 대금결제가 인도네시아가 일본에 가지고 있는 청산계정(淸算計定: open account)의 채권으로 이루어지면 제3국간의 스위치무역이 된다.

그림 1-17 스위치 무역 흐름도

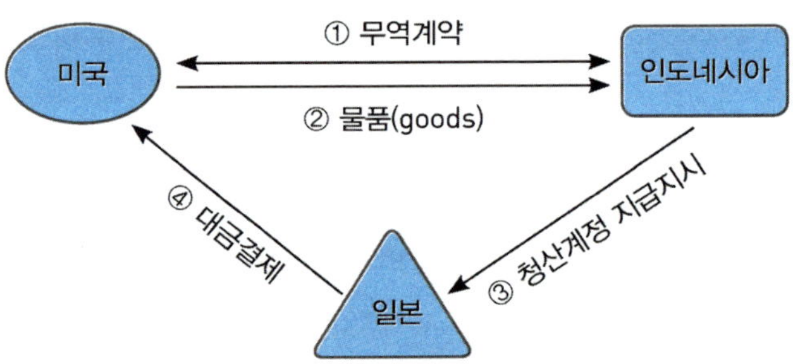

4) 플랜트수출

플랜트(plant)란 상품제조에 필요한 기계, 장치 등의 하드웨어(hardware)와 그 설치에 필요한 엔지니어링(engineering), 노하우(how-how), 건설시공 등의 소프트웨어(software)가 결합된 생산단위체를 말한다.

플랜트수출(plant export)은 산업설비수출(産業設備輸出: industrial facilities export)이라고도 하며 공장의 전부 또는 일부를 건설하고 관련 기계를 시설하여 가동할 수 있는 상태로 인도하는 발전설비, 선박·차량·제철기계의 설비, 방적기계 등 자본재수출을 말한다. 플랜트수출계약은 키(key)만 돌리면 모든 설비가 가동될 수 있는 상태로 인도하는 것이므로 턴키계약(turn-key contract) 또는 턴키방식(turn-key basis)이라고도 한다.

플랜트 수입업자는 대부분이 정부기관 또는 기타 공공기관이며, 구입방식은 엄격한 국제입찰(國際入札)에 의하며, 건당 계약금액이 크고 국제경쟁이 격심하고, 고도의 생산기술에 의하여 플랜트를 제조하므로 외화가득률이 매우 높다. 플랜트 가동을 위한 기술 인력과 용역, 기계부품, 원재료 등의 보급품(補給品)이 수반되므로, 이들 제품의 안정적 및 지속적인 수출증대와 대외경제협력에 유용하다.

5) 기술수출

기술수출(技術輸出: export of technique)이란 기술의 국제이전 즉, 외국기업과 기술제휴계약(technical cooperation contract)을 체결하고 특허권(特許權: patent license), 상표권(brand license), 의장권(design license) 또는 실용신안권(utility model license) 등과 같은 공업소유권(industrial property)이나 노하우(know-how)를 공급하고 로열티(royalty) 등의 기술료(engineering fee)를 받는 거래를 말한다. 최근에 이르러 기술, 노하우 등이 하나의 독립된 상품으로 거래됨으로써 기술수출의 중요성이 강조되고 있다.

6) 녹다운방식 수출

녹다운방식 수출(knock down export)이란 조립할 수 있는 설비와 능력이 있는 외국 거래처에 완제품이 아니라 부품이나 반제품을 수출하고, 실수요지에서 제품을 완성하여 판매하는 현지 조립방식의 수출을 말한다. 선진국의 자동차, 가전제품, 기계류 등의 수출, 완제품에 대한 수입제한 또는 고율의 수입관세 회피, 인건비 등의 이유로 현지 조립방식에 의한 비용절감, 현지시장의 침투 및 확대 전략, 현지인 고용에 따른 제품인식 증대 등의 용도로 녹다운방식 수출이 활용된다.

7) 주문자 상표부착방식 수출, 제조업자 개발생산방식 수출, 주문자 글로벌생산방식 수출

(1) 주문자 상표부착방식 수출

주문자 상표부착방식 수출은 OEM(original equipment manufacturing)방식 수출이라고도 한다. 수출업자가 수입업자(주문자)의 지시나 설계도에 따라 완제품을 생산하여 생산자의 상표가 아니라 주문자의 상표를 부착하여 수출하는 방식을 말하며 취급설명서나 포장도 주문자의 지시에 따라 처리하여 수출하는 단순 하청생산이다.

주문자 상표부착방식 수출은 제품판매에 따른 제반 경비와 위험 부담이 없고, 수입 현지국의 상표를 부착하여 판매함으로써 현지인의 거부반응을 피할 수 있다. 일반적으로 장기공급 계약이라 장기간의 주문량을 확보할 수 있으므로 원자재 확보와 수출관리에 도움이 되는 장점이 있지만 대개 자사 브랜드(brand) 상품의 수출가격보다 저가로 수출됨으로 수출채산성이 낮고, 자사 상품의 이미지 제고(提高)와 독자적인 수출시장의 개척이 어려운 단점이 있다.

주문자 상표부착방식 수출은 위탁가공무역에 해당되나 생산자 자체가 원료를 조달하여 자체적으로 물품을 생산하여 주문자 상표를 부착하여 수출하지만, 위탁가공무역은 주문자가 원료를 공급하여 가공임을 지급한 후 가공된 물품을 수입한다.

(2) 제조업자 개발생산방식 수출

제조업자 개발생산방식 수출은 'ODM(original development manufacturing)' 방식 수출이라고도 한다. 주로 판매망을 갖춘 유통업체(수입업자)의 요구에 따라 제조업자가 주도적으로 생산한 제품을 수출하는 거래로서 수입업자가 수출업자의 제품개발 및 디자인 능력을 인정하는 경우에 가능하다. 공급가격에 제품 및 디자인 개발비를 추가할 수 있으므로 주문자 상표부착방식 수출에 비하여 부가가치가 높다.

(3) 주문자 글로벌생산방식 수출

주문자 글로벌생산방식 수출은 'OGM(original global management)'방식 수출이라고 하며 제조업자 개발생산방식에 의한 수출에서 한 단계 더 나아가 세계 각지에 다양한 생산기지를 두고 각 생산기지에서 그때그때 상황에 맞게 원가 경쟁력이 뛰어난 제품을 생산하여 수출하는 방식을 말하며 주문자에게 디자인을 제안하기도 한다.

단순 주문자 상표부착방식 수출기업과는 달리 디자인 노하우는 물론 제조·생산을 뛰어넘어 세계 곳곳에 있는 각 공장의 품질관리, 국제노동규정에 맞는 조직관리 및 설비투자까지 할 수 있는 글로벌 경영능력을 갖춘 업체만이 주문자 글로벌생산방식에 의한 수출이 가능하다. 본사는 자국에서 생산전략수립, 영업, 자금관리, 디자인 등 핵심부문만 담당하는 컨트롤 타워(control tower) 역할을 하고 제조는 100% 해외법인에서 이루어진다.

미국에 본사를 둔 기업들이 불황 속 대대적 구조조정을 감행하면서 아웃소싱(outsourcing) 기능을 강화하기 위하여 제조는 물론 디자인, 품질 관리까지 할 수 있는 능력을 갖춘 아웃소싱업체를 찾으면서 주문자 글로벌생산방식에 의한 수출업체가 각광을 받게 되었다.

CHAPTER 02 한국의 무역관리제도

제 1 절 무역관리의 의의

제 2 절 무역관리법규

제 3 절 무역관리기구

제 4 절 수출입 주체관리

제 5 절 공고

제 6 절 수출입 승인제도

제 7 절 수출입 질서유지

제 8 절 수출입 지원제도

제 1 절 무역관리의 의의

무역관리(貿易管理: trade control)란 국가가 제도, 기구, 법규 등에 의하여 무역거래를 간섭, 통제 또는 규제하는 것을 말하며, 국민경제 발전에 그 목적이 있다. 간섭 또는 통제란 무역을 일정한 방향으로 규제하거나, 특정한 목적을 완수하기 위하여 지도하는 것을 말한다. 국가의 무역관리가 없다면 무역질서 물란, 외화 낭비 등 장애가 초래될 우려가 있다.

무역은 이론적으로 국제분업원리(國際分業原理: principle of international division of labor)에 의거한 자유무역(自由貿易: free trade) 즉, 무역은 거래당사자 쌍방에 공히 이익을 주므로 가능한 인위적인 간섭이나 통제 없이 거래당사자의 자유에 맡겨 두는 것이 가장 이상적이다. 그러나 현실적으로 정도의 차이는 있으나 모든 국가가 자국의 무역을 관리하고 있으며, 완전한 자유무역을 실현하는 국가는 없다.

수출은 고용과 소득 증대, 외화획득 및 국내산업구조의 고도화를 통한 경제발전에 파급효과가 크지만, 희소재화 보존, 적성국가에 대한 전략물자 통제 등의 이유로 제한되고 있다. 자본재나 원자재 수입은 자본축적과 기술진보에 도움이 되고, 최종소비재 수입은 수입경쟁재를 생산하는 국내산업의 경쟁력을 강화시켜 궁극적으로 국내산업의 발전에 도움이 되나, 수입은 국민의 보건위생, 외국환 보유, 잠재적 적성국가에 대한 경제보복, 자국산업 보호 등의 이유로 제한되고 있다.

제 2 절 무역관련법규

우리나라는 무역을 헌법, 대외무역법 등에 그 근원을 두고 여러 가지 무역관련법규(貿易關聯法規)를 상호보완적으로 운용하여 관리하고 있다.

기본적인 무역관련법규는 대외무역법, 외국환관리법 및 관세법이 있으며, 이들을 무역의 3대 기본법이라고 한다. 이들 외에 대외무역과 직접 관련되는 법으로는 수출품 품질 향상에 관한 법률, 수출보험법, 수출자유지역 설치법, 무역금융취급세칙, 관세환급 특례법, 외자도입법, 중재법 등이 있다.

그림 2-1 무역관련 국내법규

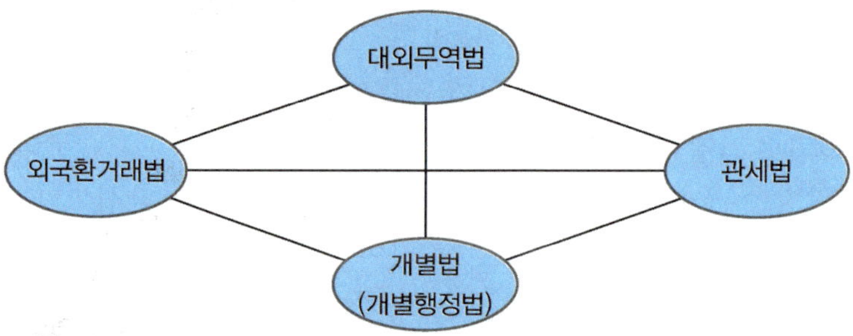

마약류 관리에 관한 법률, 식품위생법, 약사법, 화장품법,
방위산업에 관한 특별조치법, 출판 및 인쇄진흥법, 영화진흥법,
자연환경보호법, 전기용품안전관리법, 품질경영 및 공산품 안전관리법

1. 대외무역법

우리나라 무역관리의 기본법은 1967년 1월에 제정된 무역거래법(貿易去來法)이었으며, 1986년 12월에 법률 제3895호로 대외무역법(對外貿易法: foreign trade act)[1]이 제정되었다.

우리나라 무역관리의 목적은 1986년까지는 무역거래법에 근거하여 "외화획득의 극대화와 외화사용의 효율성"에 두었으며, 1987년부터는 대외무역법에 근거하여 "대외무역을 진흥(振興)하고 공정한 거래질서를 확립하여 국제수지의 균형과 통상확대를 도모함으로써 국민경제의 발전

1) 헌법 제125조(국가는 대외무역을 육성하며 이를 규제.조정할 수 있다)를 근거로 제정된 법률이다.

에 이바지하는데" 두고 있다.

1) 대외무역법의 운용원칙

① 자유롭고 공정한 무역 조장

대외무역법은 무역관리체제를 국제규범(國際規範)에 부합하도록 운영한다는 취지에서 "정부는 헌법에 의하여 체결·공포된 무역에 관한 조약과 일반적으로 승인된 국제법규가 정하는 바에 따라 자유롭고 공정한 무역을 조장(助長)함을 원칙으로 한다"로 규정하고 있다.

② 무역제한의 완화와 최소화

대외무역법은 무역제한을 완화하기 위하여 "정부는 대외무역법이나 다른 법률 또는 헌법에 의하여 체결·공포된 무역에 관한 조약과 일반적으로 승인된 국제법규에서 무역에 대한 제한을 정한 규정이 있는 경우에는 그 제한을 정한 목적을 달성하기 위하여 필요한 최소한의 범위 안에서 대외무역법을 운영하고 무역에 관한 제한조치를 취할 경우에도 최소한의 범위에 국한하도록 한다"로 규정하고 있다.

③ 무역진흥을 위한 조치

산업통상자원부장관은 무역진흥을 위하여 필요하다고 인정되는 때에는 대통령령이 정하는 바에 의하여 물품의 수출·수입을 지속적으로 증대하기 위한 조치를 할 수 있으며 또한 다음 각 호의 1에 해당하는 자에게 필요한 지원을 할 수 있다.

가. 무역의 진흥을 위한 자문·지도·대외홍보·전시·연수·상담알선 등을 업으로 하는 자
나. 무역전시장·무역연수원 등의 무역관련 시설을 설치·운영하는 자
다. 과학적인 무역업무 처리기반을 구축·운영하는 자

2) 대외무역법의 관리대상과 체계

대외무역법은 인적관리로서 무역거래자의 신고요건, 물적 관리로서 수출입승인, 행위관리로서 수출입공고, 통합공고 등, 행정관리로서 수입

에 의한 산업영향조사, 불공정수입금지, 벌칙 등을 규정하고 있다.

대외무역법은 그 부속 법령으로서 대외무역법시행령(enforcement decree of the foreign trade act)과 대외무역관리규정을 두고 있으며, 관련되는 법령으로 산업통상자원부장관이 공고하는 수출입공고, 통합공고 등이 있다.

그림 2-2 대외무역법

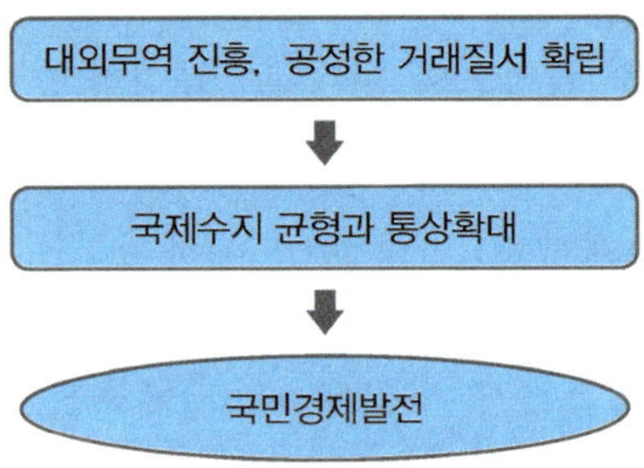

2. 외국환관리법

무역은 외국환거래를 수반하며, 외국환거래는 환율에 영향을 주므로 결과적으로 무역은 일국의 국제수지에 영향을 미친다. 외국환관리(外國換管理)란 정부가 외환의 수급(需給)을 외환시장의 자율에 맡기지 않고 외환시장에 개입하여 직접적으로 외환의 수급을 조정하는 것을 말한다.

외국환관리법은 대외거래에 따른 대금결제를 규제하기 위하여 1961년에 제정되었으며 “외국환과 그 거래 및 기타 대외거래를 합리적으로 조정 또는 관리함으로써 대외거래의 원활화를 기하고 국제수지의 균형과 통화가치의 안정을 도모하여 국민경제의 건전한 발전에 이바지하는데” 그 목적을 두고 있으며, 이를 위한 외국환의 지급과 영수에 대한 규제로서 대금결제방법, 수출입관련 자본거래, 환율제도, 외국환은행, 외국환평형기금 등을 규정하고 있다.

외국환관리법은 인적관리로서 거주자와 비거주자, 물적관리로서 환율과 영수지급통화, 해외거래의 제한과 금지, 행정관리로서 외국환 수급계획과 각종 벌칙을 규정하고 있다. 외국환관리법은 그 부속 법령으로서 외국환관리법시행령과 외국환관리규정을 두고 있으며, 관련되는 법령으로 외자도입법 등이 있다.

물품의 흐름을 관리하는 대외무역법과 대금결제를 관리하는 외국환관리법의 무역관리에 대한 상호 밀접성을 고려하여, 각 법은 이를 조정하기 위하여 산업통상자원부장관이 기획재정부장관의 허가를 받아야 하는 결제방법의 거래를 인정하고자 할 때는 사전에 기획재정부장관과 협의하도록 또한 기획재정부장관이 외국환관리법령에 의하여 무역대금 결제방법을 정하고자 할 때는 사전에 산업통상자원부장관과 협의하도록 규정하고 있다.

3. 관세법

물품이 국제적으로 이동되기 위해서는 사전에 무역관련법규에 의거하여 합법적인 절차가 이행되어야 한다. 대부분의 국가들은 물품의 국가간의 이동과정을 최종적으로 확인하고 점검하기 위하여 세관의 통관절차를 거치도록 하고 있으며, 우리나라는 이를 주로 관세법(關稅法)에서 규정하고 있다.

관세법은 수출입 물품의 관세선(customs line) 통과 즉, 통관(通關)을 규제하는 법으로서 1949년 11월 23일 법률 제 67호로 제정되어 수차례 개정되었으며, "수출입이 이행되는 과정에서 관세 등의 부과·징수 및 수출입물품의 통관을 적정하게 하여 국민경제의 발전에 기여하고 관세수입의 확보"에 그 목적을 두고 있다.

관세법은 인적관리로서 통관가능자와 납세의무자, 물적관리로서 통관, 행위관리로서 관세부과 및 징수, 행정관리로서 관세심사 및 상환, 벌칙을 규정하고 있다. 관세법은 그 부속법령으로서 관세법시행령, 관세법시행규칙 및 관세 등 환급에 관한 특례법이 있다.

그림 2-3 관세법

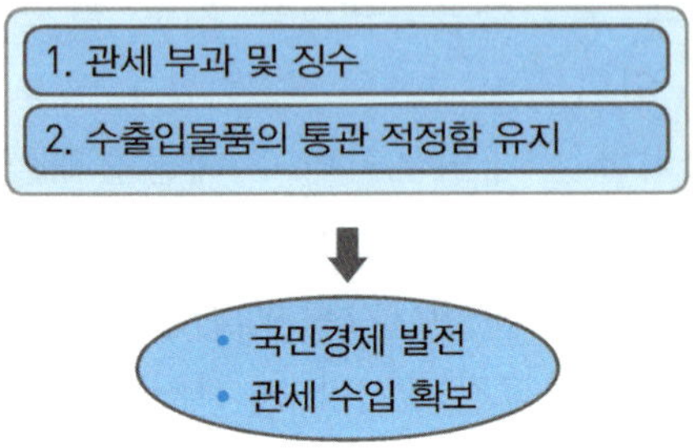

4. 개별행정법

무역관리와 관련되는 개별행정법(個別行政法)은 무역주체와 품목관리에 적용되는 법으로 구성되어 있다.

1) 주체관리에 적용되는 법

마약법, 향정신성의료약품관리법, 유해화학물질관리법, 농약관리법, 종묘관리법, 외국간행물 수입 배포에 관한 법률, 석유사업법, 담배사업법, 인삼사업법, 농산물수출진흥법, 영화법, 먹는 물 관리법 등의 관리대상 물품을 수출입하고자 하는 자는 대외무역법과는 별도로 관련법의 행정기관장의 허가 등을 득하여야 한다.

2) 품목관리에 적용되는 법

비료관리법, 주요 농작물 종자법, 양곡관리법, 식물방역법, 축산법, 검역법, 식품위생법, 공산품 품질관리법 등에 관한 법률, 약사법, 자연환경보전법 등에 관한 단속법, 대마관리법, 자동차관리법 등에 관한 규제법 등의 관리대상 물품의 수출입은 관련법의 행정기관장의 허가 등을 득하여야 한다.

5. 무역진흥에 관한 법

무역진흥(貿易振興)에 관한 법은 무역을 보호 육성하기 위한 법을 말하며, 수출보험법, 수출용 원재료에 대한 관세 등 환급에 관한 특례법, 산업디자인법, 포장진흥법, 수출자유지역 설치법, 조세감면 규제법, 수출품 품질향상에 관한 법률, 무역업무자동화 촉진에 관한 법률 등이 있다. 이들은 무역거래자들에 대하여 선택적으로 적용되며, 강제적인 무역관리법이 아니다.

제 3 절 무역관리기구

1. 산업통상자원부장관 및 협조행정기관장

우리나라 대외무역관리의 중앙행정기관은 산업통상자원부이며, 중앙행정기관장은 산업통상자원부장관이다. 그러나 무역행정의 신속화와 능률화를 위하여 산업통상자원부장관의 무역관리 권한의 일부를 대통령이 정하는 바에 따라 소속기관의 장, 시장, 도지사에게 위임하거나, 관계행정기관의 장, 세관장, 한국은행총재, 한국수출입은행장, 외국환은행장, 기타 대통령령이 정하는 법인 또는 단체에 위탁하고 있다.

2. 무역위원회

우리나라는 특정 물품 및 무역·유통서비스의 수입증가, 불공정한 수입 등으로 인한 국내산업의 피해를 구제(救濟)하기 위하여 필요한 각종 조사·판정이나 구제조치건의 등을 수행하는 무역위원회(貿易委員會: Korean Trade Commission; KTC)를 산업통상자원부에 두고 있다. 무역위원회의 기능은 다음과 같다.

① 산업피해구제제도 운용

우리나라는 과거 국제수지를 이유로 수입규제제도를 실시하였으나 최근에 이르러 국내산업의 경쟁력 강화와 통상마찰의 해소를 위하여 선진국형 수입관리체제로 전환하고 산업피해구제제도(産業被害救濟制度)를 도입하였다.

산업피해구제제도란 외국물품 덤핑수입, 외국정부보조금 수혜물품 수입, 특정 물품 및 무역·유통서비스의 수입증가 등으로 국내산업이 피해를 입거나 입을 우려가 있을 경우 불공정거래 관련 법규에 의거하여 관련업체가 제소할 수 있도록 하여 수입상품의 과도한 국내시장 점유를 방지하고 국내산업의 피해를 구제하는 제도를 말한다. 무역위원회는 산업피해의 구제를 위하여 덤핑률 조사, 산업피해 조사·판정 및 구제조치를 건의한다.[2)]

② 불공정수출입행위 조사·제재 건의

무역위원회는 지적재산권 침해, 원산지 허위표시, 수출입계약 위반 등 불공정한 수출입행위에 대한 조사 및 제재조치를 건의한다.

③ 산업경쟁력 조사

무역위원회는 특정 물품의 수입 및 무역·유통서비스의 수입이 국내산업의 경쟁력에 미치는 영향을 조사한다.

④ 국제무역관련 조사·연구

무역위원회는 국제무역에 관한 법규·제도 및 분쟁사례에 관한 조사·연구를 한다.

---

2) 무역위원회는 불공정무역행위 조사 및 산업피해구제에 관한 법률 제17조에 근거하여 직권 또는 신청에 의해 국내산업의 피해정도를 조사한 후 관련기관에 관세율 조정, 수입수량제한 등으로 세이프가드 조치를 권고할 수 있다.

제 4 절 수출입 주체관리

수출입의 주체[3]관리란 무역업자에 대한 관리를 말하며, 대외무역법에서는 무역업자를 무역거래자라고 한다.

무역거래자란 수출 또는 수입을 하는 자(수출업자, 수입업자), 외국의 수입업자 또는 수출업자로부터 위임을 받은 자(수입대리업자 또는 수출대리업자) 및 수출과 수입을 위임하는 자 등 물품 등의 수출행위와 수입행위의 전부 또는 일부를 위임하거나 행하는 자(실수입자 또는 수출품제조자)를 말한다.[4]

1. 무역업자

무역은 물품의 수출입을 말하며, 업(業)이란 영리를 목적으로 어떠한 행위를 반복적으로 영위하는 것을 말하므로 무역업은 영리를 목적으로 물품의 수출입을 반복적으로 영위하는 것을 말한다.

무역업자는 수출업자, 수입업자 또는 수출입겸업자로 분류되며, 외국의 수입업자 또는 수출업자로부터 위임받은 자와 대비된다. 한 기업이 직접 수출, 수입 또는 수출입겸업을 하면서 외국의 수출업자 또는 수입업자로부터 위임을 받아 수출과 수입을 겸할 수도 있다.

무역거래의 이윤획득을 위하여 자신의 명의로서 그리고 자신의 비용과 위험 부담으로 거래에 참가하는 자를 본인(本人: principal)이라고 한다. 무역업자는 본인으로서 무역거래에 참가한다는 점에서 무역대리업자와 다르다.

---

3) 무역거래는 물품의 수출입을 전업으로 하는 무역업자와 제조업자 중 직접 무역거래를 하는 제조업자가 주체가 된다.

4) 대외무역법 제2조(정의)

2. 무역대리업자

무역대리업자는 외국의 수입업자 또는 수출업자로부터 무역거래에 대한 권한을 위임받은 수입대리업자 또는 수출대리업자를 말하며 과거에는 오파상(offer agent), 구매대리업자(buying office) 등으로 칭하였다.

대리(代理)란 타인(본인)을 대신하여 어떤 의사표시(법률행위)를 하는 제도를 말한다. 대리인(代理人: agent)이란 대리계약에 의거하여 대리권을 부여 받은 자를 말한다. 대리권은 대리행위를 할 수 있는 권한 또는 자격을 말하며 대리계약에 의하여 수권된다. 대리행위는 대리인이 타인(본인)을 위하여 어떠한 일을 한다는 의사표시의 행위로서 그 효과가 대리인 자신이 아니라 직접 타인(본인)에게 귀속된다. 무역대리업은 수입대리업과 수출대리업으로 구분된다.

국제무역의 흐름에 개입하는 중간상인은 대리점, 판매점 및 중개인이 있다. 무역대리점(오파상)이 대리인의 전형적인 형태이며, 판매점은 위탁매매인(factor)의 형태이며, 중개인은 해상운송중개인, 해상보험중개인 등의 형태가 있다.

무역대리업자(貿易代理業者)의 기능은 다음과 같다.

① 외국의 수출상 또는 수입상으로부터 위임을 받아 국내에서 수출계약 또는 수입계약을 체결하고 수출입의 부대행위 즉, 중개, 알선(斡旋), 보조를 업으로 영위하고 그들로부터 수수료(commission)를 받으며, 거래에 따른 비용과 위험을 대리인 자신이 아니라 본인이 부담한다.

② 수출입 본거래에 자신의 명의를 사용하지 않는다. 무역대리업자는 본인(本人: principal)이 아닌 계약대리인으로서 수출입 계약단계에서만 개입하여 타인(본인)의 명의로 계약대리권을 행사하고 수출입거래에 따른 법적 책임을 부담하지 않는다. 무역대리업자와 무역계약을 체결한 무역업자(본인)는 수출입을 이행하기 이전에 계약조건을 확인하기 위하여 거래 상대방과 직접 본인 대 본인(principal to principal)으로서 거래에 따른 제반조건에 관한 총괄계약(總括契約: master contract)으로서 일반거래조건협정(一般去來條件協定: general agreement on terms and conditions of business)을 체결하여야 한다.

③ 우리나라의 무역대리업은 무역업과 같이 2000년 1월1일부터 자유화되어 등록이나 신고절차 없이 누구나 할 수 있다.

그림 2-4 무역대리업자

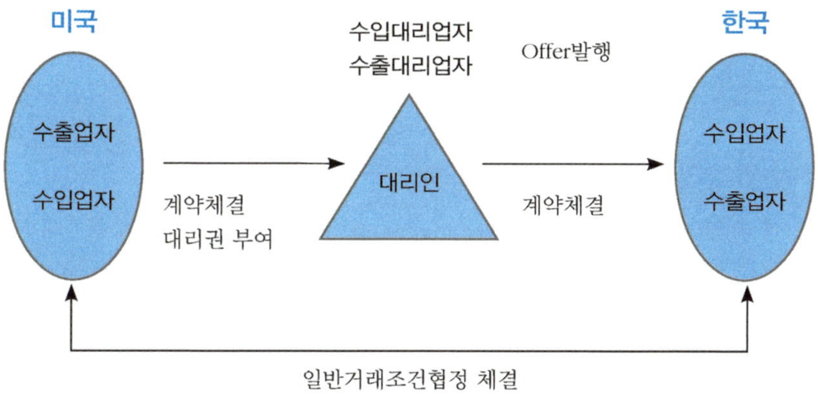

1) 수출대리업자

수출대리업자(輸出代理業者: offer agent or selling agent)란 해외 수출업자를 대리하는 수출물품 판매업자 즉, 해외 수출업자로부터 위임을 받은 자, 지사 또는 대리점을 말하며, 국내에서 해외 수출업자의 물품매도확약서(物品賣渡確約書: offer sheet)[5] 발행을 주업으로 하고 외국수출물품의 중개, 알선, 보조 등의 업을 부수적으로 영위한다. 우리나라 무역업자 입장에서는 수입대리업자가 된다.[6]

수출대리업자와 해외 수출업자는 대리인대 본인(agent to principal) 관계에 있다. 수출대리업자가 국내 수입업자에게 물품매도확약서를 발행

5) 수출대리업자가 해외 공급업자(해외 수출업자) 명의로 물품매도확약서를 발행하려면 반드시 그와 대리점약정(agency agreement)을 사전에 체결하여야 한다.

6) 오파상이란 수출과 수입의 알선을 주업으로 하는 무역대리업자를 말한다. 우리나라에서는 수출대리업자로서의 의미가 강하다.

할 때, 물품매도확약서에 타인(본인)인 해외 수출업자를 위한 대리행위임에 관한 표시유무에 관계없이 발행하는 것은 해외 수출업자에게 효력이 미친다. 우리나라에서는 수출대리업자 자신 명의로 물품매도확약서를 발행하기도 하지만 대리인으로서 본인을 위한 상행위임을 표시하지 않는 것은 좋은 관행이 아니다. 수출대리업자는 국내로 물품을 수입하여 매매차익을 획득하는 것이 아니고 물품매도확약서 발행에 대한 대가로 해외 수출업자로부터 수수료(commission)를 취득하며, 물품대금은 국내 수입업자가 직접 해외 수출업자와 결제하는 형태를 취한다.

2) 수입대리업자

수입대리업자(輸入代理業者: buying agent)란 해외 수입업자를 대리하는 수입물품 구매업자 즉, 해외 수입업자로부터 위임을 받은 자, 국내지사 또는 대리점을 말하며, 국내에서 수출하는 물품의 구매를 주업으로 하고 외국수입물품의 중개, 알선, 보조 등의 업을 부수적으로 영위한다.[7] 우리나라 무역업자 입장에서는 수출대리업자가 된다.

3. 무역업고유번호

우리나라의 무역업과 무역대리업은 역사적으로 허가제, 등록제, 신고제를 거쳐 2000년 1월부터 자유화되어 현재는 특별한 허가나 신고 없이 누구나 자유롭게 할 수 있다.

무역은 상거래이며, 상거래는 수익이 발생함으로 무역업자는 수익에 대한 세금을 납부하기 위하여 사업자등록증이 필요하다. 무역을 하고자 하는 자는 관할 세무서에 업종을 도·소매업으로 신고하여 사업자등록증을 교부받아야 한다.

---

7) 수입대리업자는 해외 수입업자가 구매대리인으로 지정한 국내 관련업계의 사정에 능통한 업체이다. 국내에서 수출이 원활히 진행되도록 전 과정을 관리하고 모든 교신은 수입대리업자와 수입업자 간에 이루어지며 수수료는 통상적으로 수입업자로부터 받는다. 그러나 계약에 따라 수출업자로부터 취득할 수 있고 양쪽에서 다 받을 수도 있다.

예시 2-1 무역업고유번호신청서

APPLICATION OF TRADE BUSINESS CODE

처리기간(Handling Time)
즉 시(Immediate)

① 상 호 (Name of Firm)		② 무역업고유번호 (Trade Business Code)	
③ 주 소 (Address)		④ 업 종 (Business Type)	
⑤ 전화번호 (Phone Number)		⑥ 이메일주소 (Email Address)	
⑤ 팩스번호 (Fax Number)		⑦ 사업자등록번호 (Business Restry Number)	
⑧ 대표자 성명 (Name of Rep.)		⑨ 주민등록번호 (Passport Number)	

대외무역법 제18조 및 동법 시행령 제30조 및 제31조, 대외무역관리규정 제3-5-1조의 규정에 의하여 무역업고유번호를 위와 같이 신청합니다.

I hereby apply for the above-mentioned trade business code in accordance with Article 3-5-1 of the Foreign Trade Management Regulation.

신청일 : 년 월 일
Date of Application Year Month Day

신청인 : (서명)
Applicant Signature

사단법인 한국무역협회장
Chairman of Korea International Trade Association

예시 2-2 수출대행계약서

수 출 대 행 계 약 서

갑
을

상기 갑, 을 양자간에 다음과 같이 수출대행 계약을 체결한다.

다음

File No.
L/C No.

제1조 수출대행 물품의 규격, 수량 및 금액은 다음과 같다.

품 명	규 격	수 량	단 가	금 액	비 고

제2조 갑은 을 또는 제3자의 명의로 내도된 신용장을 양도받거나 을이 갑명의로 개설받은 신용장에 의하여 제1조의 물품을 단순 수출대행하며 을은 대행수수료조로 신용장 네고금액의 $ 당원을 갑에게 지불한다.

제3조 을의 요청에 의하여 갑 명의로 원자재 내국신용장이 발급되는 경우에는 을과 원자재 공급자간에 세금계산서를 교부하고 이에 대한 대금결제는 제1조의 수출물품이 선적되어 매입된 자금으로 결제키로하고 별도 합의 각서를 제출하여야 한다.

제4조 을이 갑을 통하여 확보한 수출용 원자재는 본 수출품 제조외에 타에 전용할 수 없으며 신용장상의 선적기일내에 충분히 선적할 수 있도록 을의 책임하에 선박수배, 검사, 통관 등의 제반 조치를 취하여야 한다.

제5조 을은 신용장상에 명시된 제조건 및 을과 수입자간에 수출계약조건에 따라 충실하게 물품을 제조, 선적하여야 하며, 본 수출로 인하여 발생되는 제공과금 및 각종 경비와 수수료를 부담한다.

제6조 갑은 수출완료후 수입상으로부터 제기되는 여하한 Claim(대금결제거절, 인도지연 및 수출불이행등 모든 청구를 포함) 및 기타 본 수출로부터 야기되는 상상치 못한 사태에 대하여도 일절의 책임을 부하지 않으며 모든 책임을 을의 부담으로 한다.
또한 본 건 수출에서 편의상 갑의 명의로 관공서 및 은행등에 제출되는 각서, 기타 증빙서류에 대한 책임의 이행도 일절 을이 부담한다.

제7조 갑은 수출대전을 추심하는대로 전 각조에 명시된 을이 부담할 금액과 수출용 원자재 대금을 공제한 차액을 을에게 지불하여야 한다.
단, 예기치 않은 Claim 발생등 사태에 대비하여 일정기간동안 갑이 을에게 지불한 금액상당 이상의 어음을 예치시키거나 을에 지불할 금액 중 일부를 갑에게 예치시키거나 기설정된 담보물을 갑에게 유치시켜야 한다.

제8조 본 수출로 인한 수출실적에 따르는 정부의 제반 특혜는 갑이 취득함을 원칙으로 한다.

제9조 갑, 을 공히 본 계약을 위약하였을 경우 위약당사자는 그 손해를 배상하여야 한다.

제10조 본 계약조문상의 해석에 갑, 을간 이견이 있을시는 갑의 해석이 우선한다.

제11조 본 계약에 관한 분쟁발생시는 갑의 주소지를 관할하는 법원을 합의 관할로 한다.

제12조 이상 제조항에서 명시되지 않은 사항은 상호 협의하여 정하되 상관습에 따르며 후일에 증하기 위하여 본 계약서 2통을 작성하여 각자 서명날인 한 후 1통씩 보관키로 한다.

20 년 월 일

갑 (인)　　　　을 (인)

무역업고유번호(trade business code)란 무역의 활성화 촉진, 무역업체의 수출입실적 관리, 포상 등의 목적으로 통관 시 수출입신고필증에 기재하는 번호를 말한다. 다른 자격제한 없이 사업자등록증만으로 무역협회 회원으로 가입하면 무역업고유번호를 받을 수 있으며 신청수수료도 없다. 무역협회 회원이 아닌 경우, 무역협회가 제공하는 무역상담, 거래알선, 바이어 정보, 해외홍보, 해외 전시참가, 연수지원 등의 혜택을 받을 수 없으므로 회원으로 가입하는 것이 무역업무에 용이하다.

무역업고유번호가 없는 무역업체는 국가가 그 업체의 수출입실적을 관리할 수 없으므로 실적증빙을 발급할 수 없다. 수출실적은 관련 업체의 무역금융 융자한도와 관련되며, 수출실적이 많을수록 일반금융보다 저리(低利)의 무역금융 융자한도가 높아 금융비용을 줄일 수 있는 이점이 있다. 수출입실적에 대한 증빙을 고려하지 않는 무역업체라면 무역업고유번호 없이도 무역을 할 수 있으며, 무역업고유번호가 있는 무역업체에 무역업무를 대행[8]시키거나 거래은행에서 신용장을 개설할 수도 있다.

4. 전문무역상사

정부는 국내자원 및 무역전문인력의 부족, 기업의 자본부족 등의 상황에서 수출진흥책의 일환으로서 해외시장개척과 중소기업의 수출대행 활성화를 위해 1975년에 종합무역상사제도를 도입하였다.

종합무역상사(綜合貿易商社: general trading company; GTC)란 대규모의 자본과 광범위한 지역에 해외판매망을 가지고 다종다양한 수출입거래를 할 수 있고 활동범위가 다국적이고 세계화된 대형전문무역회사를 말한다. 종합무역상사는 세제감면, 수출금융지원, 외자도입 등 정부의 다양한 직간접적인 지원하에 한국 수출의 견인차 역할을 담당하여 왔다. 동

---

8) 무역대행은 다른 회사의 수출입을 자신의 명의로 대리하는 것을 말하며 단순대행과 포괄대행으로 구분된다. 단순대행은 명의수탁자가 대행자의 명의를 이용하여 수출입을 진행하는 것을 말하며, 포괄대행은 대행자가 명의수탁자의 모든 수출입을 진행하는 것을 말한다.

제도의 실시 초기에는 대기업 그룹사의 수출물량을 전부 모아 수출을 대행함으로써 다양한 상품을 취급하였다. 그러나 무역이 일반화됨으로써 각 기업들이 직접 수출입을 하게 되어 종합무역상사의 수출물량 감소와 정부지원의 축소로 종합무역상사의 주업이 수출대행에서 해외자원 개발, 투자 등 수익성 위주로 재편되었다. 이러한 업무의 재편으로 국가적인 차원에서 정보기술(information technology; IT), 생명공학기술(bio technology; BT), 나노기술(nano technology; NT) 등 첨단산업의 수출대행을 효과적으로 수행할 수 없게 되어 2009년 10월 종합무역상사제도를 폐지함과 동시에 새로운 수출진흥 모델로서 전문무역상사제도를 도입하게 되었다.

전문무역상사란 해외마케팅 능력이 우수하고, 중소(제조)기업의 물품을 구매하여 판매하거나(타사제품 구매수출), 수출 프로세스 전체를 일괄대행(수출대행)하거나, 우수제품을 보유하고도 독자 수출능력이 부족한 중소(제조)기업을 자문할 수 있는 무역 노하우(know-how)가 풍부한 무역전문기업을 말한다.

전문무역상사의 지정업무는 민간단체인 한국무역협회가 맡고, 지정기준을 종합무역상사의 지정기준보다 대폭 완화하여 전문무역상사를 선정하고 산업통상자원부와 한국무역협회, 중소기업진흥공단, 코트라(Korea Trade-Investment Promotion Agency; KOTRA)가 공동으로 운영한다. 전문무역상사 자격의 기본조건은 전년도 수출실적이 100만불 이상이고 동시에 타사제품의 수출비중이 10% 이상 되어야 한다. 자격기간은 선정일로부터 2년간이며, 기간 종료 후 재신청이 가능하나 기본조건이 충족되어야 한다. 해외지사, 법인, 해외거래선 등이 풍부한 업체는 가산점이 부여되어 선정 시 유리하다. 전문무역상사는 수출상담회 및 무역협회 홈페이지를 통한 사업기회 확대, 지속적인 홍보에 의한 신뢰도 제고, 'FTA(free trade agreement)' 전문교육 실시 등의 혜택이 있다. 대우인터내셔널, 삼성물산, 현대종합상사, GS글로벌, LG상사, SK네트웍스 등 기존의 대형종합무역상사들은 현재 모두 전문무역상사이다.

제 5 절 공고

수출입품목은 대외무역법상 수출입공고, 전략물자 수출입 고시 및 통합공고에 의하여 관리되고 있다.

1. 수출입공고

수출입공고(輸出入公告: notification of export and import)란 수출입품목 관리를 위한 기본공고이며 수출입제한품목에 대한 수출입요령을 알리는 것으로서 그 내용은 다음과 같다.

① 수출입에 관한 자동승인품목(automatic approval items), 제한승인품목[9] 또는 금지품목 등의 구분

② 제한승인품목의 품목별 수량, 금액, 규격 또는 지역 등의 구분

③ 제한승인품목의 품목별 수량, 금액, 규격 또는 지역 등의 제한에 따른 물품의 수출·수입에 관한 추천 또는 확인 등의 절차

1) 수출입공고의 품목분류

우리나라는 개방경제체제로서 대부분의 수출입품목을 개방하고 있으므로 수출입공고의 품목분류로서 'Negative List System'을 채택하고 있다.

'Negative List System'[10]이란 수출입물품과 관련된 협회나 조합 등으로부터 수출승인을 받아야만 수출입이 가능한 수출입제한승인품목만을 열거하는 방식을 말한다. 수출입공고는 수출금지품목과 수출입제한품목만을 열거하고 있으므로 수입금지품목은 없으며 수출입공고에 열거되지 않은 품목은 수출입승인 없이 수출입이 가능한 수출입자동승인품목이다. 수출입지역은 원칙적으로 제한이 없으나 전쟁, 천재지변, 국민건강

---

9) 승인의 신청 및 변경신청 절차는 대외무역법시행령 및 대외무역관리규정에 규정되어 있음.

10) 수출입이 가능한 품목만 열거하는 방식을 'Positive List System'이라고 한다.

등의 이유로 대통령에 의한 특별조치로 제한 또는 금지할 수 있다. 수출입공고의 품목분류는 통일상품분류코드 체계에 따른다.

2) 통일상품분류체계

통일상품분류체계(Harmonized Commodity Description and Coding System)란 각국의 상품분류가 관세부과, 무역통계 및 보험·운송 등 사용목적에 따라 상이하여 무역상품의 이동에 따라 일일이 상품분류를 변경하여 적용하는 불편함을 해소하고 국제무역의 원활화와 관세율 적용의 일관성을 유지하기 위하여 무역상품을 숫자 코드(code)로 분류하여 세계적으로 통일화시킨 상품분류체계를 말하며, 간략히 'HS(Harmonized System)'라고 한다. 상품분류(品目分類)란 수출입물품이 관세율표의 어느 호(HS Code)에 해당하는가를 결정하는 것을 말한다.

'HS'는 관세협력이사회(關稅協力理事會: Customs Cooperation Council)가 표준국제무역분류(Standard International Trade Classification; SITC), 관세협력이사회 상품분류(Customs Cooperation Council Nomenclature: CCCN), 미국 관세율표(Tariff Schedules of the United States Annotated; TSUSA) 등을 국제적으로 통일하기 위해[11] 1983년 6월 총회에서 통일상품분류체계에 관한 국제협약(International Convention on the Harmonized Commodity Description and Coding System)을 채택하여 도입한 새로운 상품분류체계로서 1987년 1월1일부터 효력을 발생하게 되었다. 우리나라는 1988년 1월부터 실시하고 있다.

'HS Code'는 국제적으로 통일된 상품분류를 10단위까지 사용할 수 있으며 6단위까지는 국제공통으로 사용하고 7단위부터는 각국이 통계 또는 관세 부과 등의 목적으로 필요에 따라 세분화하여 사용할 수 있다. 미국은 10단위, 일본은 9단위, 중국은 8단위를 사용하고 있으며 우리나라는 품목의 세분류를 10단위로 구성한 한국통일상품분류체계(Harmonized System Korea; HSK)를 사용하고 있다.

'HS Code'는 물품의 종류를 대분류, 중분류, 소분류 및 세분류하고,

11) 종래의 'CCCN'은 순수하게 관세부과가 목적이었지만 'HS'는 관세·무역·통계·운송·보험 등 전 분야에 사용될 수 있도록 'CCCN'을 보완한 다국적 상품분류이다.

code는 중분류부터 부여한다. 대분류는 21개의 부(section)로 구성되어 있다. 각 부는 산업별 생산품과 기술제품 순으로 수평적으로 나열하고, 제1~4부는 농·수·임산물, 제5~6부는 광물과 화공물품, 제7~14부는 경공업 제품, 제15~17부는 기계·전기 기기와 수송 기기, 재18~19부는 전자·정밀 기기, 제20~21부는 잡제품과 예술품을 열거하고 있다. 중분류는 제1~97류로 구성된 류(chapter)를 말한다. 각 류는 상품의 군별 구분으로서 10단위 중 첫 2단위의 숫자로 나타낸다. 소분류는 5,205개로 구성된 호(heading)를 말하며 동일류 내에서 상품의 종류별, 가공도별 분류로서 중분류 뒤의 두 단위 숫자를 더한 4단위로 나타낸다. 세분류는 12,232개로 구성된 소호(sub-heading)를 말하며, 동일 호(heading) 내 품목의 용도, 기능 등에 따라 세분한 것으로 호와 그 뒤의 두 단위를 더한 숫자 6단위로 나타낸다. 7단위부터는 규정된 명칭 없이 통계부호라고 한다.[12)]

(1) HS Code의 용도

① 수출입신고

통일상품분류체계(HS)를 바탕으로 특정 무역품의 'HS Code(품목번호, 세번부호)'를 관련 당사자가 직접 결정할 수 있다.[13)] 결정된 'HS Code'에 따라 관련 제품의 원산지 표시대상 유무, 수입관세율 및 수출입요건 등을 관세청 홈페이지에서 직접 확인할 수 있다.

'HS Code'의 6단위는 국제공통이나 7단위부터는 국가마다 다른 기준을 적용하므로 동일한 물품이라도 6단위까지는 동일하지만 수입지 세관이 결정한 'HS Code'와 수출지 세관이 결정한 'HS Code'가 다를 수 있다. 'HS'는 'HS Code'를 결정하는 기준에 불과하며, 'HS Code'의 해석을

---

12) 자동차 에어백의 'HS Code'는 8708.95.1000이다. 앞의 2자리 87은 류로서 자동차, 앞의 4자리 8708은 호로서 자동차 부품, 8708.95는 소호로서 에어백, 1000은 우리나라가 부여한 통계부호이다. 컴퓨터 마우스의 'HS Code'는 8471.60.1030이다. 앞의 2자리 84는 류로서 기계, 앞의 4자리 8471은 호로서 자동자료처리기, 8771.60은 소호로서 입력 및 출력장치, 1030은 우리나라가 부여한 통계부호이다.

13) 일반적으로 무역업자는 직접 'HS Code'를 결정하기 어려워 관세사 혹은 관세청을 통하여 확인한다.

관련 당사자가 직접 할 수 있으므로 동일 제품에 대한 국제공통인 6단위도 또한 다를 수 있다.

'HS Code'에 따라 관련 품목의 관세율이 다르므로 정확한 'HS Code'를 알아야 한다. 수출신고 시에는 수출관세가 없으므로 'HS Code'가 큰 의미가 없지만, 수입신고 시에는 수입지 세관이 인정하는 'HS Code'에 따른 세액을 납부해야 하므로 그 의미가 크다. 수입업자는 수출업자의 송장에 나타난 'HS Code'로 수입신고해서는 안 되며, 관세사 혹은 관세청을 통하여 확인한 수입지 세관이 인정하는 'HS Code'로 수입신고하여야 한다[14].

관세사 또는 관세청이 제공하는 'HS Code'와 수입지 세관이 인정하는 'HS Code'가 다른 경우[15], 관세평가분류원의 품목분류사전심사제도를 이용하여 유권해석을 받을 수 있다. 품목분류사전심사(品目分類事前審査)란 수출입물품이 관세율표의 어떤 품목번호에 해당되는지 분명하지 않는 경우, 품목분류를 명확히 하여 세율과 세액을 사전에 알기 위하여 관세청장에게 사전에 심사를 신청하는 제도를 말한다.

② FTA 협정세율 적용

'FTA(free trade agreement)' 체약국으로 수출하는 경우 수입신고 시 수입지 세관에서 'FTA' 협정세율을 적용받기 위해서는 원산지증명서를 수입자에게 제공하여야 한다. 이 경우 수출자는 수출지 세관이 인정하는 'HS Code'가 아니라 수입자에게 의뢰하여 확인한 수입지 세관이 인정하는 'HS Code'로 원산지증명서를 발급받아야 하며, 그렇지 않는 경우 'FTA' 협정세율을 적용받지 못한다.

---

14) 수입신고한 HS Code와 수입지 세관이 인정한 HS Code가 다르면 추후 관세를 추징당할 수도 있다.

15) HS Code에 따라 관세율이 달라짐으로 수출국에서는 관세율이 높은 Code를, 수입국에서는 낮은 Code를 선호함으로 분쟁이 발생할 수 있다. 예를 들면, 특정물품의 분류방식에 따라 특정국에서 과세대상 또는 무관세 대상이 될 수 있다.

2. 전략물자수출입고시

전략물자란 대량파괴무기, 재래식무기 또는 그들의 운반수단과 제조나 개발에 이용 가능한 물품, 소프트웨어 및 기술을 말하며, 이들이 위험한 국가나 단체에 이전되면 국제평화와 안전에 위해를 가할 수 있으므로 다자간 국제수출통제의 원칙에 따라 '군용물자 및 이중용도 품목'과 대량파괴무기(Weapons of Mass Destruction; WMD) 및 그 운반수단인 미사일의 개발, 제조, 사용 또는 저장에 전용될 수 있는 상황허가(Catch−All) 품목으로 구분하여 수출을 통제(catch)하고 있다.[16]

우리나라는 전략물자의 수출입 관리를 전략물자수출입고시에 규정하고 있다. 수출물품의 전략물자 해당여부는 전략물자관리원(www.kosti.or.kr)'에서 확인이 가능하다.

3. 통합공고

통합공고(統合公告)란 대외무역법 이외의 법령(무역에 관한 개별법[17])에서 관리하는 특정 물품의 수출 또는 수입 요령에 대한 알림을 말한다. 무역업자는 이들의 수출입 요건과 절차 사항이 여러 법률에 산재되어 있으므로 파악이 용이하지 않다. 통합공고는 이들의 수출입 요건과 절차 사항을 하나의 공고에 통합함으로써 무역업무를 간소화하는데 목적이 있다. 무역과 관련된 개별법령을 관리하는 행정기관장은 대외무역법과는 별도로 소관품목에 대한 수출·수입요령을 제정 또는 개정하는 경우 그 내용을 산업통상자원부장관에게 제출하여야 하며, 산업통상자원

16) Catch−All은 최종용도통제(end use control)라고 하며 수출업자가 해당품목이 국제사회에 통제되는 품목인지, 거래상대방이 제재대상 또는 대량파괴무기 확산에 연루된 자가 아닌지를 확인하고 관리하고 상대방의 대량살상무기 개발의도를 알았거나 그와 관련하여 의심스러울 때 전략물자와 마찬가지로 수출허가를 받도록 하는 제도를 말한다.

17) 마약법, 약사법, 식품위생법, 검역법, 문화재보호법 등 특별법의 적용을 받는 통합공고 대상품목은 통합공고가 규정한대로 사전수출 허가나 신고 또는 추천의 절차를 거쳐야 한다.

부장관은 제출받은 수출·수입요령을 통합하여 공고하여야 한다.

통합공고는 수출입공고와는 상호 독립적으로 적용되며, 통합공고의 품목은 절차상의 요건확인을 득하면 물량제한을 하지 않지만 수출입공고의 수출입제한품목은 물량제한의 성격이 강하다.

그림 2-5 공고

수출입공고
대외무역법상 수출입 제한 또는 금지 품목

전략물자수출입고시
전략물자 수출입에 관한 사항

통합공고
개별법이 정하는 수출입 제한 또는 금지 품목 통합

제 6 절 수출입 승인제도

대외무역법은 원칙적으로 자유로운 수출입활동을 보장하나 특정거래, 국제법규, 생물자원 보호 등과 관련하여 특정 물품의 수출입을 제한하기 위하여 산업통상자원부장관의 수출입승인제도[18]를 실시하고 있다.

수출입승인제도(輸出入承認制度)란 수출입공고, 통합공고 등에 의하여 산업통상자원부장관이 수출입승인대상으로 지정하여 고시한 품목 즉, 수출입제한품목을 수출입이 가능하도록 허용하는 절차를 말한다. 수출

18) 긴급을 요하는 물품, 수출 또는 수입 절차를 간소화하기 위한 물품으로서 대통령령이 정하는 기준에 해당하는 물품의 수출 또는 수입은 승인을 면제한다.(예, 외교관의 국내반입 이삿짐)

입결제방식은 외국환관리법이 허용하는 결제방식이어야 하며 한국은행 총재 또는 기획재정부장관의 허가를 받아야 한다.

1. 수출입승인과 수출입요건 확인

수출입대상 물품이 수출입공고상의 수출입금지품목 또는 수출입제한품목인 경우 수출입공고상의 해당 수출요령에 규정된 기관이나 단체의 장으로부터 수출승인(export license; E/L) 또는 수입승인(import license; I/L)을 수출입이 가능하다. 또한 수출입대상 물품이 통합공고상의 수출입요건 확인품목인 경우 수출입공고상의 요건 확인기관으로부터 수출입요건 확인을 받아야만 수출이 가능하다. 해당 물품이 2개 이상의 법령에 관련되어 요건 확인기관이 2개 이상인 경우 모든 요건 확인기관의 확인을 받아야 만 수출입이 가능하다. 수출입공고나 통합공고의 제한 또는 수출입요건 확인품목이 아닌 대부분의 품목들은 수출입승인이나 수출입요건 확인이 필요하지 않다.

2. 수출입승인기관과 수출입승인 신청

수출입승인의 권한은 원칙적으로 산업통상자원부장관에게 있지만, 무역업무의 절차간소화, 효율화, 신속화를 위해 승인업무가 대부분 수출입물품의 관련 조합이나 협회, 단체, 세관장 등에 위임되어 있다.

수출·수입의 승인을 득하고자 하는 자는 수출입승인신청서에 수출신용장·수출계약서 또는 주문서(수출의 경우), 수입계약서 또는 물품매도확약서(수입의 경우) 등의 서류를 첨부하여 수출입승인기관장에게 승인을 신청하여야 한다.

예시 2-3 수출승인(신청)서

Export License(Application)

처리기간 : 1일
Handling Time : 1Day

① 수출자 무역업신고번호 (Exporter) (Notification No.) 상호, 주소, 성명 (Name of firm, Address, Name of Representative) (서명 또는 인) (Signature)	④ 구매자 또는 계약당사자 (Buyer or Principal of Contract) ⑤ 신용장 또는 계약서 번호 (L/C or Contract No.)
② 위탁자 사업자등록번호 (Requester) (Business No.) 상호, 주소, 성명 (Name of firm, Address, Name of Representative) (서명 또는 인) (Signature)	⑥ 금액(Total Amount) ⑦ 결제기간(Period of Payment) ⑧ 가격조건(Terms of Price)
③ 원산지(Origin)	⑨ 도착항(Port of Arrival)

⑩ Hs부호 (HS Code)	⑪ 품명 및 규격 (Description/Size)	⑫ 단위 및 수량 (Unit/Quantity)	⑬ 단가 (Unit Price)	⑭ 금액 (Amount)

⑮ 승인기관기재란(Remarks to be filled out by an Approval Agency)

⑯ 유효기간(Period of Approval)

⑰ 승인번호(Approval No.)

⑱ 승인기관 관리번호(No. of Approval Agency)

⑲ 위의 신청사항을 대외무역법 제14조제2항 및 동법 시행령 제26조제1항의 규정에 의하여 승인합니다.
(The undersigned hereby approves the above-mentioned goods in accordance with Article 14(2) of the Foreign Trade Act and Article 26(1) of the Enforcement Decree of the said Act..)

년 월 일
승인권자 (인)

※승인기관이 2이상인 경우 ⑮~⑲의 기재사항은 이면에 기재하도록 합니다.
※이 서식에 의한 승인과는 별도로 대금결제에 관한 사항에 대하여는 외국환거래법령이 정하는 바에 따라야 합니다.

예시 2-4 수입승인(신청)서

Import License(Application)

처리기간 : 1일
Handling Time : 1Day

① 수입자 무역업신고번호 (Exporter) (Notification No.) 상호, 주소, 성명 (Name of firm, Address, Name of Representative) (서명 또는 인) (Signature)	⑤ 송화인(Consignor) 상호, 주소, 성명 (Name of firm, Address, Name of Representative)
② 위탁자 사업자등록번호 (Requester) (Business No.) 상호, 주소, 성명 (Name of firm, Address, Name of Representative) (서명 또는 인) (Signature)	⑥ 금액(Total Amount) ⑦ 결제기간(Period of Payment) ⑧ 가격조건(Terms of Price)
③ 원산지(Origin)	④ 선적항(Port of Loading)

⑨ Hs부호 (HS Code)	⑩ 품명 및 규격 (Description/Size)	⑪ 단위 및 수량 (Unit/Quantity)	⑫ 단가 (Unit Price)	⑬ 금액 (Amount)

⑭ 승인기관기재란(Remarks to be filled out by an Approval Agency)

⑮ 유효기간(Period of Approval)

⑯ 승인번호(Approval No.)

⑰ 승인기관 관리번호(No. of Approval Agency)

⑱ 위의 신청사항을 대외무역법 제14조제2항 및 동법 시행령 제26조제1항의 규정에 의하여 승인합니다.
(The undersigned hereby approves the above-mentioned goods in accordance with Article 14(2) of the Foreign Trade Act and Article 26(1) of the Enforcement Decree of the said Act..)

년 월 일

승인권자 (인)

※승인기관이 2이상인 경우 ⑭~⑱의 기재사항은 이면에 기재하도록 합니다.
※이 서식에 의한 승인과는 별도로 대금결제에 관한 사항에 대하여는 외국환거래법령이 정하는 바에 따라야 합니다.

예시 2-5 수출입승인유효기간연장승인(신청)서

수출입승인유효기간연장승인(신청)서

[별지 제3-9호 서식] (용)

처리기간
3 일

① 신청인 (상호,주소,성명)	무역업고유번호	② 연장전 승인일자
		③ 연장전 승인번호
(서명 또는 (인))		④ 사후관리은행명
⑤ 연장승인신청일자		
⑥ 연장승인요청기간		
⑦ 연장승인기간		

⑧ 위 신청사항을 대외무역법 제20조 및 동법 시행령 제37조의 규정에 의하여 연장승인합니다.

연장승인조건 :

20 년 월 일

승인권자 : (인)

3. 수출입승인의 유효기간과 변경

수출승인 또는 수입승인의 유효기간은 1년으로 한다. 다만, 산업통상자원부장관은 국내의 물가안정·수급조정·물품의 인도조건, 기타 거래의 특성에 따라 필요하다고 인정되는 경우 유효기간을 달리 정할 수 있다.

수출입승인을 받은 원산지, 도착항(수출의 경우), 규격, 수출입물품의 용도(단, 수출입승인 용도가 지정된 경우) 등 중요한 승인사항의 변경은 수출·수입승인의 유효기간 내에 당초 승인을 받은 수출입승인서 또는 수출입승인사항변경승인·신고신청서에 변경 사실을 증명하는 서류를 첨부하여 신고하고 당초 승인한 기관장의 변경승인을 받아야 한다. 승인기관의 장은 변경승인·신고한 경우 그 변경승인·신고 사실을 해당 세관장에게 통보하여야 한다.

4. 수출입승인의 사후관리

수출입승인기관의 장은 수출·수입승인의 이행사항을 내용별로 확인하여야 하며, 수출입승인을 득한 자는 유효기간 내에 당해 수출·수입을 이행하고 이를 입증할 수 있는 다음 각 호의 서류를 당해 승인기관의 장에게 제출하여야 한다. 두 개 이상의 승인기관에서 승인을 득한 자는 각 승인기관에 해당서류를 제출하여야 한다. 다만, 전산관리체제로 이를 확인할 수 있는 경우에는 그러하지 아니하다.

① 수출·수입신고필증 또는 관세법에 의한 컨테이너 반입확인서 등 수출입 이행사항을 확인할 수 있는 서류 사본 1부

② 조건부 승인의 경우에는 그 조건의 충족을 입증할 수 있는 서류 1부

5. 수출입실적의 인정

수입실적의 인정범위는 유상수입으로 하며, 수출실적의 인정범위는

다음 각 호로 한다.

① 유상수출거래

② 승인이 면제되는 수출 중 현지에서 매각된 것, 해외건설공사에 직접 공하여지는 원료·기재, 공사용 장비 또는 기계류의 수출

③ 무역업자 또는 수출물품 제조업자에 대한 외화획득용 원료 또는 물품의 공급 중 수출에 공하여지는 것으로 다음 각 목의 1에 해당하는 경우

가. 내국신용장(內國信用狀: local L/C)에 의한 공급

나. 구매승인서(購買承認書)에 의한 공급

다. 산업통상자원부장관이 지정하는 생산자의 수출물품 포장용 골판지상자의 공급

수출·수입실적의 확인 및 증명 발급기관장은 외국환은행장, 한국무역협회장 또는 산업통상자원부장관이 지정하는 기관의 장이 된다.

6. 특정거래형태의 수출입인정

특정거래형태의 수출입이란 일반거래형태가 아닌 거래를 말하며, 여러 국가를 거쳐 생산 및 유통되는 경우 등과 같은 무역거래 환경을 고려하고 수출입 제한을 우회(circumvention)하는 거래를 방지하기 위한 제도를 말한다.

특정거래형태의 수출입 유형은 산업통상자원부장관이 고시하며, 조약이나 국제법규에 의한 수출입 제한을 면탈(免脫)할 우려가 있거나 산업보호에 지장을 초래할 우려가 있는 거래, 외국에서 외국으로 물품이 이동되고 그 대금의 지급 또는 영수가 국내에서 이루어지는 거래로서 대금결제 상황을 확인하기가 곤란하다고 인정되는 거래, 대금결제가 수반되지 아니하고 물품의 이동만 이루어지는 거래 등이며, 이들 중 일부는 산업통상자원부장관(무역정책팀)의 인정을 받아야만 수출이 가능하다.

1) 특정거래의 종류

① 위탁판매수출로서 판매계약기간 종료 후 판매 잔량을 6월을 초과

하여 재수입하는 경우

② 위탁가공무역으로서 다음 각 호의 1에 해당하는 경우

가. 수입되는 가공물품이 수입제한물품인 경우

나. 수출제한요건을 충족하지 않고 외국에 판매하는 경우

다. 최종가공물품을 가공기간 종료 후 6월을 초과하여 재수입하는 경우(외국에 판매하는 사실을 확인할 수 있는 경우는 제외)

③ 수탁가공무역으로서 가공물품을 가공기간 종료 후 6월을 초과하여 수출하는 경우

④ 임대수출로서 임대계약기간 만료 후 3월을 초과하여 재수입하는 경우, 다만 다음 각 호의 요건을 충족하는 경우는 제외된다.

가. 소유권 이전의 사유가 타당하다고 인정되는 경우

나. 수출된 물품의 감정가격에 상당하는 금액 이상을 회수하였거나 회수가 확실하다고 인정되는 경우

다. 당초 수출시 수출제한품목으로서 조건부 승인을 받은 경우에는 소유권 이전에 따른 별도의 승인을 득한 경우

⑤ 중계무역으로서 다음 각 호에 해당되는 경우

가. 수출입물품을 보세구역 또는 타소장치장 이외의 국내에 반입하고자 하는 경우

나. 선적서류를 하나의 외국환은행을 통하여 인수 및 송부하지 않는 거래(단, 송금방식의 경우는 대금의 영수 및 지급을 하나의 외국환은행을 통하여 행하지 않는 거래)

⑥ 외국인도수출로서 다음 각 호 1에 해당하지 않는 경우

가. 외국인수수입에 의한 수입물품으로서 해외에서 사용한 후 외국에 판매하고자 하는 물품

나. 항해 또는 어로작업 중에 현지에서 매각하고자 하는 선박(단, 수출입공고 등에 의한 제한 내용을 충족한 경우에 한함)

다. 해외에서 각종 사업에 사용한 후 외국에 판매하고자 하는 중고 시설기재 및 원자재

라. 해외투자사업의 현물 회수분으로서 외국에 판매하고자 하는 물품

2) 특정거래의 인정대상

① 중계무역으로서 선적서류를 하나의 외국환은행을 통하여 인수 및 송부하지 않는 거래와 대금의 영수 및 지급을 하나의 외국환은행을 통하여 행하지 않는 거래

② 신고가격 기준으로 미화 5만불 상당액 초과물품 등을 수출승인 면제에 해당하지 않는 사유로 무환수출하는 거래(위탁판매수출, 수탁판매수입, 위탁가공무역, 수탁가공무역, 임대수출, 임차수입, 연계무역에 해당하는 무역거래를 위한 무환수출은 인정대상에서 제외)

3) 특정거래의 수출입인정 절차 및 유효기간

특정거래의 수출입인정을 받고자 하는 자는 특정거래인정신청서에 거래요약서 등의 서류를 첨부하여 산업통상자원부장관에게 신청하여야 한다. 산업통상자원부장관은 특정거래에 대한 인정신청이 있는 경우 신청일로부터 7일 이내에 인정여부를 신청자에게 통보하여야 한다. 다만, 신청서 및 입증자료의 보완이 필요한 경우에는 별도의 기간을 정하여 신청인에게 이를 보완하도록 할 수 있으며 이 기간은 처리기간에 산입하지 아니한다.

7. 전자적 물체의 수출입인정

전자적 물체의 수출입인정은 전자적 형태의 무체물(無體物)을 정보통신망을 통하여 국제간에 인도·인수하는 것을 수출입으로 인정하여 대외무역법 체계 하에서 수출입을 관리 지원하는데 목적이 있다. 전자적 형태의 무체물을 확인하는 기관은 한국무역협회 및 한국소프트산업협회이며, 관련 증명서는 외국환은행이 발급한다.

8. 용역의 수출입인정

용역의 수출입인정은 지식서비스의 수출입을 무역으로 인정하여 무역

금융, 수출보험 등을 지원하는데 그 목적이 있으며, 그 대상은 다음과 같다. 용역(用役) 수출입의 확인기관은 한국무역협회이며, 관련 증명서는 외국환은행이 발급한다.

① 다음의 1에 해당하는 업종의 사업을 영위하는 자가 제공하는 용역

경영상담업, 법무관련 서비스업, 회계 및 세무관련 서비스업, 엔지니어링 서비스업, 디자인, 컴퓨터시스템 설계 및 자문업, 영화, 음반, 출판 등 문화산업에 해당하는 업종, 그 밖에 지식기반용역 등 수출유망산업으로서 산업통상자원부장관이 정하여 고시하는 업종

② 국내 법령 또는 대한민국이 당사자인 조약에 의하여 보호되는 특허권·실용신안권·의장권·상표권·저작권·저작인접권·프로그램저작권·반도체 집적회로의 배치설계권의 양도, 전용실시권의 설정 또는 통상실시권의 허락

제 7 절 수출입 질서유지

1. 불공정한 수출입행위 금지

무역거래자는 다음 각 호의 1에 해당하는 행위를 하여서는 아니 된다.

① 국내 법령 또는 교역상대국의 법령에 의하여 보호되는 특허권, 실용신안권, 의장권, 상표권, 저작권, 저작인접권,[19] 프로그램저작권 및 반도체집적회로의 배치설계권을 침해하는 물품을 수출 또는 수입하는 행위

---

19) 저작인접권이란 저작권과 유사한 권리로 저작물의 실연자(實演者), 음반제작자, 방송사업자 등이 소유하는 권리를 말한다. 즉 저작물을 일반 공중이 향유할 수 있도록 매개하는 자에게 부여한 권리를 말한다. 실연이란 저작물을 연기, 무용, 연주, 가창, 연술 그 밖의 예능적 방법으로 표현하는 것을 말하며, 저작물이 아닌 것을 이와 유사한 방법으로 표현하는 것을 포함한다(저작권법 제2조 제4호). 실연자란 실연을 하는 자 및 실연을 지휘, 연출 또는 감독하는 자를 말하며, 법인도 포함된다(저작권법 제2조 제5호).

② 원산지를 허위로 표시한 물품 또는 원산지 표시를 손상하거나 변경한 물품을 수출 또는 수입하는 행위
③ 수출입계약을 현저하게 위반한 물품을 수출 또는 수입하는 행위
④ 공정한 상관습에 반하여 물품을 수출 또는 수입하는 행위

2. 수출품 디자인 보호

산업통상자원부장관은 수출물품 중 디자인(design) 모방을 방지하여 그 개발의 촉진이 필요하다고 인정하는 경우, 당해 품목을 디자인 보호가 필요한 품목(디자인 지정품목)으로 지정할 수 있다.

산업통상자원부장관은 디자인 지정품목의 경우 당해 물품의 디자인 등록과 인정에 관한 업무를 담당할 기관(디자인 인정기관)을 지정하여야 하며, 디자인 지정품목 및 디자인 인정기관을 지정한 때에는 이를 공고하여야 한다.

무역거래자는 디자인 지정품목의 디자인을 당해 디자인 인정기관에 등록할 수 있으며, 디자인 지정품목을 수출하고자 하는 자는 미리 디자인 인정기관으로부터 당해 물품의 디자인이 다른 사람이 등록한 디자인과 동일하거나 유사한 것이 아님을 인정받아야 한다.

3. 수출입조합

동종 또는 유사 물품의 수출 또는 수입의 질서유지와 조합원의 공동이익을 증진하기 위하여 무역거래자는 산업통상자원부장관의 인가를 받아 수출조합, 수입조합 또는 수출입조합을 설립할 수 있다.

제 8 절 수출입 지원제도

수출입지원제도는 관세환급, 무역금융, 내국신용장, 구매승인서, 무역어음, 수출보험 등이 있다.

1. 관세환급

수출품 생산에 필요한 원재료를 해외로부터 수입할 때에 부과 및 징수한 수입관세, 수입부가치세 및 내국소비세 등 제세를 '수출용 원재료에 대한 관세 등 환급에 관한 특례법'(약칭 관세환급특례법)에 의하여 당해 수입원재료를 사용하여 완성된 물품을 수출한 경우에 되돌려 주는(draw back) 제도를 말한다. 수출물품 생산에 소요된 수입원재료의 양을 계산한 후 원재료 수입 시 납부한 관세를 계산하여 돌려주는 것을 개별환급이라고 한다. 정부가 특정 수출물품별 환급액을 사전에 정하여 고시한 후 해당 물품을 수출한 수출업자가 신청하면 정해진 금액을 환급하는 것을 정액환급이라고 하며 예외적인 경우에만 적용한다.

2. 무역금융

무역금융(貿易金融)이란 대외무역거래를 원활히 하기 위하여 지원하는 수출금융과 수입금융 모두를 의미하나 대부분이 수출금융이다.

수출금융(輸出金融: export financing)이란 수출업자의 원자재 발주에서 제품판매대금 회수까지의 자금소요시기에 따라 제조자금, 가공자금, 집화자금, 선적자금 등 단기운전자금 대출과 장기연불방식에 의한 플랜트 또는 기자재 등 해외수출업자에게 지원하는 중·장기지원금융을 총칭하며, 금융기관이 수출업체 및 수출물품 생산업체를 대상으로 수출물품 선적전에 필요한 운전자금을 지원하는 무역관련 금융 및 지급보증을 말한다.

수입금융(輸入金融)이란 신용장 개설자금 및 수입어음 결제자금 등 수입자금의 융통을 말한다.

무역금융은 한국은행이 일반금융기관의 수출업자에 대한 무역금융 등 지원실적을 기준으로 은행별 저리의 자금(총액대출한도)을 지원하여 일반금융기관이 한국은행 총액한도 대출관련 무역금융취급세칙 및 동 취급절차에 근거하여 수출실적(수출용 납품실적 포함) 또는 수출서류(L/C, Local L/C, D/A, D/Payment 등)를 근거로 수출업자에게 저리로 운전자금을 선적 전에 지원하여 수출대금으로 상환하도록 하는 제도이다.[20)]

3. 내국신용장

수출업체가 수출품을 확보하기 위해서는 직접 제조·생산하거나 제3자로부터 완제품을 구매하여야 한다. 직접 제조·생산의 경우에는 필요한 원재료를 국내 또는 해외에서 구매하여야 하며, 해외에서 구매하는 경우에는 수입신용장을 개설하여야 한다. 국내에서 수출용 원재료나 완제품을 구매하는 경우에는 무역금융규정상의 내국신용장과 대외무역법령상의 구매승인서가 활용된다.

내국신용장(內國信用狀: local L/C)이란 융자대상증빙(신용장기준 무역금융) 또는 과거수출실적(실적기준 무역금융)을 보유한 국내 수출업체가 수출이행에 필요한 원자재 또는 완제품을 국내 다른 업체로부터 원활하게 조달할 수 있도록 국내 수출업체의 거래은행이 국내 수출업체의 국내 수출물품공급업체를 수익자로 하여 발행한 내국용 신용장을 말한다.[21)]

내국신용장은 수출신용장, 'D/A' 또는 'D/P' 계약서, 외화표시 물품공급계약서, 외화표시건설 및 용역공급계약서, 기 발행된 다른 내국신용장을 근거로 발행되며 이점과 결제절차는 다음과 같다.

① 국내 수출업체의 거래은행이 수익자(수출물품 공급업체)에게 물품공급대금의 지급을 보장함으로서 내국신용장 발행의뢰인(국내 수출업체)은

---

20) 기한부신용장 등에 의한 기한부환어음을 만기일 이전에 금융기관이 매입하는 것은 선적후금융이다.

21) 해외에서 발행된 수출신용장을 'master L/C', 내국신용장을 'local L/C'라고 한다.

원재료를 원활히 조달할 수 있으며, 수익자는 내국신용장에 근거한 환어음을 외국환은행에 매도(negotiation) 또는 추심(collection) 의뢰하여 물품대금을 신속하고 안전하게 회수할 수 있다.

내국신용장에 근거하여 환어음의 매입(추심)의뢰 시 구비서류는 내국신용장, 환어음, 물품수령증명서, 공급자 발행 세금계산서 사본 등이다.

② 수익자는 내국신용장을 근거로 공급물품을 제조·가공하는데 필요한 자금을 무역금융(생산자금 및 원자재자금)으로 지원받을 수 있으며, 수출용 원자재 및 완제품을 구매하기 위하여 또 다른 내국신용장의 발행을 의뢰할 수 있으며, 공급실적을 수출실적으로 인정받을 수 있으며, 관세환급, 부가가치세 영세율 적용 등의 혜택을 받을 수 있다.

그림 2-6 내국신용장 거래절차

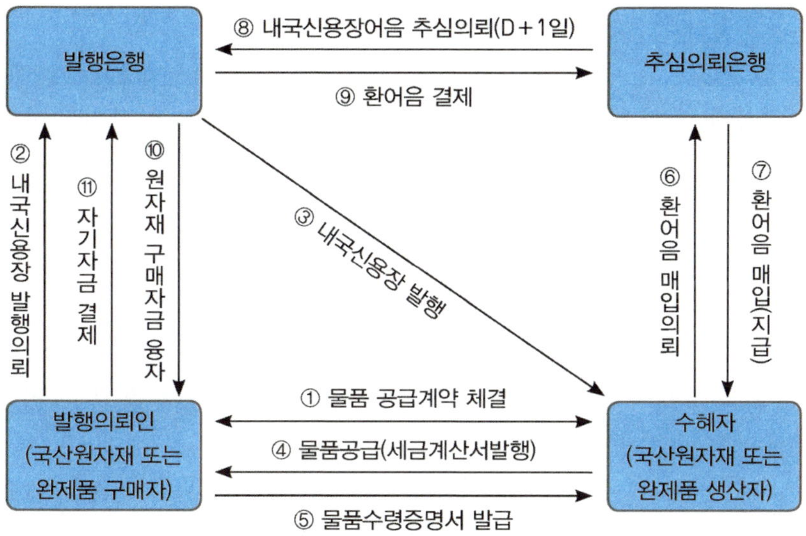

4. 구매승인서

국내 수출물품 공급업체가 수출업체를 통하여 반제품이나 완제품을 수출하는 경우, 수출업체는 해외 수입업체와 거래관계가 있으므로 해외에서 발행된 신용장(master L/C), 수출신고필증 등 수출인정서류를 구비할 수 있으나 국내 수출물품 공급업체는 부가가치세 영세율 적용과 수출실적증명에 필요한 수출인정서류를 구비할 수 없다. 수출실적은 무역금융한도와 관련된다.

수출업체는 국내 수출물품 공급업체로부터 구매한 물품대금에 대한 부가가치세 영세율 적용을 받기 위하여, 국내 수출물품 공급업체는 수출업체를 통한 수출물품에 대한 수출실적을 인정받기 위하여 내국신용장(local L/C)과 구매승인서를 사용한다.

구매승인서는 국내생산 물품이나 수입된 물품을 외화획득용 원료 또는 물품으로 구매하는 경우 외국환은행장이 발급하는 증서로서[22] 송금방식수출과 같이 내국신용장을 개설할 수 없는 경우, 무역금융 융자한도가 부족한 경우, 간소한 서류에 의한 수출의 경우 등의 상황에서 활용된다.

내국신용장은 은행이 대금지급을 보증하나, 구매승인서는 사적계약자유의 원칙에 의하여 구매자와 공급자 간에 직접 대금이 결제되며 은행이 대금지급을 보증하지 않는다. 내국신용장은 무역금융 융자대상이며 당해 업체의 무역금융 융자한도 내에서 발행이 가능하나, 구매승인서는 내국신용장과 마찬가지로 수출물품 공급업체가 수출실적을 인정받고 부가가치세 영세율 적용을 받지만 무역금융의 융자대상이 아니며 거래증빙 서류를 구비하여 신청하면 외국환은행장이 대외무역법 외에 무역금융규정 시행세칙상 내국신용장에 대한 규정에 준하여 제한 없이 발급한다.

구매승인서는 해외수입업체에 수출하는 방법 중 국내구매에 의한 수출을 인정하는 서류이므로 최종구매자가 해외수입업자라는 것이 입증되어야 한다. 국내 수출물품 공급업체와 공급받는 업체와의 계약서를 기초로는 구매승인서가 발급되지 않는다. 구매승인서는 1차 내국신용장 또는 1차 구매승인서를 근거로 2차 구매승인서, 2차 내국신용장 또는 2차 구매승인서를 근거로 3차 구매승인서와 같이 순차적으로 발급이 가

---

22) 대외무역관리규정 제1-0-2

능하지만, 1차로 구매승인서의 수혜자가 유통업자인 경우 1차에 한하여 추가로 구매승인서를 발급할 수 있다.

구매승인서가 은행의 지급보증이 없지만 국내거래에 의한 수출실적을 인정받는 서류로서 가장 선호되는 이유는 절차와 서류의 간소성 때문이다. 국내 거래당사자가 상호간의 계약에 충실하고 해외 수입업체와의 계약이 합법적이면 무역관리규정의 구매승인서 발급근거 서류와 은행이 요구하는 일정의 서류만 구비하면 발급이 가능하다.

구매승인서를 발급할 수 있는 관련 서류는 다음 각 1호에 해당되면 가능하다.

① 물품을 공급받는 자가 해외수입업자로부터 받은 수출신용장(master L/C).

② 'D/A' 또는 'D/P' 조건 수출계약서 또는 이에 준하는 계약서.

③ 송금방식에 의한 수출의 경우 해외로부터 송금을 증명하는 외화매입(예치)증명서

④ 국내 해외수출업자가 해외매수인으로부터 받은 'master L/C'를 근거로 국내 물품공급업자에게 내국신용장을 발급해 주고, 국내 물품공급업자가 다른 국내 물품공급업자에게 구매승인서를 발급하고자 하는 경우에는 내국신용장

⑤ 상기 ④항과 마찬가지로 2차, 3차 구매승인서를 발급하고자 하는 경우에는 구매승인서

⑥ 대외무역시행령 제34조 각 호의 규정에 의한 외화획득에 공하는 물품을 생산하기 위한 경우임을 입증할 수 있는 서류(수출신고필증 등)

5. 무역어음

무역어음제도는 수출업체가 수출품을 제조, 가공하여 선적하기까지 소요되는 자금을 수출신용장, 수출계약서, 내국신용장 등을 근거로 무역어음을 발행하여 조달할 수 있게 하는 선적전 금융을 말한다.

수출업체가 기한부 무역어음을 발행하여 금융기관(인수기관)에 인수를 요청하고 인수가 이루어지면, 중개기관(인수어음 할인 매출기관)에게 일반

투자가들을 대상으로 인수된 어음을 할인매각하게 하여 필요한 자금을 조달하고 수출한 후 무역어음 만기일에 결제한다.

그림 2-7 무역어음 유통체계

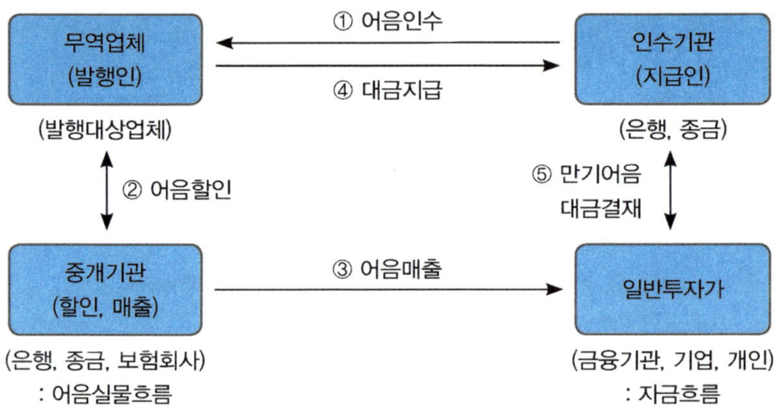

6. 수출보험

수출보험(輸出保險: export insurance)이란 수출 및 대외거래 시 수반되는 여러 위험 중 해상보험과 같이 통상의 보험으로 구제받을 수 없는 신용위험(信用危險: commercial risk),[23] 비상위험(非常危險: political risk),[24] 기업위험(企業危險: management risk)[25] 등에 의하여 수출업자, 생산자 또는 수출금융 지원 금융기관이 입은 불의의 손실을 정부가 보상하여 수출진흥을 도모하기 위한 비영리 정책보험을 말하며, 무신용장방식의 수

23) 신용위험이란 계약파기나 파산, 대금지급 불능, 지연 또는 거절 등의 경우와 같이 수입업자가 당연히 이행해야 할 채무 또는 의무를 불이행하는 위험을 말한다.

24) 비상위험이란 수입국의 외환거래 제한 및 금지, 수입 금지 및 제한, 수입국의 전쟁, 내란 등의 위험을 말하며 수입업자의 귀책사유가 되지 않는다.

25) 기업위험이란 수출업자, 생산자, 금융기관 등의 판매예상이나 경영예측의 어긋남 등 기업의 활동과정에서 발생하는 위험을 말한다.

출증가, 개도국으로의 수출증가 등으로 그 수요가 점증하고 있다.

세계무역기구(世界貿易機構: World Trade Organization; WTO)의 출범 이후 국제적인 무역규제의 완화로 조세, 금융 등 직접적인 수출지원 수단이 축소되거나 철폐되었으나 수출보험만은 용인되고 있으며, 대부분의 국가가 간접적인 수출지원수단으로서 수출보험을 활용하고 있다.

우리나라의 수출보험은 'K-sure 한국무역보험공사(Korea Trade Insurance Corporation)'와 수출입은행이 전담하고 있다.[26] 두 기관은 비영리 정책보험기관으로서 장단기수출 보험 및 보증, 수입업자 및 수입국에 대한 신용정보 제공, 물류비용 할인 및 자문 서비스 등의 업무를 수행한다.

수출보험의 종류는 다음과 같다.

① 중장기수출보험

수출대금 결제기간이 2년을 초과하는 수출계약 체결 후 수출이 불가능하게 되거나 수출대금을 받을 수 없는 경우에 입은 손실 보상

② 단기수출보험

수출대금 결제기간이 2년 이내인 수출계약 체결 후 수출이 불가능하게 되거나 수출대금을 받을 수 없는 경우에 입은 손실 보상

③ 수출보증보험

금융기관이 해외공사계약 또는 수출계약과 관련하여 수입업자에게 보증서(bond)를 발급한 후 수출업자의 수출불이행 또는 하자 발생 시 보증채무 이행에 따른 손실 보상

④ 수출어음보험

금융기관이 수출화환어음 매입 후 환어음 만기에 수출대금을 받지 못하는 경우 발생한 손실 보상

⑤ 수출신용보증

수출업자가 수출계약과 관련하여 금융기관으로부터 대출을 받거나 환어음을 매각하여 발생한 금융기관에 대한 채무에 대한 연대보증

---

26) 우리나라 수출보험은 1968년 수출보험법 제정 후 대한재보험공사, 한국수출입은행 등을 거쳐 1992년 7월 수출보험 독립전담기구로서 한국수출보험공사를 설립하여 운영하여 왔으며, 2010년 7월에 기관명을 'K-sure 한국무역보험공사'로 변경하였다. 'K-sure'는 'Korea Trade Insurance Corporation'의 'Korea'의 'K'와 'Insurance'의 'sure'를 의미한다.

⑥ **해외투자보험**

주식 취득 등 해외투자 후 원리금, 배당금 등을 회수할 수 없는 경우에 발생한 손실 보상

⑦ **농수산물수출보험**

농수산물 수출계약 체결 후 수출이 불가능하게 되거나 수출대금을 받지 못하는 경우 또는 당해 농수산물의 국내가격 변동으로 수출 이행 시 입은 손실 보상

⑧ **해외공사보험**

해외공사계약 체결 후 공사에 필요한 물품의 수출이 불가능하게 되거나, 공사를 위한 지출비용을 회수할 수 없게 되는 경우에 발생한 손실 보상

⑨ **시장개척보험**

무역전시회 참가, 해외직매장 설치 등 시장개척활동을 전개한 후 수출을 통해 시장개척활동 비용을 회수하지 못하여 발생하는 손실 보상

CHAPTER 03 수출무역절차

제 1 절 거래선 발굴
제 2 절 무역계약 체결
제 3 절 수출품 확보와 수출검사
제 4 절 수출통관
제 5 절 선적
제 6 절 수출대금 수취

여행객이 출입국을 할 때 마다 출입국절차를 거치는 것과 같이, 물품도 국경을 넘어 한 국가를 오갈 때 마다 정해진 법제도에 따라 그 절차를 밟아야 한다. 그렇지 않다면 여행객의 불법 출입국과 같이 물품의 불법 수출입이 된다.

무역업자가 수출입을 하기 위해서는 먼저 수출입 자격을 취득하고, 허용되는 대금결제방식으로 수출입이 가능한 지역에 수출입이 가능한 품목을 산업통상자원부장관이 위임한 관련 기관, 협회, 조합 등으로부터 수출입 승인을 받아야 한다. 국가마다 상품을 수출입자유품목, 수출입제한품목 및 수출입금지품목으로 정해 놓고 관리하고 있다.

수출무역절차란 대외무역법, 외국환관리법, 관세법, 무역금융규정 등 무역관련 법규에 의거하여 수출승인에서부터 수출품검사 및 대금회수까지의 모든 행정적 및 법적 절차를 말하며 해외시장조사, 거래선 발굴, 거래 문의와 회신, 청약과 승낙, 무역계약 체결, 신용장 접수, 수출승인, 수출물품 제조 및 확보, 수출통관, 선적, 대금회수 등의 단계를 거쳐서 이행된다.

제 1 절 거래선 발굴

1. 해외시장조사

해외시장조사(海外市場調査: overseas market research)란 신시장 개척, 기존시장 유지 또는 확대, 상실한 구 시장 회복 등의 목적으로 특정시장(target market)에 있어서 취급상품의 판매가능성 또는 구매가능성(selling or buying possibility)을 조사하는 것을 말한다. 국내시장조사와는 달리 해외시장조사는 지역적 격리, 국가 간의 문화, 외환제도, 상관습 등의 차이로 많은 어려움이 있지만 무역거래의 비용과 위험을 최소화하고 부가가치를 극대화하기 위하여 무역계약 체결 이전에 신속하고 정확하게 이루어져야 한다.

해외시장조사는 먼저 목적시장의 전반적인 개황(槪況)을 조사한 후 취급상품에 대한 세부적인 내용을 조사하여야 한다. 목적시장의 전반적인 개황(槪況)이란 지리적 및 사회적 여건, 정치, 경제, 사회, 풍토, 기후, 언어 등의 여건을 말하며, 취급상품에 대한 세부적인 내용이란 수요와 공급 실태, 산업 및 무역 동향, 무역관리제도, 시장의 특성, 유통구조 및 접근방법, 항만사정, 통신시설, 국민성, 상관습 등을 말한다.

해외시장조사는 해외출장, 해외지사 또는 거래처를 통하여 직접 할 수 있으나 다음의 방식을 이용할 수도 있다.

① 인터넷(internet)상의 각국 정부기관 및 기업 사이트, 무역관련 사이트, 기업정보 디렉터리(directory)

② 'UN 무역통계연보(Yearbook of International Statistics)', 'IMF 연보(International Financial Statistics)' 등의 국별 수출입통계 자료

③ 대한상공회의소(Korea Chamber of Commerce and Industry; KCCI), 대한무역투자진흥공사(Korea Trade Investment Promotion Agency; KOTRA),[1] 한국무역협회(Korea International Trade Association; KITA),[2] 금융기관 등 국내외 경제단체 및 유관기관

④ 주한 외국공관 또는 외국주재 한국공관(대사관, 공사관, 영사관)

⑤ 국내외 광고회사

2. 거래선 물색

해외시장조사를 통하여 수출을 위한 목적시장이 선정되면 그 현지시장에서 잠재력 있는 유능한 거래처를 다음의 방법으로 물색하여야 한다.

---

1) 'KOTRA'는 해외시장 조사와 개척, 수출입거래 알선, 해외시장정보 수집과 제공, 해외홍보, 투자진흥사업 등을 목적으로 설립한 정부투자기관이다.

2) 'KITA'는 무역회사가 회원이며 무역업계의 의견을 수렴, 조사하고 무역진흥에 필요한 사업수행을 목적으로 회원들에게 무역관련 자료와 정보 제공, 수출추천과 제 증명발급, 교육훈련 및 연수를 제공하고 한국종합무역센타를 운영한다.

① 인터넷

자사의 웹사이트(web site)를 구축하여 또는 무역관련 웹사이트[3]에 거래알선을 포스팅(posting)하거나 배너광고(banner advertising)로서 자사를 홍보할 수 있으며, 웹사이트를 통하여 또는 웹사이트의 무역전시회 등에 참가하여 직접 잠재고객을 물색할 수 있다.

② 한국수입업협회와 한국외국기업협회

우리나라 수입기업들이 회원인 한국수입업협회(Korea Importers Association; KIA)[4]를 이용하여 해외수출업자를 물색할 수 있고, 우리나라에 진출한 외국투자기업(국내지사)들이 회원인 한국외국기업협회(Korea Foreign Company Association; KFCA)를 이용하여 해외수입업자를 물색할 수 있다.

③ 자사 홍보물

자사 해외홍보용 상품목록(catalog) 등을 상품 설명에 중점을 두어 제작·배포하여 거래처를 발굴할 수 있다. 홍보물 배포대상 매수인 명단은 대한무역진흥공사, 한국무역협회, 상공회의소 등 경제단체 및 유관기관 또는 이들이 발행하는 잡지, 주한 외국대사관 상무관실 등을 통하여 입수할 수 있다. 국내외에서 개최되는 전시회나 박람회에 참가하여 홍보물을 직접 배포할 수도 있다.

④ 해외홍보매체

국내외에서 발간되는 해외배포용 매체(media) 또는 매체광고를 이용하여 거래처를 물색할 수 있다. 국내에서 발간되는 해외배포용 매체는 한국무역협회의 'Korea Export', 'Korea Trading Post', 대한무역진흥공사의 'Korea Trade & Business', 'Korea Trade,' '한국상품 종합카탈로그', 한국종합전시장의 'Korea Exhibition', Buyer's Guide Co.의 'Korea Buyer Guide' 등이 있다. 해외에서 발간되는 광고매체는 경제전문지인 'The Wall Street Journal'(미국), 'The Financial Time'(영국) 등이 있다. 매체의

3) 무역관련 사이트는 세계무역협회센터(http://iserve.wtca.org), 한국무역협회(http://www.ec.21.net), 한국무역정보통신(http://www.eckorea.net), 대한무역투자진흥공사(http://www.kobo.org), Sellers−Buyers International(http://www.ace−uk.com) 등이 있음.

4) 1970년에 지식경제부 산하 비영리 사단법인으로서 한국수출입오퍼협회로 설립되었다.

성격, 배포 부수 및 지역, 구독층 등을 고려하여 적합한 매체를 선정하는 것이 효과적이다.

⑤ 해외공공기관

각국의 상업회의소(商業會議所: Chamber of Commerce), 세계무역센타협회(World Trade Centers Association; WTCA) 및 각국의 세계무역센터(World Trade Center) 등 무역관련기관에 거래 알선이나 관련 업자 소개를 의뢰하여 거래선을 물색할 수 있다.

⑥ 사절단 및 전시회 참가

무역관련 기관이 구성하여 파견하는 각종 투자 및 무역사절단(trade mission), 박람회(trade fair), 전시회 등에 참가하여 거래처를 물색할 수 있다. 투자 및 무역사절단은 한국무역협회 국제통상부, 국내외전시회는 한국종합전시장(Korea Convention & Exhibition Center; COEX) 또는 대한무역투자진흥공사 전시부 및 해당 품목을 관장하는 수출조합 등을 통하여 참석할 수 있다.

⑦ 직접 방문

해당 국가를 직접 방문하여 거래처를 물색할 수도 있으나 다른 방법에 비하여 경비가 많이 드는 단점이 있다.

뉴욕 상업회의소에 스포츠용품 수입업체 소개의뢰 서신

June 20, 2014

New York Chamber of Commerce
99 Church St.
New York, N.Y. 10007
U.S.A.

Gentlemen:

We are well-established exporters of all kinds of Sporting Goods and have close connections with the leading manufacturers here.

We shall be grateful if you would introduce to us some reliable importers who are interested in this line of business.

For any information concerning our credit standing and reputation, Korea Exchange Bank, Seoul will provide you with the necessary information.

We thank you very much for your attention and look forward to your reply soon.

Sincerely,
Hansung Inc. Co., Ltd.

앞 서한에 대한 회신

June 30, 2014

Hansung Ind. Co., Ltd.
C.P.O. Box 7917
Seoul, Korea

Dear Mr. Ryu,

In reply to your letter of June 20, we have arranged to insert your announcement in the next issue of our bulletin, a copy of which will be sent to you upon publication.

We also suggest you contact the following firms who may be interested in the import of your goods:

Wilson & Co., Inc.
50 Liberty St.,
New York, N.Y. 10005

Ambassador International
35 East 25th St.,
New York, N.Y. 10035

While these firms have been long-established and enjoy a good reputation as the leading importers of Sporting Goods, we, of course, assume no responsibility for them.

They will give you their references from whom you will be able to obtain information about their standing.

We are happy to recommend these firms and shall be pleased to supply further information if you require.

Sincerely,
New York Chamber of Commerce

그림 3-1 수출무역절차

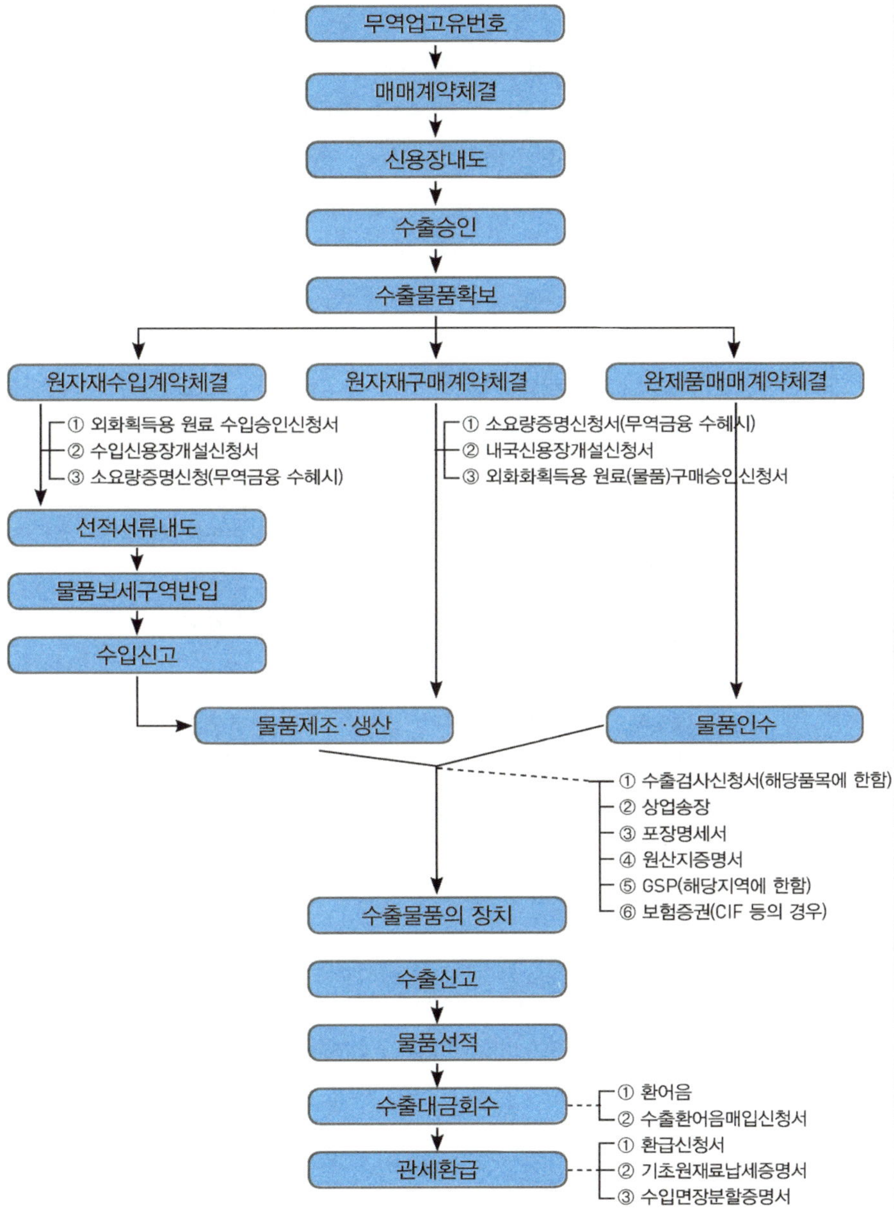
무역업고유번호
매매계약체결
신용장내도
수출승인
수출물품확보
원자재수입계약체결
원자재구매계약체결
완제품매매계약체결
① 외화획득용 원료 수입승인신청서
② 수입신용장개설신청서
③ 소요량증명신청(무역금융 수혜시)
① 소요량증명신청서(무역금융 수혜시)
② 내국신용장개설신청서
③ 외화화획득용 원료(물품)구매승인신청서
선적서류내도
물품보세구역반입
수입신고
물품제조·생산
물품인수
① 수출검사신청서(해당품목에 한함)
② 상업송장
③ 포장명세서
④ 원산지증명서
⑤ GSP(해당지역에 한함)
⑥ 보험증권(CIF 등의 경우)
수출물품의 장치
수출신고
물품선적
수출대금회수
① 환어음
② 수출환어음매입신청서
관세환급
① 환급신청서
② 기초원재료납세증명서
③ 수입면장분할증명서

3. 신용조회

무역거래 대상업체의 신용상태를 파악하는 것은 미래의 거래가능성을 진단하고 거래에 따른 위험요소를 사전에 예방한다는 측면에서 매우 중요하다. 최근에 이르러 확대되고 있는 국제신용거래를 고려할 때 신용조회의 중요성이 더욱 더 강조되고 있다.

신용조회(信用照會: credit inquiry)는 거래 개시 전에 당연히 해야 하지만 신용이 급변할 수 있으므로 거래 중에도 지속적으로 이루어져야 하며, 거래은행, 거래처, 상업회의소, 협회, 조합, 상업흥신소(mercantile credit agency or commercial inquiry office),[5] 해외지사, 신용조사기관 등을 통하여 할 수 있으나 일반적으로 상대방의 거래은행이나 거래처가 이용된다. 신용조회처가 상대방의 거래은행인 경우를 은행신용조회처(bank reference)라 하며, 상대방과 거래 경험이 있는 국내업체, 상대국의 다른 거래처, 현지의 상공회의소 등인 경우를 동업자신용조회처(trade reference) 또는 업계신용조회처(business reference)라고 한다.

국내 신용조사기관으로는 수출입은행, 한국무역보험공사, 대한투자진흥공사, 신용보증기금 등이 있으며, 이들은 세계의 유수한 상업흥신소와 제휴관계를 기반으로 신속하고 실비로 신용조사업무를 제공하고 있다. 거래가 중요하거나 장차 인수도거래(D/A)까지도 예상하는 경우에는 한국무역보험공사나 신용보증기금을 통한 신용조사가 바람직하다.

신용조회의 필수적인 사항은 'Character', 'Capital', 'Capacity'의 '3C's'와 이에 'Conditions'와 'Collateral'을 추가한 '5C's' 등이 있다.

① Character

'Character'는 기업의 성격 즉, 계약이행능력의 판단기준이 되는 기업의 성실성(integrity), 영업태도(attitude toward business), 업계평판(reputation), 계약이행에 대한 열의(willingness to meet obligations), 인격(personality), 도의심(moral sense), 클레임 해결에 임하는 자세 등을 말하며 무역에 있

5) 상업흥신소는 전문신용조사기관을 말하며 미국의 'Dun &Bradstreet, Inc.', 영국의 'Bradstreet British, Ltd.', 독일의 'Auskunft W. Schimmelofung', 일본의 'Tokyo Mercantile Agency,' 등이 있다.

어서 신용의 중요성을 고려할 때 가장 중요한 신용조회 요소이다.

② Capital

'Capital'은 기업의 자본력 즉, 재무상태의 판단기준이 되는 수권자본(授權資本: authorized capital)[6]과 납입자본(納入資本: paid-up capital),[7] 자기자본과 타인자본의 비율, 기타의 자산상태 등을 말하며, 결제능력 및 재정상태(financial status), 채무이행능력의 척도가 되며 대차대조표(貸借對照表: balance sheet), 손익계산서(profit and loss statement) 등을 이용하여 조사할 수 있다.

③ Capacity

'Capacity'는 기업의 영업능력(business ability)을 말하며, 회사의 형태(개인기업, 법인기업, 공개여부 등), 영업형태, 연간 매출액 및 생산량, 연혁(沿革: career) 또는 경력, 영업권(good-will),[8] 공장 및 설비 등이 판단 기준이 된다.

④ Conditions

'Conditions'는 현지시장 상황 즉, 현지의 정치 및 경제적 상황, 통화(currency), 통관절차, 항만 및 운송시설 등을 말한다.

⑤ Collateral

'Collateral'은 기업의 담보능력 즉, 물적 담보와 인적 담보(신용담보)의 충족가능성을 말한다.

---

6) 수권자본은 신주발행의 권한이 부여된 이사회에서 증자할 수 있는 주식총수 또는 주식금액의 총계를 말한다.

7) 주식회사는 수권자본의 범위 내에서 주식을 발행한다. 납입자본이란 이미 주식을 발행하여 인수납입이 완료된 자금을 말하며 이미 발행된 주식의 총액이 회사에 들어왔음을 의미한다.

8) 영업권이란 정상수익 이상으로 올릴 수 있는 초과수익의 원천 즉, 브랜드 명(brand name), 탄탄한 고객기반, 종업원의 높은 사기 등 무형재산을 말한다.

Bank of America에 모자 판매대리점 신청회사에 대한 신용조회 서신

April 25, 2014

Manager, Foreign Exchange Department
Bank of America
Liberty St., New York
N.Y. 10005
U.S.A

Gentlemen:

The ABC Trading Company, Phoenix, which has offered to represent us in marketing our Korean Hats in Phoenix, has referred us to you for particulars as to their credit standing.

We would be grateful if you would inform us whether you consider this company a reliable firm, and whether we would be justified in sending them our consignments to a sizable amount.

Any information with which you may supply us will be treated in absolute confidence.

Please accept our sincere appreciation for the trouble that this request may cause you.

Very truly yours,
DEF Company

앞 서신에 대한 회신

April 30, 2014

Manager
DEF Company
321 Samsung-Dong, Kangnam-Ku
Seoul, Korea

Gentlemen:

ABC Co.,Ltd.
Liberty St, New York, N.Y.10005,
U.S.A.

The above firm has been engaged in importing hats for more than twenty years and has sufficient capital for their requirements. As far as we knew, all their obligations have been paid promptly.

We believe that because of their steady and sincere way of conducting business, they can enjoy a good reputation among the leading wholesalers in our district.

Please note that this information is furnished without any responsibility on our part and should be treated in strict confidence.

Yours truly,
Bank of America

제 2 절 무역계약 체결

1. 거래제의와 조회

1) 거래제의

신용조회를 통하여 목적시장에서 신용상태가 양호한 거래처를 물색하였다면 수출상은 이들에게 거래제의장(去來提議裝: letter of business proposal)[9]을 발송하여 물품의 구매를 권유하게 된다.

거래제의 시 일반적으로 처음에는 거래제의장만 보내고, 상대방이 거래에 대한 관심(문의)을 표명하여 오면 오퍼(offer)나 견본을 즉시 송부한다. 적극적인 판매를 위하여 거래제의장 송부 시 상품목록(catalogue), 가격표(price list), 견본(見本: sample) 등을 동봉하기도 한다.

거래제의장은 일반적으로 서신으로 송부되지만 E-mail, Fax, Telex 등이 이용되기도 하며, 인터넷에 자사 홈페이지를 구축한 경우에는 자사 웹사이트 주소를 기재하는 것이 좋다. 거래제의장은 문화, 언어, 역사 등이 다른 외국인에게 자사를 처음으로 소개하는 편지이므로 개성과 진실성이 있고 호감이 가도록 작성되어 상대방의 구매의욕을 야기 시킬 수 있어야 하며, 일반적으로 그 내용은 다음과 같이 구성된다.

첫째, 상대방을 알게 된 경로를 이야기하고, 해당 시장이 처음이므로 상대방을 통하여 시장을 개척하고 싶다는 점을 강조한다.

둘째, 자사의 업종, 취급상품, 거래국가, 업계지위, 거래경험, 생산규모, 영업규모, 거래조건(특히 결제 및 가격조건) 및 신용조회처(주거래은행의 이름과 주소)를 기술한다.

셋째, 우수한 품질과 경쟁적인 가격을 제시할 수 있으며, 거래가 성사되면 상호이익이 된다는 점을 언급하면서 정중한 결문을 기술한다.

---

9) 거래제의장은 동일한 내용으로서 여러 회사에 보내므로 회람 또는 회보의 뜻을 나타내는 'circular'와 편지의 의미인 'letter'를 합쳐서 'circular letter'(권유장)라고도 한다.

면제품 수출거래 제의 서신

5th July, 2014

The Daehan Trading Co., Ltd
35 9Ga, Jongro－Gu
Seoul 220, Korea

Gentlemen:

Your name and address have been given us by The Chamber of Commerce of your city as leading importers of cotton goods and we are writing you with a view to open an account with you.

We have been doing business for over thirty years as exporters of cotton goods and have extensive and close connections with A1 cotton goods makers in this country. We have, up to the present, been exporting various kinds of cotton goods, especially underwears, to England, Sweden, Germany, and have been enjoying a good reputation because of the excellent quality, quick delivery and competitive prices of our goods.

It is our custom to trade on an irrevocable letter of credit, under which we draw a draft at 30 d/s.

As to our standing, we wish to refer you to Korea Exchange Bank, Head Office. We will supply you, upon request, with any other information that you may require.

We look forward to your favorable reply.

Yours very truly,
ABC Co.,Ltd.

2) 거래조회

조회(照會: inquiry)란 수출상의 거래제의장을 받은 상대방이 거래에 관심이 있는 경우 수출상에 대한 거래문의 즉, 수출상에 대한 신용조회 후 양호한 업체로 판단되면 거래상품의 품질, 수량, 가격 등 거래조건을 문의하거나 견본, 가격표, 카탈로그 등을 요구하는 것을 말한다. 이와 같은 거래에 대한 조회시점을 무역거래의 교섭단계라고 한다.

조회장을 접수한 수출상은 그에 대한 회신(回信: reply)함과 동시에 청약(請約: offer)하고, 상대방이 그 청약을 승낙(承諾: acceptance)하면 무역계약이 성립한다.

조회장에 대한 회신 작성 요령은 다음과 같다.

① 조회장에 대한 감사를 표하고, 조회내용을 기술하여 상대방의 기억을 새롭게 한다.

② 자사 상품 또는 그 특징을 설명하는 경우, 과장하지 말고 간결하게 표현한다.

③ 조속한 주문이 유리한 경우 그 점을 강조한다.

④ 상품목록이나 가격표를 보내는 경우, 필요한 사항이 있으면 서신으로 보충하여 설명한다.

⑤ 견본이 수배되지 않는 경우, 별봉으로 즉시 송부한다고 언급한다.

⑥ 조속한 기간 내의 주문을 기대하고, 가까운 일자에 직접 만나 상담하기를 희망한다고 언급한다.

남성용 면셔츠 수입거래 조회 서신

OPTORG & CO., INC
90 South Street, New York, N.Y. 10005 U.S.A.

August 5, 2014

Kangnam Trading Co., Ltd
C.P.O. Box 4545,
Seoul, Korea

Dear Mr. Song,

Having heard from The Korea International Trade Association in New York that your company is a leading firm specializing in Cotton Goods, we wish to purchase Men's Cotton Shirts from you. We would appreciate receiving your best CIF New York with earliest delivery schedule.

We would also like to have two samples with Color Swatches by air mail. If your goods are satisfactory in quality and delivery, we will place an order of 500 dozen on a trial basis and can make repeat orders with you in the near future.

We look forward to your early reply.

Yours very truly,
Optorg & CO., Inc.

앞 서신에 대한 회신

Kangnam Trading Co., Inc
C.P.O. Box 4545, Seoul, Korea

August 25, 2014

Messrs. Optorg & Co., Inc.
90 South St., New York
N.Y. 10005
U.S.A.

Gentlemen:

Thank you for your letter of August 5 along with your purchasing proposal.

As requested, we have already dispatched the samples and Color Swatches by speed post. From the enclosed price list you will find that our prices are exceptionally low and this sacrifice is entirely due to our recognition of the necessity for price cutting in order to develop our sales in your market.

Since the market is now slow and prices are generally low, you are very fortunate buying at this time. European buyers, however, seem to be picking up in activity. Therefore, we advise you to buy the goods before the recovery reaches a peak.

Consequently, we can not keep the prices effective more than two weeks from the date of this letter and we wish to receive your order by return mail.

We hope that this will meet your immediate approval.

Yours truly,
Kangnam Trading Co., Ltd

2. 무역계약 성립

일반적으로 수출업자가 거래 가능성이 있을만한 여러 수입업자들에게 거래제의장을 보내고, 이에 대하여 그들이 거래조회를 하면 수출업자가 조회에 대한 회신과 동시에 청약하여 수입업자가 승낙함으로써 무역계약이 성립하게 된다. 그러나 청약의 내용이 매우 간결하여 실제거래에서는 거래조건을 확인하고 분쟁의 예방이나 신속한 해결을 위하여 양당사자가 서명한 계약서를 작성하여 상호·교환하게 된다.

그림 3-2 무역계약 성립절차

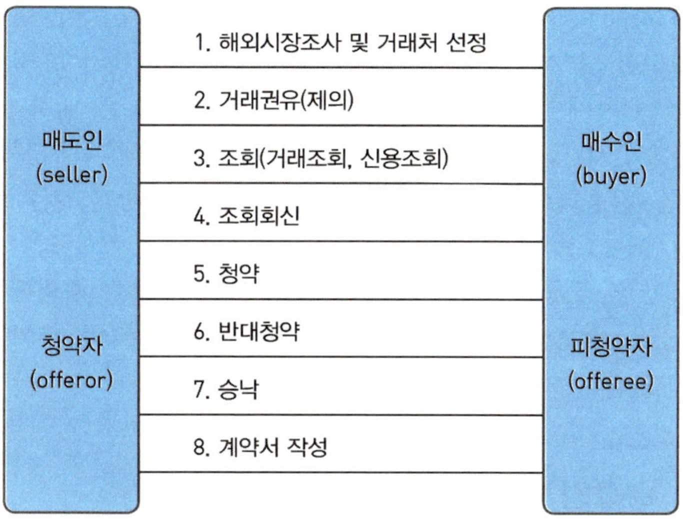

제 3 절 수출품 확보와 수출검사

1. 수출품 확보

신용장결제방식에서 수출상의 선적의무는 신용장을 수취한 시점부터 발생한다. 신용장이 내도하지 않으면 수출상은 선적의무가 없다. 신용장을 수취한 수출상은 수출품을 확보하여 수출승인을 득한 후 계약서나 신용장의 약정된 선적기간 내에 선적하여야 한다.

수출품을 확보하기 위해서는 직접 물품을 생산하거나(manufacture) 제3의 생산자로부터 구매하여야 한다. 수출품 생산에 필요한 원자재를 국내에서 입수할 수 없는 경우 수출용 원자재를 해외에서 수입하여야 한다. 수출용 원자재를 국내에서 구매하는 경우 수출상은 내국신용장(local L/C), 구매승인서 등을 이용할 수 있으며, 수출신용장 등을 근거로 무역금융제도를 활용하여 필요한 구매자금, 생산자금 등을 저리로 융통할 수 있으며 또한 수출신용장 또는 내국신용장을 근거로 무역어음을 발행하여 필요한 자금을 조달할 수 있다. 수출용 원자재를 해외에서 수입해야 하는 경우 수출상은 수입신용장을 개설할 수 있으며 무역금융과 관세환급(關稅還給) 등의 특혜를 누릴 수 있다.

2. 수출검사

수출품은 수출검사를 받아야 통관될 수 있다. 수출검사는 강제검사와 계약상의 검사가 있으며, 모두 선적 전에 실시됨으로 선적전검사(pre-shipment inspection; PSI)라고도 한다.

1) 강제검사

강제검사(强制檢査)란 법규에 의한 검사를 말하며 세관검사와 수출검사법(輸出檢査法)에 의한 검사가 있다.

세관검사는 수출입물품이 수출입 승인된 물품과의 일치성을 세관당국이 확인하는 것을 말한다. 수출검사법에 의한 검사는 수출상품의 대외성가(對外聲價) 유지와 품질향상에 목적을 두고 수출검사법에 의하여 지정된 품목에 한하며 실시되며, 지정품목은 반드시 지정된 검사기관[10]의 검사에 합격되어야만 수출이 가능하다. 품질 우수 품목, 품질관리 우수업체 물품, 소액물품, 바이어 검사물품 등은 수출검사법에 의한 검사에서 제외되어 간편하게 수출할 수 있다.

2) 계약상의 검사

계약상의 검사란 무역계약에서 수출상이 수출물품을 수입상이 지정한 검사기관에서 일반검사를 받도록 약정하여 실시하는 검사를 말한다. 계약상의 검사가 약정된 경우, 수출상은 수입상이 지정한 검사기관의 검사를 받아 검사증명서(檢査證明書: certificate of inspection)를 수입상에게 제공하여야 하며, 수입상의 요구에 의하여 실시되므로 관련 검사비용은 수입상이 부담한다. 검사기관으로는 세계 주요 항구에 상주하고 있는 국제적인 검사기관 또는 수출지에 있는 수입상의 대리인이 활용된다.

일부 국가에서는 수입상의 관세포괄 방지 및 품질과 수량 등의 확인을 위하여 수입품을 선적 이전에 'SGS(Societe General Surveillance)', 'BV(Bureau Veritas)', 'GESCO(the Great Eastern Shipping Co., Ltd)' 등 공인된 국제검사기관 또는 수출상의 검사를 요구하기도 한다.

---

10) 수출품의 검사기관은 정부검사기관과 민간검사기관이 있다.

3. 운송계약 및 보험계약 체결

무역운송은 해상운송, 항공운송, 철도운송, 도로운송 및 복합운송이 있다.

복합운송(複合運送: multimodal transport)이란 복합운송인이 화물을 자신의 책임하에 인수하여 어떤 일정한 지점으로부터 다른 인도예정지점(a place designated for delivery)까지 복합운송계약에 의거하여 선박, 철도, 항공기 및 자동차에 의한 운송방식 중 적어도 두 종류 이상의 상이한 운송수단을 이용하여 행하는 운송을 말하며 'combined transport' 또는 'intermodal transport'라고도 한다. 반면에 동종 또는 이종 운송수단의 구분 없이 연결되어 운송되는 형태를 통운송(through transport)이라고 한다.

운송계약과 보험계약의 체결의무자는 무역계약의 조건에 따라 결정된다. 예를 들어, 'CIF조건'의 경우 매도인이 운송계약 체결의무자가 된다. 운송계약 체결의무자는 선적 이전에 물품을 운송할 선박내의 공간 즉, 선복(船腹: ship's space)을 확보하여야 하며, 보험계약체결 의무자는 운송화물의 손상, 멸실 등 손해를 담보하기 위하여 적하보험에 가입하여야 한다.[11)]

11) 운송계약 체결 후 보험계약을 체결할 수 있다.

선복 예약 서신

Reserve Space

February 25, 2014

Kyung Gi Shipping Co., Ltd.
Suwon, Korea.

Dear sir,

We are obliged for the arrangements you promised us by telephone this morning to reserve space for two tons on the S/S "Arirang" which is expected to sail from Busan on the 12th March.

The goods are 20 cases of our Cotton Goods destined to New York, which will be warehoused by the 8th March by our shipping agents, HanJin Shipping Co., Ltd.

We'd learn that some advance in freight rate is inevitable due to the shortage of freight space with the approach of seasonal active transaction, but we are grateful for your doing best to give us your special rate down to $35.00 per ton.

Should there happen any change in the shipping schedule, please let us know of it without delay.

Yours faithfully,
DEE Co., Ltd.

제 4 절 수출통관

통관(通關: customs clearance)이란 수출입물품에 대한 관세법 등 무역에 관한 각종 법령상의 규제사항을 세관장이 확인하고 집행하는 제도 즉, 세관장에게 통관신고하여 물품의 수출입허가를 득하는 절차를 말한다. 무역계약의 성립, 신용장 개설, 수출입 승인 등은 관련 서류만으로 진행되지만, 통관은 서류의 기재사항과 통관물품의 일치여부를 확인한다.

통관은 그 절차의 범위에 따라 협의의 통관과 광의의 통관으로 구분한다. 협의의 통관은 물품의 수출입신고에서 신고수리에 이르기까지의 일련의 절차를 말한다. 광의의 통관은 협의의 통관을 거친 후 보세구역(保稅區域: bonded area)으로부터 물품을 반출하기까지의 일련의 절차를 말한다.

수출통관이란 내국물품을 외국으로 반출하는 세관장의 처분이다. 내국물품이란 국내에 있는 외국물품이 아닌 것과 우리나라 선박에 의하여 공해에서 채집 또는 포획된 수산물 등과 입항전 수입신고가 수리된 물품을 말한다.

1. 수출물품 장치

수출통관을 하려면 물품을 세관장의 관리 하에 두어야 한다. 관리 하에 두는 행위를 장치라하며, 장치하는 장소를 장치장이라고 한다. 수출물품의 장치장은 보세구역[12]이 원칙이나 거대중량, 기타의 사유로 보세구역 장치가 곤란하거나 부적당한 물품, 수출할 물품으로서 화물관리에 어려움이 없는 물품,[13] 재해, 기타 부득이한 사유로 임시 장치할 물품,

12) 보세구역이란 효율적인 보세화물의 관리와 관세행정의 필요에 따라 세관장이 지정하거나 특허한 장소를 말한다.

13) 화주의 제조공장, 제품창고 등이 타소장치장이 될 수 있으며, 이곳에 물품을 장치

검역물품, 압수물품, 우편물 등은 세관장의 허가를 득한 다른 장소 즉, 타소장치장이 될 수 있다.

2. 수출신고

수출신고[14]란 수출물품을 장치한 후 물품의 품명, 규격, 수량, 가격 등을 수출신고서(輸出申告書: export declaration)[15]에 작성하여 장치장 소재지 관할 세관장에게 제출하는 것을 말한다.

1) 선상신고제

수출물품의 선적은 원칙적으로 수출신고 수리 후에 가능하나 신속한 통관을 요하거나 물품의 성질상 수리 전에 선(기)적이 불가피한 물품은 선(기)적지 세관장으로부터 수출신고 수리 전 선(기)적 승인을 받아 선(기)적한 후 즉, 선상장치 후 수출신고할 수 있으며 이를 선상신고제라고 한다.

선상수출신고가 가능한 물품은 다음과 같다.

① 양곡, 원유, 광물 등과 같이 선(기)적한 후 공인감정기관의 감정서(survey reports)에 의하여 수출물품의 수량 등을 확인하는 물품[16]

② 활선어, 어패류 등과 같이 신선도 유지가 필요한 물품

③ 자동차 운반전용 선박에 적재하여 수출하는 신품 자동차

④ 기타 세관장이 신고수리 전 선(기)적할 필요가 있다고 인정하는 물품

한 후 수출신고할 수 있으므로 수출물품의 제조완료 이전에도 수출신고가 가능하다.

14) 수출신고는 선적요청서, 선적지시서, 선하증권 또는 해상화물운송장 등을 기준으로 선박 또는 항공기의 적재단위별로 하여야 한다.

15) 수출신고서는 상업송장과 포장명세서를 근거로 작성한다.

16) 대량의 살물을 보세구역에 반입하는 것은 운송비, 하역비 등으로 화주에게 큰 부담을 줄 수 있다.

예시 3-1 수출신고서

수 출 신 고 서

계약번호:
(통 계 용)

※ 처리기간 :즉시

① 신고자상호	제 출 번 호
② 수출자상호	부 호
③ 제조자주소	
상 호	
통관고유부호	사업자등록번호
④ 구매자상호	부 호
⑤ 환급신청인	수출자 / 제조자
⑥ 환 급 기 관	부 호

⑦ 신고번호	⑧ 신고일자	⑨ 신고구분	⑩ C/S구분
⑪ 거래구분	⑫ 종 류	⑬ 결재방법	
⑭ 목적국		⑮ 적재항	
⑯ 운송형태		⑰ 제조완료일 (검사희망일)	
⑱ 물품소재지			
⑲ L/C번호			
⑳ CS변경		㉑ 조사란	

㉒ 품 명 · 규 격			
	㉓ 관 세 사 실 적		
	㉔ 세 번 부 호		
	㉕ 제 품 코 드		
	㉖ 신고가격(FOB)		
	㉗ 순 중 량		KG
	㉘ 수 량		U
	㉙ 포장갯수 / 종류		CT
	세 번 부 호		
	제 품 코 드		
	신고가격(FOB)		
	순 중 량		KG
	수 량		U
	포장갯수 / 종류		CT

㉚ 총란수 ( )란	㉛ 총 중 량	단위 KG	㉜ 총포장갯수	㉝ 총신고가격	₩ / $

관련서류	㊲ 수출승인서		㉞ 결제금액	
	㊳ 수출추천서		㉟ 운 임(₩)	㊱ 보험료(₩)
	㊴ 검 사 증		㊺ 세관기재란	
	㊵ 검 역 증			
	㊶ 전략물자수출허가서			
	㊷			
보세운송	㊸ 운송신고인		㊻ 신고수리일자(/ /)	
	㊹ 기 간 / / 부터 / / 까지			

(1) 수출신고일로부터 30일이내 선(기)적하지 아니할 때에는 수출신고수리의 취소 및 벌금이 부과되므로 선(기)적 사실을 확인하시기 바랍니다.
(관세법 제66조, 제14조의3, 제188조)
(2) 수출신고필증의 진위여부는 수출입통관정보시스템에 조회하여 확인하시기 바랍니다.(http://kcis.ktnet.co.kr)

2) 수출신고인

수출신고는 수출화주(완제품공급자) 또는 수출입통관을 전문으로 하는 국가공인자격인(관세사, 관세법인 및 통관취급법인)의 명의로 할 수 있다.

3) 수출신고방법

수출신고는 수출신고인이 전자문서교환(Electronic Data Interchange; EDI)[17] 방식에 의한 전자문서로 수출신고서와 신고자료를 관세청 전자통관시스템(UNI-PASS)[18]으로 전송하면 된다. 다만, 다음의 해당 물품은 서류로서 수출신고하여야 한다.

① 관세법 제226조의 규정에 의한 세관장 확인물품 및 확인방법 지정고시에 따른 수출요건의 증빙이 필요한 물품(수출요건 내역을 전산망으로 확인할 수 없는 경우에 한함)

② 계약내용과 상이한 물품의 재수출 또는 재수출조건부로 수입통관된 물품의 수출

③ 수출자가 재수입시 관세 등의 감면, 환급, 사후관리 등을 위하여 수출신고하거나 세관검사를 요청하는 물품, 다만 단순반복 사용을 위한 포장용기는 제외한다.

④ 전자통관시스템에서 서류제출대상으로 통보된 수출물품

수출신고의 효력 발생시점은 관세청 전자통관시스템에서 신고번호가 부여된 시점이 된다. 다만, 서류제출에 의한 신고대상은 세관장의 서류심사 후 신고수리시점이 된다.

---

17) 전자문서교환방식은 컴퓨터에 의해 서류를 신속하게 처리할 수 있고, 서류의 정확성을 판독할 수 있으며, 표준서식 이용에 따른 경제성 등의 유용성이 있으나 계약의 성립시기, 증거능력 및 진정성 등의 문제가 있다.

18) UNI-PASS(Universal Pass)는 관세청 전자통관시스템(Korea Customs e-clearance System)의 브랜드 네임을 말한다. 동 시스템은 전자 수출입통관, 관세환급, 선박, 항공기 입출항 및 출입국 여행자 관리 등은 물론 보세화물 추적관리와 수출입에 필요한 요건확인까지도 세관신고로 통합(Uni)하여 원스톱 처리(Pass)가 가능한 전자통관포탈시스템이다. 동 시스템의 도입으로 수출입 통관업무의 처리가 신속해짐으로써 물류비용을 절감하게 되었다. 세계관세기구(WCO)가 권고하는 국제표준을 모두 반영하였기 때문에 세계 어느 나라에서나 사용할 수 있는 시스템이다.

2. 세관심사

세관심사란 수출상이 제출한 수출신고서류 및 그 기재사항의 누락여부, 수출승인조건과 수출신고 내용과의 일치여부, 신고서류의 물품과 실제 물품의 일치여부, 기타 수출통관 허용여부를 결정하기 위하여 필요한 사항을 세관장이 확인하는 과정을 말하며 위장수출입과 불법수출입을 방지하고 관세환급의 정확성을 기하는데 목적이 있다.

3. 세관검사

수출물품의 세관검사는 생략이 원칙이나, 전자문서에 의하여 검사대상으로 선별된 물품이나 우범업체에 한하여 발췌검사 등을 실시하며 수출신고수리 후 선적 전에 실시하는 것을 원칙으로 한다. 다만, 선적전검사가 부적절하다고 판단되는 물품이나 반송물품, 계약과 상이한 물품 및 재수출물품 등은 신고지 세관에서 검사할 수 있다.

세관검사장소는 물품의 장치장을 원칙으로 한다. 다만, 부정수출 또는 부정환급 등 우범성 정보가 있거나 물품의 성질, 업체의 성실도 등을 감안하여 물품의 효율적인 검사를 위하여 부득이하다고 인정하는 경우에는 물품을 보세구역에 반입하게 하여 검사할 수 있다. 세관의 물품검사는 견본검사(見本檢査), 세관검사장검사 및 파출검사(派出檢査)로 구분하여 실시한다.[19]

4. 수출신고수리

세관장은 우범화물 자동선별 장치(cargo selectivity system; C/S)[20]에 의

---

19) 견본검사는 수입업자의 신용 등을 감안하여 수량 확인이 중요하지 않는 물품으로서 견본검사만으로도 검사의 목적이 달성가능하다고 인정되는 경우에 실시한다. 세관검사장검사는 일부 수량의 검사만으로 검사의 목적이 달성가능하다고 판단되어 세관장이 정하는 물품이나 전량 세관검사장에 반입하여 검사할 수 있는 물품인 경우에 실시한다. 파출검사는 견본검사나 세관검사장검사를 실시하기 어려운 물품인 경우에 실시한다.

하여 수출신고를 대부분 별도의 물품검사 없이 자동수리하지만 그렇지 않은 경우에는 심사 후 수리 또는 검사 후 수리한다.

1) 자동수리

자동수리란 수출물품이 검사대상이나 입증서류 제출대상이 아니며 신고금액이 U$10,000이내의 소액수출인 경우 관련 물품을 별도의 세관검사 없이 수출신고된 전자문서에 의하여 자동으로 즉시 수출신고를 수리하는 것을 말한다. 자동수리는 수출신고 즉시 전자문서로 수출신고필증을 받을 수 있는 무서류(paperless) 방식이며 신속한 통관이 가능하여 국제경쟁력을 제고시킬 수 있다. 반면에 자동수리에 따른 불법·부정 수출을 사전에 차단하기 위하여 성실업체에 대한 세관 심사와 검사는 면제하고 부정 수출업체 및 우범성(虞犯性)이 우려되는 업체는 별도로 엄격한 서류심사와 세관검사를 실시하고 있다.

2) 심사 후 수리

심사 후 수리란 화면심사 후 수리라고도 하며 자동수리대상이 아닌 물품 중 세관검사 생략 물품으로서 수출신고금액이 U$10,000을 초과하는 경우, 신고된 세번과 신고가격(declared value) 등 수출신고사항의 적정여부, 법령에 의한 수출요건의 충족여부 등을 관세청 전자통관시스템의 화면으로 관련 서류나 분석결과를 검토하여 수출신고를 수리하는 것을 말한다.

3) 검사 후 수리

검사 후 수리란 서류심사 후 수리라고도 하며 관세청 전자통관시스템에 의하여 수출 시 현품 확인이 필요하거나 우범물품으로 선별된 물품 중 세관장이 세관검사가 필요하다고 판단한 물품에 대하여 수출신고사항과 현품의 일치여부를 직접 확인하기 위하여 세관검사를 실시한 후 수출신고를 수리하는 것을 말한다.

---

20) 우범화물 자동선별 장치란 수출입물품 중 전산에 사전 등록된 기준에 따라 우범성이 있는 것으로 예측되는 물품을 집중적으로 검사하여 검사의 효율성을 제고하는 검사관리기법을 말한다.

그림 3-3 수출신고 흐름도

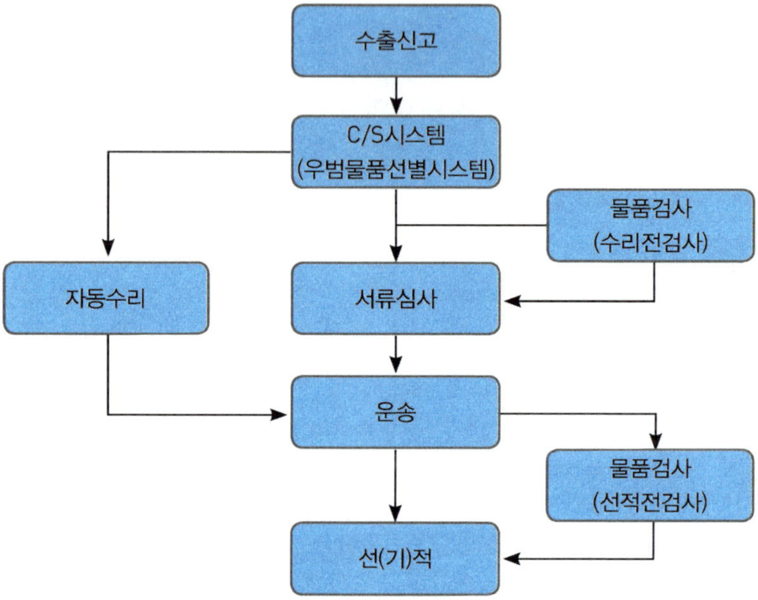

5. 수출신고필증

세관장은 수출신고가 수리되면 선적 이전에는 '적재 전 수출신고필증(export permit; E/P)[21]'을, 선적 완료 후에는 '수출이행 수출신고필증'을 수출신고자에게 발급한다.

6. 보세구역 반입

수출신고가 수리된 수출물품은 외국물품으로 전환되어[22] 선적 시까지

21) 실무에서 흔히 수출신고필증을 수출면장, 수입신고필증을 수입면장이라고도 한다.

22) 수입통관의 경우 수입신고필증이 발급되는 시점부터 관련 물품이 국내물품으로 전환되어 관세법으로부터 해제된다.

관세법의 적용을 받으며 세관 관할구역 이외의 보세구역 등으로 운송하고자 하는 경우 세관장의 보세운송허가를 득해야 한다. 그러나 수출물품의 신속한 흐름을 위한 전자통관제도의 도입으로 관세청장이 따로 정하는 경우를 제외하고는 보세운송허가를 생략하고 수출상이 자의로 운송할 수 있다. 반면에 수출신고 수리물품의 선(기)적 이행 여부를 세관이 확인하고 관리할 수 있도록 신고수리일로부터 30일 이내에 선(기)적지 보세구역에 반입되어 선적되어야 한다.[23]

1) 보세구역 장치물품 보수작업

보세구역 장치물품이 운송 중 파손 또는 변질되어 보수가 필요하거나 수입항 도착물품을 보세구역 반입 후 제3국으로 반송하기 위하여 보세구역 내에서 재포장, 분할 또는 합병 등이 필요한 경우, 물품의 현상유지를 위한 보수작업과 변질되지 않는 범위 내에서 세관장의 승인을 득하여 보수작업을 할 수 있다.

2) 위약물품 반송

도착물품이 무역계약과 상이한 물품이면 클레임이 발생하여 수입상은 물품의 인수거절 또는 대체품을 요청하게 된다. 위약품을 수입통관하지 않고 보세구역에 두고 반송운송하고자 하는 경우 세관장의 반송허가를 득해야 한다. 보세구역으로부터 반출한 후 반송운송하는 경우에는 물품이 수입통관된 내국물품이므로 재수출로 인정되어 일반수출과 동일한 수출통관절차를 따라야 한다.

7. 수출신고 취하 및 각하

수출신고 후 수출신용장이 취소되거나 수입업자의 사정으로 물품인수가 어려운 경우 등 수출이 불가능하게 된 경우 수출업자는 세관장에게

23) 선적스케줄 변경 등 부득이한 사유가 있는 경우, 통관지 세관장에게 선적기간 연장승인을 득하여야 한다. 기획재정부령으로 정하는 바에 따라 1년의 범위 내에서 적재기간 연장승인을 얻은 것은 그러하지 않는다.

수출신고 취하신고서를 제출하여 취하(取下)[24]하여야 한다. 세관장은 거짓, 그 밖의 부정한 방법 또는 형식적 요건을 갖추지 못한 수출신고의 경우 수출신고를 각하(却下)[25]할 수 있다.

8. 보세구역 반입명령

보세구역 반입명령이란 관세청장이나 세관장이 수출신고가 수리되어 외국으로 반출되기 전에 있는 물품 또는 수입신고가 수리되어 국내로 반출된 물품으로서 관세법에 따른 의무사항을 위반하거나 국민보건 등을 해칠 우려가 있는 물품에 대하여 보세구역으로 반입할 것을 명하는 제도를 말한다.[26]

제 5 절 선적

선적(船積: shipment)이란 화물을 본선에 적재하는 것을 말한다. 본선(本船)이란 화물을 실고 목적항으로 출항할 선박을 말한다. 선적방법은 선적항의 관습, 화물의 종류, 성질 및 포장, 선박회사의 편의성 등에 따라 다르며, 화주가 직접 선적할 수 있지만 자가장치장, 타소장치장 등 장치장 집화인 경우에는 일반적으로 선적대리인(forwarding agent)에게 의뢰하여 그들이 선적하게 한다.

---

24) 취하란 신청하거나 제출한 서류를 도로 거두어들이는 것을 말한다.

25) 각하란 행정기관이 신청서·원서·신고서·심판청구서 등의 수리(受理)를 거절하는 행정처분을 말한다.

26) 보세구역 반입명령의 대상은 세관장의 의무이행 요구에 따른 의무를 이행하지 아니한 경우, 원산지 표시가 적법하게 표시되지 아니하였거나 수출입신고 수리 당시와 다르게 표시되어 있는 경우, 지식재산권을 침해한 경우 등이다.

1. 선복 수배

무역계약의 운송계약 체결의무자는 운송계약을 체결하여 선적에 앞서서 선복(船腹: ship's space)을 확보해야 한다. 선복을 확보하기 위해서는 여러 선박회사의 배선표를 활용하여 적합한 시기 및 선박을 물색하고 선박회사에 포장명세서(Packing List) 또는 선적요청서(shipping request; S/R)를 제출하여야 한다. 선박회사는 선적요청서를 접수한 후 선복신청인에게 선복예약서(booking note; B/N)[27]를 제공하며, 이는 선박회사가 해상운송계약에 의한 운송을 인수한 증거서류이다.

2. 선적 지시

운송계약이 체결되면 선박회사는 운송계약의 화물을 적재하여 목적지로 운송할 것을 본선의 선장에게 지시하게 되며, 이와 관련된 서류를 선적지시서(船積指示書: shipping order; S/O)라고 한다. 선적지시서는 화주의 요구로 발급되며, 화주의 직접 선적인 경우에는 화주에게 교부되고, 장치장 집화인 경우에는 화주 또는 선박대리업자에게 교부되며, 화주는 이것을 본선에 제출하여 서명 받은 후 선적하게 된다. 선적지시서에는 송하인명, 선적지, 양륙지, 상품명, 포장형태, 개수, 톤수, 선적지시서 번호 등이 기재되며, 이들이 그대로 본선수취증(mate's receipt; M/R)에 기재된다.

---

27) 선복예약서란 개품운송의 경우 선사가 화주의 선적요청서에 대하여 선복예약(booking)이 이루어졌을 때 화물의 명세, 소요 컨테이너 수, 운송조건 등을 기재한 서류를 말하며, 선사는 이를 기초로 적화목록을 작성한다. 용선계약의 경우 계약성립의 증빙서로서 당사자 간에 합의한 용선계약의 주요 내용을 간추려서 정리한 것을 선복확약서(船腹確約書: fixture note or fixture memo)라고 한다. 이것은 정식으로 용선계약서가 작성, 서명되기 전까지 용선계약서의 주요한 조건을 요약한 성약확인서(成約確認書)이며 선주, 용선자, 중개인이 각각 1통씩 보관한다. 선복을 확약하는 것을 'Fixture'라고 한다.

3. 화물인수장소

수출신고필증을 득한 수출물품을 선적하기 위해서는 세관장으로부터 장치장 반출허가를 득한 후 자가장치장, 타소장치장 등으로부터 반출하여 운송계약에 약정된 선박회사의 지정된 화물인수장소로 보세운송하여야 한다. 선박회사는 물품을 검수 및 검량한 후 용적·중량증명서(certificate of measurement or weight)를 화주에게 발급하게 된다. 용적과 중량은 운임산정의 기준이 된다.

4. 재래선 선적

선적인(화주)은 선적하려면 선적에 앞서서 선박회사의 지정된 화물인수장소에 파출 나온 세관원에게 수출신고필증(export permit; E/P)을 제시하여 선적확인을 받아야 한다.

1) 검수표

선주와 선적인(화주)의 입회하에 본선의 검수인(檢數人: tally man)이 선적지시서(船積指示書: shipping order; S/O)의 조건대로 화물이 적재되고 있는가를 확인하기 위하여 화물의 적재수량과 외관상의 상태, 포장상태 등을 조사한 후 그 결과를 검수표(檢數表: tally sheet)에 작성하여 선장(船長: 1등 항해사 : chief mate)에게 보고한다.

2) 본선수취증

선장은 선적지시서와 대조하면서 화물을 선창에 적부시키고 본선수취증을 화주에게 발급한다. 본선수취증(本線受取證: mate's receipt; M/R)이란 본선의 운송책임자인 선장이 본선에서 선적지시서의 내용과 일치하는 화물을 운송하기 위하여 수령하였다는 사실을 증명하는 서류이다. 선적화물이 선적지시서의 내용과 일치하여 검수표에 수량부족, 포장불량 등 하자사항이 기재되어 있지 않는 경우에는 하자 표시가 없는 무사고 본선수취증(無事故本船收取證: clean M/R)을, 하자사항이 기재되어 있는 경우에는 그 하자가 그대로 표시된 고장부 본선수취증(故障附本船收取證: foul or dirty M/R)을 화주에게 발급한다.

3) 선하증권

화주는 본선수취증을 선박회사에 제시하여 화환어음 취결에 필요한 선하증권의 발급을 요청한다. 운임 선 지급조건인 경우에는 운임을 지급하고, 운임 후 지급조건인 경우에는 일정한 보증서를 제출하고 선하증권 발행을 요청한다.

선하증권(船荷證券: bill of lading; B/L)이란 선박회사가 운송화물을 적재한 사실 또는 선적을 위하여 접수하였다는 사실을 증명하고 도착항에서 수하인 즉, 선하증권의 소지인 또는 지시인에게 화물을 인도할 것을 약정하는 유가증권(有價證券)이며, 선하증권의 표시 화물에 대한 권리증권(權利證券: document of title)이며 또한 배서에 의한 유통이 가능한 유통증권(流通證券)이다.

(1) 무사고 선하증권과 고장부 선하증권

선박회사는 무사고 본선수취증에 대하여 무사고 선하증권(無事故 船荷證券: clean B/L)을, 고장부 본선수취증에 대하여 고장부 선하증권(故障附船荷證券: foul or dirty B/L)을 화주에게 발급한다.

① 파손화물보상장

파손화물보상장(破損貨物補償裝: letter of indemnity; L/I)이란 선박회사가 선적물품에 하자가 있음에도 불구하고 그 사실을 감추고 조작하여 하자가 없는 무사고선하증권을 발행하게 하고, 그 조작에 따른 추후의 모든 문제를 선박회사와 선장이 아니라 화주가 책임지겠다는 취지로 선박회사에 제출하는 보증서를 말한다.

고장부 선하증권은 선적지시서(shipping order; S/O)의 내용과는 달리 선적된 물품의 수량부족, 포장불량 등 하자를 입증하는 것이므로, 동 선하증권에 대하여 대금지급을 하는 수입업자는 하자있는 물품을 수령하는 결과가 됨으로 신용장결제방식의 경우 대금지급을 거절할 수 있다. 그러나 사소한 하자의 경우 거래당사자 간의 차기거래에 의한 보상합의 등으로 해결될 수 있으며 또한 그러한 경우가 일반적이므로 고장부 선하증권을 발급받은 수출업자가 대금지급을 받지 못하게 하는 것은 거래에 방해가 될 수 있다. 이러한 점을 반영하여 사소한 하자의 경우 수출업자가 대금을 수령할 수 있게 하는 관행으로서 파손화물보상장이 출현하게 되었다. 이러한 관행은 비록 위법이나 국제적으로 널리 인정되고 있다.

(2) 선적선하증권, 수취선하증권 및 본선적재부기선하증권

화물이 본선에 선적된 상태에서 발행된 선하증권을 선적선하증권(船積船荷證券: shipped or on board B/L)이라고 한다. 본선이 선적항에 내항하지 못한 경우 등으로 약정된 일자에 선적할 수 없는 경우, 선박회사는 창고 등 화물집하장에서 선적할 화물을 인수하고 수취하였다는 증거로서 화주의 요청에 따라 화물수취증 또는 수취선하증권을 발급한다.

화물수취증(貨物收取證: cargo receipt)은 화물이 선적되지 않았음을 증명하는 화물수령증에 불과하며 유통성이 없어 그 자체의 양도로서 선적화물의 양도가 불과하므로 신용장결제방식의 경우 원칙적으로 수리거절되며, 화물이 선적된 후 화주가 선박회사에 화물수취증을 제시하면 유통성 선적선하증권과 교환된다. 수취선하증권(受取船荷證券: received B/L)은 화물수취증과 같이 물품수령증이며 동시에 화물이 본선에 선적되지 않고 선박회사의 창고 등 화물집하장에 있는 상태, 즉 선적됨이 아니라 선적될 것(will be loaded)이라는 사실을 증명하며 선하증권이라 유통성은 있지만 발행의 근원(根源)이 된 화물이 선적 전에 선박회사의 화물집하장에서 화재, 도난 등의 위험이 있으므로 동 선하증권에 대하여 대금결제를 하는 수입업자가 물품을 수령하지 못할 위험이 있으므로 신용장결제방식의 경우 원칙적으로 수리거절된다. 수취선하증권을 발급받은 화주는 화물이 선적된 후 선박회사에 동 선하증권을 제시하여 증권 상에 선적일자 표시 즉, 본선적재부기(本船積載附記: on board notation)를 받으면 신용장결제방식의 경우 수리가능하다.[28] 이와 같이 본선적재가 표시

28) 다만 본선적재부기일자가 매매계약서의 약정된 선적기간(일자) 이전이어야 한다.

된 수취선하증권을 본선적재부기선하증권(本船積載附記 船荷證券: on board notation B/L)이라고 한다. 본선적재부기선하증권은 수취선하증권의 발행일자와 그 이후의 본선부기(적재)일자가 상이하게 표시되어 있으나 화물이 선적되었으므로 선적선하증권과 동일한 효력을 갖는다.

무역관습상 지적과 조적은 계약위반이므로 선적은 약정된 선적기간 내에 이행되어야 한다. 선적일자는 선적선하증권의 경우에는 발행일자, 본선적재부기선하증권의 경우에는 본선적재부기일자가 된다.

5. 컨테이너선 선적

컨테이너(container)란 철제, 알루미늄제, 유리섬유 강화 플라스틱제(fiberglass reinforced plastic; FRP) 등의 대형 수송용 사각상자를 말한다. 컨테이너에 적입되어 수송되는 화물을 컨테이너 화물[29]이라고 하며, 컨테이너를 수송할 목적으로 건조된 선박을 컨테이너선(container vessel or ship)이라고 한다. 컨테이너 화물은 컨테이너 화물터미널에서 갠츄리 크레인(gantry crane) 등의 기계에 의하여 컨테이너선에 적재된다.

1) CY와 CFS

선박회사의 컨테이너 화물 인수장소는 선박회사가 지정한 컨테이너 적치장 또는 컨테이너 화물취급장이며, 이들은 컨테이너를 집결하여 장치·보관하는 장소이므로 보세장치장이다.

컨테이너 적치장(container yard; CY)이란 선박회사가 'FCL'화물이 적입되어 있는 컨테이너를 본선에 선적하기 위하여 화주로부터 인수하거나(수출), 본선에서 양륙된 컨테이너를 화주에게 인도하기(수입) 위하여 지정된 장소를 말한다. 컨테이너 화물취급장(container freight station; CFS)이란 여러 업체의 'LCL화물'을 모아서 혼재(混載: consolidation)[30]하기 위하

29) 컨테이너로 운송할 수 없는 화물도 있다.

30) 혼재(consolidation)는 실무에서 흔히 콘솔(console)이라고 한다. 콘솔 대상화물을 'console cargo'라고 한다. 혼재는 단일 목적지로 주요 항만까지만 운송하는 항만혼재(port consolidation)와 항만에서 각 화물을 분류하여 그 항만을 기점으로 각

여 하나의 컨테이너에 적입(vanning or stuffing)하거나(수출), 하나의 컨테이너에 혼재되어 있는 여러 업체의 수입화물을 해체하여(devanning or unstuffing)(수입) 화주에게 인도하는 장소를 말한다.

2) FCL화물과 LCL화물

컨테이너 화물은 'FCL'화물(full container load cargo)과 'LCL'화물(less than container load cargo)로 구분되어 운송된다.

'FCL'화물은 한 화주의 화물이 하나의 컨테이너에 가득 채워지는 정도의 대량화물을 말하며, 선박회사가 빈 컨테이너를 화주의 창고 또는 공장으로 보내면 화주가 직접 컨테이너에 화물을 적입하며(shipper's pack) 적입 시 파출세관원이 수출신고필증을 바탕으로 물품을 확인한다. 'FCL'화물이 적입된 컨테이너는 수송을 위하여 컨테이너 적치장(CY)으로 운송되어 컨테이너 적치장 운영자(CY operator)에게 인도된다.[31)]

'LCL'화물은 한 화주의 화물이 하나의 컨테이너에 채워지지 않는 소량화물을 말하며, 다른 화주의 화물과 혼재(混載)되어 'FCL'화물 형태로 운송되기 때문에 화주가 직접 컨테이너 화물취급장(CFS)으로 운송하여 컨테이너화물 취급장 운영자(CFS operator)에게 인도하고 컨테이너화물 취급장 운영자(CFS operator)가 혼재한다(carrier's pack).

컨테이너 적치장 및 컨테이너 화물취급장 운영자는 선박회사 또는 선박회사의 대리인이며 컨테이너 화물을 접수한 후 부두수취증(埠頭收取證: dock receipt; D/R)을 화주에게 발행하며, 화주는 부두수취증을 선박회사

지역 또는 여러 다양한 목적지까지 운송하는 복합혼재(multi consolidation) 등이 있다. 한 사람의 포워드(운송중개인)가 한 명의 수입자로부터 위탁을 받아 다수의 수출자로부터 화물을 집하하여 컨테이너에 적입한 후 수입자에게 운송하는 것을 'buyer's consolidation'이라 하고, 한 사람의 포워드가 다수의 수출자로부터 화물을 집하, 혼재하여 수입국의 파트너를 통해 다수의 수입업자에게 운송하는 것을 'forwarder's consolidation'이라고 한다.

31) 선적하기 위해서는 수출화물을 적입한 컨테이너를 'cut-off date'까지 선적항으로 가져가야한다. 'cut-off date'란 선적을 위하여 컨테이너를 선적항으로 가져와야 하는 최종일을 말하며 일반적으로 출항 2~3일전이 된다. 'cut-off date'까지 컨테이너를 선적하면 보관료가 발생하지 않지만 'cut-off date'를 경과하여 가져오면 선적하지 못하여 다음 선박을 기다려야 하고 또한 지나치게 일찍 가져오면 선적시까지 선사가 화물을 보관해야 함으로 보관료가 발생한다.

에 제시하여 컨테이너 선하증권을 발급 받게 된다.

컨테이너 선하증권(container B/L)은 화물이 선적되지 않은 상태 즉, 화물이 'CY' 또는 'CFS'에 있는 상태에서 발급되므로 형식적인 면에서 수취선하증권이나 컨테이너 운송의 안정성을 고려하여 신용장결제방식에서 자동수리된다.

그림 3-4 컨테이너 화물 흐름도

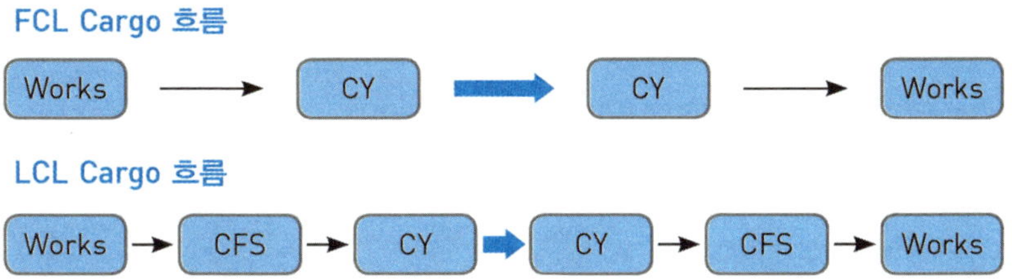

6. 선적통지

수출상은 선적이 완료되면 수입상의 수입물품 통관 및 인수 준비에 필요한 선적일자, 선박명, 선적량, 도착예정일 등 선적과 관련된 주요 내용을 수입상에게 전신으로 통지하여야 한다. 일반적으로 전신으로 선적통지 후 선적서류 전체 사본 1부를 항공우편으로 우송한다. 선적통지(shipping advice)는 계약에 관한 매도인의 상도의상의 의무이다.

선적 및 운송서류 사본 송부 통지 서신

February 10, 2013

Gentlemen:

We are pleased to inform you that your order No. 1234 of 100 sets of TV Model KKK－100 have been shipped on board the M/S "Arirang－Ho" of K Shipping Line which is scheduled to leave Busan, Korea on February 20, and is due to arrive at San Francisco on March 10.

You will find enclosed copies of the shipping documents covering your order as follows:

Commercial Invoice	1
Bill of Lading	1
Marine Insurance Policy	1
Packing List	1
Certificate of Origin	1

Please note that we have drawn a draft on opening bank at 30d/s for full invoice amount, under Letter of Credit 1234 issued by Bank of San Francisco, San Francisco. We ask you to accept it upon presentation.

We trust that the goods will reach you in good condition and give you full satisfaction. We look forward to receiving your repeat orders in the near future.

Your very truly,

제 6 절 수출대금 수취

수출상이 신용장에 의하여 수출대금을 수취하기 위해서는 무역계약서 또는 신용장이 요구하는 화환(貨換)어음을 구비하여 거래하는 외국환은행에 추심 또는 매입을 의뢰하여야 한다.

1. 화환어음 추심 또는 매입 의뢰

수출업자가 추심(推尋: collection)을 위하여 거래은행에 화환어음을 제시하면 수입업자의 거래은행을 통하여 환어음 지급인(수입상 또는 그의 거래은행)에 제시되어 지급되고, 지급된 금액이 수출업자의 거래은행으로 송금되어 수출상에게 지급되면 수출거래가 종료된다.

화환어음의 매입(買入: negotiation; Nego)이란 수출상의 거래은행이 화환어음의 제시시점부터 만기일까지의 이자를 공제하는 할인(割引)방식으로 화환어음을 구매하는(purchase) 것 즉, 수출상의 거래은행이 수출상의 화환어음을 수입지로 송부하기 이전에 화환어음의 지급시점까지의 기간에 대한 이자를 공제하고 사는 것을 말하며 수출상 측에서는 화환어음의 매도가 된다. 화환어음을 구매하는 은행을 매입은행(negotiating bank) 또는 할인은행(discounting bank)이라고 한다. 양측의 매도와 매입을 동시에 표현하는 것이 'negotiation'이며 실무에서는 간략히 'Nego'라고 한다. 최종적으로 매입은행은 화환어음 대금을 청구하기 위하여 수입상의 거래은행인 신용장 발행은행 앞으로 화환어음을 송부하여 대금을 추심(推尋: collection)한다.

매입은행의 화환어음 매입에 의하여 수출상은 일람불화환어음의 경우 화환어음의 우편기간을, 기한부화환어음의 경우 우편기간과 어음기간을 합한 기간을 기다리지 않고 조기에 수출대금을 수취할 수 있으며, 은행은 화환어음의 대금을 선지급한 대가로 매입일로부터 만기일까지의 기간에 대한 이자를 향유할 수 있다.

수출상으로부터 화환어음의 매입을 의뢰받은 은행은 화환어음이 신용장조건과 일치하는가를 검토하고 수출의 이행사실을 확인하기 위하여 수출신고필증(export permit; E/P)을 징구한 후 화환어음을 매입하고 그 대금을 수출상에게 지급한다.

추심결제방식의 경우 수출상이 화환어음을 거래은행(추심의뢰은행)을 통하여 수입업자에게 추심하여 대금을 수취하는 것이 원칙이나 추심화환어음도 거래은행이 수출상의 신용도에 따라 신용장방식과 같이 추심전매입을 하기도 있다.

매입은행은 매입시점에 일람불환어음은 일람출급환어음매입환율, 기한부환어음은 기한부환어음매입환율을 적용하여 매입금액을 산출한 후 제반수수료 및 무역금융대출금 등을 공제한 후 매입대금을 지급한다.

[문제] 수출상이 신용장을 접수하고 선적한 후 환어음 및 송장 금액을 U$100,000로 작성한 화환어음을 준비하여 거래은행에 매입을 의뢰하였다. 화환어음의 우편기간을 11일, 년환가료를 5%로 가정하여 수출상이 받을 금액을 산정하시오.

[답] • 우편기간의 이자(환가료) : U$ 100,000×11/365×이자율(5%)
=U$150.68

• 수출상의 Nego 시점에 받는 순 금액 : U$ 100,000－U$150.68
=U$99,849원

예시 3-2 수출환어음 추심의뢰서

수출환어음 추심의뢰서

20 . . .

국제부 앞
부(점)

Issuing Bank			Reimbursing Bank		
Our Ref. No.		L/C No.		Issuing Date	
Invoice Amount		Interest & Charges (+)	%	Pay This Amount	
		Comm. & Charge (-)	%		
Tenor			Maturity Date		
Beneficiary			Accountee		
Commodity		Shipment	From	To	

Documents Enclosed	DRAFT	B/L (AWB)	COMM INVOICE	PKG LIST	INS POLICY	CERT ORIGIN	INSP CERT	RELEASE	CUSTOM INVOICE	G.S.P	BENE CERT	SHIPPERS CERT	
FIRST MAIL													
SECOND MAIL													
LETTER													

1. 상기 수출환어음을 다음 방식으로 추심의뢰함
   - ☐ Negotiation without/under reserve
   - ☐ Cable Negotiation
   - ☐ Collection Basis
   - ☐ Renego ____________
2. Special Conditions
   - ☐ Usance Draft Negotiated at Sight Basis
   - ☐ Others
3. 하자사항
   - ☐ Late Shipment ☐ Transshipment
   - ☐ Late Presentation ☐ Partial Shipment
   - ☐ Credit Expired ☐ Others

책임자서명날인 (인)

4.. Renego 시 기재사항

EX Comm. (Collection charge)		EX Comm. Rate	
In Lieu of EX comm.		Book Rate	
Mail Charge		Total	

국 제 부 기 재 란

Section	Approved

2. 화환어음거래약정서

수출상의 거래은행이 신용장하의 화환어음을 매입하는 것은 신용장 발행은행의 지급확약을 바탕으로 이루어지는 수출상에 대한 일종의 여신행위이다. 매입은행은 발행은행의 파산, 사무적 착오로 인한 신용장 조건에 불일치한 화환어음 매입에 따른 지급거절 등 장차 받게 되는 손해에 대비하여 매입시점에 화환어음 매입에 관한 수출상의 담보능력과 관련 상품의 처분 등의 제반사항을 규정하는 화환어음거래약정(general letter of hypothecation)[32]을 수출상과 체결한다.

3. 전자무역 e-네고 시스템

전자무역 e-네고 시스템(e-Nego System)[33]이란 수출업자가 신용장을 받고 물품을 선적한 후 세관, 선사, 보험회사 등 외부기관으로부터 또는 자체적으로 전자방식으로 선적서류를 발급·보관하고 이들을 은행에 제출하여 수출대금을 받는 전자무역체계를 말한다. 동 시스템은 한국무역협회의 전자무역 전담 자회사인 한국무역정보통신(Korea Trade Network; KTNET)이 관리하며, 선적서류 준비와 대금회수 기간을 단축시켜 수출대금 조기 수취, 비용절감 및 수출경쟁력 제고에 기여하고 있다.

---

32) 화환어음거래약정서를 외국환거래약정서(Agreement of Foreign Exchange Transaction)라고도 한다. Chapter 8, 제3절 1 참조

33) 한국무역협회, 전자무역 e-네고 시스템 구축 보고회, 2010. 4. 6

그림 3-5 e-Nego 연계도

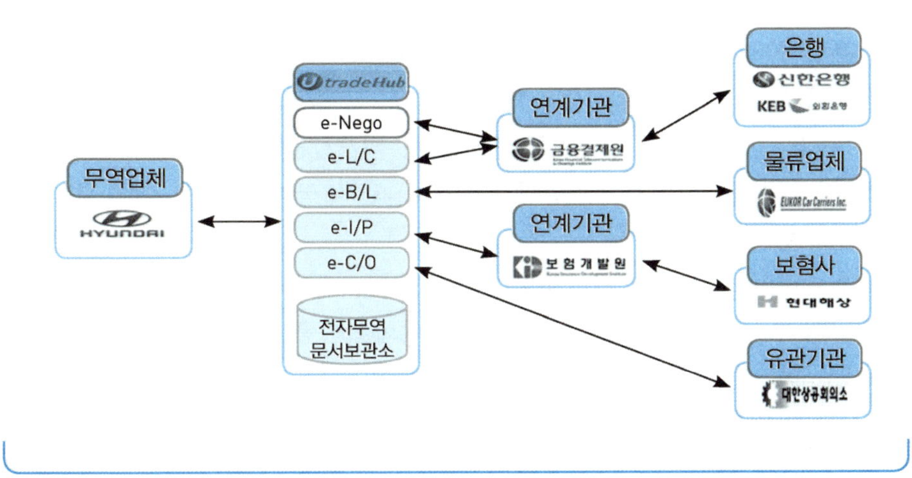

그림 3-6 e-Nego 업무프로세스

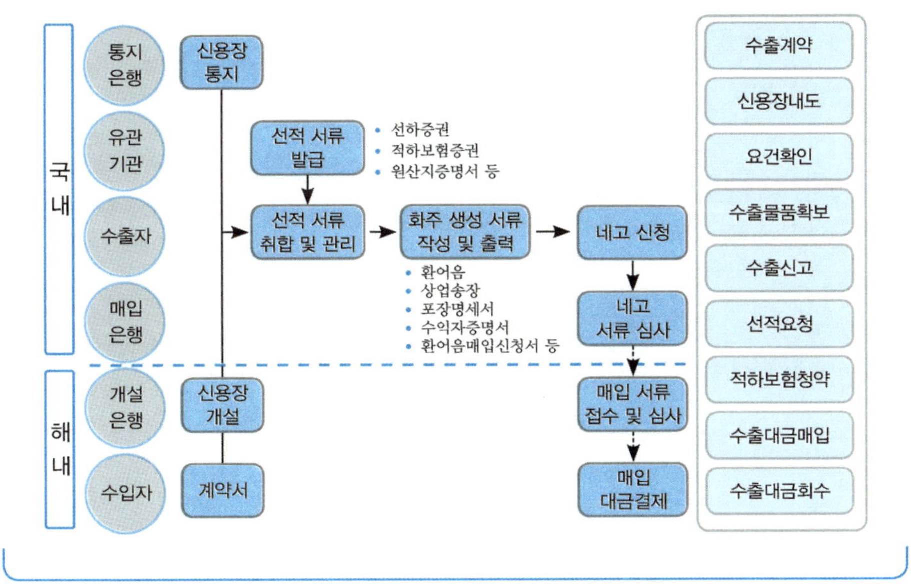

4. 관세환급과 사후관리

수출업자는 수출품 생산에 필요한 수출용 원재료를 해외로부터 수입한 경우, 당해 원재료를 사용한 완성품을 수출한 후 '수출용 원재료에 대한 관세 등 환급에 관한 특례법'(약칭 관세환급특례법)에 따라 원재료 수입 시 납부한 수입관세, 수입부가치세 및 내국소비세 등 제세를 환급(draw back)받을 수 있다.

사후관리란 수출승인기관장이 수출승인을 득한 자가 그 내용대로의 수출이행 및 대금회수, 무역금융상환, 외화획득용(수출용) 원재료를 수입한 경우 동 수입품목의 외화획득 이행 등의 여부를 심사하는 것을 말한다. 사후관리가 해제되면 모든 수출절차가 종료된다.

CHAPTER 04 수입무역절차

제 1 절 수입신용장 개설
제 2 절 수입대금 결제
제 3 절 수입통관

수입무역절차(輸入貿易節次)란 수입상이 해외거래처를 선정하여 수입계약을 체결하고 수입계약서 또는 물품매도확약서에 의하여 수입승인을 받고 외국환은행에 신용장을 개설한 후 화환어음이 신용장 개설은행에 내도하면 수입대금을 결제하고 화물을 통관하는 일련의 법적 및 행정적 절차를 말한다.

그림 4-1 수입무역절차

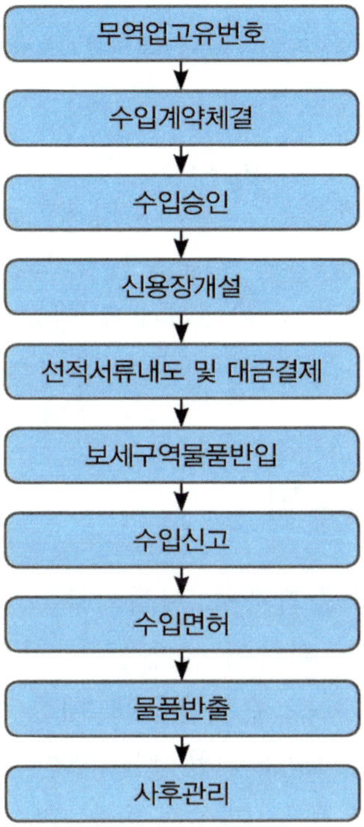

제 1 절 수입신용장 개설

수입업자가 물품을 수입을 하기 위해서는 무역업고유번호를 부여받고 시장조사, 거래처 물색, 신용조회, 거래제의, 청약, 승낙 등을 통하여 수입계약을 체결하여야 한다. 수입계약을 체결한 수입업자는 외국수출업자나 외국수출업자의 업무를 대행하는 국내대리점으로부터 직접 거래에 대한 모든 조건이 기재되어 있는 물품매도확약서(物品賣渡確約書: offer sheet)를 받아야 한다.

수입승인이란 수출입공고, 통합공고 등에 의하여 산업통상부장관이 수입승인대상으로 지정한 품목 즉, 수입제한품목을 수입가능품목으로 허가를 득하는 절차를 말한다. 수출승인절차와 마찬가지로 수입승인이 필요한 품목은 수입할 때마다 거래형태와 대금결제방법 등에 대하여 산업통상자원부장관이나 기획재정부장관의 승인을 득하여야 한다.

1. 신용장 개설방법

신용장결제방식에서 수출업자의 선적의무는 신용장 접수시점부터 발생한다. 수출상의 선적을 위하여 수입상은 신용장을 개설하여야 한다. 신용장을 개설하기 위해서는 수입물품에 대한 수입승인을 득하여야 하며, 수입승인의 유효기간 내에 신용장을 개설하여야 한다. 신용장 개설에 필요한 서류는 수입신용장 개설신청서, 화환어음거래약정서, 수입승인서, 물품매도확약서 등이며, 선적기일, 시황, 자금사정 등을 고려하여 전신 또는 우편에 의한 방식으로 신용장을 개설할 수 있다.

2. 신용장 개설 시 유의사항

신용장 개설신청서의 기재사항은 수익자(受益者: beneficiary) 및 개설의뢰인(開設依賴人: applicant)의 성명 및 주소, 신용장 금액, 유효기일(expiry date), 선적기일(shipping date) 및 서류제시기간(presentation period), 환어음 종류 및 지급기일(tenor of draft), 운송서류에 관한 사항, 상품 명세(commodity description), 선적항 및 도착항, 분할선적과 환적, 수수료 부담자, 선박의 지정 등이다. 기재사항은 신용장통일규칙(信用狀統一規則: Uniform Customs and Practice for Documentary Credits; UCP)에 의거하여 간단명료하고 정확하고 매매계약서의 약정 내용 및 수입승인서의 승인 내용과 반드시 일치하여야 한다.

3. 신용장 조건변경

신용장은 제시된 화환어음이 신용장의 제 조건에 일치하면 지급(支給: payment), 인수(引受: acceptance) 또는 매입(買入: negotiation)하겠다는 개설은행의 조건부 지급확약(支給確約)이므로 신용장 관계당사자 전원의 동의 없이는 개설된 신용장의 내용을 변경하거나 취소할 수 없다.

기 개설된 신용장의 조건을 변경하려면 수입승인 사항을 변경한 후 수입변경승인서와 함께 신용장조건변경신청서(application for amendment to letter of credit)를 신용장 개설은행에 제출하여야 한다. 가장 많이 발생하는 신용장 조건변경 사항은 신용장 금액 증감, 유효기일 연장, 환적 및 분할선적, 선적항 및 도착항 변경, 품목변경, 신용장 취소 등이다.

4. 신용장 개설 제비용

신용장 개설은행은 신용장 개설 시 수입대금 결제를 위한 담보로서 수입업자의 신용에 따라 수입보증금을 요구하고, 일람불신용장(sight L/C)의 경우 매 3개월마다 신용장 유효기일까지, 기한부신용장(usance L/C)의 경우 어음기간(usance)까지 수수료(term charges)를 징수한다. 그 외 전신료(telex charge) 등의 수수료를 개설은행은 그들이 별도로 정한 요율에 의하여 징수한다.

제 2 절 수입대금 결제

수출업자가 선적 후 전신에 의한 선적통지와 함께 선적서류 사본을 수입업자에게 우송하면, 수입업자는 이를 근거로 수입물품 인수준비를 하게 된다. 수출업자는 또한 선적 후 신용장이 요구하는 화환어음을 구비하여 거래은행에 매입(買入: negotiation)을 의뢰하여 즉시 수출대금을 회수하고, 매입은행은 매입한 화환어음을 신용장 개설은행 앞으로 추심하게 된다. 매입은행으로부터 추심되어 온 화환어음을 접수한 신용장 개설은행은 신용장 조건과 화환어음의 엄밀일치여부를 심사하여 일치하다고 판단되면 매입은행에 화환어음 대금을 결제하고 신용장개설의뢰인에게 선적서류를 인도하여 신용장 결제금액을 받는다.

1. 선적서류 심사

선적서류(船積書類) 심사(審査)란 매입은행으로부터 화환어음을 접수한 신용장 개설은행이 수출화환어음 추심의뢰서(covering letter)와 화환어음이 신용장 제 조건과 엄밀일치하는가를 신용장의 독립성과 추상성 원칙에 입각하여 확인하는 것을 말한다.

신용장의 독립성(獨立性: independence)이란 신용장거래는 매매당사자간의 매매계약이나 기타의 거래와는 별개의 독립된 거래로 간주한다는 신용장거래의 기본원칙을 말한다. 신용장의 추상성(抽象性: abstraction)이란 매매계약의 약정물품, 실제 선적물품 그리고 수입업자에게 도착된 물품이 어떻게 되었든지 신용장관계당사자는 신용장이 요구하는 서류만을 근거로 대금의 지급여부를 판단한다는 원칙을 말한다.

수출환어음 추심의뢰서(covering letter)[1]는 매입은행이 화환어음을 발송할 때 첨부하는 표지를 말하며, 첨부서류의 종류 및 통수, 지급·인수

1) 예시 3-4 수출환어음 추심의뢰서 참조

및 매입은행명, 신용장 금액, 은행수수료, 등이 기재된다. 추심의뢰서에는 또한 매입은행이 하자있는 화환어음을 매입한 경우 화환어음과 신용장조건과의 불일치한 내용과 처리방법이 기재되며, 개설은행은 이를 검토한 후 수입업자의 동의여부로서 화환어음의 수리가능 여부를 결정하여 매입은행에 지급 또는 지급거절 통지를 하게 된다.

2. 환어음 결제와 선적서류 인도

신용장 개설은행은 화환어음을 심사한 후 선적서류가 신용장조건과 일치하면 개설의뢰인에게 선적서류 내도 사실을 통지하고, 환어음을 개설의뢰인에게 제시하여 지급 또는 인수를 청구하고, 그가 지급 또는 인수하면 선적서류를 인도한다.

일람출급매입신용장하의 일람출급환어음의 경우, 개설은행이 매입은행에 화환어음 대금을 지급한 후 개설의뢰인에게 대금지급을 청구한다. 일람출급지급신용장으로서 개설은행의 환거래은행이 환어음의 지급인(지급은행)인 경우, 환어음이 개설은행으로 송부되지 않고 지급은행으로 송부되어 환거래은행에 개설되어 있는 개설은행 명의의 예치금계정에서 대금이 지급되고 차기통지서(debit advice)가 개설은행에 송부한다. 개설은행은 개설의뢰인 앞으로 선적서류 내도통지를 하고 수입대금 결제를 청구한다. 개설은행 앞으로 발행된 기한부환어음의 경우, 개설은행이 환어음을 인수하고 개설의뢰인에게 자행 발행 환어음을 인수하게 하거나 그의 약속어음을 자행 앞으로 발행하게 한다.

개설은행으로부터 환어음의 지급요청을 받은 개설의뢰인은 자기 자금 또는 무역금융으로 신용장 개설은행(영업점 기준)의 선적서류 인수일로부터 7일 이내에 지급하여야 하며, 동 기일 내에 지급하지 못하면 8일째 되는 날에 개설은행이 대지급 처리한다. 개설은행은 대지급인 경우, 수입대금 결제를 위하여 이미 수입업자가 적립한 수입보증금이 있다면 수입어음결제율(전신환매도율+10/360×년 환가료율)을 적용하여 보증금을 처분하고 자금부담의 보전을 위해 결제지연이자를 개설의뢰인으로부터 징수한다.

개설은행이 매입은행으로부터 내도한 선적서류를 심사하여 하자를 발견한 경우 선적서류가 신용장조건과 불일치하여 개설의뢰인에게 임의로 화환어음을 인도할 수 없으므로 그에게 이러한 하자에도 불구하고 선적서류를 수리할 것인가를 문의하고, 수리거절 시에는 신속하게 선적서류 송부은행(매입은행)에 이 사실을 통보하여야 한다. 이와 같은 조치로서 당해 선적서류가 신용장조건에 일치되도록 보정되거나, 보정되지 못하여 수리거절되고 개설은행의 해외환거래은행에서 환어음 금액이 이미 지급된 경우에는 매입은행은 기 지급된 금액을 개설은행에 상환하여야 한다.

3. 수입화물선취보증서

화물이 수입항에 도착하면 선박회사 또는 그 대리인은 선하증권에 표시된 통지처(notify party)로 화물 도착사실(arrival notice)을 알리게 된다. 통지처는 주로 수입업자 또는 그의 통관대리인이 된다.

수출물품은 수출통관 후 선박으로 수입국으로 운송되고, 선적서류는 매입은행을 경유하여 신용장 개설은행으로 우송된다. 물품도착 시점에 선적서류가 도착되었으면 수입업자가 즉시 물품을 수입통관할 수 있지만, 수출국과 수입국의 거리 원근에 따라 물품보다 서류가 먼저 또는 서류보다 물품이 먼저 수입국에 도착할 수 있다. 물품이 먼저 도착한 경우 수입업자는 선적서류가 없으므로 물품을 통관할 수 없고 선적서류가 도착할 때까지 기다려야 하므로 부두창고의 보관료, 보험료 등 부대비용이 발생할 수 있다. 이러한 문제 해결을 위한 제도가 수입화물선취보증서이다.

수입화물선취보증서(輸入貨物先取保證書: letter of guarantee; L/G)란 수입화물이 수입항에 도착하였으나 관련 운송서류가 내도하지 않았거나, 화물의 부패, 변질, 상기(商期) 상실 등을 고려하여 운송서류 도착 이전에 수입화물을 인수하기 위하여 수입업자와 신용장 개설은행이 화물의 선취(先取)와 관련하여 추후에 발생하는 모든 문제를 책임진다는 내용으로 연대 서명하여 선박회사에 제출하는 보증서를 말한다. 동 보증서는 추후 운송서류가 도착하여 수입업자가 그 원본을 선박회사에 제시하면 반환된다.

수입화물선취보증서를 발급받기 위해서는 발급신청서, 화물도착통지서(arrival notice), 선하증권 사본, 상업송장 사본, 포장명세서 사본 및 개설은행이 필요하다고 인정하는 기타의 서류를 개설은행에 제출하여야 하며, 개설은행은 각 서류의 기재내용과 신용장과의 일치여부를 확인한 후 수입화물선취보증서를 발급하게 된다. 수입화물선취보증서로서 수입화물을 인수한 수입업자는 당해 보증서 발급일로부터 20일 이내에 수입대금을 개설은행에 예치하여야 한다.

예시 4-1 수입화물선취보증신청서

수입화물선취보증신청서
(Application For Letter of Guarantee)

계	대리

①선박회사명 (Shipping Co)	⑥신용장(계약서)번호(Number of Credit)		⑦ L / G 번 호 (L / G Number)
	⑧선화증권번호 (Number of B/L)		
②송화인(Shipper)	⑨선박명 (Vessel Name)		
	⑩도착(예정)일 (Arrival Date)		
	⑪항해번호 (Voyage No.)		
③상업송장금액(Invoice Value)	⑫선적항 (Port of Loading)		
	⑬도착항 (Port of Discharge)		

④화물표시 및 번호 (Nos. & Marks)	⑤포장수(Packages)	⑭상품명세(Description of Goods)

본인은 위 신용장등에 의한 관계 선적서류가 귀행에 도착하기 전에 수입화물을 인도받기 위해 수입화물 선취보증을 신청하며 본인이 따로 제출한 수입화물 선취보증서(LETTER OF GUARANTEE)에 귀행이 서명함에 있어 다음 사항에 따를 것을 확약합니다.

1. 귀행이 수입화물 선취보증서에 서명함으로써 발생하는 위험과 책임 및 비용은 모두 본인이 부담하겠습니다.
2. 본인은 귀행의 요청이 있으면 언제든지 위 수입화물을 귀행에 인도하겠습니다.
3. 본인은 위 수입화물에 관한 관계 선적서류를 제3자에게 담보로 제공하지 않았음을 확인하며, 또한 귀행의 서면 동의없이 이를 담보로 제공하지 않겠습니다.
4. 본인은 위 수입화물에 관한 관계 선적서류가 도착할 때에는 신용장 조건과의 불일치 등 어떠한 흠에도 불구하고 이들 서류를 반드시 인수하겠습니다.

년 월 일

신청인 (인)
주 소
TEL.

인감대조

앞

예시 4-2 LETTER OF GUARANTEE

LETTER OF GUARANTEE

Date :

<table>
<tr><td rowspan="2">①Shipping Co.</td><td colspan="2">⑥Number of Credit</td><td>⑦L/G No</td></tr>
<tr><td colspan="3">⑧Number of B/L</td></tr>
<tr><td rowspan="3" colspan="2">②Shipper</td><td colspan="2">⑨Vessel Name</td></tr>
<tr><td colspan="2">⑩Arrival Date</td></tr>
<tr><td colspan="2">⑪Voyage No.</td></tr>
<tr><td rowspan="2" colspan="2">③Invoice Value</td><td colspan="2">⑫Port of Loading</td></tr>
<tr><td colspan="2">⑬Port of Discharge</td></tr>
<tr><td>④Nos. & Marks</td><td>⑤Packages</td><td colspan="2">⑭Description of Goods</td></tr>
<tr><td></td><td></td><td colspan="2"></td></tr>
</table>

In consideration of your granting us delivery of the above mentioned cargo which we declare has been shipped to our consignment, but Bills of Lading of which have not been received, we hereby engage to deliver you the said Bills of Lading as soon as we receive them and we further guarantee to indemnify yourselves and / or the owners of the said vessel against any claims that may be made by other parties on account of the aforesaid cargo, and to pay to you on demand any freight or other charges that may be due here or that may have remained unpaid at the port of shipment in respect to the above-mentioned goods.

In the event of the Bills of Lading for the cargo herein mentioned being hypothecated to any other bank, company, firm or person, we further guarantee to hold you harmless from all consequences what so ever arising therefrom and furthermore undertake to inform you immediately in the event of the Bills of Lading being so hypothecated.

Yours faithfully

____

Party claiming right of delivery

We hereby guarantee to surrender to you the corresponding Bills of Lading. Kindly be advised that this guarantee shall be automatically null and void upon your acknowledging receipt of the corresponding Bills of Lading which are to be endorsed and presented to you by bank for the only purpose of the redemption of this letter of guarantee.

____

Authorized Signature

Bank.

4. 선적서류 대도

기한부신용장(usance L/C)이나 인수도(D/A) 결제방식에 의한 수입인 경우, 수입업자가 기한부환어음을 인수(acceptance)함으로써 선적서류를 입수하여 수입화물을 판매한 후 그 판매대금으로 기한부환어음의 만기일에 결제하면 된다.

일람불신용장(sight L/C)이나 지급도(D/P) 결제방식에 의한 수입인 경우, 일람불환어음의 제시시점에 지급(payment)하지 않으면 선적서류를 입수할 수 없다. 그러나 동 결제방식의 경우, 수입업자가 일시적 유동성 부족, 파산 등으로 결제할 수 없다면 일정기간 결제를 유예하여 결제 이전에 그에게 선적서류를 인도하여 관련 물품을 판매한 대금으로 결제하도록 하는 방식을 고려할 수 있다. 은행 또한 수입대금결제가 지연될 경우 화물자체를 소유하고 있다 할지라도 큰 실익이 없다. 물론 결제유예의 허락여부는 수입업자의 신용에 따라 은행이 판단해야 할 문제이다.

선적서류 대도(船積書類의 貸渡: trust receipt; T/R)란 대도금융(貸渡金融) 또는 'T/R'금융이라고도 하며 수입업자가 화환어음 대금을 결제하기 이전에 수입화물을 처분할 수 있도록 함과 동시에 신용장 개설은행이 그 화물에 대한 담보권을 상실하지 않도록 하는 제도이다. 즉, 일람출급환어음의 경우 개설의뢰인이 개설은행에 수입화물 대도를 신청하고, 개설은행은 자행 소유 하에 있는 수입화물을 수입업자에게 대도하여 그가 적기에 판매하도록 하여 판매대금으로서 수입대금을 결제할 수 있도록 하는 일종의 개설은행의 금융제도를 말한다. 선적서류 대도로서 개설은행은 수입화물에 대한 담보권을 상실하지 않고 수입업자에게 화물을 인도할 수 있는 편의를 제공할 수 있다. 수입업자는 그 화물을 다시 타인에게 담보로 제공할 수 없으며 신속하게 처분하여 물품대금을 은행에 변제하여야 한다. 그러나 선적서류 대도로 수입화물의 점유가 신용장 개설은행으로부터 수입업자에게 이전되지만, 이러한 사실을 알지 못하고 그 화물을 구매한 선의의 제3자는 보호된다. 즉, 개설은행은 수입업자가 타인에게 수입화물을 양도하는 경우 선적서류 대도를 내세워 선의의 제3자에게 대항할 수 없으므로 전적으로 신뢰하는 수입업자에게만 선적서류 대도에 응하고 있다.

예시 4-3 수입화물대도 신청서

계	대 리	차 장	부점장

수입화물대도(T/R) 신청서

앞

본인은 아래 신용장 등에 의하여 도착된 수입화물을 대도 신청함에 있어서 은행여신거래 기본약관, 따로 제출한 수입거래약정서 및 양도담보 계약서의 모든 조항에 따를 것을 확약합니다.

①선하증권 기 타	번 호 : 발행인 :	발행인 :
②대 도 (T/R)금액	금 액 : US$	(원화 :)
③신용장등	번 호 : 금 액 : US$	발행인 :
⑦물 품 명 세	물품명 : 수 량 : 단 가 : 금 액 : US$	화물표시 및 번호:
	선적항 : 도착항 : 도착(예정일) :	선 명 :

⑧선적서류	선 하 증 권	항공화물운송장등	상 업 송 장	보 험 서 류	포장명세서	원산지 증명서	중 량 용 적 증명서	검 사 증명서	기타
통 수									

년 월 일

신청인 (인)
주 소

인감대조

제 3 절 수입통관

수입통관이란 수입물품을 적재한 선박 또는 항공기가 입항하기 전후에 세관에 수입신고하여 물품검사 등의 과정을 거쳐 수입신고가 수리되면 장치장으로부터 물품을 반출하는 절차를 말한다.

1. 적하목록 제출

적하목록(積荷目錄: cargo manifest)[2]은 선박회사와 항공사·화물운송주선업자가 적하운임 명세목록(freight list)[3]과 선하증권 사본을 기초로 작성한 적재화물의 총괄목록을 말하며 세관에 제출해야 하는 필수서류이다.[4] 세관은 수입물품의 정확성 검사, 과세부과, 마약류와 총기류와 같은 우범성 높은 화물의 선별을 위하여 적하목록을 심사한다.

선박 또는 항공기가 출항하기 전에 출항지의 선박회사 또는 항공사는 수출통관을 위하여 출항지 세관에 적하목록을 제출하여야 하며, 수입통관을 위하여 입항지의 선박회사 또는 항공사로 적하목록을 송부해야 한다.

2. 보세구역 또는 타소 장치

수입신고는 수입화물을 세관장의 관리 하에 두고 즉, 보세구역 장치

2) 적하목록은 'cargo manifest'의 머리글자를 따서 'M/F'라고도 하며, 'master B/L'인 경우 선박회사나 항공사가 발행하며, 'house B/L'인 경우 포워드가 작성한다. 선박적하목록은 선박명과 적출항·양하항·선하증권번호·화주·품명·수량·최종 목적지 등이 기재되며 대부분 'EDI'로 작성된다.

3) 적하명세목록은 각 적하품의 품명, 수량, 용적, 하인, B/L번호, 송장번호, 송하인, 수하인, 운임률, 부대비용, 운임지급방법 등이 기재되며 선주 및 선사 측이 작성하여 양륙지에 송부하며 적하목록 작성에 필요한 자료가 된다.

4) 적하목록은 통상적으로 선박 등의 입항 24시간 전까지 입항예정지 관할 세관장에게 제출되어야 한다.

후에 하는 것이 원칙이다. 그러나 중량이나 부피가 지나치게 크거나 특수한 사유로 보세구역 장치가 곤란하거나 부적합한 물품[5], 재해 등 부득이 한 사유로 임시 저장할 물품, 검역물품, 압수물품, 우편물품 등은 타소장치허가신청서[6]를 세관장에게 제출하여 허가받은[7] 후 보세구역 이외의 다른 장소 즉, 타소장치(他所藏置)[8] 후 수입신고할 수 있다.[9]

1) 보세구역의 종류

보세란 과세의 유보 즉, 수입신고 수리 미필상태를 말한다. 보세상태에 있는 외국화물을 보세화물이라고 하며, 보세화물의 운송을 보세운송이라고 한다.

보세구역은 효율적인 보세화물의 관리와 관세행정의 필요에 따라 세관장이 지정하거나 특허한 장소를 말하며 수출입 및 반송 등 통관하고자 하는 외국물품의 장치장, 외국물품 또는 외국물품과 내국물품을 원재료로 하는 제조, 가공, 기타 유사한 작업을 하는 장소 및 외국물품의 전시 또는 판매, 외국물품을 사용하는 건설, 수출입 물품의 검사 등을 하는 장소 등의 용도로 사용된다.

---

5) 보세구역 장치 후 다시 운송하기 힘든 벌크화물(bulk cargo), 살아있는 동·식물, 방진이나 방습으로 인하여 특수보관이 필요한 물품, 귀중품, 의약품, 부패나 변질될 우려가 있거나, 그로 인해 다른 물품을 오손할 우려가 있는 물품

6) 타소장치허가신청서의 기재사항은 선박명(항공기명)과 입항일자, 선하증권 번호, 품명, 수량, 가격, 포장의 종류, 기호, 번호, 개수 등이다.

7) 보세화물관리에 관한 고시 제7조

8) 수입업자는 타소장치허가수수료를 납부하여야 하며, 세관장은 관세와 부가세를 징수하지 못하는 경우를 대비하여 관세 상당액의 현금담보(주로 송장금액의 120%)를 수입업자에게 요구한다.

9) 하선 장소에 컨테이너 수입물품이 반입된 경우, ① 수입신고가 수리되지 않은 상태에서, 컨테이너에 내장된 상태로 10일이 경과되면 컨테이너로부터 적출하여 수입화물 집하장 또는 다른 보세구역에 반입하여야 한다. ② 고지(古紙), 고철(古鐵), 원피(原皮), 원면, 살물(撒物; bulk cargo) 등 컨테이너에서 적출하여 수입화물 집하장이나 다른 보세구역에 반입하기 곤란한 물품, 검역 등에 장시간이 소요되는 물품, 기타 부득이한 사유가 있는 경우는 20일 범위 내에서 장치기간을 연장할 수 있다. ③ 컨테이너에 내장한 상태로 수입신고할 수 있는 수입물품은 'FCL'화물에 한한다.

예시 4－4 타소장치허가(신청)서

타 소 장 치 허 가 (신 청) 서

※표시는 신청자가 기입	처 리 기 간
	1일

※신청자	※수입(승인)허가일자	※신청번호
	※수입(승인)허가번호	※신청일자

※수입(출)자	
※입(출)항일자	※선하증권번호
※선(기)명	※국적
※적출국	※목적국

※장치장소:

※장치기간:

화물관리번호:

※신청사유

※포장종류,기호,번호	※품명, 규격	※수량	가격	세액

담보사항	금 전	국 채 증 권	은행지급 보 증	지 점 증 권	납세보증 보험증권	계	담 보 일 자	담 보 기 간	확인

관세법 제67조제1항의 규정에 의하여 위와같이 타소장치하고자 신청합니다.

200 . .

위 신청인 (인)

첨부서류 : 1. 수입허가(승인)서 사본
2. 약도(수입의 경우)

수수료	

위 신청사항을 관세법 제67조제1항의 규정에 의하여 (다음 조건부로) 허가함.

허가조건 : 타소장치된 물품에 대한 제세 및 제반비용 기타 일체의 책임을 신청인이 부담할 것

200 . .

세 관 장 (인)

보세구역은 지정보세구역, 특허보세구역, 종합보세구역 및 자율관리보세구역으로 구분되며, 그 외의 자가장치장, 보세장치장(bonded shed), 타소장치장도 광의의 보세구역에 해당된다.

(1) 지정보세구역

지정보세구역(designated bonded areas)은 통관편의, 일시장치 및 검사목적 또는 행정상 공공의 목적으로 세관장이 지정한 국가, 지방자치단체 또는 공항시설이나 항만시설을 관리하는 법인이 소유 또는 관리하는 토지·건물 등의 시설을 말하며, 지정장치장(designated storage areas)과 세관검사장을 가지고 있다. 지정장치장은 통관을 위한 수입신고 및 반송신고 수리를 받고자하는 외국물품을 일시 장치하는 장소를 말하며, 세관검사장은 통관의 검사대상 물품을 검사하기 위한 장소를 말한다.

(2) 특허보세구역

특허보세구역(licensed bonded areas)은 개인 또는 법인이 이익추구, 장치, 제조, 전시, 건설, 판매의 목적으로 특정 토지나 건물을 신청하고 세관장이 특허한 보세구역을 말하며, 보세창고, 보세공장, 보세건설장, 보세전시장, 보세판매장 등을 가지고 있다. 보세창고는 외국물품 또는 통관하고자 하는 물품을 장치하는 장소를 말하며, 보세공장은 외국물품과 내국물품을 원료 또는 재료로 하여 물품을 제조·가공하기 위한 장소를 말한다. 보세건설장은 산업시설의 건설에 소요되는 외국물품인 기계류, 설비품 또는 공사용 장비를 장치·사용하기 위한 장소를 말한다. 보세전시장은 박람회·전람회·견품전시 등을 운영하기 위하여 외국물품을 장치·전시 또는 사용하기 위한 장소이며, 보세판매장(bonded display area)은 외국으로 반출하거나 관세의 면세권자가 사용하는 것을 조건으로 외국물품을 판매하는 장소를 말한다.

(3) 종합보세구역

종합보세구역(comprehensive bonded areas)은 무역진흥의 기여도, 외국물품의 반입·반출량 및 물류촉진, 개인 및 공공의 이익(투자촉진 등)을 목적으로 관세청장이 지정한 보세구역을 말하며 특허보세구역의 모든 기능 즉, 보세장치장, 보세창고, 보세전시장, 보세건설장, 보세판매장의 기능을 복합적으로 수행할 수 있는 장소이다.

(4) 자율관리보세구역

자율관리보세구역은 지정보세구역 또는 특허보세구역 중 물품의 관리와 세관의 감시에 지장이 없다고 인정된 보세구역을 화물관리인 또는 운영인에게 화물관리를 위임하여 자율적으로 운영하도록 세관장이 지정한 장소를 말하며, 세관의 직접적인 규제완화와 관세행정의 능률적인 수행과 질서유지에 목적이 있다.

2) 보세운송

보세운송(保稅運送: bonded transportation)이란 통관지 세관(customs of cleavance) 변경 등을 위하여 수입물품을 입항지에서 통관하지 아니하고 즉, 수입화물에 대한 관세가 유보된 상태로 보세구역, 개항(開港), 세관관서 간의 운송을 말한다. 서울에 있는 화주가 부산항에 도착한 화물을 통관하려면 부산에서 통관한 후 내국화물 상태로 서울로 운송하거나, 보세운송 승인을 득한 후 부산에서 서울로 보세운송한 후 통관할 수 있다.

국내에서 운송되는 모든 외국물품은 원칙적으로 보세운송에 의하여 운송이 가능하다. 수출물품의 보세운송은 폐지되었으며, 수입물품의 보세운송은 신고제이다.

보세구역 장치대상은 외국물품과 내국운송을 신고하고자 하는 내국물품이 원칙이다. 관세법상의 내국운송은 외국무역선 등을 이용한 내국물품의 국내운송을 말한다. 내국물품은 관세법의 적용대상이 아니지만 외국무역선으로 운송하려면 세관장의 내국운송승인을 득해야 한다. 석탄을 적재한 외국무역선이 부산항에 입항하여 전량을 입항 전 수입신고하여 선상통관을 마치게 되면 석탄은 내국물품이 된다. 그 선박이 부산항에 일부를 양륙하고, 나머지를 국내의 인천항으로 운송하려면 비롯 내국물품이지만 내국운송승인을 득하여야 한다. 외국무역선이 부산항에 입항하여 운송물품 전량을 수입신고수리 후 전량을 부산항 'CTS(central terminal station)'[10]에 양륙한 후 공선으로 내국물품을 국내 인천항으로 운송하는 경우에도 내국운송승인을 득하여야 한다. 내국운송 승인제도는 외국무역선에 외국물품과 내국물품이 혼적되는 경우 구분하여 관리하는데 목적이 있다.[11]

(1) 보세운송 신고 및 승인

보세운송의 신고와 승인신청은 화주, 관세사 또는 보세운송업자 명의로 가능하다. 보세운송신고는 수입물품의 적하목록을 제출하고 하선(기) 장소에 물품이 반입된 이후가 원칙이나 선박이나 항공기 입항이전이라도 가능하다.

보세운송을 하고자 하는 자는 보세운송 물품의 출발지 관할 세관장에게 보세운송신고(보세운송신고서)를 하여야 한다. 관세청장이 화물관리 및 불법 수출입 방지에 지장이 없다고 판단하여 정하는 물품은 신고만으로, 물품의 감시 등을 위하여 필요하다고 인정하여 대통령령으로 정하는 물품은 세관장의 승인을 득하여야 보세운송할 수 있다. 수출입금지물품, 검역미필물품, 위험물품, 귀금속, 시계, 한약재, 의약품, 향료 등 부피가 작고 고가인 물품으로서 감시단속이 곤란하거나 화주가 미확정인 물품, 무환물품 등은 보세운송이 제한된다.

(2) 보세운송 수단

보세운송은 화주 또는 보세운송업자가 할 수 있다. 화주는 관세에 상

---

10) 'CTS'는 대량화물유통기지라고 하며 석탄이나 철광석, 합금철 등의 화물을 대형선박으로 대량 운송해 언로더(unloader), 벨트컨베이어(belt conveyor) 또는 트럭으로 야드(yard)에 반입, 저장, 가공 후 소형선박을 이용한 연안수송 또는 트럭, 철도 등을 이용한 육송으로 국내외 수요자에게 공급하는 물류체계를 말한다. 언로더는 석탄 광석 등 벌크(muck) 화물의 양륙에 사용되는 크레인을 말한다. 버킷(bucket)을 부착한 언로더는 석탄, 광석을 양육하는데 사용되며, 제철소, 화력발전소, 가스회사 등의 대규모적인 원료를 수입하는 부두에 설치되어 있다. 후크(hook)가 부착된 언로더는 강재, 목재 등 중량물의 양육에 사용된다. 강재(鋼材)란 공업, 건설 따위의 재료로 쓰기 위하여 압연(壓延) 따위의 방법으로 가공을 한 강철을 말하며 크게 조강(條鋼), 강판(鋼板), 강관(鋼管)의 세 가지로 나눈다. 버킷(bucket)은 기중기 끝에 붙어 흙, 모래 따위를 퍼 올리는 들통을 말하며, 후크(hook)는 기중기 끝에 붙어있는 (갈)고리를 말한다.

11) 보세화물의 원활한 유통과 화주의 신속한 통관을 위하여 지정장치장에 반입된 물품은 수입신고 수리일로부터 15일 이내에 반출해야 한다.

당하는 담보를 제공한 후 자신의 책임하에 자신소유 차량 또는 다른 운송수단을 이용하여 직접 목적지 보세구역까지 보세운송할 수 있으며, 보세운송업자는 자신소유 또는 다른 보세운송업자의 운송수단을 이용하여 보세운송할 수 있다.

3. 수입신고

수입신고(輸入申告)는 보세구역에 장치(藏置)된 물품을 수입하겠다는 수입업자의 세관장에 대한 의사표시를 말하며, 신고사항은 품명, 규격, 수량 등 대통령이 정하는 사항이다.[12] 수입신고에 의하여 적용법령, 과세물건 및 납세의무자가 확정된다. 세관장은 수입신고한 물품과 현품의 일치여부와 수입관련 제반 법규정(수입승인)과의 충족여부를 확인한 후 수입신고를 수리하게 된다.

1) 수입신고 시기[13]

수입신고는 관세사, 관세사 법인, 통관법인 또는 수입화주 명의로 할 수 있다. 수입신고 시기는 수입물품의 소재지에 따라 출항 전 신고, 입항 전 신고, 보세구역 도착 전 신고 또는 보세구역 장치 후 신고로 구분하며 수입자의 필요에 따라 선택할 수 있다.

(1) 출항 전 수입신고

출항 전 수입신고는 수입물품을 적재한 선박(비행기)이 선적지 항구(공항)를 출항하기 이전에 수입물품 도착예정지 관할 세관장에게 수입신고하는 것을 말한다.

---

12) 휴대품·탁송품 또는 별송품, 우편물, 관세면제품 등은 대통령령에 의하여 수출·수입 또는 반송 신고를 생략하거나 관세청장이 정하는 간단한 방법으로 신고할 수 있다.

13) 수입신고기한: ① 수입 또는 반송하고자 하는 물품을 지정장치장 또는 보세창고에 반입하거나 보세구역이 아닌 장소에 장치한 자는 그 반입일로부터 또는 장치일로부터 30일 이내에 수입 또는 반송신고를 하여야 한다. ② 연속 수출·수입 또는 반송하고자 하는 자는 1개월을 단위로 하여 해당 물품을 다음 달 10일까지 신고하여야 한다.

예시 4-5 수입신고서

수 입 신 고 서

(보 관 용) ※ 처리기간: 3일

①신 고 번 호: ②신 고 일: ③세관.과:
④B/L(AWB)번호: ⑥입 항 일:
⑤화물관리번호: ⑦반 입 일: ⑧징수형태:

⑨신 고 자:
⑩수 입 자:
⑪납 세 의 무 자: 통관고유부호: 사업자등록번호:
⑫무 역 대 리 점:
⑬공 급 자:
⑭통 관 계 획: ⑯거래구분: ⑱원산지증명서 유무:
⑮신 고 구 분: ⑰종류: ⑲가격신고서 유무:
⑳총 중 량: KG ㉒국내도착항: ㉓적출국:
㉑총 포장 갯수: CT ㉔운송형태: ㉕선기명:
㉖MASTER B/L번호: ㉗운수기관부호:
㉘검사(반입)장소:

● 품명 · 규격(란번호/총란수 :)
㉙품 명:
㉚거 래 품 명:
㉛상 표:
㉜모델 · 규격 : ㉝성분 ㉞수량 ㉟단가(USD) ㊱금액(USD)

㊲세 번 부 호: ㊴순중량: ㊷C/S 검사:
㊳과세가격(CIF): ㊵수 량: ㊸검사변경:
㊶환급물량:
㊹사후확인 기관: ㊻원산지표시: ㊼특수세액계산근거:
㊺수입요건확인:
(요건확인물량)
㊽세종 ㊾세율(구분) ㊿감면율 ⑤①세액 ⑤②감면분납부호(감면액) * 내국세종부호

● 총과세가격 및 세액
⑤③결 제 금 액: ⑤⑤환 율:
⑤④총 과 세 가 격: ⑤⑥운 임: ⑤⑧가 산 금 액:
⑤⑦보 험 료: ⑤⑨공 제 금 액:
⑥⓪세 종 ⑥①세액 ⑥③납 부 번 호:
관 세 ⑥④부가가치 세과표:
특 소 세 ⑥⑤세 관 기 재 란:
교 통 세
주 세
교 육 세
농 특 세
부 가 세
신고지연 가산세
⑥②총세액 합계
⑥⑥담 당 자 : ⑥⑦접 수 일 시 : ⑥⑧수 리 일 자 :
= 이 하 여 백 =

업태: 종목: 세관과 : 신고번호: Page: /

① 항공화물 및 일본, 대만, 중국, 홍콩 등 우리나라와 근거리에 있는 지역으로부터 운송되는 해상화물에 한하여 가능하며, 운송기간이 짧아 입항 전 수입신고할 시간적 여유가 없어 허용되고 있다. 수입물품을 적재한 선박의 입항 5일전(항공기는 1일전)부터 신고가 가능하다.

② 항공화물과 해상화물 모두 컨테이너화물(FCL)에 한한다.

③ 출항 전 수입신고인은 수입신고 시 사전 관세납부자 또는 통관 후 관세납부 지정업체이어여 하며, 부두 하역 즉시 수입물품을 자신이 원하는 장소로 운송하여야 한다.

④ 수입물품의 세관검사대상 여부는 선박 등이 수출국을 출항한 후 세관장이 결정하여 세관통관시스템에 입력하고 수입신고인에게 통보한다.

⑤ 보세구역장치 후 수입신고와는 달리 수입화물을 부두하선 이전에 통관함으로써 통관 소요기간을 단축시키고, 부두에서 직접 인수하여 목적지로 운송할 수 있으므로 물류비용을 절감할 수 있다.

(2) 입항 전 수입신고

입항 전 수입신고는 수입물품을 적재한 선박(비행기)이 선적지 항구(공항)를 출항한 후 우리나라 항구(공항)에 입항하기 이전에 도착예정지 관할 세관장에게 수입신고하는 것을 말한다.

① 항공화물과 해상화물 모두 컨테이너화물(FCL)에 한한다.

② 입항시점은 선박 등의 물품 하선신고 시점을 기준으로 한다.

③ 입항전 수입신고인은 수입신고 시 사전 관세납부자 또는 통관 후 관세납부 지정업체이어야 하며, 부두 하역 즉시 수입물품을 자신이 원하는 장소로 운송하여야 한다.

④ 수입물품의 세관검사대상 여부는 수입신고 시 세관장이 결정하여 세관통관시스템에 입력하고 수입신고인에게 통보한다.

⑤ 세관검사 생략 물품은 적하목록 제출 후 수입신고가 수리되고, 세관검사 대상 물품은 하선 시 부두에서 세관검사가 종료되는 시점에 수리된다.

⑥ 보세구역장치 후 수입신고와는 달리 수입화물을 부두 하선 이전에 통관함으로써 통관 소요기간을 단축시키고, 부두에서 직접 인수하여 목적지로 운송할 수 있음으로 물류비용을 절감할 수 있다.

⑦ 수입물품을 적재한 선박 등의 입항 5일전(항공기는 1일 전)부터 수입신고가 가능하다.

(3) 보세구역 도착 전 수입신고

보세구역 도착 전 수입신고는 수입물품이 도착지 항구(공항)에 도착하여 통관을 위하여 반입하고자 하는 보세구역에 도착하기 전에 보세구역 관할 세관장에게 신고하는 것을 말한다.

수입물품의 세관검사대상 여부는 수입신고일 이후에 수입신고인에게 통보하며, 검사장소는 물품이 도착할 보세구역이 된다. 검사생략물품의 수입신고는 물품의 보세구역 도착 즉시 수리된다.

(4) 보세구역 장치 후 수입신고

보세구역 장치 후 수입신고는 수입물품이 도착지 항구(공항) 도착하여 통관을 위한 보세구역에 장치된 후 보세구역 관할 세관장에게 신고하는 것을 말하며, 가장 일반적인 신고형태이다. 수입물품의 세관검사대상 여부는 수입신고일에 수입신고인에게 통보하며, 검사생략물품의 신고수리 시기는 수입신고일 이후이며, 검사대상 물품의 신고수리 시기는 검사 후가 된다.

2) 수입신고 방법

수입신고는 전자문서에 의한 신고가 원칙이며 수입신고인이 전자문서교환(Electronic Data Interchange; EDI)방식에 의한 전자문서로 수입신고서와 신고자료를 작성하여 관세청 전자통관시스템(UNI－PASS)으로 전송하면 된다.

서류제출 대상물품인 경우 수입신고서에 관세 등의 세금부과 기준이 되는 과세가격, 관세율 및 품목분류번호, 과세환율 등을 기재하고 송품장, 수입승인서(수입승인물품), 가격신고서, 선하증권(B/L) 부본 또는 항공화물운송장(AWB) 부본, 포장명세서, 원산지증명서, 세관장 확인물품 및 확인방법 지정고시 중 신고수리 전 구비서류 등을 첨부하여 세관장에게 제출하여야 한다.

그림 4-2 수입신고수리 흐름도[14]

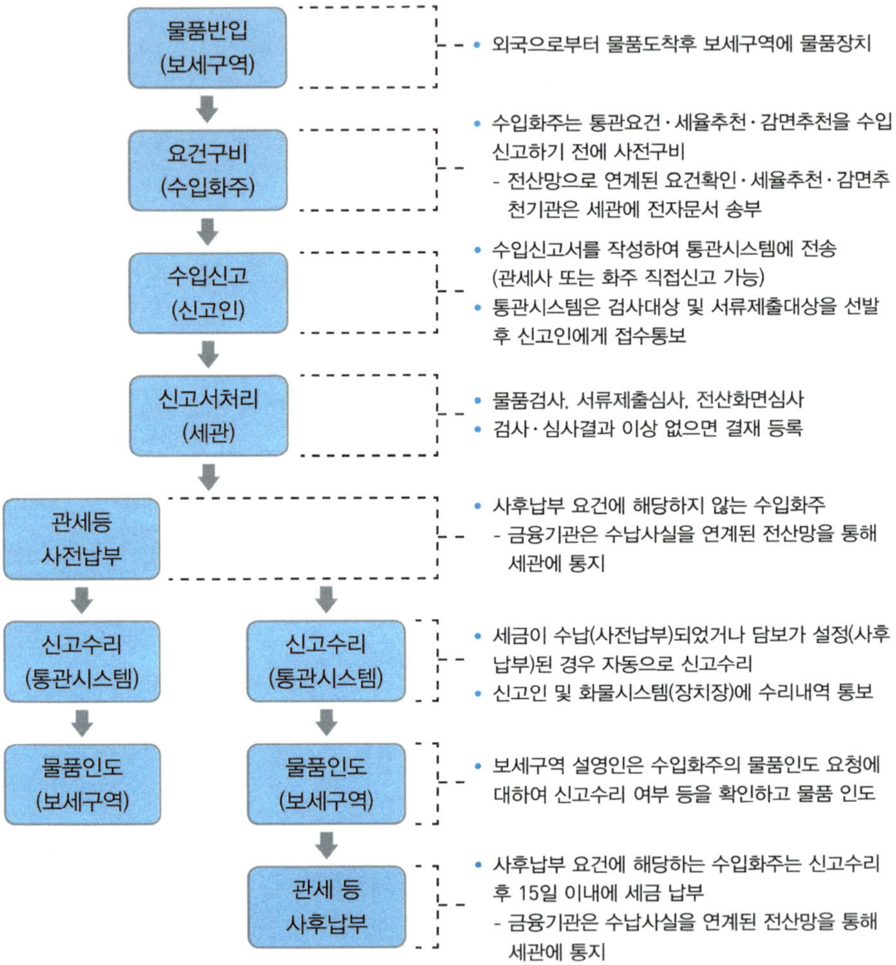

14) 관세청 홈페이지 참조

수입신고사항의 정확도가 높고, 체납이나 관세법 또는 관세환급 특례법을 위반한 사실이 없는 성실업체로 지정된 업체는 전자문서로 신고하면 별도의 세관심사 없이 자동으로 수입신고되어 즉시 전자문서로 수입신고필증을 받을 수 있는 무서류(paperless) 수입자동통관제도(輸入自動通關制度)를 이용할 수 있다.

수입신고의 효력 발생시점은 전송된 수입신고 자료가 관세청 전자통관시스템에 접수되어 신고번호가 부여된 시점이 된다.

수입신고는 원칙적으로 'B/L' 1건에 대하여 신고 1건이 원칙이나, 현품확인 및 과세가격 산정에 어려움이 없는 경우 세관장의 승인을 받아 'B/L'을 분할하여 신고할 수 있다.

보세창고에 입고된 물품으로서 세관장이 화물관리 방법을 따로 정한 경우에는 여러 건의 B/L에 관련되는 물품을 1건으로 수입신고할 수 있다.

4. 세관 심사와 검사

1) 세관심사

세관심사란 세관장이 수입신고 사항과 현품의 일치 여부, 세관장 확인물품 및 확인방법, 지정고시에 의한 조건의 구비 여부, 세관번호의 정확 여부(과세표준, 세율 및 세액은 통관 후 심사), 분석의뢰 필요성 유무, 사전세액심사 대상물품의 세율, 과세가격, 세액, 감면·분납의 정확성 여부, 기타 수입통관·허용여부를 결정하기 위하여 필요한 사항을 확인하는 것을 말한다.

수입신고서의 기재사항 또는 수입신고 시 제출 서류의 중요 사항이 미비하여 보완이 필요한 경우, 법규에 의한 의무사항을 위반하거나 국민보건 등을 해할 우려가 있는 경우, 관세범칙 혐의로 조사 의뢰한 경우, 기타 세관심사 결과 수입신고 수리요건 구비에 장시일이 소요되는 경우 등은 수입신고의 수리가 보류된다.

2) 세관검사

세관검사(customs inspection)의 목적은 수입물품의 규격, 수량, 'HS'번호를 확인하여 세율을 결정하고, 밀수품 방지에 있다. 대부분의 수입물품은 별도의 세관검사 없이 수입이 가능하며 검사대상물품은 관세청장이 별도로 정하며 검사대상으로 선정된 물품[15)]은 검사한 후 수입신고를 수리한다.

(1) 검사장소

보세공장 사용 신고물품 또는 수입신고 물품의 검사장소는 지정보세구역이 원칙이나 세관장의 허가를 받아 지정보세구역 이외의 장소 즉, 타소장치장이나 선상이 될 수도 있다. 다만, 수출물품의 검사는 당해 물품의 장치장에서 행한다.

(2) 검사시기

수입물품의 검사시기는 수입신고 후가 원칙이나 긴급을 요하는 경우 사전검사신청서(수입예정신고서 양식)를 제출하여 사전검사를 받고 정식 수입신고 시에 서면검사로 대체할 수 있다.

(3) 검사방법

수입물품의 검사는 발췌검사가 원칙이나 우범성 정보가 있거나 불성실업체의 수입신고 물품, 변질 또는 손상된 물품, 종량세 물품, 기타 발췌검사(拔萃檢査)로서 물품의 수량, 성질 등의 확인이 곤란하다고 세관장이 인정하는 물품은 전량검사(全量檢査)를 실시한다. 수입물품의 검사방법은 수출검사와 동일하게 견본검사, 세관검사장검사, 파출검사가 있다.

5. 관세 납부

관세대상 수입물품은 관세, 특별소비세, 주세, 교육세, 농어촌특별세,

---

15) 우범화물 자동선별 장치(Cargo Selectivity System; C/S)를 활용한다.

부가가치세 등 제세가 부과된다. 관세 등의 납세의무자는 일반적으로 송장의 수하인이 되며, 수입대행의 경우에는 실화주가 된다. 보세구역에 장치된 상태에서 수입화물이 양도된 경우에는 양수인이 화주로서 납세의무자가 된다. 관세 등의 납부는 원칙적으로 신고납부제이나 특정 물품의 경우에는 세관장이 관세 등을 부과 고지한다. 수입업자는 관세 등 제세의 부과를 위하여 수입신고 시에 송장, 세무조정계산서, 각종 비용의 금액 및 산출근거를 나타내는 증빙자료, 기타 가격신고의 내용을 입증하는데 필요한 자료와 거래관계 사실신고서 등을 제출하여야 한다.

세관장은 원칙적으로 수입신고 수리일로부터 3개월 내에 세액심사를 하여야 하며, 부득이하다고 인정하는 경우에는 3개월 범위 내에서 심사를 연장할 수 있다.

세관장이 수입신고를 심사하여 법에 따라 정당한 것으로 확인되고 납세의무자가 관세를 납부[16]하거나 관세액에 상당하는 담보를 제공하면 수입신고가 수리되어 물품을 반출할 수 있다. 담보를 제공한 경우에는 수입신고 수리 후 15일 이내에 관세를 납부하여야 한다.

6. 수입신고 수리

수입신고 수리(acceptance of import declaration)란 세관장이 수입신고를 접수하고 신고사항을 확인하여 그 신고가 법규에 따라 이행된 경우 그 신고를 수리하고 신고인에게 수입신고필증(import permit)[17]을 교부하는 것을 말하며, 수입의 추상적인 허용을 의미하는 수입승인과는 달리 수입승인사항을 구체적으로 현품과 대조 및 확인하여 수입을 현실적으로 가능하게 하는 세관장의 행위이다.

대부분의 수입물품은 검사하지 않고 신고한 내용의 형식적 및 법률적 요건만 확인한 후 즉시 수입신고를 수리하고, 세관검사 또는 관리물품은 검사 후 수리한다.[18] 어느 경우라도 적하목록(積貨目錄)이 제출된 후

16) 관세감면(duty exemption), 관세분할납부제도 등을 활용할 수 있다.

17) 실무에서는 수입면장(import permit)이라고도 한다.

18) 출항 전 또는 입항 전 신고물품은 적하목록이 제출된 시점에 수입신고를 수리한

에 수입신고를 수리한다.

7. 부두직통관제도

본선이 수입항에 도착하면 검역이 실시되고 세관원이 승선하여 하역시점부터 보세구역 반입시점까지 수입화물을 감시하게 된다. 본선의 화물을 양하하려면 수입업자가 은행을 통하여 입수한 선하증권을 선박회사에 제시하여 화물인도지시서(貨物引渡指示書: delivery order; D/O)[19]를 발급 받아 본선의 선장에게 제시하여야 한다.

부두직통관제도란 수출입 컨테이너화물의 유통체계를 단순화하여 부두에서 직접 수출입통관을 하거나 보세운송신고를 수리하는 제도를 말한다. 수출화물은 선적하는 즉시 목적지로, 수입화물은 양하되는 즉시 부두에서 직상차하여 목적지로 운송하는 것이 유통기간과 물류비용을 최소화 할 수 있다. 수입컨테이너 화물('FCL'화물에 한함)의 경우, 부두에 양하되기 이전에 수입신고 또는 보세운송신고를 하여 양하 즉시 부두 내에서 세관검사,[20] 세금납부 등 수입통관절차를 완료하여 부두 밖의 'CY'나 보세장치장으로 운송하지 않고 직접 수입업자의 공장이나 창고로 운송하면 유통기간과 물류비용을 절감할 수 있다. 수출컨테이너 화물의 경우, 화물장치장에서 수출신고 및 수리로서 선적하면 선적기간을 단축할 수 있다.

다. 보세구역 도착 전 신고물품은 보세운송 하역절차에 의하여 하역장소로 반입되는 경우에는 반입되는 시점에 수입신고를 수리한다.

19) 화물인도지시서란 운송한 화물을 화주에게 인도하도록 선박회사가 선장 앞으로 지시하는 서류이며, 선장은 이를 근거로 하역을 실시한다.

20) 출항 전 또는 입항 전 신고 물품으로서 정부가 직접 수입하는 군수품 및 물자수급계획상 긴급도입 물품과 선상에서 가능하다고 인정되는 물품은 선상에서 적재된 채로 검사받을 수 있다.

그림 4-3 수입통관 흐름도

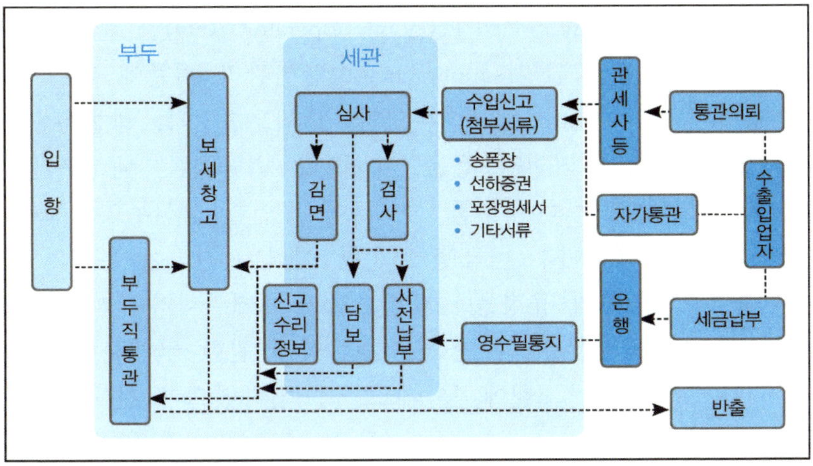

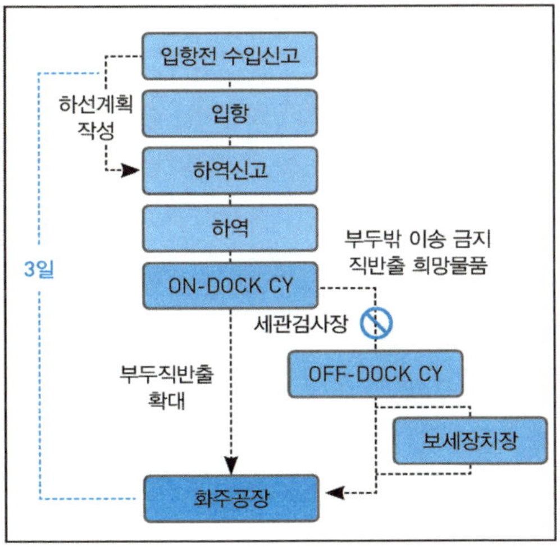

8. 종합인증우수업체 제도

종합인증우수업체(Authorized Economic Operator; AEO)란 관세청이 세계관세기구의 수출입 공급망(supply chain) 안전관리 기준에 따라 수출업체, 수입업체, 관세사, 보세구역운영인, 보세운송업자, 화물운송주선업자, 선사, 항공사, 하역업자 등을 대상으로 법규준수, 내부통제시스템 및 재무건전성의 적정성 여부를 심사하여 공인한 성실무역업체를 말한다. 2001년 9.11 테러이후 미국을 비롯한 여러 선진국이 무역의 안전을 위하여 물류보안제도와 규정을 시행함으로써 세계관세기구(World Customs Organization; WCO)가 무역의 안전과 원활화에 관한 국제규범(WCO Safe Framework)으로 2005년 6월에 동 제도를 도입하였으며 현재 많은 회원국들이 시행하고 있다.

'AEO'는 자국 내뿐만 아니라, 'AEO 상호인정약정(Mutual Recognition Agreement; MRA)'을 체결한 해외국가로부터 수출입 시 검사비율 감소 및 신속 통관 편의 등 각종 혜택을 받을 수 있으므로 수출경쟁력을 제고할 수 있다. 우리나라에서는[21] 'AEO'는 검사간소화, 절차간소화, 자금부담 완화 등의 혜택이 있다. 최근에 이르러 무역업체들이 'AEO'기준을 거래조건으로 요구하고 있으므로 'AEO'기준[22]을 충족하지 못하는 업체는 거래대상이나 무역활동의 범위가 좁아지거나 예상하지 못한 불이익을 당할 수 있다.

21) 우리나라는 2009년 4월부터 'AEO'제도를 도입하였으며, 관련근거를 관세법 제255조의 2, 관세법시행령 제259조의2, 제259조의3 및 종합인증우수업체 공인 및 관리업무에 관한 고시에 두고 있다. 2013년 12월 현재 총 533개의 'AEO'가 있다.

22) 'AEO'의 공인기준은 법규준수도, 내부통제시스템, 재무건전성 및 안전관리의 4가지 영역이다.

CHAPTER 05 무역계약의 기초

제 1 절 청약
제 2 절 승낙
제 3 절 무역계약의 법적성격
제 4 절 무역계약의 체결

제 1 절 청약

1. 청약의 의의

청약(請約: offer)이란 일정한 내용의 계약을 체결하고 싶다는 청약자(offeror)의 피청약자(offeree)에 대한 의사표시(proposal)를 말한다.

청약서[1)]의 기재사항은 일반적으로 당사자, 청약문언, 물품명세(품명, 규격, 소재, 용도 등), 수량, 가격조건 또는 정형무역거래조건(trade term)과 금액, 선적기일(인도기일)과 선적항 등의 선적조건, 대금결제조건, 포장과 화인(marking), 보험 등의 조건, 발행일자와 번호, 유효기간(validity) 등이다.

청약은 다음의 법적 성격을 갖는다.[2)]

① 청약은 1인 이상의 특정한 피청약자(specific offeree)에 대한 계약의 제의(proposal)가 되어야 하며, 그 제의는 일방적이며 확정적인 의사표시이어야 한다.

② 청약은 피청약자의 절대적이고 무조건의 승낙(absolute and unconditional acceptance)이 있으면 즉시 일정한 내용의 계약을 성립시킴으로 청약자는 자신의 거래제의에 자신이 구속(binding force)된다는 의사표시가 있어야 한다.

③ 피청약자는 청약자의 청약 사실을 인지할 때까지 청약내용에 근거

---

1) 대외무역법에서는 청약서(offer sheet)를 물품매도확약서라고 한다.

2) 'CISG(1980): 국제물품매매계약에 관한 UN협약(1980): United Nations Convention on Contracts for the International Sale of Goods, 1980)' 제14조 (1) 1인 이상의 특정한 자에게 통지된 계약체결의 제의는 그것이 충분히 확정적이고 또한 승낙이 있을 경우에 구속된다고 하는 청약자의 의사를 표시하고 있는 경우에는 청약이 된다. 어떠한 제의가 물품을 표시하고, 또한 그 수량과 대금을 명시적 또는 묵시적으로 지정하거나 또는 이를 결정하는 규정을 두고 있는 경우에는 이 제의는 충분히 확정적인 것으로 한다. (2) 1인 이상의 특정한 자에게 통지된 것 이외의 어떠한 제의는 그 제의를 행한 자가 반대의 의사를 명확히 표시하지 아니하는 한, 이는 단순히 청약을 행하기 위한 유인으로만 본다.

하여 어떠한 행동을 할 수 없으므로, 청약은 피청약자에게 도달할 때까지 효력이 발생하지 않는다. 즉, 청약은 상대방이 인지할 수 있는 상태가 되어야 효력이 발생하는 도달주의(到達主義)[3] 원칙이 적용됨으로 청약의 불착(不着) 및 연착(延着)에 따른 불이익은 청약자가 부담한다.

2. 청약의 효력 소멸

1) 유효기간 경과

① 확정청약(確定請約: firm offer)[4]은 승낙기간(validity) 내에 승낙통지가 청약자에게 도달되지 않으면(lapse of time) 효력이 소멸된다.[5]

② 불확정청약은 청약자가 상당한(합리적인) 기간(within a reasonable time) 내에 승낙통지를 받지 못하면 효력이 소멸된다. 상당한 기간이란 주변의 상황이나 관행에 따라 결정되어야 할 사실상의 문제(matter of fact or question of fact)이다.

---

3) 'CISG(1980)' 제15조 (1) 청약은 피청약자에게 도달한 때 효력이 발생한다. 제24조: 이 협약의 제2부의 적용에 있어서, 청약, 승낙의 선언 또는 기타의 모든 의사표시는 그것이 상대방에게 구두로 통지되거나, 또는 기타 모든 수단에 의하여 상대방 자신에게, 상대방의 영업소 또는 우편송부처에, 또는 상대방이 영업소나 우편송부처가 없는 경우에는 그 일상적인 거주지에 전달되었을 때에 상대방에게 "도달"한 것으로 한다. 우리나라 민법 제111조 제1항도 도달주의를 적용한다.

4) 확정청약(firm offer)은 청약으로서의 효력이 발생되면 승낙기간(청약의 유효기간: validity) 이내에는 청약자(offeror)가 그 내용을 변경하거나 취소(revocation or cancellation)할 수 없는 청약을 말하며, 불확정청약(free offer)은 승낙기간이 정해지지 않은 청약으로서 언제든지 청약자가 임의로 그 내용을 변경하거나 취소할 수 있는 청약을 말한다.

5) 'CISG(1980)' 제20조 (1) 전보 또는 서신에서 청약자가 지정한 승낙의 기간은 전보가 발신을 위하여 교부된 때로부터, 또는 서신에 표시된 일자로부터, 또는 그러한 일자가 표시되지 아니한 경우에는 봉투에 표시된 일자로부터 기산된다. 전화, 텔렉스 또는 기타의 동시적 통신수단에 의하여 청약자가 지정한 승낙의 기간은 청약이 피청약자에게 도달한 때로부터 기산된다. (2) 승낙의 기간 중에 들어 있는 공휴일 또는 비영업일은 그 기간의 계산에 산입된다. 그러나 기간의 말일이 청약자의 영업소에서의 공휴일 또는 비영업일에 해당하는 이유로 승낙의 통지가 기간의 말일에 청약자의 주소에 전달될 수 없는 경우에는, 승낙의 기간은 이에 이어지는 최초의 영업일까지 연장된다.

2) 후발적 위법

청약 이후 매매계약의 이행이 위법이 되는 후발적 위법은 청약의 효력을 소멸시킨다. 청약자가 청약하였으나 피청약자가 승낙하기 이전에 수출금지 등 법 개정에 의해 수출이 불가능하게 되면 청약의 효력이 소멸된다.

3) 청약의 거절

청약의 거절(rejection of offer)이란 청약을 승낙하지 않겠다는 의사표시를 말하며 도달주의 원칙이 적용되며 청약의 효력을 소멸시킨다.[6]

4) 청약의 철회

청약의 철회(revocation or withdrawal of offer)란 청약의 효력이 발생하기 이전에 청약자가 임의로 그 효력을 소멸시키려는 의사표시를 말하며 청약의 취소와 구별된다. 청약은 도달주의 원칙이 적용됨으로 확정청약(firm offer)이라 할지라도 그것이 상대방에게 도달하기 이전 또는 도달과 동시에 그 철회의 의사가 피청약자에게 도달된 때에는 그 청약의 내용을 철회할 수 있다.[7] 청약이 철회되면 그 효력이 소멸된다. 비엔나협약과는 달리 우리나라 민법 제527조는 계약의 청약은 이를 철회하지 못하는 것으로 규정하여 청약의 철회를 인정하지 않는다.

5) 청약의 취소

청약의 취소는 청약이 피청약자에게 도달하여 효력이 발생한 이후 피청약자가 승낙통지를 발송하기 이전에 청약취소 통지가 피신청자에게 도달하게 하여 청약의 효력을 소멸시키는 것을 말한다.[8]

---

6) 'CISG(1980)' 제17조 청약은 그것이 취소 불능한 것이라도 어떠한 거절의 통지가 청약자에게 도달한 때에는 그 효력이 상실된다.

7) 'CISG(1980)' 제16조 제2항.

8) 'CISG(1980)' 제15조(청약의 취소) (1) 계약이 체결되기까지는 청약은 취소될 수 있다. 다만 이 경우에 취소의 통지는 피청약자가 승낙을 발송하기 전에 피청약자에게 도달하여야 한다. (2) 그러나 다음과 같은 경우에는 청약은 취소될 수 없다. (a) 청약이 승낙을 위한 지정된 기간을 명시하거나 또는 기타의 방법으로 그것이 철회불

우리나라(민법)와 독일(민법)은 청약을 취소·변경(revocation · cancellation) 할 수 없는 것으로, 미국 통일상법전(Uniform Commercial Code; UCC)은 승낙기한 내에는 청약을 취소할 수 없는 것으로, 영국 물품매매법(Sale of Goods Act; SGA)은 피청약자가 승낙통지를 발송하기 이전까지는 언제든지 청약을 취소·변경할 수 있는 것으로 규정하고 있다. 비엔나협약(Vienna Convention; CISG)[9]은 유효기간이 정해져 있지 않은 경우에는 상대방(offeree)이 승낙통지를 발송하기 이전에 청약자의 청약취소 의사가 먼저 상대방에 도달한 때에 한하여 취소가 가능하며,[10] 유효기간이 정해져 있거나 기타 방법으로 취소불능임이 표시된 경우에는 유효기간 내에는 청약의 취소가 불가능한[11] 것으로 규정하고 있다.

능임을 표시하고 있는 경우, 또는 (b) 피청약자가 청약을 취소불능이라고 신뢰하는 것이 합리적이고, 또 피청약자가 그 청약을 신뢰하여 행동한 경우.

9) 비엔나 협약이란 무역매매법 통일을 목적으로 'UN국제무역법위원회'에 의하여 성안되고, 1980년 3월 비엔나의 'UN'외교회의에서 만장일치로 통과된 후 1988년 1월 1일부터 발효된 '국제물품매매계약에 관한 UN협약(United Nations Convention on Contracts for the International Sale of Goods; CISG)'을 말하며, 기본적으로 국제물품매매계약에 관하여 국제적으로 통일된 관습을 성문화함으로써 무역거래의 법률적 장벽을 제거하는데 공헌하며, 국제무역의 발전을 증진시키기 위한 협약이다.

10) 'CISG(1980)' 제16조 제1항.

11) 'CISG(1980)' 제16조 제2항.

예시 5-1 OFFER SHEET

ABC Co. Ltd.

OFFER SHEET

April 10, 2014

Hansung Trading Co., Ltd.
Seoul, Korea

Dear Sirs,

We are pleased to submit you the following offer under our usual terms and conditions:

Article: Color TV Set, Model ACT-505
Quantity: 100 Sets
Price: @£100.50 stg. per Set FOB London
Shipment: Within 30 days after receipt of L/C
Destination: Busan, Korea
Packing: Export Standard Packing
Payment: By irrevocable & confirmed letter of credit in favour of London Corporation, London
Country of Origin: The United Kingdom
Inspection: Maker's inspection to be final
Insurance: To be effected by buyer
Validity: April 15, 2014
Remarks: The market here is strong owing to the influx of orders from abroad

Sincerely,

ABC Co. Ltd.

3. 청약의 종류

1) 매도청약과 매수청약

청약의 주체가 매도인이면 매도청약(selling offer), 매수인이면 매수청약(buying offer)[12]이라고 하며, 일반적으로 청약이라 하면 매도청약을 의미한다.

2) 확정청약과 불확정청약

청약은 그 확정력을 기준으로 확정청약과 불확정청약으로 구분된다.

(1) 확정청약

확정청약(確定請約: firm offer)이란 피청약자의 승낙기한 즉, 청약의 유효기간(validity)을 지정하고 그 유효기간 이내에 승낙할 것을 조건으로 하는 유효기간 조건부 청약을 말한다.

① 유효기간을 정하지 않은 경우에도 그 청약이 확정적(確定的: firm) 또는 취소불능(取消不能: irrevocable)이라는 표시가 있거나, 유효기간과 확정적 또는 취소불능이라는 표시가 동시에 있는 것은 확정정약으로 간주한다.

② 확정청약은 피청약자의 승낙기한 이내에는 청약자를 구속하며 원칙적으로 철회(撤回)될 수 없다. 즉, 승낙기한 이내에 피청약자로부터 승낙 또는 불승낙의 회신이 도달할 때까지 청약자는 청약조건을 변경하거나 취소할 수 없으며, 피청약자의 승낙을 받으면 매매계약이 확정적으로 성립된다[13]. 피청약자의 승낙기한 이후의 승낙에 대한 수락여부는 청약자가 선택권을 갖는다.

---

12) 구매서(購買書: purchase note) 또는 매입주문서(買入注文書: purchase order)는 매수인의 청약서이다.

13) 확정청약의 경우 청약자와 피청약자 모두 승낙기한 내에 구속을 받게 됨으로 청약자는 상품종류, 시황(市況), 적출지(積出地) 관습 등을 고려하여 피청약자의 승낙기한을 정하여야 한다.

③ 승낙기한이 지정되지 않은 전신에 의한 확정청약(cable firm offer)은 즉시 회신조건으로서 24시간 이내에 왕복되는 것으로 인정되는 것이 국제관례이나 협정서에 특약하는 것이 좋다.

나일론 스타킹 매도 확정청약

July 20, 2014

Samjin Moolsan Co., Ltd.
P.O. BOX International 567
Seoul, Korea

Gentlemen:

In accordance with your letter of July 15, 2014, we have today cabled you the following firm offer as per enclosed Confirmation of Cable, subject to your reply reaching us by July 30.

Two Hundred(200) Dozen Ladies Nylon Stockings
at U$5.00 per dozen C.I.F. New York
Shipment: During August
Payment: Draft at 30 d/s under an Irrevocable L/C

This is the best offer we can make at present and we trust that you will accept this offer without loss of time.

Yours very truly,

Inc. 1 Confirmation of Cable

Wilson & Co., Inc.

여행용 가방 매도 확정청약

April 10, 2014

Gentlemen:

We offer you firm subject to your reply reaching here by April 30 as follows:

Article: Travel Bags
Quality: 1.0 mm p.u. thickness and Nylon Zipper used.
Details as per our sample No. 20 dated March 29.
Quantity: 3,000 pcs
Shipment: during May
Insurance: To be covered on ICC(C) Clause including TPND for 10% over invoice amount.
Payment: Draft at sight under irrevocable letter of credit

This is the best offer we can make and this kind of offer cannot be repeated in the future. Now large orders are rushing in from your country and the market here is the best strong. Under the circumstances, there is every indication that the price will rise soon.

We advise you, therefore, to accept this offer without loss of time.

Very truly yours,

T-shirts 가격조건 반대청약

July 27, 2014

Wilson & Co., Inc.
50 Liberty St., New York
N.Y. 10005,
U.S.A.

Gentlemen:

We have received with thanks your firm offer for four hundred(400) dozen T-shirts, for which we have just cabled you our counter offer as follows:

YOURS TWENTIETH ACCEPTABLE IF NINE DOLLARS FIFTY CENTS PER DOZEN TOTAL 3800 DOLLARS PLS CABLE REPLY SAMJIN

You must remember that competition in this line is very keen and that your competitors are offering lower prices than yours.

We are looking forward to your confirmation.

Yours very truly,
Samjin Moolsan Co., Ltd.

(2) 불확정청약

불확정청약(不確定請約)[14]은 자유청약(自由請約: free offer)이라고도 하며 청약의 유효기간을 정하지 않았거나 확정적 또는 취소불능(firm or irrevocable)이라는 표시가 없는 청약을 말한다.

불확정청약은 상당한(합리적인) 기간(within a reasonable time) 효력이 있으나 피청약자의 승낙통지 발송 이전까지 청약자의 일방적인 청약의 철회나 변경이 가능하여 청약자에 대한 구속력이 없으므로 청약의 유인(Invitation to Offer)에 불과하다. 청약자는 청약서 발송 후 시황 변동으로 수정이 필요한 경우 추가로 청약의 내용을 통보하여 청약조건을 수정할 수 있으므로 수시로 가격을 변경 또는 취소할 수 있다.

3) 조건부청약

조건부청약(條件附請約: conditional offer)은 청약내용에 단서가 있는 청약을 말하며 피청약자의 승낙만으로 계약이 성립되지 않고 청약자의 최종확인(最終確認: final confirmation)이 있어야만 청약이 성립되며, 형식적으로는 불확정청약(free offer)이며 청약자에 대한 구속력이 없으므로 청약이 아니고 청약의 유인에 불과하다. 실무적인 측면에서 불확정청약은 피청약자에게 청약에 대한 신뢰성을 주지 못하므로 확정청약을 하면서 단서조항을 둔 조건부청약(條件附請約)을 활용하는 것이 좋다.

(1) 최종확인조건청약

최종확인조건청약(offer subject to our final confirmation)은 시황이 불안전한 경우, 상대방이 불확실한 경우 또는 가까운 장래에 가격을 변경하려는 경우에 활용되며, 상대방의 승낙이 있어도 청약자의 최종확인이 없으면 계약이 성립되지 않는다.

---

14) 불확정청약도 'offer'라고 표현하지만 효력적인 면에서 확정력이 없는 가격견적서(price quotation)와 동일하다. 물품매도확약서(offer sheet)는 유효기일 이내에 피청약자가 승낙하면 청약자가 이를 이행하여야 하는 구속력이 있으며, 가격견적서는 유효기일이 없으며 상대방이 동의하더라도 이를 이행하여야 하는 확정적인 구속력이 없다.

(2) 선착순매도조건청약

선착순매도조건청약(offer subject to prior sale)은 재고잔유조건청약(offer subject to being unsold)이라고도 하며, 매수인이 다수인 경우 또는 제조업자의 물품 공급 및 재고에 제한이 있는 경우 등 한정된 재고품(在庫品)을 신속하게 처분하기 위하여 여러 곳에 동시 청약하는 경우에 활용된다.

(3) 반품허용조건청약

반품허용조건청약(offer on sale or return)은 다량의 현품과 청약서를 송부하여 판매 후 매잔품(賣殘品: unsold goods)을 청약자에게 반품(返品)하는 것을 조건으로 하는 청약을 말하며, 위탁판매(sale on consignment) 방식에 의해 무환으로 판매위탁품을 송부하는 경우에 사용된다.

(4) 점검 후 매도조건청약

점검 후 매도조건청약(offer on approval)은 점검부청약 또는 승인부청약이라고도 하며, 청약자가 송부한 물품을 피청약자가 일정기간 점검 또는 시용(試用)해 본 후 구매의사가 있으면 승낙하는 것을 조건으로 하는 청약을 말하며, 신제품 판매나 해외시장 개척 시에 활용된다.

4) 반대청약

반대청약(反對請約: counter offer)은 대응청약(對應請約) 또는 역청약(逆請約)이라고도 하며, 원청약(original offer)에 대응하는 표현으로서 청약에 대한 승낙을 의도하고 있으나 청약내용에 대한 추가, 제한 또는 기타의 변경을 포함하고 있는 청약에 대한 회신을 말한다.

반대청약[15]은 청약의 거절로서 신 청약(new offer)이며 일정조건을 첨

15) 'CISG(1980)' 제19조 (1) 승낙을 의도하고는 있으나 이에 추가, 제한 또는 기타의 변경을 포함하고 있는 청약에 대한 회답은 청약의 거절이면서 또한 반대청약을 구성한다. (2) 그러나 승낙을 의도하고 있으나 청약의 조건을 실질적으로 변경하지 아니하는 추가적 또는 상이한 조건을 포함하고 있는 청약에 대한 회답은 승낙을 구성한다. 다만 청약자가 부당한 지체 없이 그 상이를 구두로 반대하거나 또는 그러한 취지의 통지를 발송하지 아니하여야 한다. 청약자가 그러한 반대를 하

부한 부가조건부 승낙(additional acceptance),[16] 부분승낙(partial acceptance),[17] 청약의 내용을 변경한 승낙, 청약이 지정한 승낙방법 및 시기 등에 따르지 않은 승낙,[18] 모호한 승낙(equivocal acceptance) 등이 해당된다.[19] 실무적으로 반대청약이 수차례 왕래된 후에 승낙이 이루어져 계약이 성립된다. 승낙의 침묵(acceptance of silence)은 승낙으로 간주되지 않는다.

5) 교차청약

교차청약(交叉請約: cross offer)은 청약자와 피청약자 상호간에 동일한 내용의 청약이 상호 교차되는 청약을 말한다. 우연히 각 당사자가 상호 청약하였는데 그 청약내용이 완전히 일치하는 것은 동일한 내용에 대하여 쌍방이 동시에 의사표시를 교차하여 발생하는 것이며, 청약과 승낙의 구분이 어렵지만 계약이 성립되는 것은 분명하다.[20]

지 아니하는 경우에는, 승낙에 포함된 변경사항을 추가한 청약의 조건이 계약의 조건으로 된다. (3) 특히, 대금, 지급, 물품의 품질 및 수량, 인도의 장소 및 시기, 상대방에 대한 당사자 일방의 책임의 범위 또는 분쟁의 해결에 관한 추가적 또는 상이한 조건은 청약의 조건을 실질적으로 변경하는 것으로 본다.

16) 조건부승낙(conditional acceptance)은 반대청약(counter offer)이며 승낙이 아니다.

17) 부분승낙은 경상의 원칙 위배로 계약이 성립되지 않는다.

18) 'CISG(1980)' 제21조 (1) 지연된 승낙은 그럼에도 불구하고 청약자가 지체 없이 구두로 피청약자에게 유효하다는 취지를 통지하거나 또는 그러한 취지의 통지를 발송한 경우에는, 이는 승낙으로서의 효력을 갖는다. (2) 지연된 승낙이 포함되어 있는 서신 또는 기타의 서면상으로, 이것이 통상적으로 전달된 경우라면 적시에 청약자에게 도달할 수 있었던 사정에서 발송되었다는 사실을 나타내고 있는 경우에는, 그 지연된 승낙은 승낙으로서의 효력을 갖는다. 다만 청약자가 지체 없이 피청약자에게 청약이 효력을 상실한 것으로 본다는 취지를 구두로 통지하거나 또는 그러한 취지의 통지를 발송하지 아니하여야 한다. 'CISG(1980)' 제20조: 지연된 승낙(delayed acceptance)은 원칙적으로 승낙으로서의 효력이 발생되지 않지만 청약자가 지체 없이 유효하다는 취지를 구두로 표시하거나 또는 통지를 발송하는 경우에는 유효하다. 따라서 유효기간(validity)이 경과한 후에 승낙을 하게 되면 그것으로는 계약이 성립될 수 없다.

19) 피청약자가 청약자에 대하여 청약의 내용을 바꾸어 주기를 바라거나 문의하는 정도인 의뢰부 승낙(acceptance accompanied by request)은 반대청약이 아니므로 청약의 효력에 영향을 미치지 못하여 계약은 성립한다.

20) 영미법은 교차청약에 의한 계약성립을 인정하지 않으나 대륙법은 이를 인정하고 있다.

제 2 절 승낙

승낙(承諾: acceptance)이란 청약자의 청약을 수락하여 계약을 성립시키고자 하는 피청약자의 의사표시로서 청약의 모든 조건에 동의하는 절대적이고 무조건적 승낙(absolute and unconditional acceptance)을 의미한다. 즉, 승낙은 청약의 내용과 완전일치해야 하는 경상(鏡像)의 원칙(mirror image rule)이 적용된다.

대부분의 경우 매매계약은 청약에 대한 상대방의 승낙으로 성립되지만 승낙의 과정을 생략하고 즉시 물품인도나 대금지급 등의 계약내용을 이행하거나 교차청약에 의하여 성립될 수도 있다.

1. 승낙의 효력발생시기

승낙의 효력발생시기에 관한 학설은 발신주의, 도달주의 및 요지주의로 대별되고 있다.[21)]

대개의 국가와 비엔나협약(1980)은 동시적 통신수단에 의한 승낙(대화자간 승낙)은 도달주의를 채택하고 있다.[22)] 동시적 통신수단이 아닌 통

---

21) 'CISG(1980)' 제18조 (1) 청약에 대한 동의를 표시하는 피청약자의 진술 또는 기타의 행위는 이를 승낙으로 한다. 침묵 또는 부작위(silence or inactivity) 그 자체는 승낙으로 되지 아니한다. (2) 청약에 대한 승낙은 동의의 의사표시가 청약자에게 도달한 때에 그 효력이 발생한다. 승낙은 동의의 의사표시가 청약자가 지정한 기간 내에 도달하지 아니하거나, 또는 어떠한 기간도 지정되지 아니한 때에는 청약자가 사용한 통신수단의 신속성을 포함하여 거래의 사정을 충분히 고려한 상당한 기간 내에 도달하지 아니한 경우에는 그 효력이 발생하지 아니한다. 구두의 청약은 별도의 사정이 없는 한 즉시 승낙되어야 한다. (3) 그러나 청약의 규정에 의하거나 또는 당사자 간에 확립된 관습 또는 관행의 결과에 따라, 피청약자가 청약자에게 아무런 통지 없이 물품의 발송이나 대금의 지급에 관한 행위를 이행함으로써 동의의 의사표시를 할 수 있는 경우에는, 승낙은 그 행위가 이행되어진 때에 그 효력이 발생한다. 다만 그 행위는 전항에 규정된 기간 내에 이행되어진 경우에 한한다.

22) 미국은 직접 대화에 의한 승낙은 도달주의, 기타의 동시적 통신수단에 의한 승낙은 발신주의를 채택하고 있다.

신수단에 의한 승낙(격지자간 승낙)의 경우 대개의 국가가 발신주의를 따르나 독일민법과 비엔나협약(1980)도 도달주의를 채택하고 있다.

승낙의 철회는 도달주의의 경우에는 가능하며, 발신주의의 경우에는 승낙을 발송함과 동시에 무역계약이 성립되므로 불가능하다. 비엔나협약(1980)은 승낙통지가 청약자에게 도달하기 전 또는 도달과 동시에 승낙철회 통지가 청약자에게 도착하는 경우 철회가 가능한 것으로 규정하고 있다.[23]

1) 발신주의

발신주의(發信主義: dispatch theory or mailbox rule)란 서로 떨어져 있는 당사자 간의 법률행위에서 의사표시의 효력이 편지 따위의 외형적 존재를 상대편에게 발신한 때에 발생한다는 원칙을 말한다. 승낙은 그에 대한 의사표시가 발신된 시점에 효력이 발생하여 계약을 성립시킨다.

2) 도달주의

도달주의(到達主義: receipt theory)란 의사표시의 효력이 의사표시가 상대편에게 도달하였을 때에 발생한다는 원칙으로서 수신주의(受信主義)라고도 한다. 승낙은 그에 대한 의사표시가 청약자에게 도달된 시점에 효력이 발생하여 계약을 성립시킨다. 비엔나협약은 도달주의를 채택하고 있다.

3) 요지주의

요지주의(了知主義: acknowledgement theory)란 의사표시의 효력이 의사표시가 물리적으로 상대편에게 도달될 뿐만 아니라 현실적으로 그가 그 내용을 인지하였을 때, 즉 요지한 때에 발생한다는 원칙을 말한다. 승낙은 그에 대한 의사표시가 청약자에게 도달하여 그가 현실적으로 그 승낙을 알았을 때 효력이 발생하여 계약을 성립시킨다.

---

23) 'CISG(1980)' 제22조 승낙은 그 승낙의 효력이 발생하기 이전 또는 그와 동시에 철회가 청약자에게 도달하는 경우에는 이를 철회할 수 있다.

무역거래에서 상대방이 도달주의, 발신주의 또는 요지주의 중 어느 것을 채택하는지 일일이 파악한다는 것은 사실상 번잡하므로 다음과 같이 무역계약 체결 시 승낙의 효력발생시기를 명확히 약정하여야 한다.

예 We offer you firm subject to your reply reaching here(us) by cable until September 15, 2014.

표 5-1 승낙 의사표시 효력발생 시기

<table>
<tr><th colspan="3">통신수단 / 준거법</th><th>한국법</th><th>일본법</th><th>영국법</th><th>미국법</th><th>독일법</th><th>비엔나 협약</th></tr>
<tr><td colspan="3">의사표시에 관한 일반원칙</td><td>도달주의</td><td>도달주의</td><td>도달주의</td><td>도달주의</td><td>도달주의</td><td>도달주의</td></tr>
<tr><td rowspan="5">승낙의 의사 표시</td><td rowspan="3">대화 자간</td><td>대면</td><td>도달주의</td><td>도달주의</td><td>도달주의</td><td>도달주의</td><td>도달주의</td><td>도달주의</td></tr>
<tr><td>전화</td><td>도달주의</td><td>도달주의</td><td>도달주의</td><td>도달(발신)주의</td><td>도달주의</td><td>도달주의</td></tr>
<tr><td>텔렉스</td><td>도달주의</td><td>도달주의</td><td>도달주의</td><td>도달(발신)주의</td><td>도달주의</td><td>도달주의</td></tr>
<tr><td rowspan="2">격지 자간</td><td>우편</td><td>발신주의</td><td>발신주의</td><td>발신주의</td><td>발신주의</td><td>도달주의</td><td>도달주의</td></tr>
<tr><td>전보</td><td>발신주의</td><td>발신주의</td><td>발신주의</td><td>발신주의</td><td>도달주의</td><td>도달주의</td></tr>
</table>

제 3 절 무역계약의 법적성격

계약이란 일정한 채권관계를 발생시키는 것을 목적으로 하는 복수당사자간의 서로 대립되는 의사표시를 합치시킴으로써 성립하는 법률행위를 말한다.

무역계약(貿易契約)이란 매도인이 물품의 소유권(所有權: property in goods)을 양도하고 매수인이 그에 대한 대가지급을 약정하는 계약을 말하며 본질적으로 국내물품매매계약과 동일하나 국제상관습 적용, 격지자간 거래 및 국가별 무역관리에 따른 절차상의 제약 등이 국내물품매매계약과 구별된다. 무역계약은 그 목적이 국제간의 물품매매에 있으므로 국제물품매매계약(國際物品賣買契約)이라고도 하며 최근에 이르러 그 대상이 물품과 더불어 기술, 서비스(service), 자본, 해외건설과 플랜트(plant) 등 다양화되고 있으므로 국제물품매매계약과 더불어 판매점계약과 대리점계약, 차관계약, 국제라이슨닝(international licensing)계약, 국제합작투자계약, 건설공사계약, 플랜트수출계약 등 모든 국제계약을 포괄하는 개념이다.

무역계약은 낙성계약, 쌍무계약, 유상계약 및 불요식 계약의 법적성격을 갖는다.

① 낙성계약(諾成契約: consensual contract)[24]은 합의계약(合意契約)이라고도 하며 의사표시의 합치 즉, 일방의 청약(offer)에 대하여 상대방이 승낙(acceptance)함으로써 성립되는 계약을 말하며 무역계약의 성립적인 측면을 나타낸다.

② 쌍무계약(雙務契約: bilateral(obligation) contract)[25]이란 계약이 성립됨으로써 계약당사자 쌍방이 책무(責務: responsibility and duty)를 부담하는 계약을 말하며 계약당사자의 권리와 의무적인 측면을 의미하다. 무역계약에서 매도인은 물품공급의무와 매수인은 대금지급의무를 부담하며 물품인도와 대금지급은 동시이행조건을 원칙으로 한다.

③ 유상계약(有償契約: remunerative contract)[26]이란 각 계약당사자가 서로 대가적 관계에 있는 것을 급부할 것을 목적으로 하는 계약을 말하며, 계약당사자의 계약의무의 이행적인 측면을 의미한다. 매매계약은 물품급부(物品給付)에 대한 금전지급을 원칙으로 한다. 물물교환(barter)과

---

24) 당사자의 의사가 일치하는 것 이외에 당사자 일방이 물건의 인도와 기타 급부를 하여야 성립하는 계약을 요물계약(要物契約)이라고 한다. 요물계약은 현실적인 급부가 있어야 성립한다는 점에서 실천계약이라고도 하며, 당사자의 의사 합치만으로 성립하는 낙성계약에 대립한다.

25) 계약의 일방당사자만 채무를 부담하거나 또는 쌍방당사자가 서로 채무를 부담하더라도 그 채무가 대가적 관계에 있지 않는 계약을 편무계약이라고 하며 증여·사용대차·현상광고 등이 해당된다.

26) 증여계약 등과 같이 경제적인 출연은 한쪽 당사자만 하고, 상대방에서는 이에 대응하는 반대급부를 하지 않는 계약을 무상계약(無償契約)이라고 하며, 편무계약은 대부분이 무상계약이다.

같이 유상계약이라도 반대급부를 전부 물품으로 하는 거래는 매매계약이라 하지 않고 교환계약(交換契約: barter contract)[27]이라고 한다. 일부는 금전으로 나머지는 물품으로 급부하는 거래는 매매계약으로 인정된다.

④ 불요식계약(不要式契約: informal contract)[28]이란 계약의 성립이나 효력 발생에 있어서 특정한 방식을 요하지 않는 계약을 말한다. 무역계약은 일부 구두, 일부 서면, 전부 구두 또는 서면 등 어떠한 방식이든지 당사자 간의 합의만 이루어지면 성립된다.

제 4 절 무역계약의 체결

1. 무역계약의 조항

무역계약의 조건은 명시적 조항과 묵시적 조항으로 구성된다.

1) 명시적 조항

명시적 조항(明示的 條項: express terms)은 계약당사자 간의 합의에 의하여 계약서에 표시한 조건을 말하며, 표면조항과 이면조항으로 구성된다.

(1) 표면조항

표면(表面)조항이란 매거래 건별로 합의해야 하는 거래조건 즉, 계약서 작성 시마다 변경되는 품질, 수량, 가격 등 거래상품에 관한 사항,

---

27) 교환은 역사적으로 매매보다 먼저 발달하였다. 교환계약은 당사자 쌍방이 금전 이외의 재산권을 상호 이전할 것을 약정함으로써 그 효력이 발생하는 계약을 말한다.

28) 어음행위와 같이 계약체결에 일정한 형식을 필요로 하는 계약을 요식계약(要式契約)이라 하고, 계약자유의 원칙에 따라 아무런 형식을 요하지 않는 계약을 불요식계약(不要式契約)이라고 한다.

선적조건, 결제조건, 보험조건 등을 말하며, 무역계약서의 표면에 타이핑되므로 표면약관(表面約款), 타이핑조항 또는 개별거래조건(specific provisions or case by case conditions)이라고도 하며 일부는 이면약관에 포함되기도 한다. 새로운 계약에서 품질을 변경하면 가격이 달라지고, 동질품이라도 시간이 지나면 가격이 변동됨으로 계약조건이 이전계약과 달라진다.

(2) 이면조항

이면(裏面)조항은 무역계약서의 이면에 인쇄되므로 인쇄조항 또는 일반거래조건이라고도 한다.

무역은 상이한 국가 간의 상거래이므로 거래방법의 예측 가능한 일관성 유지, 상이한 상관행으로 인한 클레임 예방과 해결 등을 위하여 세부적인 계약체결 이전에 장차 거래에 적용할 일반거래조건을 협정하는 것이 편리하다.

일반거래조건(general terms and conditions)이란 매거래시마다 구체적으로 약정해야 하는 사항을 제외하고 어느 경우에도 공통으로 적용되는 포괄적 준칙 즉, 거래형태, 표면조항의 품질에 대한 검사, 물품의 수량, 가격 및 선적 등을 결정하는 기준 등 표면조항의 해석기준과 계약불이행과 관련된 불가항력, 클레임, 중재 및 준거법 등을 말하며 장차 세부적인 계약조건을 체결하는 기초가 된다. 일반거래조건을 약정한 문서를 일반거래조건협정서(Memorandum of Agreement: Agreement on the General Terms and Conditions of Business) 또는 포괄계약서(master contract)라고 한다.

그러나 무역실무에서는 통상적으로 일반거래조건을 협정하기보다는 매도인과 매수인 각자의 편의에 따라 결정하고 각자가 작성한 정형계약서인 매약서(賣約書: sales contract) 또는 매약서(買約書: purchase order)의 이면에 인쇄하여 적용시킨다. 개별거래조건은 일반거래조건을 약정한 후 청약(offer)과 승낙(acceptance) 또는 주문(order)에 대한 확인(acknowledgement)에 의하여 확정한다.[29] 일반거래조건과 개별거래조건이 상치되는 경우

---

29) 오퍼(offer)에 대한 승낙이 이루어지면 계약은 성립된 것으로 간주되므로 불이행시에는 클레임이 제기될 수 있다.

개별거래조건이 우선 적용된다.

2) 묵시적 조항

묵시적 조항(黙示的 條項: implied terms)은 계약서에 명시되어 있지 않지만 해당 거래와 관련된 관습, 관행 및 법규에 의하여 계약당사자가 당연히 준수해야 할 것으로 간주되는 조건을 말하며, 이 또한 계약의 일부를 구성한다.

2. 무역계약의 종류

1) 개별계약

개별계약(個別契約: case by case contract)이란 거래 시마다 매 건별로 양당사자가 구체적인 거래조건을 확약하여 체결하는 방식의 계약을 말하며 포괄계약에 상대되는 개념이다. 물품인도와 대금결제가 이루어지면 계약의 효력도 자동적으로 소멸되므로 정확하고 더 이상 계약조건에 얽매이지 않아도 되는 장점이 있지만 거래가 빈번한 경우 매 건별로 일일이 계약을 체결해야 하는 번거로움이 있다. 고정거래처가 아닌 경우나 최초 거래 시에 활용되며, 대개의 경우 구매주문서(purchase order), 견적송장(profoma invoice) 등으로 거래조건을 협상하고 상대방으로부터 온 팩스 수신문(서신)에 서명 후 반송함으로써 계약을 성립시키거나 매도인이 무역계약서 정·부 2통(in duplicate, in original and duplicate)을 작성하여 서명한 후 송부하면 동 계약서 기재사항에 이의가 없는 경우 매수인이 서명 후 정본(original)은 자신이 보유하고 부본(duplicate)은 매도인에게 회송하는 방법으로 계약을 체결한다. 매도인이 작성한 계약서를 'sales contract' 또는 'sales note'라고 하며, 매수인이 작성한 것을 'purchase contract', 'purchase note' 또는 'order sheet'라고 한다.

2) 포괄계약

포괄계약(master contract)이란 독점판매점계약, 라이선스 계약 등과 같이 동일한 거래처와 장기간 거래하는 경우 매 건별 거래조건을 확인하는 개별계약의 번거로움을 피하기 위하여 장기간을 기준으로 거래에 적용할 포괄적 준칙 즉, 일반거래조건을 먼저 협정하여 일반거래조건협정서의 계약체결방법에 따라 또는 간단한 청약서(offer)나 주문서(order)를 교환하는 방식으로 체결하는 계약을 말한다. 첫 계약 시에는 품종이나 총액만을 정하고 구체적인 수량·규격·단가·선적조건·결제방법 등은 후일에 협정한다.

3) 독점계약

독점계약(獨占契約: exclusive contract)이란 포괄계약의 특수한 형태로서 특정품목의 거래에서 수출업자는 수입국의 지정된 수입업자 이외의 다른 수입업자에게 동일품목을 청약하지 않고, 수입업자는 다른 수출업자의 품목을 취급하지 않고 일정기간 동안 특정금액의 물품을 구매한다는 조건을 전제로 체결하는 계약을 말한다. 일반계약에 비하여 양당사자 모두 까다로운 의무를 부담하는 독점판매계약서(exclusive sales contract)가 교환된다.

3. 무역계약의 효력 증명

매매계약은 낙성계약이므로 반드시 계약서가 필요한 것이 아니며, 계약서 작성은 단지 계약의 성립 및 그 내용의 증빙을 위한 것이다. 그러나 무역은 상이한 언어, 상관습 등으로 계약체결에서 종료까지 상당한 시일이 소요되고 그 과정에서 클레임이 발생할 가능성이 높고 계약체결 후 타협에 대한 불만과 거래조건에 대한 오해가 있을 수 있다. 또한 계약당사자 간에는 계약의 성립여부 등 효력에 관한 분쟁, 계약내용에 따른 당사자 간의 권리와 의무 및 계약 불이행시 당사자의 책임범위 등에 관한 분쟁이 발생할 수 있으므로 매매계약서를 작성하여 상호 교환하여 보관하는 것이 필요하다. 무역계약의 효력을 증명하는 방법은 다음과 같다.

① 정식계약으로서 사전에 구두나 전보, Telex, 서한의 교환 등으로 무역계약이 성립된 경우 매도인 또는 매수인이 계약서를 2부 작성하여 발송하면 상대방이 그 내용을 확인한 후 동의하면 2부 모두 서명 날인하여 1부는 작성자에게 반송하고 1부는 자신이 보관한다. 매도인이 자신의 관점에서 작성한 계약서를 매약서(賣約書: sales contract or sales note)라고 하며, 매수인이 자신의 관점에서 작성한 것을 매약서(買約書: purchase contract or purchase note) 또는 주문서(order sheet)라고 한다. 이들은 표면조항과 이면조항 모두가 표시되어 있다.

② 약식계약으로서 별도의 계약서 작성 없이 매도인의 청약서(offer sheet)에 매수인이 승낙(acceptance)표시 또는 매수인의 구매주문서에 매도인의 확인(acknowledgement)표시로 서명한 후 각자 1통씩 보관한다. 승낙표시된 매도인의 청약서 또는 확인 표시된 매수인의 구매주문서가 계약서의 기능을 한다. 계약의 내용은 청약서 또는 구매주문서의 내용뿐이므로 추후 일반거래조건을 협정하는 것이 분쟁을 예방할 수 있다.

③ 매도인이 무역전시회 등에 참가하여 불특정다수에게 카탈로그, 가격표 등을 배부한 경우, 광고를 통하여 거래조건을 제시한 경우 또는 국제적으로 공급이 부족한 인기상품의 경우 매수인이 일방적으로 주문서(order sheet)나 매입주문서(purchase order; P/O)로 주문하게 된다. 이 경우 주문서와 매입주문서는 매도인의 의사와는 관계없이 매수인이 일방적으로 구매조건을 기재하여 서명한 후 보낸 서류이며 매입청약서(buying offer)에 해당된다. 주문서나 매입주문서에 대하여 매도인이 반드시 응해야 할 의무는 없지만 그들을 서명하여 반송하면 주문에 응하는 동의이므로 서명된 그들이 계약서의 기능을 한다. 그들에 대하여 매도인이 주문을 승낙한다는 취지와 거래조건이 기재된 주문확인서(acknowledgement of order)[30]를 송부하여 무역계약을 성립시키기도 한다.[31]

30) 주문확인서는 주문승낙서라고도 하며 회사에 따라 다르지만 일반적으로 'acceptance of order', 'acknowledgment of order', 'confirmation of order' 등으로 표시된다.

31) 주문확인서는 매약서(賣約書: sales note or sales contract)가 된다.

1) 서식의 전쟁

일반적으로 매수인은 주문서 또는 매약서(買約書), 매도인은 매약서(賣約書)라는 정형계약서에 계약사항을 기재하고 서명한 후 상대방에게 정·부본 2통을 송부하고, 상대방은 기재사항을 확인하고 서명한 후 그 중 1통을 반송함으로써 합의한 계약서가 완성된다.

매도인의 매약서(賣約書)에는 일반적으로 매도인의 편의를 고려한 이면약관이 인쇄되어 있다. 매수인이 이것에 서명하는 것은 이면약관을 포함하여 합의한다는 것이다. 이면약관에 합의할 수 없다면 정정을 요구해야 하지만 매도인이 쉽게 정정에 응해주지 않는다. 따라서 매수인은 계약이 성립되면 매도인이 매약서(sales note)를 송부하기 전에 자신의 편의를 고려한 이면약관이 인쇄된 매약서(purchase note)를 그에게 보내 서명을 요구한다. 양당사자 모두 자신의 계약서 서식을 사용하여 정식계약서를 작성하기를 원한다. 이와 같이 상대방 서식을 거부하고 자신의 서식에 서명할 것을 요구하는 것을 서식의 분쟁 또는 서식의 전쟁(battle of forms)이라고 한다. 서로 자신의 요구를 주장하면 계약 성립이 불가하므로 바람직한 것이 아니다. 실무적인 면에서는 양당사자의 조건 차이를 그대로 두고 합의한 부분만으로 계약이 성립된 것으로 하고 거래를 실행하는 경우도 많다.

예시 5-2 SALES NOTE

SALES NOTE NO. 123

May 10, 2014

Messrs. AP. Gordon & Co., Ltd.
Auckland, New Zealand

We are pleased to confirm having sold to you the following goods on the terms and conditions set forth below:

Commodity: Canned Beer, "STAR" Brand of Korean origin.
Quality: Same as above
Quantity: 8,800 cans in 400 cartons, each containing 22 cans: each can containing 350cc, net.
Price: N.Z. $2.45 per carton, CIF Auckland.
Total Amounts: N.Z. $980.00
Packing: Packed in export carton
Payment: By a Confirmed Irrevocable Letter of Credit available against a sight draft
Shipment: By June 15, 2014
Shipping Mark:

A.P.G.
Auckland
C/# 001-400
Made in Korea

Insurance: Institute All Risks, including Institute War and S.R. & C.C. Clauses.
Remarks: Your cable of May 9 & ours of the same date.

SEOUL MERCANTILE CORPORATION
(Signature)
Export Manager

예시 5-3 PURCHASE NOTE

PURCHASE NOTE NO. 456

September 10, 2014

Samsung Moolsan Co., Ltd.

This is to confirm the purchase of the following goods on the terms and conditions stated below:

Article: Samsung IC Radio

Quantity: 1,000 sets Model No. 2. @£2.153, CIF Calcutta
1,000 sets Model No. 3. @£3.23, CIF Calcutta

Shipment: During October

Terms: Draft at 90 d/s under an Irrevocable L/C

Insurance: W.A. including risks of Theft and Pilferage and Non Delivery for 10% over the invoice amount, claims to be payable in Calcutta.

Packing: 25 sets each to be packed in an export carton case

Marks and Numbers:

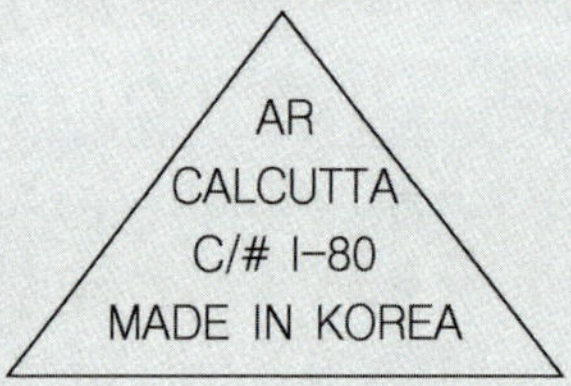

Remarks: Unless otherwise expressly stated, this contract is subject to agreement previously exchanged.

Yours faithfully,

A. RICHARDS & CO., LTD.

CHAPTER 06 무역계약조건의 협정

제 1 절 거래형태에 관한 조건
제 2 절 품질조건
제 3 절 수량조건
제 4 절 가격조건
제 5 절 선적조건
제 6 절 결제조건
제 7 절 보험조건
제 8 절 포장조건
제 9 절 무역계약 성립에 관한 조건
제10절 클레임 해결에 관한 조건

무역은 언어, 관습, 법률, 무역관리제도, 화폐제도, 사회제도 등이 상이한 국가 간에 물품을 대상으로 이루어지는 상거래이다. 무역품은 운송 중 변질, 수량과 중량 감소 등이 발생할 수 있다. 무역계약 당사자는 장차 발생할 수 있는 분쟁을 방지하기 위하여 계약체결 단계에 일반거래에 관한 제조건을 명확하게 약정하여야 한다.

제 1 절 거래형태에 관한 조건

무역거래 당사자의 명칭은 상황에 따라 다양하게 표현된다. 그들은 매매관계에서 매도인(seller)과 매수인(buyer), 무역관계에서 수출상(exporter)과 수입상(importer), 신용장관계에서 수익자(受益者: beneficiary)와 개설의뢰인(applicant), 선적관계에서 송하인(送貨人: shipper or consignor)과 수하인(受貨人: consignee), 어음관계에서 발행인(drawer)과 지급인(drawee)으로 명명되고 있다.

무역거래의 형태는 본인거래와 대리인거래로 대별된다.

1. 본인거래

본인(本人: principal)이란 자신의 이익을 위하여 자신의 명의(名義: in his name)로 거래에 참가하여 거래에서 발생하는 모든 위험(risk)과 비용(account)을 부담하는 자를 말한다.

본인거래(本人去來: business as principal)란 수출입업자 모두가 본인의 자격으로 거래에 참가하는 본인 대 본인(principal to principal)의 직접거래(直接去來)를 말하며, 무역업자의 기본적인 거래형태이다.

2. 대리인거래

수출기업은 해외시장 판로확대, 수입기업은 해외시장의 우수한 물품 공급원 확보 등을 위하여 해외 지사나 주재원이 필요하다. 그러나 경비 과다와 현지 정부의 외국인 영업활동 제한 등으로 그들을 두기가 용이하지 않다. 이러한 경우 무역기업은 비용을 최소화하고 영업활동에 제한을 받지 않는 현지인이나 현지상사에게 자사의 업무를 대리하게 하여 소기의 목적을 달성할 수 있다.

무역에 있어서 대리인(代理人)은 본인(위임자)과 체결하는 대리점협정서(代理店協定書: Agency Agreement)[1)]에 의하여 본인(위임자)으로부터 상행위를 대리할 수 있는 권한을 위임받은 즉, 상사대리(商事代理: commercial agency)의 영업자를 말한다. 대리인은 본인(위임자)에게 종속된 지위를 가지며 본인(위임자)의 이익을 위하여 본인(위임자)의 명의로 그리고 거래에서 발생하는 위험과 비용 또한 본인(위임자)이 부담하는 조건으로 거래에 참가하며, 그의 영업장소를 대리점이라고 한다. 대리인은 제3자와 계약을 체결[2)] 또는 중개하고 그에 대한 대가로 대리인수수료(체약대리인) 또는 중개수수료(중개대리인)를 요구한다.

대리인 거래는 무역거래 당사자의 어느 일방 또는 쌍방이 대리인의 자격으로 거래에 참가하는 본인 대 매도대리인(principal to selling agent) 거래, 본인 대 매입대리인(principal to buying agent) 거래 및 매도대리인 대 매입대리인(selling agent to buying agent)의 간접거래(間接去來)의 형태가 있다.

---

1) 대리점협정서의 주요 내용은 본인과 대리인의 권리와 의무에 관한 것으로 중개수수료의 부담 및 귀속, 산정기준과 계산, 화환어음의 수취인 및 최후 지급인과의 관계, 대리권의 범위 및 유효기간, 거래지역, 취급상품, 호가 및 수도방법, 비용의 분담, 분쟁의 중재방법 등이다.

2) 대리인의 업무가 매매대행이라는 측면에서 대리인과 위탁매매인은 비슷하나, 위탁매매인은 자신의 명의로 매매하지만 대리인은 본인(위임자)의 명의로 상행위를 대행한다.

국제상거래형태의 매매당사자간의 관계는 다음과 같다.

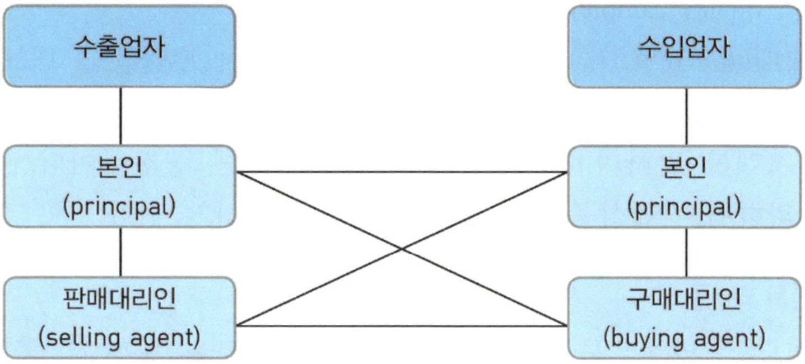

제 2 절 품질조건

품질조건(品質條件: quality terms)에서 품질이란 상품 고유의 성질 이외에 매매목적물로서의 적합성 여부를 결정하는데 필요한 특수요소를 포함하는 개념이다. 후일의 분쟁예방을 위하여 약정해야 할 주요 품질조건은 품질의 결정방법, 결정시기 및 증명방법 등이다.

1. 품질의 결정방법

품질의 결정방법은 어떤 수준의 품질을 매매목적물의 품질로 약정할 것인가에 관한 것으로서 견본매매, 표준품매매, 상표매매, 명세서매매, 점검매매, 규격매매 등이 있다.

1) 견본매매

견본(見本: sample)이란 매매당사자 간의 합의에 의하여 실제 거래될 상품의 1개 내지 수개 또는 일부분을 발취(拔取)하여 거래상품 전체를 대표하는 것을 말하며, 품질, 모양, 색상, 디자인(design), 모델(model) 등을 모두 포함하는 광의의 개념이며, 특히 품질을 중시하므로 품질견본(品質見本: quality sample)이라고도 한다.

견본매매(見本賣買: sales by sample)란 수출상이 수출품을 대표하는 일부 현품 즉, 견본을 수입상에게 제시하여 견본의 품질을 약정품질로 결정하는 거래를 말하며, 그 대상은 대부분이 일반 공산품이다. 수입상은 견본에 의하여 거래상품의 성질과 형상을 파악하게 된다.

(1) 견본의 종류

견본이란 일반적으로 실물견본(straight sample)을 말한다. 고가품이나 특대화물(bulky cargo)은 견본을 대체하는 상품목록(catalogue), 청사진, 사진 등을 이용하여 거래상품의 품질을 결정하며, 이들을 설명견본(illustrative Sample)이라고 한다.

견본의 영어표현은 'sample', 'pattern', 'swatch', 'specimen' 등이 사용된다. 'sample'은 원료품(raw materials), 반제조품(semi-manufactures), 제조품(manufactures)에 이르기까지 모든 상품의 견본 의미로 사용된다.

미포장된 곡물류는 일부분을 발취(拔取)하여, 섬유류는 일부분을 잘라서 견본으로 사용한다. 직물류와 가죽은 무늬, 색상 등을 나타내기 위하여 천 조각을 견본으로 사용하며, 이를 'swatch' 또는 'cutting sample'이라고 한다. 의류, 커튼 등 천(dry or soft goods)이나 섬유류, 완구와 같이 의장(意匠)[3]이나 도안이 품질구성의 요건인 경우 그 견본을 무늬견본(pattern)이라고 한다. 'pattern card'는 견본 천을 붙인 카드를 말하며, 'pattern piece'는 견본 필(疋)[4]을 말한다. 전체의 한 예로서 보이는 것으로서 동물, 식물, 광물 등의 견본을 표본(標本: specimen)이라고 한다.[5]

견본은 일반적으로 수출상이 수입상에게 제시하는 매도인 견본(seller's sample)을 의미하지만 수입상이 수출상에게 제시하는 매수인 견본(buyer's sample)도 사용된다. 매도인 견본은 한 조(one set)가 원견본, 비치견본,

---

3) 의장이란 공산물 또는 공예품에 외관상 미감(美感)을 주기 위하여 그 모양과 빛깔 또는 그 조화를 더하는 특수한 고안을 말한다. 의장권이란 의장에 대한 권리를 등록에 의하여 배타적으로 행사할 수 있는 권리를 말한다.

4) 필이란 검은 모시 스무 필과 같이 일정한 길이로 말아 놓은 피륙을 세는 단위를 말한다.

5) 'specimen page'를 서적의 견본 페이지, 'specimen of signature'을 서명견본이라고 한다.

제3견본 등으로 구성된다. 원견본(original sample)은 거래 상대방에게 보내는 것으로서 계약품질을 대표함으로 대표견본이라고도 한다. 비치견본(duplicate sample, keep sample or file sample)은 후일 참조용으로 매도인이 보관하고 있는 것을 말한다. 제3견본(triplicate sample)은 매도인과 제조자(maker)가 다른 경우 제조자에게 참조용으로 보내는 것을 말한다. 후일의 분쟁에 대비하여 견본 송부 시 비치견본이나 제3견본을 보관하는 것이 바람직하며 이들을 참조견본(reference sample)이라고 한다.

일방이 제시한 견본에 대하여 다른 일방이 새로이 제시하는 견본을 역견본(counter sample), 반대견본 또는 대응견본이라고 하며, 매수인의 견본에 대한 매도인의 역견본을 유사견본(similar sample)이라고 한다. 역견본이 상대방에 의하여 최종적으로 수락되면 승인견본(approval sample)이라고 한다.

대개의 견본들은 계약이 성립하기 이전에 사용된다. 계약이 성립된 후 선적품이 계약품과 일치함을 알리기 위하여 매도인이 실제로 선적될 물품 중 일부를 매수인에게 보내는 경우 그 일부를 선적견본(船積見本: shipping sample)이라고 하며 주로 항공으로 우송된다.

(2) 매도인의 의무

견본매매는 견본과 동질의 물품을 인도할 것을 약정하는 거래이므로 매도인은 인도하는 물품이 견본과 동일한 품질임을 보증하고, 현품과 견본에 품질차이가 있는 경우 그 책임을 부담해야 한다. 이러한 의미로 일반거래조건협정서(一般去來條件協定書: Agreement on General Terms and Conditions of Business)에는 일반적으로 "견본에 의하여 매도되는 물품은 목적지에 도착하였을 때 매도인에 의하여 견본과 완전히 동질(同質)임이 보장되어야 한다(The goods sold on sample shall be guaranteed by sellers to be fully equal to sample upon arrival at destination.)."라는 문구가 사용된다. 청약서나 계약서에 사용되는 "quality to be same as sample No. 1234."라는 문구는 "품질이 견본과 엄격하게 동일한 것(strictly same as sample)"으로 해석된다.

견본매매에서 견본과 동질의 물품을 선적하기 어려운 경우 또는 선적시에는 견본과 동질이지만 장기간의 운송과 기후, 온도 등의 변화로 변질이 예상되는 경우에는 계약체결 시 그러한 특수사정을 고려하여 사전에 "품질은 대략 견본과 같음(quality to be about equal to the sample)" 혹은 "품질은 대략 견본과 같아야 하며, 수분 2%, 잡물 1.5%를 초과하지 않을 것(moisture should not exceed 2%, and admixture 1.5%)" 등과 같은 조건을 명시하여 분쟁요인을 제거하여야 한다.

다수의 동일품종인 경우, 최상품을 견본으로 제시하면 계약체결은 용이하나 인도 시 현물이 견본보다 조악(粗惡)하면 분쟁의 원인이 될 수 있으므로 견본은 평균중등품이 적합하다.

2) 표준품매매

표준품(標準品: standard)이란 견본유사품으로서 동종이질상품(同種異質商品)의 품질을 대표하는 상품을 말한다. 미곡, 맥곡, 면화 등 농산물은 품종이 너무 많아 정확한 견본 선정이 어렵고, 수확예정인 농산물, 벌채예정인 목재, 제조예정인 공산물 등은 물리적으로 견본 제공이 어렵다.

표준품매매(標準品賣買: sales by standard)란 실제 인도될 품질을 유사품의 품질과 비슷한 정도 즉, 인도될 품질과 표준품(견본 유사품)의 품질이 반드시 일치하는 것이 아니라 실제 인도된 물품과 표준품의 품질에 차이가 있는 경우 계약조건 또는 관습에 따라 물품대금을 증감하여 사후에 정산(精算)할 것을 약정하는 거래로서 견본매매와는 달리 견본의 품질과 인도되는 품질의 차이를 인정한다. 표준품매매의 품질표시방법은 다음 세 가지 조건이 있다.

(1) 평균중등품질조건

평균중등품질조건(fair average quality; FAQ)이란 표준평균품질조건이라고도 하며 표준품매매의 일반적인 형태로서 주로 곡물 등 농산물과 천연산물(天然産物: natural products)의 선물거래에 사용된다. 계약체결 시에 전년도 수확물의 중등품질을 표준품으로 정하여 가격을 약정하고, 인도될 품질은 선적시기 및 선적장소에서 그 계절출하품의 평균중등품질(fair average quality for the season's shipment at time and place of shipment)

로 하는 조건을 말한다.

주요 물품들은 법규에 의거하여 공공기관이 표준품을 정한다. 호주산 소맥은 호주표준밀제도(Australia standard wheat; ASW)를 도입하여 표준품과 그 이하의 품목으로 구성되어 있다. 표준품은 식량으로서 수출될 수 있는 규격품을 말하고, 그 이하의 품목은 식량으로서 수출할 수 없는 소맥을 말한다.

미수확물의 매도청약서(selling offer) 또는 매입주문서(buying order) 발송 시 약정품질을 전년도 수확물의 중등품으로 하고자 하는 경우, 일반거래조건협정서(agreement)에 "표준품거래에서 매도인은 물품이 목적지에 도착하였을 때 그 품질이 그 계절상의 중등품일 것을 보장해야 한다. 신 계절품에 대한 청약은 반대통지가 없으면 구 계절의 중등품인 것으로 이해되어야 한다(In the transactions by standard, the seller guarantees quality of goods upon arrival at destination, to be fair average of the season's crop. Offers of new crop are understood to be fair average of old crop in the absence of advice to the contrary)"는 문구가 사용된다.

(2) 판매적격품질조건

판매적격품질조건(good merchantable quality; GMQ)은 정확한 견본이나 표준품 사용이 어려운 원목, 판자, 냉동어류, 광석류 및 기 적출 미착상품(未着商品: goods to arrive) 등의 거래에 주로 채용되며 매도인이 인도하는 품질이 상거래상 판매적격품일 것을 보증하는 조건을 말한다.

원목, 판자 등은 비록 표준품이 제시되어도 내부 부패 등 기타 잠재하자를 외관상으로 알 수 없으므로 매도인이 인도되는 현품의 판매적격성(merchantability)을 보증하는 조건으로 거래된다. 양륙지에서 품질검사 후 원목의 속이 비었거나, 냉동어류가 부패된 경우 등 시장성이 없는 품질로 판정되는 경우 그 책임이 매도인에게 있으며 매수인은 그에게 배상 청구할 수 있다.

(3) 보통품질조건

보통품질조건(usual standard quality; USQ)은 통상품질조건이라고도 하며 공인검사기관 또는 공인표준기관이 정한 보통품질을 표준품의 품질로 결정하는 조건을 말하며 미국의 면화판매에서 시작되었다. 우리나라 수출품 중 인삼, 오징어 등은 해당 수출조합이나 정부가 지정한 공공기관이 품질을 판정하여 1등품, 2등품 또는 A급, B급 또는 A1, B1 등으로 구분하고 있다.

3) 상표매매

상표매매(商標賣買: sales by trade mark)란 통명매매(通名賣買: sales by brand)라고도 하며 생산자의 제품임을 표시하는 문자, 기호 또는 도형으로 표시된 통명(brand)이나 자사 제품임을 가장 간결하게 표시한 상표(trade mark)로서 품질을 결정하는 거래를 말한다. 'Coca Cola', 'Parker' 만년필 등과 같이 생산자의 통명이나 상표가 세계적으로 널리 알려진 상품은 그 자체가 고품질임을 보증하는 기능이 있으므로 견본의 제시 없이 통명이나 상표로서 품질을 결정한다.

4) 명세서매매

명세서매매(明細書賣買: sales by description, specification or dimension)란 명세서(specification or dimension), 설명서(description), 설계도(plan), 청사진(blue print), 도해 카탈로그(illustrated catalog) 등을 이용하여 품질을 결정하는 거래를 말하며 기계류, 선박, 항공기, 철도차량 및 의료기구 등의 상품거래에 채용된다. 정밀기계나 정교한 물품은 형상, 치수, 재료 등이, 영양식품과 유지와 같은 화학제품은 색채, 광택, 향기, 맛, 성분 등이 명세서에 표시되어 있으며 명세서의 내용으로 품질을 결정한다. 특별주문품은 매수인이 품질의 명세를 결정하기도 하지만 일반적으로 생산자가 자사 제품의 명세를 매수인에게 제시하여 그가 요구하는 명세와 생산자의 명세가 합치하는 경우에 매수인이 구매하게 된다.

5) 점검매매

점검매매(點檢賣買: sales by inspection)란 국내거래와 같이 해외 매수인이 직접 생산지에 와서 구매할 상품을 확인한 후 또는 매도인이 송부한 상품을 매수인이 확인한 후 품질을 결정하는 거래를 말한다. 주로 보세창고도거래(bonded warehouse transaction; BWT)나 현물상환도(cash on delivery; COD) 거래에 활용된다. 승인조건청약(offer on approval)이나 반품허용조건청약(offer on sale or return)은 점검매매의 일종이며, 주로 악기, 서적, 사무용품 및 신상품 판매나 신 시장 개척 시에 이용된다.

6) 규격매매

규격매매(規格賣買: sales by grade or type)란 생사나 면사포와 같이 국제적인 통일규격이 있는 상품이나 수출국의 공인기관에 의하여 규격이 특정되어 있는 상품의 경우 그 규격에 의하여 품질을 결정하는 거래를 말한다. 규격은 반드시 품질의 우열(優劣)만을 표준으로 하지 않고 품형(品型)에 의하기도 한다. 우리나라 가정용 전자제품에 대한 KS(Korea Standard) 규격 등이 있는 것처럼 대부분의 국가들은 각 제품에 대한 공통된 규격이 있다. 규격이 통일화된 상품은 규격을 기준으로 품질을 결정한다.

주요국의 규격

- BIS : British Institute Standard)(영국공업규격)
- DIN : Deutsche Industrial Normuge(독일공업규격)
- VDE : Verband Deutcher Elektrotechnicker(독일안전규격)
- JIS : Japan Industrial Standard(일본공업표준)
- ISO : International Organization for Standardization(국제표준화기구규격)
- UL : Underwriters Laboratories(미국안전규격) [6]
- ANS : American National Standards(미국표준규격)
- CSA : Canadian Standards Association(캐나다표준규격)
- CE : Conformity European(유럽인증규격)
- CCIB : China Commodity Inspection Bureau(중국안전규격)

6) ‘Underwriters Laboratories’는 미국보험업자연구소를 말하며 미국보험회사가 설립한 비영리 안전검사 기구이다.

2. 품질의 결정시기

무역품은 국제간의 장기간 운송 등으로 변질될 수 있으며 선적시점과 양륙시점의 품질차이는 분쟁을 야기할 수 있다. 품질의 결정시기는 선적시점 또는 양륙시점으로 약정한다.

1) 선적품질조건

선적품질조건(船積品質條件: shipped quality terms)은 선적시점의 품질을 약정품질로 하는 거래를 말하며, 운송 중 품질 변화가 없는 일반 공산품 등의 거래에 채용된다. 운송 중 변질(變質)에 대한 책임을 매수인이 부담하므로 매도인에게 유리한 조건이며, 매매계약서에 "quality to be fair average at the time and the place of shipment(품질은 선적시점 및 선적장소에서 평균중등품이어야 한다.)" 등과 같은 문구가 사용된다.

2) 양륙품질조건

양륙품질조건(揚陸品質條件: landed quality terms)은 양륙시점의 품질을 약정품질로 하는 거래를 말하며, 운송 중 품질 변화가 있을 수 있는 광산물, 농산물, 피혁, 어류 등 1차 상품거래에 널리 채용된다. 운송 중 변질에 대한 책임을 매도인이 부담하므로 매수인에게 유리한 조건이며, 매수인은 도착 물품에 하자가 있으면 클레임 또는 배상청구 할 수 있다.

견본매매에서 양륙품질조건인 경우 매매계약서에 "Goods sold on sample shall be guaranteed by the seller to conform exactly to sample upon arrival at destination(견본매매로 판매되는 상품은 목적지에 도착할 때 견본과 정확하게 일치할 것을 매도인이 보장하여야 한다)" 등과 같은 문구가 사용된다.

3) 곡물류의 품질결정시기

곡물류 거래에 사용되는 품질의 결정시기는 'TQ', 'SD' 및 'RT' 조건이 있다.

(1) RT

'RT(rye terms)'는 호밀(rye)거래에 사용된다고 하여 'RT'라고 하며, 양륙품질조건으로서 매도인이 곡물의 해상운송 중 변질에 대한 책임을 부담하므로 매수인에게 유리한 조건이다. 동 조건은 약정된 곡물이 손상되었을 때 매수인이 그 거래를 거절할 수 있다는 것이 아니고 인도된 곡물의 품질이 장기간의 해상운송 중 표준품에 미달되었을 경우 그 손해에 대하여 매도인에게 클레임(가격인하)을 제기할 수 있는 권리를 유보한다는 의미이다.

(2) TQ

'TQ(tale quale)'은 'Such as it is', 'just as they come'이란 뜻으로 선적품질조건을 의미하며, 곡물의 해상운송 중 변질에 대한 책임을 매수인이 부담하므로 매도인에게 유리한 조건이다.

(3) SD

'SD(sea damaged)'는 곡물이 해상운송 중 조유(潮濡)[7]로 인한 손해가 발생한 경우 그 손해만을 매도인(Seller is liable for damaged by sea water)이 부담하는 조건으로서 'TQ'조건에 비하여 매도인은 다소 불리하고 매수인은 다소 유리하다. 일반적으로 "Damaged by sea water, if any, to be seller's account"라는 문구가 계약서에 기재된다.

3. 품질의 증명방법

원재료, 농수산물 등은 선적시점과 양륙시점에 품질의 차이가 발생할 수 있으므로 분쟁방지를 위하여 계약물품의 품질증명방법을 약정하여야 한다.

계약물품이 선적 또는 도착 시점에 계약품질과 동일하다는 것을 입증(立證)하기 위해서는 품질입증 책임자가 특정 감정기관의 검사 또는 증

7) 조유란 강물이나 바닷물이 배로 흘러 들어와 화물이 젖는 것을 말한다.

명을 받아야 한다. 필요한 경우 공신력 있는 국제적인 감정기관과 품질 검사방법 등을 약정하여 매도인이 감정보고서(鑑定報告書: survey report) 또는 품질증명서(certificate of quality)를 제시하도록 계약조건에 명시하여야 한다. 선적품질조건의 경우 매도인이 감정기관으로부터 선적지의 품질증명서를 받은 후에야 비로소 면책되며, 양륙품질조건의 경우 매수인이 도착한 물품의 외형 및 품질의 결함을 발견하면 감정기관의 도착지의 품질증명서를 바탕으로 배상청구 할 수 있다.

감정기관(鑑定機關: surveyor)은 송화(送貨) 및 수화(受貨)에 관한 각종 사항의 검사, 감정, 보고, 증명 등을 전문업으로 한다. 국제적인 감정기관으로는 'SGS(Societe General De Surveillance S.A.)', 'Lloyd's Agent'[8] 등이 있으며, 그들의 감정보고서는 국제적인 신뢰를 받고 있다. 국내 감정기관으로는 (주)국제검정공사(International Inspection and Testing Corporation; INTECO), (주)고려검정공사(Intertek Caleb Brett－KIMSCO), (주)협성검정(Hyopsung Surveyors) 등이 있다. 감정기관이 현지에 없는 경우, 수입지 주재 수출국 영사 또는 수입지 상공회의소에 적합한 감정기관의 선정을 의뢰하여 품질을 감정 받을 수 있다.

계약서의 품질증명 문구는 "seller's(buyer's, agency's, surveyor's) inspection to be final(매도인(매수인, 대리점, 감정인)의 검사가 최종적이다.)" 등이 사용된다.

제 3 절 수량조건

수량조건(quantity terms)은 수량에 대한 관습이 국가마다 상이하므로 수량의 단위, 결정시기 및 과부족(過不足)의 해결방안 등을 약정하여야

8) 'Lloyd's Agent'는 영국의 'The Corporation of Lloyd's(로이즈 조합)'가 임명한 대리인으로서 각 지역에서 발생한 해상사고를 'Lloyd'에 보고하고, 화주나 선주의 의뢰에 따라 'surveyor'를 채용하여 손상화물을 감정한다.

한다.

수량단위는 물품의 성질에 따라 중량, 용적, 개수, 포장단위, 길이, 면적 등이 사용된다. 포장단위를 수량단위로 사용하는 경우, 각 포장단위당 입수(入數)가 관습상 정해져 있는 경우가 일반적이지만 계약체결 시 약정하는 것이 최선이다.

1. 수량의 단위

① 중량의 표시단위

중량(weight)의 표시단위는 'ton', 'lb(pound)', 'kg' 등이 사용된다. 톤(ton)은 중량을 나타내는 중량톤(weight Ton; W/T)과 용적을 나타내는 용적톤(measurement ton; M/T)이 있다. 중량톤은 3종류가 사용되고 있으며, 이들 각각의 중량이 상이하므로 어떤 단위를 사용할 것인가를 약정하여야 한다.[9]

L/T(Long Ton, British Ton, Gross Ton) : 2,240 Lbs : 1,016 Kgs
M/T(Metric Ton, French Ton, Kilo Ton)[10] : 2,204 Lbs : 1,000 Kgs
S/T(Short Ton, American Ton, Net Ton) : 2,000 Lbs : 907 Kgs

② 용적의 표시단위

목재는 'Cubic Meter(cbm; ㎥)', 'Cubic Feet(cft)', 'SF(super foot)', 석유와 같은 액체는 'Liter', 'Gallon', 'Barrel(31.5 American Gallon)', 곡물은 'Bushel' 등이 용적(measurement)의 표시단위로 사용된다.

1 'gallon'은 영국(English gallon or Imperial gallon)의 경우 4.546 'liters', 미국(American gallon or Wine gallon)의 경우 3.7853 'liters'로서 서로 용적이 상이하므로 어떤 것을 단위로 사용할 것인가를 약정하여야 한다.

---

9) 'L/T'는 영국 및 영연방국가, 'M/T'는 영미를 제외한 다수의 국가, 'S/T'는 미국에서 주로 사용된다.

10) 'M/T'는 용적톤(measurement ton)으로서 선박회사의 운임산정 시에도 사용되며 '1measurement ton'은 '40cft' 즉, '480sf'에 해당된다. '1sf'는 '1sft × 1inch'에 해당되는 부피를 말한다. '1feet'는 '30.48cm', '1inch'는 '2.54cm'이다.

③ 개수의 표시단위

개수의 표시단위는 'piece', 'set', 'dozen', 'gross' 등이 있으며 전자제품, 일반잡화 등의 거래에 사용된다.

Dozen : 12 pieces
Gross : 12×12 pieces=144 pieces
Small Gross: 12×10 pieces=120 pieces
Great Gross: 12×12×12 pieces=1,728 pieces

④ 포장의 표시단위

포장(package)의 표시단위는 'case', 'bag', 'bale', 'can', 'drum' 등이 있으며, 면화, 시멘트, 통조림, 유류 등의 거래에 사용된다.

⑤ 길이의 표시단위

길이(length)의 표시단위는 'meter', 'yard', 'inch', 'foot' 등이 있으며 전선, 원단 등의 거래에 사용된다.

⑥ 면적의 표시단위

면적(square)의 표시단위는 'square foot(sft)' 등이 있으며, 유리, 합판, 타일 등의 거래에 사용된다.

2. 수량의 결정 시기 및 방법

수량의 결정시기는 어느 시점의 수량을 계약수량으로 하는가에 따라 선적수량조건과 양륙수량조건으로 구분된다.

1) 선적수량조건

선적수량조건(shipped weight terms)은 계약수량을 선적지의 선적수량으로 하는 조건을 말하며 운송 중의 감량위험을 매수인이 부담하므로 매도인에게 유리하며, 운송 중 감량이 발생하지 않는 일반 공산품 거래에 채용된다.

매도인의 선적수량에 대한 부정을 방지하기 위하여 매수인은 매도인이 선적시점에 매수인이 지정한 감정기관(surveyor) 또는 공인검량인(公認檢量人: public weighter)의 검량을 받아 중량·용적증명서(certificate of weight/ measurement)를 제출하도록 할 수 있다.

2) 양륙수량조건

양륙수량조건(landed quantity terms)은 계약수량을 목적지의 양륙수량으로 하는 조건을 말하며 운송 중의 감량위험을 매도인이 부담하므로 매수인에게 유리하며, 운송 중 감량이나 누손(漏損: leakage)이 발생하기 쉬운 농산물, 광산물 등의 산화물(散貨物: bulk cargo),[11] 잡곡류, 해산물, 유지류, 공업약품 등과 같은 상품 거래에 채용된다.

매수인의 양륙수량에 대한 부정을 방지하기 위하여 또는 누손되기 쉬운 상품의 경우 양륙 후 검량지연으로 매수인에게 부당한 손해배상청구의 구실을 주지 않기 위하여 매도인은 양륙수량을 자신이 지정한 감정기관 또는 공인검량인에게 규정된 검량기일 내에 매수인이 수검(受檢)하도록 할 수 있다.

---

11) 선적화물은 취급상 벌크화물(bulk cargo, bulk freight or bulk goods), 잡화(general cargo), 특수화물(special cargo) 등으로 구분한다. 벌크화물은 산화물(散貨物), 산적화물(散積貨物), 산물(散物) 또는 살물(撒物)이라고도 하며 자갈, 석탄, 곡물, 광석, 유황 등과 같이 포장하지 않고(노출된 채로) 선창에 싣거나 석유와 같이 액체 상태로 용기에 넣지 않은 채 선박의 탱크에 실어 운송되는 무포장화물을 말한다. 대량으로 운송됨으로 하나하나 셀 수 없고, 단가가 싸 운송 중 약간의 감실이 거래상 큰 문제가 되지 않으며, 취급 시 특수 장비가 필요하다. 포장되지 않은 채 운송되는 목재, 갱목, 신탄, 선철, 강철 등과 같은 중량화물과 'boiler', 발전기, 항공기, 부선, 증기기관차, 트랙트 등과 같은 특수화물도 'bulk cargo'이며 개개의 용적이 특별히 크기 때문에 선내 반입이 어려워 상갑판에 적재된다. 하나하나 셀 수 없으므로 대부분이 운임산정에 필요한 톤수를 본선에 적재된 채로 본선의 흘수(draft)로 계산한 흘수 중량톤(draft weight)으로 하며, '1 lot'에 몇 톤(ton)이라 하여 그 양을 측정하기도 한다. 운송화물 몇 개를 모아서 '1 lot'를 만들고, '1 lot'가 몇 천톤 또는 몇 만톤 되는 대량화물을 'Lot Cargo'라고 한다. 목재나 원목은 하역하면서 숫자를 파악하고 환산율을 이용하여 산출한 용적톤을 사용한다. 벌크화물의 컨테이너화는 만선단위로 수송하는 대량화물을 제외하고 특수 컨테이너 개발 또는 드라이 컨테이너(dry container)에 특수 액세서리의 부착으로 가능하다.

3) 과부족용인조건

과부족용인조건(過不足容認條件: more or less clause; M/L Clause)[12]이란 계약수량보다 일정률의 과잉 또는 부족 수량의 인도를 허용하는 조건을 말한다. 휘발성이 있는 유류, 곡물이나 광산물과 같이 대량으로 산적(散積)되어 장기간 운송되는 산화물(bulk cargo) 등은 운송 중 불가피하게 감량이 발생하여 정확한 계약수량을 제공하기 어렵다. 또한 상품의 성질, 생산, 포장, 선복 등의 사정으로 선적수량 및 양륙수량을 계약수량과 정확하게 일치시키기 어려운 경우가 적지 않다. 특히 감량율이 일정하지 않는 상품은 감량이 격심할 수 있으며, 이러한 감량을 고려하여 과적(過積)하면 과량(過量)을 초래할 수도 있다. 이러한 경우 어느 정도의 수량 과부족(surplus or deficiency)을 계약위반으로 보지 않고 과부족의 용인율을 약정하는 과부족용인조건이 채용된다.

약정수량의 5%까지의 증감을 허용하는 조건인 경우 계약서에 "Quantity shall be subject to 5% more or less at seller's option." 등으로 명시한다. 신용장거래에서 약정 금액, 수량 또는 단가 앞에 약(約)이라는 의미로서 'about', 'approximately', 'circa' 등의 유사한 용어를 사용한 경우, 그들은 언급된 금액, 수량 또는 단가보다 상하 10%를 초과하지 아니하는 과부족을 용인하는 것으로 해석된다. 과부족용인에 관한 특약이 없는 경우에도 신용장이 과부족을 금지하는 하지 않는 한 신용장 금액을 초과하지 않는 범위 내에서 선적화물의 5%까지의 과부족이 허용된다. 그러나 포장단위 또는 개개품목의 개수에 따라 수량이 명시되어 있는 경우(countable goods)에는 이러한 허용치가 허용되지 않는다.

12) 영국물품매매법(SGA) 제30조, 미국통일매매법(Uniform Sales Act; USA) 제44조, 미국통일상법전(UCC) 제2편 제601조

제 4 절 가격조건

1. 가격의 산출근거

매매가격(賣買價格)이란 거래상대방에게 제시하는 가격을 말한다. 매매가격은 약정품의 종류, 매매계약의 양당사자가 부담하는 여러 원가요소, 인도장소, 표시통화, 선내 하역비, 거래처의 성격 즉, 대리상, 위탁상 등을 고려하여야 설정한다. 설정 후에는 그 가격의 의의 및 거래당사자간의 계약상 의무 등을 가능한 무역계약서에 명기하여야 한다.

각 거래당사자들이 부담하는 매매가격의 여러 원가요소와 물품의 인도장소, 위험과 비용의 이전시기 등 매매계약의 기본적 의무를 일일이 명시적으로 협정하여 매매계약을 체결하는 것은 매우 번잡하고 불편하다. 이에 무역업자들은 국제적으로 관행되고 있는 'FOB', 'CIF' 등과 같은 관습적인 약호를 사용하여 매매계약을 체결하게 되었으며 이러한 관습적인 약호가 정형거래조건(定型去來條件: trade terms)이며 매매당사자의 의무를 한정하여 거래방법과 매매계약의 성격을 결정짓는 규제력을 갖는다.

가격조건은 상품의 단가와 정형거래조건으로 불리는 관습적인 용어인 'FOB', 'CIF' 등을 명시하며 또한 그들 정형거래조건이 그대로 무역조건(trade terms)으로 사용되기도 함으로 물품의 위험과 비용의 이전시점이 명확해진다. 가격조건이 '@U$15 per case FOB Busan'과 같이 표시된 경우, 한 상자(case) 당 단가가 U$15이며, 이 금액은 제조원가, 희망이익(expected profit) 및 부산항의 본선인도 시까지 매도인이 부담하는 비용의 합을 나타내며 동시에 인도시점까지 매도인이 물품의 멸실과 손상에 대한 위험을 부담한다는 의미를 갖는다.

국제상업회의소(國際商業會議所: international chamber of commerce; ICC)[13)]

13) 국제상업회의소는 상공업의 발전을 도모하기 위하여 상공인들이 자율적으로 설립한 민간경제단체로서 국제기구이다. 우리나라는 대한상공회의소와 전국 주요도시

는 법률, 제도 및 관습이 상이한 국가 간에 이루어지는 국제무역거래의 분쟁을 사전에 예방하여 국제무역의 확대를 도모하기 위하여 '정형거래조건의 해석에 관한 국제규칙(International Rules for the Interpretation of Trade Terms)'을 제정하였으며, 동 규칙을 약칭하여 'Incoterms(International Commercial Terms)'라고 한다. 'Incoterms'는 국제법이나 국제조약이 아니며 민간단체가 제정한 규칙이므로 각 국가가 공식적으로 채택하거나 강제적으로 적용하는 것이 아니며 거래당사자들의 선택에 의하여 임의로 무역거래에 채용되는 것이다.

2. 가격의 구성요소

수출가격은 수출상의 물품제조비용 또는 타사로부터의 구매비용, 사업부문별 간접원가, 부대비용(附帶費用: incidental expense), 희망이익 등의 합이다. 수입가격은 수출상의 선적가격, 수입상의 사업부문별 간접원가, 부대비용, 희망이익 등의 합이다.

수출지에서 발생하는 수출관련 비용은 포장비, 검사비, 내륙운송비, 최초 운송인측 인도비용, 통관제비용, 제세공과금, 부선사용료, 본선선적비용, 서류제공비용 등이다. 수입지에서 발생하는 수입관련 비용은 양륙비, 통관제비용, 제세공과금, 내륙운송비 등이다. 물품의 운송 중 발생하는 비용은 해상운임과 적하보험료이다.

3. 매매가격의 표시통화

매매가격의 표시통화(currency)는 통화의 안정성, 교환성 및 유동성을 고려하여 결정하여야 하며 환위험과 관련된다.

환위험(換危險: exchange risk)이란 환율변동에 따른 통화가치의 위험을 말한다. 수출국 통화의 매매가격 표시는 수입상이 환위험을 부담하게 되고, 수입국 통화의 매매가격 표시는 수출상이 환위험을 부담하게 되

에 지방상공회의소가 있다.

고, 제3국 통화의 매매가격 표시는 수출상과 수입상 모두 환위험을 부담하게 된다. 환위험을 회피하기 위해서는 환위험 부담자가 거래은행에 선물환계약(先物換契約: forward exchange contract)을 체결하여야 한다.

우리나라는 대외결제와 관련하여 지정통화제도(指定通貨制度)를 실시하고 있다. 수출대금은 반드시 외환당국이 지정한 영수통화(領受通貨)로 수취하여야 하며, 그 이외의 통화로 수취하려면 정부의 허가를 받아야 한다. 영수통화는 국제통화기금(IMF) 제8조에 규정된 일반적 의무를 수락하고 이 의무를 약속한 가맹국 통화(IMF 8조국 통화)와 스위스 연방국 통화, 홍콩 통화이다. 그러므로 매매가격의 표시통화는 환위험이 적고 유동성이 높은 통화를 지정통화 중에서 선정하는 것이 좋다. 지급통화(支給通貨)로는 모든 통화를 사용할 수 있다.

표시통화의 종류와 관련하여 국제적으로 동일한 통화명칭이라도 국가에 따라 대외가치가 다르므로 막연히 'Dollar', 'Franc' 등으로 표시해서는 안 된다. 'Dollar'는 'U.S. Dollar', 'Canadian Dollar', 'Hong Kong Dollar'가 있으며, 'Franc'은 'French Franc', 'Swiss Franc', 'Belgium Franc'이 있으므로 통화 앞에 반드시 관련 국명을 표시하여야 한다.

가격조건 예문

"Unless otherwise specified in cables, letters or telexes, all prices by Sellers or Buyers shall be quoted in US Dollars on the basis of CIF, New York."

제 5 절 선적조건

선적조건(船積條件: shipment terms)이란 계약상품의 선적 시기와 방법, 분할선적과 환적의 허용여부, 선적지연에 관한 면책조항, 선적일자의 해석기준 등 선적에 관한 제 조건과 이러한 조건의 위반 시 처리방법에 관한 약정사항을 말한다. 선적조건은 실무적으로 운송관습의 영향을 많이 받음으로 가능한 명확하고 상세하게 약정되어야 한다.

1. 선적과 인도[14)]

1) 선적

선적은 물품의 인도 그 자체이거나 인도의 한 방법이라고 할 수 있다. 매수인 또는 그의 대리인(주로 운송인)이 물품을 보관하거나 이에 대한 관리권을 행사할 수 있으면 물품이 매수인에게 인도되었다고 한다. 매도인이 매수인에게 직접 또는 매수인의 대리인인 운송인에게 물품을 이전할 목적으로 인도를 완료하면 인도가 된 것으로 본다. 현물인도의 경우, 매도인이 본선에 물품을 선적함으로써 인도가 이루어지므로 선적과 인도는 동일한 의미를 갖는다.

2) 인도

인도(引渡: delivery)란 물품의 점유권(占有權)을 임의적(任意的)으로 이전(移轉)하거나(voluntary transfer of possession) 현실적으로 수수(授受)하는 것을 말한다. 점유(占有: possession)란 물건의 사실상의 지배(支配)를 말한다. 점유라는 사실을 법률요건으로 하여 발생하는 물권(物權)[15)]을 점유권이라고 한다. 물품의 점유는 소유권이나 임차권(賃借權)에 의하여 가능하며, 도둑에 의한 사실상의 점유는 권리가 없는 점유이다.

무역거래에서 물품인도와 대금지급은 동시이행조건(同時履行條件: concurrent condition)을 원칙으로 한다. 물품의 인도방법은 소유권이전, 대금결제방법, 포장, 부보(付保) 등과 관련된다. 무역계약에서 인도조건(delivery terms)을 약정하면 물품의 수도장소가 적출지인지 양륙지인지 오해의 소지가

14) 비엔나협약(1980)을 기준으로 정리함.

15) 물권(物權: real rights)이란 특정한 물건(또는 재산권)을 직접·배타적으로 지배하여 이익을 향수(享受)하는 것을 내용으로 하는 권리를 말한다. 물권계약이란 직접 물건의 설정·이전·소멸을 목적으로 하는 계약을 말하며 물권행위의 대부분을 차지한다.

있으므로 선적조건으로 약정하는 것이 혼란을 예방할 수 있다. 인도조건은 현실적 인도조건과 상징적 인도조건으로 구분된다.

현실적 인도조건(現實的 引渡條件: actual delivery)은 현물매매(現物賣買)로서 매도인이 계약에 명시(明視) 또는 묵시(黙視)되어 있는 장소에서 현물을 현실적·물리적 인도로서 인도의무가 완료되어 물품의 위험과 소유권이 이전되고 대금지급의무가 발생하는 조건을 말한다. 무역품은 장기간의 운송을 요함으로 현물의 수수는 상당한 시일이 소요되고 많은 위험이 따른다. 현실적 인도조건의 이러한 문제를 해결하기 위하여 상인들 간에 물품을 유가증권화 하여 그 증권을 마치 물품인 것으로 취급하는 관행 즉, 운송인이 화물의 선적을 입증하는 적법한 증권을 발급하고 상인들은 그 증권을 상품으로 취급하여 거래하는 상징적 인도조건이 발생하게 되었다.

상징적 인도조건(象徵的 引渡條件: symbolic delivery)이란 해석적 인도조건(解釋的 引渡條件: constructive Delivery)이라고도 하며 물품의 현실적·물리적 인도만으로 소유권 이전과 대금지급의무가 발생하지 않고 화물을 상징하는 선적서류의 제공(tender of documents)에 의하여 매도인의 인도의무가 종료되고 매수인의 대금지급의무가 발생하는 서류매매(書類賣買)를 말한다. 서류인도에 의하여 소유권이 선적 시까지 소급하여 이전되며, 이미 선적화물이 멸실 또는 손상되었어도 서류가 제시되면 매수인은 서류를 수리하고 대금을 지급하여야 한다.

(1) 인도 장소와 방법

물품인도의 장소와 방법은 다음과 같다.

(a) 특정한 장소에서 인도하기로 한 경우에는 그곳에서 매수인에게 물품을 인도해야 한다.

(b) 특정한 장소에서 인도함을 요하지 않는 경우에는

① 복합운송과 같이 복수의 운송인이 개입하는 경우 최초의 운송인에게 물품을 교부해야 한다.

② 계약체결 시 양당사자가 물품이 특정한 장소에 있거나 그곳에서 제조 또는 생산된다는 것을 알고 있은 경우에는 그 장소에서 매수인의

임의처분 하에 즉, 물품을 처분가능한 상태로 두어야 한다. 이것은 물품의 송부가 수반되지 않은 경우로서 인도장소가 지정되어 있지 않는 경우에는 매수인이 언제든지 물품을 임의처분할 수 있는 상태로 둔다는 것을 의미한다.

③ 그 밖의 경우에는 계약체결 시 매도인의 영업장소에서 매수인의 임의처분 하에 두어야 한다.

(2) 인도시기

물품의 인도시기는 다음과 같다.

① 인도기일이 계약에 의하여 연월일로 특정되어 있거나 또는 확정될 수 있도록 되어 있는 경우에는 그 기일에 인도해야 한다.

② 특정의 연월일로부터 특정의 연월일까지 또는 특정의 연월일 이전 등으로 기일이 아닌 기간의 형식으로 인도시기가 약정되어 있거나 특정의 연월일로부터 몇 개월간 등으로 약정됨으로써 인도기간이 확정될 수 있도록 되어 있는 경우에는 그 기간 내에 인도해야 한다.

③ 인도기일 또는 인도기간이 정해져 있지 않거나 확정될 수 없는 경우에는 계약체결 이후상당기간 이내에 인도해야 한다.

인도기일이나 기간이내에 인도하지 못하면 중대한 계약위반으로 매수인으로부터 계약해제와 손해배상청구를 받게 된다. 약정된 인도기일 이전의 물품인도는 그 수령의 선택권을 매수인이 갖는다.

(3) 인수 시기와 장소

① 물품인수시기

물품인도와 인수는 동시이행조건(concurrent condition)을 원칙으로 함으로 물품의 인수시기는 매도인의 물품인도시기와 일치한다. 매수인의 물품인수시기는 다음과 같다.

• 어느 기일이 계약에 의하여 지정되어 있거나 또는 결정될 수 있는 경우에는 그 기일

• 어느 기간이 계약에 의하여 지정되어 있거나 또는 결정될 수 있는

경우에는 매수인이 기일을 선택하여야 하는 사정이 명시되어 있지 않는 한 그 기간 내의 어느 시기

• 기타의 모든 경우에는 계약체결 후의 상당기간 내

② 물품인수장소

물품의 인수장소는 매도인의 물품인도장소와 일치한다.

• 계약에서 특정된 경우에는 그 특정된 그 장소가 인수장소가 된다.

• 매매계약이 물품의 운송을 포함하는 경우에는 매도인이 매수인에게 전달하기 위하여 물품을 최초의 운송인에게 인도하는 장소

• 당사자 쌍방이 계약체결 시 물품이 특정한 장소에 존재하거나 또는 그 장소에서 제조되거나 생산된다는 것을 알고 있은 경우에는 물품을 매수인의 임의처분 하에 두는 장소

• 기타의 경우에는 매도인이 계약체결 시에 영업소가 있든 장소

2. 선적의 증명

선적(shipment)은 운송방식에 따라 그 표현을 달리 사용하고 있다. 신용장통일규칙(Uniform Customs and Practice for Documentary Credits; UCP)은 선적을 본선적재(loading on board), 발송(發送: despatch), 운송을 위한 인수(accepted for carriage), 비행일(fight date), 우편수취일(date of post receipt), 집배일(集配日: date of pick up) 또는 이와 유사한 표현으로 해석하고, 복합운송서류를 요구하는 경우에는 운송인의 수탁(受託: taking in charge)[16]과 같은 표현을 포함하는 것으로 해석하고 있다. 즉, 선적은 계약물품을 선적항의 지정선박에 적재하는 것뿐만 아니라 복합운송의 경우에는 매도인이 자신의 공장 문전에서 운송인에게 인도하는 것을 포함한다.

신용장통일규칙에 의한 운송서류별 선적일자의 해석에 관한 기준은 다음과 같다.

---

16) 운송인의 수탁이란 매도인이 본선상의 선적을 의미하는 것이 아니라 운송인에게 단순히 인도하는 것을 의미한다.

① 해상선하증권(marine or ocean B/L), 비유통성 해상화물운송장(non-negotiable sea waybill) 및 용선계약선하증권(charter Party B/L)은 지정선박에 본선적재 또는 선적되었다는 사실을 사전 인쇄된 문언(pre-printed wording)으로 명시한 경우에는 발행일(date of issuance)을 선적일로 간주하며, 스탬프 또는 기타의 방법으로 본선적재일(date of loading on board) 또는 선적일(date of shipment)을 표시하고 있는 경우에는 그러한 일자를 선적일자로 간주한다.

② 복합운송증권(複合運送證券: multimodal transport document)은 발송일(date of dispatch), 수탁일(date of taking in charge) 또는 본선적재일(date of loading on board) 및 선적일(date of shipment)을 선적일자로 간주하며, 증권에 스탬프 또는 기타의 방법으로 발송, 수탁 또는 본선적재일을 표시하고 있는 경우에는 그러한 일자를 선적일자로 간주한다.

③ 항공운송서류(air transport document)는 신용장이 실제의 발송일(date of dispatch)을 요구하고 있는 경우에는 운송서류에 명시된 발송일, 기타의 모든 경우에는 운송서류의 발행일(date of issuance)을 선적일자로 간주한다.

④ 도로, 철도, 내수로 운송서류(road, rail or inland waterway transport document)는 인수스탬프가 찍혀 있으면 인수스탬프일자(date of reception stamp), 그렇지 않으면 발행일(date of issuance)을 선적일자로 간주한다.

⑤ 특사배달업자(courier)에 의한 운송인 경우 특사배달 수취증의 특사배달업자 또는 속달업자의 입수일(date of pick-up) 또는 접수일(date of receipt)을 선적일자로 간주한다.

⑥ 우편수취증(post receipt)과 우편증명서(certificate of posting)는 선적지 또는 발송지에서 스탬프 되거나 또는 기타의 방법으로 인증되고 일부(日附)되었을 때 그 일부된 날을 선적일자로 간주한다.

⑦ 운송주선인이 발행한 운송서류(transport documents by freight forwarders)는 서명이나 확인한 날을 선적일자로 간주한다.

3. 선적시기

선적시기는 물품 완성시기, 선복 취득가능성 등을 고려하여 결정하여야 한다. 수출상은 해상운송의 특성상 운송기간을 정확히 산정할 수 없으므로 지정일자에 목적지에서 약정상품을 인도하는 것이 어려워 일반적으로 인도시기를 선적시기로 약정하기를 원한다. 그러나 선적지에서 인도하는 'FOB조건'과 같이 인도와 선적이 일치되는 것도 인도조건이 될 수 있으며, 엄밀하게는 선적 외에 선적서류의 인도시점에 인도가 완료되지만 실무적으로 선적과 인도를 동일하게 생각해도 문제가 없다.

물품을 수입상이 지정한 항구에서 인도하는 조건으로서 선적장소 및 선적시기를 특약한 경우는 계약물품의 목적지 도착시기를 예정하도록 하고 있으므로 선적장소가 인도장소가 아닌 것은 물론 선적시기가 인도시기도 아닌 것에 유의하여야 한다. 이러한 조건에서 인도시기를 특정하여야 할 필요가 있는 경우에는 선적시기와는 별도로 특정하여야 한다. 국제해상운송의 경우 배선(配船) 횟수가 적어 계약상품을 특정 일자에 정확히 선적하는 것이 어려워 선적시기를 특정일자가 아니라 가능한 선적할 수 있는 특정 월 또는 일정한 기간 내로 약정하는 것이 일반적이다.

1) 특정기일 선적

특정기일 선적이란 'Shipment shall be effected not later than April 5, 2010.'와 같이 특정일자까지 선적하는 조건을 말한다.

2) 특정 단월 또는 연월 선적

특정 단월선적이란 'Terms of Shipment: during June'과 같이 특정 월의 1일부터 월말까지의 기간에 선적하는 조건을 말한다.

특정 연월선적이란 'Terms of Shipment: half in May and the balance two months later', 'Terms of Shipment: May and June shipment equally divided', 'Terms of Shipment: June/July shipment'와 같이 2개월 이상의

연속된 기간 내에 선적하는 조건으로 통상적으로 계약 시 각 월의 선적 수량을 특정한다.

3) 특정기한 선적

특정기한 선적이란 'Shipment shall be effected within 90 days after receipt of L/C', 'Shipment shall be effected within 60 days from date of this contract' 등과 같이 특정기한을 정하여 그 기간 내에 선적하는 조건을 말한다.

4) 즉시 선적

즉시 선적을 나타내는 'immediate(prompt) shipment', 'as soon as possible' 등은 구체적인 선적기간을 알 수 없으므로 사용되어서는 안 된다. 신용장통일규칙은 신용장에 이와 같은 표현이 사용된 경우, 은행이 이러한 표현을 무시하도록 규정하여 그 사용 자체를 금지하고 있다.

5) 기타 선적

신용장통일규칙은 기타 선적시기와 관련하여 다음과 같이 규정하고 있다.

① 선적시기를 융통성 있게 표현한 'on or about' 또는 이와 유사한 표현은 지정일을 기준으로 전 5일부터 후 5일까지 총 11일간의 선적기간으로 해석된다.

② 'to', 'until', 'till', 'from'은 해당일자를 포함하고, 'after'는 해당일자를 제외한다.

③ 'in(at) the beginning of(in the middle of, at the end of) April'은 4월 초순(중순, 하순) 선적으로 해석되며, 4월 1일에서 4월 10일(4월 11일에서 4월 20일, 4월 21일에서 4월 30일)까지의 선적을 의미한다.

④ 'in the first half of April', 'in the second half of April'은 4월의 상반월과 하반월로 해석되며, 4월 1일에서 4월 15일, 4월 16일에서 4월 30일까지의 선적을 의미한다.

선적조건 예문

> Shipment: All the goods sold shall be shipped within the time stipulated in each contract. The date of bills of lading shall be taken as the conclusive proof of the date of shipment. Unless specially arranged, the port of shipment shall be at Sellers' option. Sellers shall not be responsible for late shipment caused by the delay of arrival of a letter of credit.

6) 조적과 지적

조적(早積: earlier shipment)이란 약정된 선적시기보다 일찍 선적하는 것을 말한다. 매수인은 예상한 인수시기보다 더 일찍 물품을 인수하는데 따른 결제자금, 상품의 소비, 전매, 처분 시까지의 창고료 또는 관리비 및 도난 또는 품질 하락의 위험을 부담하게 된다. 'Shipment must be made after July 10, 2010.'의 경우 7월 9일 이전 선적은 조적으로서 계약위반이 된다.

지적(遲積: delayed shipment)이란 약정된 선적시기보다 늦게 선적하는 것을 말한다. 매수인은 예상한 인수시기보다 늦게 물품을 인수하는데 따른 소비나 전매시기를 상실할 위험을 부담하게 되며, 특히 계절상품이나 패션상품은 이러한 것이 두드러진다. 'Shipment must be made until July 10, 2010.'의 경우 7월 11일 이후 선적은 지적으로서 계약위반이 된다.

4. 분할선적과 환적

1) 분할선적

분할선적(分割船積: partial shipment)[17]이란 선적물량을 나누어 선적하는 것을 말하며 신용장거래에서는 특약이 없는 한 허용된다. 분할선적

17) 분할선적은 대륙법에서는 인정이 되지만 영미법에서는 특약되지 않으면 허용되지 않는다.

은 수출상의 물품생산능력, 수입상의 시황 및 대금지급능력 등을 고려하여 가능여부를 결정하고, 분할 횟수 및 수량, 각 분할분의 선적시기 등을 약정하여야 한다.

동일한 운송수단에 의하여, 동일한 항해에 이루어진 선적은 동일한 목적지를 명시하고 있는 한 본선적재를 표시하는 운송서류에 상이한 선적일자를 나타내거나 상이한 본선 적재항, 수탁지 또는 발송지를 표시하고 있어도 분할선적으로 간주되지 않는다.

분할선적의 허용여부는 'Partial shipments are allowed(or prohibited).' 등으로 표시한다.

2) 할부선적

할부선적(割賦船積: shipment by instalment)이란 일정기간 단위로 기간별 약정수량을 선적하는 조건을 말한다. 할부선적조건에서 해당 기간의 미선적분은 차기로 이월되지 않으며, 기간별 약정수량은 별개의 독립된 계약으로 인정되어 "Each lot of partial shipment shall be regarded as a separate and independent contract."라는 문구를 일반거래조건협정서에 삽입하여 각 분할선적에 대하여 발생한 계약효과가 전체적으로 파급되지 않도록 하는 것이 통상적이다.[18] 그러나 신용장거래에서는 해당 기간에 약정수량을 선적하지 않으면 당해 선적분은 물론 그 이후의 선적분도 선적할 수 없으며 신용장의 효력이 상실되는 것으로 규정하고 있다.

3) 환적

환적(換積: transshipment; T/S)이란 한 선박에 적재된 화물을 다른 선박이나 상이한 운송수단에 옮겨 싣는 것을 말하며, 도난과 파손의 위험이 따른다.

신용장통일규칙은 각 운송서류마다 환적조항을 두고 있으며, 복합운송의 경우 환적이 금지된 경우라도 컨테이너에 선적될 것이라는 또는

18) 미국통일상법전(UCC §2-612)은 이와 같은 특약을 무효로 규정하고 있다.

운송인이 환적할 권리를 유보(留保)한다는 내용이 표기된 선하증권은 수리되는 것으로 규정하고 있다.

환적의 허용여부는 'Transshipment is allowed(or prohibited).' 등으로 표현한다.

5. 제3자 선적

선하증권의 송하인(送貨人: shipper)은 수출상이 되는 것이 원칙이나 통관전문회사가 통관과 선하증권 취득 업무를 제공함으로써 그들이 송하인으로 표기되기도 한다.

중계무역에서 중계사실을 은폐하기 위하여 즉, 제2의 매수인에게 제1의 매도인을 은닉하기 위하여 선하증권의 송하인을 제1의 매도인이 아닌 제3자(중계인)로 기재하기도 한다. 송하인이 수출상, 즉 신용장의 수익자가 아닌 제3자로 표시된 선하증권을 제3자 선하증권(Third Party B/L)이라고 한다. 신용장거래에서 신용장이 달리 규정하고 있지 않는 한 제3자 선하증권은 자동 수리된다.

6. 선내하역비

선내하역은 이를 전문으로 하는 선내하역업자에 의하여 실시된다. 대부분의 소량화물은 정기선에 의하여 개품운송(個品運送)되며, 선박회사가 각 항구 소재의 선내하역업자와 계약하여 그들로 하여금 선내하역을 하도록 한다.

정기선에 의한 개품운송과 같이 적하(積貨)할 때나 양하(揚貨)할 때나 선내하역비(stevedorage)를 모두 선주가 부담하는 조건을 'Berth Terms(Liner Terms)', 화주가 부담하는 조건을 'FIO(Free In and Out)'라고 한다. 적하할 때의 선내하역비는 화주가, 양하할 때는 선주가 부담하는 조건을 'FI(Free In)'라고 하며, 'FI'와는 반대로 적하할 때는 선내하역비를 선주가, 양하할 때는 화주가 부담하는 조건을 'FO(Free Out)' 또는 'Free

Discharge'라고 한다.

7. 선적지연에 따른 면책조항

수출상의 과실이나 태만으로 약정기간 내에 부적 또는 지적되는 경우 당연히 그 책임을 수출상이 부담하여야 한다. 그러나 부적 또는 지적의 원인이 수출상 자신이 통제할 수 없는 불가항력(不可抗力: force majeure)의 사태 발발(勃發)에 있었다면 수출상은 면책되며[19] 이와 관련하여 불가항력 조항을 반드시 약정하여야 한다.

불가항력 사태란 전쟁, 지진, 홍수 등 자연적인 사태, 파업, 내란 등 인위적인 사태, 생산기계 고장, 운송수단 부족 등 돌발적인 사태를 말한다. 불가항력 사태로 인한 부적 또는 지적의 경우, 수출상은 수출지 소재 수입국 영사 또는 상업회의소 등이 발행한 불가항력 사태의 발생을 입증하는 증명서를 수입상에게 제출하여야 면책 받을 수 있다. 불가항력 사태 이후의 선적 유예, 선적의무 면제, 해약 등도 불가항력 조항에서 약정되어야 한다.

불가항력 조건 예문

Force Majeure: Sellers shall not be responsible for any delay in shipment directly or indirectly due to force majeure, such as fires, earthquakes, tempests, strikes, lockouts, wars, riots, civil commotions, hostilities, blockades, requisition of vessels, embargoes, and due to any other causes beyond the control of Sellers. In the event of any of these accidents or contingencies which prevent shipment within the stipulated time, Sellers shall inform Buyers of its occurrence or existence and furnish a certificate substantiated by the Korea Chamber of Commerce and Industry.

---

19) 계약당사자 자신들의 고의나 과실 없이 발생한 계약성립 후의 후발적 사정으로 인하여 계약이 해제되는 것을 계약목적의 달성불능 또는 계약의 좌절(frustration)이라고 한다. 영미법은 계약당사자가 불가항력적인 사태로 인하여 계약의무를 이행하지 못하는 경우 계약목적의 달성불능 또는 계약의 좌절을 인정하고 있다.

제 6 절 결제조건

무역계약은 물품의 소유권 이전을 대가로 대금지급을 약정하는 유상계약이므로 대금의 결제시기, 결제방식, 결제장소 등의 결제조건을 약정하여야 한다.

1. 결제시기

무역대금의 결제시기는 물품의 선적시점 또는 인도시점과 대금지급시점의 시차를 기준으로 분류하면 다음과 같다.

1) 선지급조건

선지급조건(payment in advance or advance payment)은 물품의 선적 또는 인도 이전에 대금을 지급하는 조건으로서 물품의 주문과 동시에 전액 결제함으로 주문 시 지급조건(cash with order; CWO)이라고도 한다.

① 신용이 확실한 수출업자가 아닌 경우, 물품의 선적이 보장이 되지 않으므로 소액거래에 주로 사용된다.

② 선지급조건의 변형으로서 일부 선지급조건과 주문보증금 지급조건이 있다. 일부 선지급조건은 거래금액의 일정율(일반적으로 20－30%)의 금액을 주문시점에 지급하고 잔액은 신용장 또는 추심 방식으로 결제하는 방식을 말한다. 주문보증금 지급조건은 보증금으로 주문시점과 선적시점에 일부를 지급하고 잔액은 일정기간에 걸쳐 균등하게 나누어 분할로 지급하는 방식을 말하며 선박, 기계, 플랜트(plant) 등과 같은 주문생산품이나 거액 거래에 사용된다.

③ 선지급의 수단으로는 전신환, 우편환, 송금수표, 전대신용장(red clause L/C) 등이 사용된다.

2) 선적 시 지급조건

선적 시 지급조건은 물품선적시점 또는 서류인도시점에 즉시 대금을 지급하는 조건으로서 물품상환도조건과 서류상환도조건으로 구분되며, 이러한 조건들은 대리인의 신용에 전적으로 의존하는 결제방식이다.

(1) 물품상환도조건

물품상환도조건(cash on delivery; COD)이란 수입지에 수출업자의 지사나 대리인이 소재하는 경우 수출업자가 물품과 선적서류를 그들에게 송부하면 그들이 물품을 수입통관하여 입고시킨다. 수입업자는 창고에서 품질 등을 직접 검사한 후 물품과 현금을 상환하여 수출업자의 지사나 대리인에게 결제하고, 그들이 수출업자에게 송금함으로써 거래가 종료된다. 수입업자가 물품을 직접 검사하기 이전에는 품질 등을 정확히 파악하기 어려운 귀금속과 같은 고가품 거래에 주로 활용된다.

수입지에 수출업자의 지사나 대리인이 소재하지 않는 경우, 수출업자가 수하인(consignee)을 수입업자의 거래은행, 통지인(notify party)을 수입업자로 하는 선하증권을 발급받아 수입업자의 거래은행으로 송부하여 수입업자가 물품대금을 송금하지 않고는 운송인으로부터 물품을 인수할 수 없도록 한다.

(2) 서류상환도조건

서류상환도조건(cash against documents; CAD)이란 수출업자가 물품을 선적하고 선적서류를 수출국에 소재하는 수입업자의 지사나 대리인에게 제시하여 또는 은행을 경유하여 해외 수입업자에게 선적서류를 제시하여 서류와 상환으로 대금을 영수하는 방식을 말한다. 신용장제도는 서류상환도조건에서 수입업자의 지사나 대리인 역할을 은행에 위임한 제도이다.

① 통상적으로 수출국에 소재하는 수입업자의 지사나 대리인이 물품의 제조과정을 점검하고 수출물품에 대한 선적전검사를 실시한다.

② 선적서류를 은행을 경유하여 해외소재 수입업자에게 제시하는 경우는 형식적으로 지급인도조건(D/P)과 유사하지만 환어음을 사용하지 않

고 수입업자가 선적서류를 은행을 통하여 접수한 후 송금방식으로 결제한다. 지급인도조건은 어음결제방식으로서 화환어음의 추심으로 대금을 영수한다.

3) 후지급조건

후지급조건(deferred payment)이란 물품이나 선적서류가 수입업자 또는 그의 대리인에게 인도되고 일정한 기간이 경과된 후에 대금결제가 이루어지는 연지급조건 또는 연불지급조건을 말하며 위탁판매방식, 청산계정결제방식(淸算計定決濟方式: open account payment, account current payment),[20] 인수인도방식(document against acceptance; D/A), 'Escrow방식' 등이 해당된다.

후지급조건은 통상적으로 물품 또는 선적서류 인도 후 1년 이내에 결제되는 단기후지급조건과 1년 이상의 기간에 걸쳐서 결제되는 플랜트(plant), 선박, 철도차량 등 중공업제품의 거래에 사용되는 중장기후지급조건으로 구분된다.

2. 결제방식

무역대금의 결제방식(mode of payment)은 송금방식, 추심방식, 신용장방식, 국제팩토링, 포페이팅, 국제금융리스 등이 있다.

---

20) 청산계정결제방식이란 교호계산방식(交互計算方式)이라고도 하며, 거래당사자 간의 수출입거래가 빈번한 경우 또는 무역협정에 의한 외화 부족국가와의 거래에서 무역확대를 위하여 수출거래와 수입거래의 대금을 건별로 수수(授受)하지 않고 일정기간 장부상으로 기록하였다가 상계하고 차액만을 결제하는 방식을 말한다. 무역결제상의 번거로움과 비용절감을 위하여 본지사간에 사용되기도 하지만 정부간에 설정된 청산계정을 이용하여 국가 간에도 행하여진다. 청산계정(open account)이란 거래의 대차(貸借)를 기록하고 청산결제를 위하여 설정한 계정을 말하며, 국가 간의 거래인 경우 일반적으로 중앙은행에 설정된다. 'EU회원국' 내의 무역거래에서 주로 이용되고 있으며, 서독과 동독이 통합이전에 이용하였다. 남북한도 합의하여 청산계정을 설치하였으며 이로 인한 직교역의 활성화가 예상된다.

1) 송금결제방식

송금결제방식(送金決濟方式: remittance)이란 수입업자가 물품을 수취하기 이전 또는 이후에 물품대금을 은행을 통하여 송금으로 지급하는 방식을 말하며 가장 단순한 국제결제형태로서 주로 운임, 보험료 등 무역외거래의 결제에 사용된다.

송금결제방식은 사전송금결제방식과 사후송금결제방식으로 구분된다. 사전송금결제방식은 대표적인 주문 시 지급조건(cash with order; CWO)으로서 수입업자가 물품을 수취하기 이전에 대금을 송금하는 방식을 말한다. 수출업자는 대금회수의 위험이 없지만 수입업자는 수출업자의 부적, 상이한 품질이나 규격의 물품선적 등의 위험이 있다. 사후송금결제방식은 후지급조건으로서 물품이 수입지에 도착한 후 또는 수입업자가 물품을 인수하여 판매한 후에 대금을 송금하는 방식을 말한다. 수입업자는 후불거래로 약정물품을 인수하므로 안전하지만 수출업자는 수입업자가 약정기간에 대금을 송금하지 않거나 부당한 클레임을 제기하는 경우 대금회수의 위험이 있다. 송금의 구체적인 수단은 송금수표(demand draft; D/D), 우편환(mail transfer; M/T) 및 전신환(telegraphic transfer; T/T)이 있다.

2) 추심결제방식

추심(推尋: collection)[21]이란 채권자가 채무자에게 대금을 청구하여 받는 것을 말한다. 추심결제방식은 수출업자가 은행을 경유하여 화환어음을 수입업자에게 제시하여 대금을 청구하고, 수입업자가 그에 대하여 즉시 지급함과 동시에 또는 장차 지급하겠다는 약속함과 동시에 화환어음을 인도하는 방식을 말하며 지급인도조건과 인수인도조건으로 구분된다.

(1) 지급인도조건

지급인도조건(document against payment; D/P)은 수입지 은행이 수입업

---

21) 송금결제에서 채권자는 대금청구를 하지 않고 채무자가 약정일자에 대금을 보내주는 방식이다.

자가 환어음을 지급함과 동시에 선적서류를 인도하는 일람출급거래를 말하며 다음 절차에 따라 이행된다.

① 수출업자가 물품을 선적한 후 무역계약서에 약정된 추심관련 선적서류와 수입업자를 지급인으로 하는 일람불환어음 즉, 일람불화환어음을 자신의 거래은행(추심의뢰은행: remitting bank)에 제시하고 추심을 의뢰한다.

② 추심의뢰은행은 일람불화환어음을 해외 수입업자의 거래은행(추심은행: collecting bank)에 추심을 의뢰한다.

③ 추심은행은 일람불환어음을 환어음의 지급인인 수입업자(어음지급인)에게 제시하여 대금지급을 청구하고, 그가 지급하면 즉시 선적서류를 인도하고 그 대금을 추심의뢰은행을 통하여 수출업자에게 송금함으로써 수출업자가 대금을 수령하게 된다.

(2) 인수인도조건

인수인도조건(document against acceptance; D/A)이란 해외 수입지 은행이 수출업자의 기한부환어음을 수입업자가 인수함과 동시에 선적서류를 그에게 인도하는 기한부거래를 말하며 수출업자가 수입업자에게 기한부환어음의 어음기간만큼 신용을 공여하는 조건으로서 다음 절차에 따라 이행된다.

① 수출업자가 물품을 선적한 후 계약서에 약정된 추심관련 선적서류와 수입업자를 지급인으로 하는 기한부환어음 즉, 기한부화환어음을 거래은행(추심의뢰은행)에 추심을 의뢰한다.

② 추심의뢰은행은 기한부화환어음을 해외 수입업자의 거래은행(추심은행)에 추심의뢰한다.

③ 추심은행은 기한부환어음을 수입업자에게 제시하여 그의 인수를 요청하고, 그가 환어음에 인수함(accepted)[22]이라는 표시와 함께 서명을 하면 선적서류를 인도한다.

---

22) 환어음의 인수(acceptance)란 환어음의 만기일에 지급하겠다는 인수인의 법률적 행위를 말하며, 인수인은 어음의 만기일에 어음지급인으로서 어음지급에 대한 책임을 부담한다.

④ 수입업자는 환어음 인수 시 결정되는 환어음의 만기일(지급)에 추심은행에 화환어음 대금을 지급하고, 추심은행은 그 대금을 추심의뢰은행을 통하여 수출업자에게 송금함으로써 수출업자가 대금을 수령하게 된다.

추심결제방식에서 추심은행은 추심의뢰은행의 지시에 충실해야 할 의무가 있지만 수입업자로부터 추심대금회수에 대한 어떠한 의무도 부담하지 않는다. 수출업자의 거래은행이 선적 후 즉시 화환어음을 할인매입(negotiation)하지 않는 것이 추심의 일반적인 원칙이므로 대금회수가 신용장결제방식보다 추심기간만큼 늦어진다. 또한 추심결제방식은 신용장결제방식과는 달리 수입업자의 거래은행이 직접 대금지급을 확약하지 않으므로 수입업자의 신용불량, 도산, 대금지급거절 등으로 대금회수의 위험이 높다. 매매계약 체결 시 수입업자에 대한 철저한 신용조사와 수출어음보험 가입으로 손실을 방지하여야 한다. 무역상사들의 대형화로 그들의 대외공신력이 강화됨으로써 추심환어음도 수출업자와 수입업자의 신용, 수출보험가입 등을 전제로 수출업자의 거래은행이 할인매입하는 것이 오늘날의 추세이다. 우리나라도 수출보험의 확대로 추심결제방식이 점증하고 있다.

3) 신용장결제방식

신용장(信用狀: letter of credit; L/C)이란 명시된 제조건에 일치하는 수출업자의 화환어음에 대하여 수입업자(신용장 개설의뢰인)의 거래은행(신용장 발행은행)이 수출업자(수익자)에게 지급하겠다는 조건부 지급확약서를 말한다.

신용장의 제 조건은 수입업자가 신용장 개설신청 시 신용장 발행은행에 제시하는 신용장개설신청서의 기재내용이 되며, 대부분이 수출업자가 수출의무를 이행하는 과정에서 발행되는 무역서류 즉, 화환어음의 제시를 요구하는 것이다.

신용장거래에서 수출업자는 일반적으로 화환어음을 자신의 거래은행에 제시하여 매입을 요청하고 거래은행이 할인방식으로 매입함으로써 수출업자는 즉시 수출대금을 회수할 수 있다.할인하여 매입한 은행을 매입은행(買入銀行: negotiating bank)이라고 하며, 매입은행은 화환어음을 신용장 발행은행에 제시하여 그 대금을 상환 받는다.[23] 신용장 발행은행은 매입은행에 지급한 대금을 화환어음을 신용장 발행의뢰인인 수입업자에게 제시하여 상환 받는다.

신용장거래는 서류거래이므로 신용장관계당사자는 서류가 대표하는 실제 물품이 아니라 오직 제시된 서류만을 바탕으로 지급여부를 결정하여야 하며, 신용장조건과 엄밀일치(嚴密一致)하지 않는 서류에 대하여 지급거절 할 수 있다.

4) 국제팩토링결제방식

팩토링(factoring)이란 팩토링 회사가 상품 또는 용역(service) 공급자의 모든 매출채권을 지속적으로 매입하면서 그들에게 대금회수, 매출채권 장부정리, 부실채권 보호, 자금공급 등의 업무를 제공하는 금융서비스를 말한다.

국제팩토링(international factoring)이란 전 세계 팩터(factor)의 회원망을 통하여 수입업자의 신용을 바탕으로 이루어지는 무신용장방식의 새로운 무역거래방식이다. 팩터는 수출업자에게 수출채권 관련 대금회수 보장 및 회수업무에 따른 장부기장 등 회계업무와 전도금융(前渡金融)[24]에 이르기까지의 제반 서비스를 제공하고, 수입업자에게는 수입을 위한 신용공여로서 해외로부터 물품의 신용구매를 할 수 있게 한다. 동 결제방식은 신용장결제방식에 비하여 매우 간편하여 미국과 유럽지역에서는 일반화되어 있으며 특히 중소규모의 무역거래에 활발히 이용되고 있다.

오늘날의 세계무역환경은 종전의 매도인시장(seller's market)에서 매수인시장(buyer's market)으로 변화되고 있으며, 소액·소량 주문에 대한 신용구매 증대로 외상수출이 증가하고 있다. 국제팩토링은 인수도조건(D/A) 수출거래의 대금회수 불안, 중소수출업체가 신용있는 수입업자에게 수출하고도 은행여신한도제한에 따른 유동성 부족 등의 문제에 대한 대안

---

23) 매입은행에 수익자의 환어음은 인적 담보, 선하증권은 물적 담보의 기능을 한다.

24) 전도(前渡)란 선급(先給)이라고도 하며 공사완료 후 또는 물건을 완납 후 지급하는 조건에서 일정한 액수를 사전에 주는 것을 말한다.

이 될 수 있으므로 담보력이 부족한 중소기업이 활발히 이용하고 있다. 국제팩토링 결제는 추심결제와 큰 차이가 없으며, 수출업자는 환어음을 발행하지 않고 팩터의 보험적 기능에 의하여 수출보험에 가입할 필요가 없으므로 실무적으로 간편하다.

5) 포페이팅결제방식

포페이팅(forfeiting) 결제란 현금을 대가로 채권을 포기 또는 양도하는 연지급어음 매입방식으로서 재화와 용역거래에 따른 환어음이나 약속어음을 이전의 소비자에게 상환청구권 없이(without recourse) 고정이자율로 할인하는 금융결제기법을 말한다. 동 결제방식은 신용장거래의 기한부환어음의 인수와 유사하나 인수에 비하여 장기이며, 연지급어음의 매입자가 이전의 어음소지인에게 사후 상환청구권을 행사할 수 없다는 점이 다르다.

6) 국제금융리스결제방식

리스(lease)는 기업의 설비자금 조달수단으로 등장한 상거래이다. 금융리스는 이용자가 선정한 특정 물건을 리스회사가 그 물건의 판매회사로부터 새로이 취득하거나 대여 받아 그 물건에 대한 직접적인 유지·관리책임을 지지 않으면서 일정기간 사용하게 하고, 그 기간에 걸쳐 일정한 대가를 정기적으로 분할하여 지급받으며 기간종료 후의 물건처분은 당사자 간의 특약에 따르는 물적금융을 말한다. 국제금융리스는 국가간에 발생하는 물적금융을 의미하나 나라마다 그 업무실태와 방식이 다양하고 또한 그 적용방식이 독특하여 정확한 개념이 아직 확립되지 않았다.

7) 국제전자결제방식

최근의 전자·통신기술의 발전에 따른 전자상거래의 급속한 확대로 기존의 전통적 결제형태를 대체할 다양한 지급수단 및 결제형태가 출현하고 있다. 'UN'은 국제무역량의 증대, 운송시간단축에 따른 신속한 서류전송과 즉각적인 대금지급 등에 부응하기 위하여 무역절차의 간소화와 표준화를 추진하여 무역업무의 전산화를 상당한 부분 진척시켜 왔다. 또한 선진국을 중심으로 1980년대 들어 전자문서교환방식(Electronic Data Interchange; EDI)이 출현함으로써 종래의 서류거래에 따른 서류처리의 지연, 부정확, 고비용 등을 해결할 수 있게 되었다.

국제전자결제(international electronic payment)란 일반적으로 국제간의 물품매매와 각종 경제활동에서 발생하는 채권·채무에 대한 대가를 최초 자료입력을 통하여 그 자료가 수정·보완되지 아니하고 일괄적으로 매수인으로부터 매도인에게 전자적 결제수단으로 지급하는 방법을 의미한다. 각국의 국내법과 외환관리상의 문제로 일반화되지 못하고 전자·통신기술이 발달한 선진국을 중심으로 그 사용이 국제적으로 급속히 확산되고 있다.

3. 결제장소

무역계약의 물품인도와 대금지급은 동시이행조건(concurrent condition)을 원칙으로 한다. 물품인도의 이행장소는 별도의 특약이 없는 한 매도인의 영업지가 됨으로 대금지급장소(place of payment) 또한 특약이 없는 한 매도인의 영업장소가 되며, 대금지급이 물품 또는 서류의 교부와 상환으로 이루어져야 하는 경우에는 그 교부가 행하여지는 장소가 된다.

실무적 관행에서 대금지급장소는 계약당사자 간의 명시적 특약이 없는 한 선적지인도조건(FOB계약)에서는 매도인의 소재지가 되며, 선적서류 제공을 지급조건으로 하는 'CIF'계약에서는 선적서류를 제공하는 매수인의 소재지가 된다. 양륙지인도조건은 물품이 인도되는 양륙지 즉, 매수인의 소재지가 대금지급장소가 된다.

결제조건 예문

Payment: Draft(s) shall be drawn at sight, documents attached, for the full invoice amount under an irrevocable credit which shall be established within 10 days after the conclusion of the contract. Business against D/P draft should be subject to Sellers' previous consent in each case.

제 7 절 보험조건

무역품은 해상운송 중 선박의 좌초, 침몰 및 충돌, 전쟁 등으로 위험에 봉착될 가능성이 있다. 무역업자는 그 위험을 담보(擔保)받기 위하여 해상적하보험에 부보(cover)하여 만일의 손해에 대비하여야 한다.

보험이란 우연한 사고에 대한 경제상의 불안을 제거하기 위하여 다수의 경제주체가 결합하여 합리적으로 계산된 보험료에 의하여 공동재산을 준비하여, 일정한 보험사고가 발생하는 경우 그 재산으로부터 보험금을 지급하는 경제제도를 말한다.

무역계약 체결 시 보험조건의 주요 약정사항은 보험계약자(policy holder), 보험금액(insured amount), 보험조건(insurance condition), 보험통화(currency insured), 보험금지급지(settlement place) 등이 된다.

본 절에서는 협회적하약관의 보험조건과 무역거래조건별 보험계약만을 검토하고 다른 주요 보험의 약정사항은 제10장의 해상보험에서 설명하기로 한다.

1. 무역위험의 종류

무역위험은 신용위험, 비상위험, 환위험 및 운송위험으로 대별된다.

신용위험(信用危險: credit risk)이란 수입업자가 당연히 이행하여야 할

무역계약상의 채무를 이행하지 않거나 태만히 함으로써 수출업자가 받게 되는 위험을 말한다. 수입업자의 파산이나 일방적인 계약파기 등으로 수출대금회수 및 수출 불능, 수입업자의 재정상태 악화로 인한 대금지급 지연 등을 말하며, 신용장결제방식으로 어느 정도 회피할 수 있다.

비상위험(非常危險: emergency risk or political risk)이란 계약당사자에게 책임지울 수 없는 불가항력적인 사태의 발생으로 수출업자의 계약이행이나 대금회수를 불가능하게 하는 위험 즉, 전쟁, 내란, 천재지변, 수입국의 수입 금지 또는 제한, 환거래 제한 또는 금지 등을 말하며, 비영리정책보험인 수출보험 가입으로 어느 정도 회피할 수 있다.

환위험(換危險: exchange risk)이란 환율변동에 따른 위험 즉, 환차손을 말한다. 수입대금 결제일의 환율이 무역계약 체결일의 환율보다 상승하면 수입가격이 상승하는 결과가 되어 수입업자의 기대이윤이 감소하거나 손해가 발생하게 된다. 환위험은 은행과의 선물환거래로서 회피할 수 있다.

운송위험(運送危險: transportation risk)이란 무역품이 운송 중 해난 등의 사고로 물리적으로 손상되는 위험을 말하며, 운송보험 가입으로 어느 정도 회피될 수 있다.

2. 보험조건[25)]

1) 구협회적하약관의 조건

구협회적하약관은 로이드보험업자협회의 'Lloyd's S.G. Policy'[26)]의 위험약관(perils clause)에 열거된 담보위험(열거책임주의)으로 인한 손해를 기본적으로 보상하고, 여기에 특별약관으로서 협회적하약관(Institute Cargo Clause; ICC)을 첨부하여 적하보험증권의 보상범위를 확장 또는 제한하는 형식이다.

특별약관의 기본조건은 전위험담보조건(All Risks; A/R), 면책비율부적용의 단독해손담보조건(With Average Irrespective of Percentage; WAIOP),

25) Chapter 10 제4절 부보조건 참조

26) 'S.G.'는 'Ship and Goods'를 의미한다.

분손담보조건(With Average; WA) 및 단독해손부담보조건(Free from Particular Average; FPA)가 있다.

2) 신협회적하약관의 조건

신협회적하약관은 특별약관인 협회적하약관만을 그 보상범위로 규정하고 새로운 증권양식과 함께 기본조건을 'ICC(A)', 'ICC(B)', 'ICC(C)'로 구분하여 1982년부터 시행되고 있다. 'ICC(A)'는 구약관의 'A/R', 'ICC(B)'는 'WA', 'ICC(C)'는 'FPA'에 대응하는 것이며, 'ICC(B)'와 'ICC(C)'의 차이점은 담보의 범위이며 위험약관을 제외하고는 동일하다.

우리나라는 구약관과 신약관에 동일한 보험요율을 적용하고 있으나 신약관이 보험자의 담보위험과 면책위험을 명확하게 구분하고 또한 담보범위가 확장되어 있으므로 신약관을 사용하는 것이 바람직하다.

3. 무역거래조건과 보험계약

무역거래조건(Incoterms 2010)은 각 거래조건의 위험의 이전시기와 위험의 부담자 원칙을 규정하고, 'CIF'계약과 'CIP'계약에서만 해상보험계약 체결을 매도인의 의무로 규정하고 있다. 'CIF'계약과 'CIP'계약의 경우, 매도인은 당사자 간의 약정이 없는 한 협회적하약관 중 최소담보조건인 'ICC(FPA)' 또는 'ICC(C)' 조건으로 보험금액을 'CIF' 또는 'CIP' 가액의 110%로 부보하여야 한다. 이러한 부보조건은 매도인이 매수인에게 제공해야 하는 최소한의 의무사항이며, 당사자 간의 약정에 의하여 담보범위와 보험금액을 확장 또는 증액할 수 있다.

보험조건 예문

Insurance: All shipment are to be covered on ICC(A) including War Risks by the Sellers for the invoice amount plus ten percent. The insurance policy or certificate is to be made out in US Dollars and claims payable at Los Angeles.

제 8 절 포장조건

무역품은 원거리를 장기간 운송됨으로 충돌, 파손, 마찰손상, 변색, 융해, 해충 등의 위험에 노출되어 있으며 불량포장인 경우 손상의 위험이 높다.

포장조건에서는 운송 중 상품의 안전과 용이한 취급을 위한 포장방식 즉, 포장재료, 포장용기 1개의 총중량, 내용물의 중량 및 전체개수, 내부 충전물(充塡物), 화인(貨印) 등을 약정하여야 한다.

1. 포장의 의의

포장(packing)[27]이란 물품의 운송, 보관, 하역, 판매 등 유통경제적 상품의 내용과 외형을 보호하고 가치유지를 위하여 적절한 재료나 용기로서 물품을 둘러싸는 기술작업 및 상태를 말한다. 포장조건과 화인조건(貨印條件)은 계약상품을 특정하는 요소이므로 이를 위반하는 경우 매도인은 매수인의 손해배상청구, 계약해제 등에 대한 책임을 부담하여야 한다.

수출포장의 특성은 다음과 같다.

① 보기 좋고, 가볍고, 튼튼하고, 부피가 작고, 값싼 재료로 포장되어야 한다.

② 상품의 종류 및 성질, 수입지와 운송 중의 기후, 환적 회수, 수입국의 수입화물포장에 관한 법규 및 상관습, 운임 등을 고려하여 합리적이고 안전하게 포장되어야 한다.

③ 운송 중 운송품의 취급이 용이하도록 포장되어야 한다.

④ 포장의 중량이나 용적이 크면 운송비가 많이 들고 수입국의 관세[28]가 할증된다.

---

27) 포장(packing)과 구별되어 사용되는 'package'는 운송을 위해 꾸며진 한 짐짝 또는 꾸러미 등을 의미하며 외장의 한 형태를 말한다.

28) 일부 국가에서는 'glass' 용기 등의 포장 재료에 대하여 개별적으로 관세를 부과한다.

⑤ 포장이 법령에 부합하지 못하는 경우, 특정 국가는 관련 상품의 수입을 허락하지 않으며, 화인이 정확하게 인쇄되지 않은 경우에는 벌금을 부과하기도 한다.

⑥ 컨테이너 운송에서는 대부분이 무포장 즉, 외장(外裝)으로 운송된다.

1) 매도인의 포장의무

대부분의 상품은 상관습상의 포장형태가 있으므로 계약서에 포장조건을 상세하게 취결하지 않는 경우가 많다. 두(豆), 사탕 등은 부대(負袋: bag), 잡화는 판지상자(carton box), 기계류는 목상자(wooden box) 등이 상관습적인 포장으로 이용된다. 그러나 매도인의 포장형태가 운송 방식과 기간에 따라 매우 다양하기 때문에 운송방법에 따른 포장의무를 구체적으로 계약서에 명시하여야 한다.

포장조건을 약정하지 않은 경우, 'Incoterms'는 무포장 선적이 관습인 경우를 제외하고는 매도인이 매매계약 체결이전에 운송에 관한 상황이 자신에게 알려진 범위 내에서 포장의무를 부담하는 것으로 규정하고 있다. 포장조건을 매도인이 선택하도록(option) 약정한 경우에도 포장조건을 약정하지 않은 경우의 해석기준에 따라 결정되는 포장방법 중 하나를 매도인의 재량으로 선택할 수 있다는 취지로 해석된다.

국제물품매매계약에 관한 UN협약(CISG) 제35조 제2항 제b호는 '물품 포장은 계약체결 시에 매도인에 대하여 명시적 또는 묵시적으로 알려져 있는 당해 목적에 적합하여야 한다. 다만, 상황에 따라 매도인이 자신의 숙련도 및 판단에 의존하고 있지 아니하거나, 또는 의존하는 것이 불합리한 것이었을 경우는 예외로 한다'라고 규정하고 있다.

(1) 수출표준포장

통상적으로 일반 공산품은 포장조건을 간략히 수출표준포장으로 약정한다. 수출표준포장(輸出標準包裝: export standard packing)이란 수출업자가 수출포장의 특성을 고려하여 포장하는 것을 말한다.

(2) 추상포장

포장이 불가능한 상품은 포장조건을 추상포장으로 약정한다. 추상포장(抽象包裝: abstract packing)이란 컨테이너운송과 같이 포장할 수 없는 상품에 대하여 채택되는 장비적 조치를 말한다. 산화물(bulk cargo) 또는 비포장화물(unpacked or naked cargo)은 운송 전구간이나 전 기간에 걸쳐 개개의 포장 이상의 시설적 조치를 고려를 하여야 한다.

2. 포장의 종류

포장의 종류는 외장, 내장 및 개장이 있다.

1) 개장

개장(個裝: unitary packing or retail unit packing)이란 최종소비자에게 보이기 위하여 상품 하나하나에 대한 포장 즉, 하나의 용기에 보관된 물품 하나하나를 보호하기 위해 적절한 소용기나 재료를 가하는 포장을 말한다. 개장은 물품의 보전기능을 수행할 뿐 아니라 상점에 진열되는 경우 구매자의 구매욕구를 유발시킬 수 있는 디자인이나 색채가 필요하다.

2) 내장

내장(內莊: inner packing or interior packing)이란 개장(個裝)된 물품을 운송 또는 취급하기 용이하도록 한 개의 수송용기에 채워 넣는 포장과 그에 따른 수분, 습기, 광선, 진동 등을 방지하기 위하여 판지, 목모(木毛: excelsior or wood wool), 솜, 플라스틱 등을 채우거나 칸막이를 하여 내부를 결속하는 보호적 내장을 의미한다. 통상적인 내장은 보호적 내장을 의미한다.

3) 외장

외장(外裝: outer packing or outer transit packing)이란 화물의 운송 중 파손, 변질, 도난, 분실 등을 방지하기 위하여 적절한 재료나 용기로 이루어진 외측의 큰 포장 즉, 포장물의 외부용기가 되는 장비를 말하며, 목상자(wooden case), 판지상자(carton box), 부대(bag), 드럼(drum) 등이 사용된다.[29)]

3. 화인

화인(貨印: shipping mark)이란 수출품의 외장에 하는 특정의 기호, 번호, 목적지, 취급주의 문구 등의 표시를 총칭하는 것으로, 화물의 운송 및 보관 시 취급 및 분류를 용이하게 하는데 그 목적이 있다.

화인의 주요 부분은 기호와 번호이며, 이들은 선하증권, 송장 등의 무역서류에 기재되어 화물과의 대조를 용이하게 한다. 기호와 번호가 불완전하게 표시된 포장으로 인한 화물의 연착, 불착 등은 매도인이 그 책임을 부담하여야 한다. 화인의 표시는 상품의 형태와 면적에 따라 'stamping', 'carving', 'labelling', 'tag', 'stencil' 등을 사용한다.

화인은 매도인의 일방적인 편의에 따라 결정되는 것이 아니라 통상적으로 매수인이 통지하거나 거래당사자 간에 약정되며 그 종류는 다음과 같다.

① 주화인

주화인(main mark)은 다른 화물과의 식별을 용이하게 하기 위한 일정한 기호를 말하며 일반적으로 외장에 삼각형, 다이아몬드형, 정방형, 마름모형, 타원형 등을 그려 그 안에 수하인의 상호약자 등을 표시하며 그림 없이 문자나 숫자만으로 표시하기도 한다.

② 부화인

부화인(counter mark)은 주화인의 보조로서 송하인을 나타내며 내용물의 품질 또는 등급을 표시(quality mark)하기도 한다.

---

29) 예를 들면, 사탕 알 포장은 개장이고, 사탕 봉지 포장은 내장이고, 사탕 종이상자는 외장이다.

그림 6-1 화인 예시

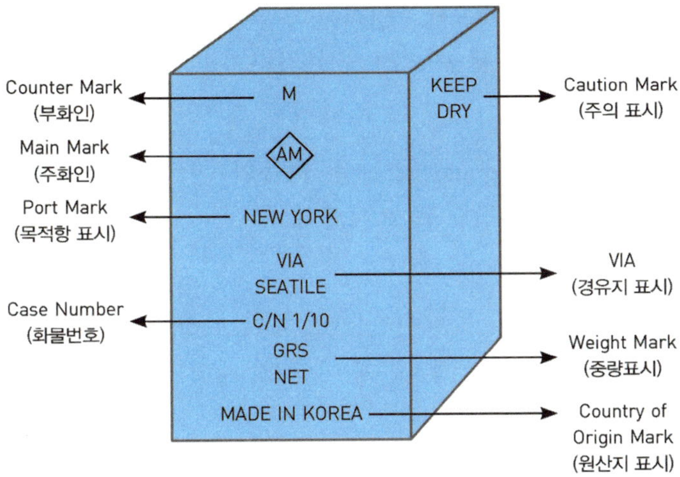

③ 중량표시

중량표시(weight mark)는 순중량과 총중량의 표시를 말하며 용적을 표시하기도 한다.

④ 목적지 표시

목적지 표시(destination mark or port mark)는 화물의 선적 또는 양하 작업을 용이하게 하고 오송(誤送: miscarry)을 방지하기 위하여 목적항이나 목적지를 나타낸다. 경유지가 2개인 경우에는 'Manila via Hongkong', 해로와 육로를 경유하는 경우에는 'Chicago Overland VIA Los Angeles'와 같이 경유지를 포함하여 표시하기도 한다.

⑤ 주의표시

주의표시(caution mark or care mark)는 화물의 운송 또는 보관 시 취급상의 주의를 나타내며, 일반적으로 외장 측면에 표시하므로 'side mark'라고도 한다.

주의표시는 'USE NO HOOK(갈고리 사용 금지)', 'HANDLE WITH CARE(취급 주의)', 'KEEP DRY(건조한 상태 보관)', 'PERISHABLE(잘 상하는)', 'THIS

SIDE UP(이쪽 면을 위로)', 'OPEN HERE(이 곳 열기)', 'FRAGILE(깨지기 쉬움)' 등이 사용되며 주의를 환기시키기 위하여 일반적으로 붉은색으로 표시한다. 그 이외 수입업자가 수입화물의 분류나 통관 등의 편의를 위하여 주문번호, 송장번호 등을 외장에 표시하기도 한다.

⑥ 원산지 표시

원산지 표시(country of origin mark)는 화물의 원산지국을 표시하는 것으로, 'MADE IN KOREA' 등으로 표시된다.

⑦ 화물번호

화물번호(case number)는 화번이라고도 하며 포장물이 여러 개인 경우 매 포장마다 총 개수 중에서 몇 번째 개수에 해당되는가를 나타내는 것으로서 일련번호로 표시된다.

화인조건 예문

Packing: Proper export wooden case packing is to be carried out, each case bearing the mark BUFS in triangle with port mark, running case number, and the country of origin.

제 9 절 무역계약 성립에 관한 조건

무역계약은 일방의 청약을 상대방이 승낙함으로써 성립된다. 무역계약의 성립에 관한 조항은 주로 확정청약에 의한 계약방법으로서 승낙을 회신기한 내에 발신하는 것을 조건으로 할 것인가 또는 청약자에게 도착하는 것으로 할 것인가를 약정한다.

확정청약에 의한 무역계약 성립조건 예문

Firm Offer: All firm offers shall be subject to a reply reaching Sellers within the periods in respective cables. When "immediately reply" is used, it shall mean that a reply is to be received within three days from and including the despatching day of a firm offer. In either case, however, Sunday and all official New York Holidays are excepted.

제10절 클레임 해결에 관한 조건

1. 클레임의 의의

클레임(claim)이란 원래 당연한 권리로서의 요구, 청구, 주장, 그러한 것을 할 수 있는 권리 또는 자격, 그러한 청구의 목적물 등을 포괄하는 의미이었으나 오늘날은 계약위반(breach of contract)에 대한 상대방의 단순한 불평(complaint)을 넘어서 권리회복을 요구하거나 손해배상 청구 또는 청구할 수 있는 권리를 말한다.

무역클레임은 매수인이 매도인에게 제기하는 경우가 많으므로 일반적으로 매수인이 매도인에게 제기하는 객관적 손해배상청구를 말한다. 무역거래의 피해자를 클레임제기자(claimant or claimer)라고 하며 그 상대방을 손해배상책임자(claimee)라고 한다.

2. 무역클레임의 발생원인과 종류

무역클레임은 각국의 상이한 언어, 법과 상관습, 계약법리 등 간접적인 요인에 의해 발생할 수 있으나, 계약체결시의 오해, 착오, 부주의 등과 계약이행과정의 품질불량, 수량부족, 포장불량, 선적불이행, 지급지연, 지급수수료 미지급 등과 같은 직접적인 요인에 의해 발생하기도 한다. 클레임은 마켓클레임과 계획적 클레임으로 구분된다.

1) 마켓클레임

마켓클레임(market claim)이란 매수인이 상품의 인수거절 또는 가격할인을 목적으로 매도인의 물품 및 다른 계약이행상의 문제를 부당하게 트집 잡아 계약을 취소하거나 가격의 할인을 강요하는 것을 말한다. 매도인에게 책임이 있는 클레임이 아니며 상품의 시황이 좋지 못한 경우에 자주 발생한다. 마켓클레임을 방지하기 위해서는 신용있는 거래처와 거래하면서 계약의 제조건을 정확하게 준수하여야 한다. 마켓클레임이 발생한 경우, 그 이유, 자사의 금전상 및 대외신용상의 손해 및 자금운용상의 문제, 상품의 장래 시황, 상대방의 신용상태, 해당 클레임 해결 후 지속적인 거래의 가능성 등을 고려하여 조속한 해결이 유리한지 장기적인 타협이 중요한가를 판단하여 해결에 대처하여야 하며 불가피한 경우에는 중재까지도 고려하여야 한다.

2) 계획적 클레임

계획적 클레임(intentional claim)이란 대개 처음부터 매수인이 고의적으로 교묘한 계획 하에 계약서나 신용장에 함정을 설정하여 매도인의 계약이행을 방해하여 제기하는 클레임을 말한다. 신용장의 특별지시조항(special instruction clause)에 “Inspection certificate issued by importer's agent should be submitted.”라는 조항을 두었다가 상황이 불리해지면 수입업자의 대리인이 검사를 기피하게 하는 경우가 하나의 예가 될 수 있다.

3. 무역클레임 제기

무역거래의 피해자는 손해를 유발시킨 상대방에게 클레임을 제기하고 구상권(求償權)[30]을 행사하게 된다. 클레임은 쌍무적 및 객관적 타당성과 그 진위로부터 구상권을 행사할 수 있으므로 세심한 절차 없이는 법률적 효력을 보장받을 수 없다.

매매계약의 클레임조항에는 통상적으로 하자통지 및 입증자료 제출기간, 클레임 제기기한 및 동 기간 내에 클레임을 제기하지 않으면 클레임 제기권리를 포기하는 것으로 인정한다는 내용 등을 명시한다.

1) 물품검사

매수인은 물품수령 시 최우선적으로 그 물품이 계약목적에 합치하는가를 외견상으로 검사하여 하자를 발견하거나 수량이 부족하면 지체 없이 매도인에게 그 사실을 통지하여야 한다. 이러한 검사와 통지를 게을리 하면 법률적 청구권을 상실하게 된다. 클레임의 정당성이나 근거를 입증하기 위하여 공인감정인의 감정보고서(public surveyor's report)를 클레임 제기 시에 제시하는 것이 바람직하다.

2) 클레임 제기기한

클레임 제기기한은 거래의 안전성과 신속성을 위하여 클레임을 제기할 수 있는 예정기한을 말하며, 예기치 않은 클레임을 받게 될 경우를 방지하는데 목적이 있다.

클레임 제기기한이 약정된 경우, 그 기한 내에 클레임을 제기하여야 한다. 클레임 제기기한이 약정되지 않은 경우, 우리나라 상법은 "매수인이 목적물을 수령한 때에는 지체 없이 이를 검사하여야 하며, 수량부족을 발견한 경우 즉시 매도인에게 그 사실을 통지하지 아니하면 이로 인한 계약해제, 대금감액 또는 손해배상을 청구하지 못하는 것으로 또한 매매목적물에 즉시 발견할 수 없는 하자가 있는 경우에는 매수인이 6개월 이내에 이를 발견한 때에도 동일하다"고 규정하고 있다. 일본 상법은 "즉시 검사하여 이를 곧 통지하도록", 미국 통일상법전(Uniform Commercial

30) 구상권이란 타인을 위하여 재산상의 이익을 부여한 자가 그 타인에 대해서 갖는 반환청구권을 말한다. 넓은 의미로는 일방(A)이 어떠한 이유로 인하여 실질적·궁극적으로 부담하여야 할 것을 타인(B)이 대신하여 변제한 경우, 타인이(B) 그 일방(A)에 대하여 상환 청구할 수 있는 권리를 말한다.

Code; UCC)은 "합리적인 기간 내에 제기할 것", 영국 물품매매법(Sale of Goods Act; SGA)은 "합리적인 검사기회와 합리적인 기간 경과이전에 검사할 권리와 통지할 의무가 있다"는 것으로 규정하고 있다.

견본과 상이한 품질의 면제품에 대한 클레임 서신

WILSON & CO., LTD.
50 Liberty Street, New York,
N.Y, 10005, U.S.A.

October 5, 2014

Haesung Ind. Co., Ltd,
C.P.O. Box 7917
Seoul, Korea

Gentlemen:

Five Bales of Cotton Goods for our order No. 100 per M/S "Island Container" V−23 have reached us, but we regret to inform you that their quality is inferior to the samples on which we placed the order.

Enclosed find sample from the goods we received. You will admit that your shipments do not come up to the quality of the sample.

We hope that you will correct the matters at once and let us know by return mail.

Yours very truly,

4. 클레임의 해결방법

무역클레임이 발생하면 그 해결을 위하여 많은 시간과 비용이 소요되므로 발생하지 않도록 사전에 예방하는 것이 최선이다. 그러나 거래당사자 간에 계약조건을 명확하게 약정하였다 할지라도 국제무역은 언어, 관습, 법률 등이 상이한 국가 간의 거래이므로 그에 대한 이해부족과 오해로서 항시 클레임 발생의 소지가 높다. 매매당사자는 클레임이 발생하는 경우를 대비하여 그 클레임을 당사자 간에 직접 해결할 것인가 또는 제3자의 개입에 의하여 해결할 것인가를 협의하여 약정하여야 한다.

클레임의 해결방법은 타협, 조정, 중재, 소송 등이 있으며, 일반적으로 중재에 의한다.

1) 매매당사자간의 해결

매매당사자 간의 해결이란 당사자가 직접 교섭하여 우의적으로 클레임을 해결하는 방법으로서 청구권의 포기 또는 타협과 화해(和解)에 의한 해결을 말한다. 무역클레임의 발생 원인과 상황 등은 당사자가 가장 잘 알고 있으므로 상대방과의 장래 관계를 충분히 고려하여 비록 양당사자가 각자 자신의 입장에서 충분한 이유가 있다고 생각하더라도 서로 타협하여 해결할 수 있다.

(1) 청구권의 포기

청구권의 포기(waiver of claim)란 피해자가 상대방에게 손해배상청구권을 행사하지 않는 것을 말하며, 일반적으로 상대방이 사전에 또는 즉각적으로 손해배상을 제의하는 경우에 이루어진다. 클레임을 포기하고 단순한 경고(warning)로서 다음부터는 그렇게 하지 않도록 주의를 촉구하고자 하는 경우, 장래의 새로운 거래 가능성, 클레임 구상금액이 소액인 경우, 상대방의 재정상태 악화로 손해배상청구를 하여도 변제받을 가능성이 없는 경우 등에는 청구권을 포기하게 된다.

(2) 타협 또는 화해

타협(妥協: compromise) 또는 화해(和解: amicable settlement)란 당사자 간의 직접적인 교섭 즉, 쌍방의 타협으로 원만하게 클레임을 해결하는 것을 말한다.

2) 제3자의 개입에 의한 해결

제3자의 개입에 의한 해결이란 당사자 쌍방이 타협이나 화해에 의하여 원만하게 해결할 수 없는 클레임을 학식이나 경험이 많은 제3자를 개입시켜 그들이 제시하는 해결안을 수용하여 해결하는 방법을 말하며 알선, 조정, 중재 및 소송이 있다.

(1) 알선

알선(斡旋: intercession)이란 상공회의소, 상사중재원 등과 같은 공정한 제3자의 기관이 당사자의 일방 또는 쌍방의 요청에 의하여 사건에 개입하여 원만한 타협이 이루어지도록 하는 방법을 말하며 중재와는 달리 권고[31]의 성격을 갖는다. 당사자 간의 비밀이 보장되고 거래관계를 지속할 수 있는 장점이 있으나, 당사자가 제3자의 판정에 반드시 승복해야 하는 강제성이 없으므로 실익이 없을 수 있다. 그러나 제3자의 알선 담당기관이 당사자에게 영향력을 줄 수 있는 권위가 있다면 실효성이 있다.

(2) 조정

조정(調停: conciliation or mediation)이란 공정한 제3자의 기관을 조정인(mediator)으로 선정하고, 조정인이 구체적인 조정안을 권고하여 당사자들이 자주적으로 수락함으로써 클레임을 해결하는 방법을 말한다.

조정은 양당사자가 조정에 의하여 클레임을 해결한다는 사전합의가 있어야 가능하며, 당사자 중 어느 일방이 마음대로 조정에 붙일 수 없으며, 클레임을 단기일 내에 해결할 수 있으므로[32] 중재의 한 부분으로

31) 어떤 분쟁에 객관적인 제3자가 명시적인 위임을 받은 바는 없더라도, 분쟁당사자에게 합리적인 해결방안을 권고하는 것이다.

32) 대한상사중재원의 중재규칙은 조정을 30일 이내에 하도록 규정하고 있다.

취급된다. 또한 조정은 알선과 같이 당사자가 조정안에 반드시 승복해야 하는 강제성은 없지만 원래 쌍방이 서로 양보하여 분쟁을 해결한다는 것을 기본으로 하기 때문에 클레임 금액이 소액인 경우에 실효성이 있다.

조정인은 각국의 상업회의소, 중재원, 국제상업회의소, 영사관 등이 될 수 있으나 오랜 무역업무의 경험자, 국제무역 관습 및 관행 등에 해박한 식견과 법률적 교양이 풍부한 개인, 제3자의 특정회사 또는 각종의 자격소지자가 있는 회사, 메이커 또는 상사의 동업조합 등도 될 수 있다.

(3) 중재

중재(仲裁: arbitration)란 조정의 경우와 같이 클레임을 합의(agreement)에 의하여 법관(judge)이 아닌 제3자(arbitrator)에게 그 해결을 위탁(submit)하고, 그의 판정(award)에 복종함으로써 최종적으로 해결하는 법적절차(legal process)를 말한다.[33] 중재제도는 클레임해결을 중재에 의한다는 중재조항을 사전에 약정하지 않았거나 나중에 중재에 의해 해결할 것을 합의하지 못하면 이용할 수 없으므로 무역계약 체결 시 합의하여 계약서에 표준중재조항(standard arbitration clause)[34]을 포함시켜 중재기관,[35] 중재장소, 준거법 등을 명시하여야 한다.

조정과 중재는 제3자에 의한 신속하고 비공개적인 판정이며 단심제로서 상소절차가 없다는 점에서 유사하나, 중재는 당사자의 일방이 중재판정에 승복하지 않을 경우 법원에 신청하여 상대방을 강제집행할 수 있으나 조정은 그렇지 못하다.

---

33) 알선은 중재와는 달리 권고의 성격을 가지며, 조정은 중재절차의 한 부분으로 취급되며, 중재는 사법적 및 기능적이며 판정을 의미한다.

34) 표준중재조항은 다음과 같다. "이 계약으로부터 또는 이 계약과 관련하여, 또는 이 계약의 불이행으로 말미암아 당사자 간에 발생하는 모든 분쟁, 논쟁 또는 의견 차이는 대한민국 서울특별시에서 대한상사중재원의 상사중재규칙 및 대한민국법에 따라 중재에 의하여 최종적으로 해결한다. 중재인(들)에 의하여 내려지는 판정은 최종적인 것으로 당사자 쌍방에 대하여 구속력을 가진다."

35) 우리나라의 중재기관은 대한상사중재원(The Korea Commercial Arbitration Board)이다.

중재는 단심제이므로 클레임을 신속하게 종결하고 비용이 저렴하고, 중재심리가 비공개로 이루어지므로 당사자의 비밀이 보장되고, 중재인이 무역전문가로 구성되어 현실적이고 합리적인 판정을 받을 수 있다.

중재판정(arbitral award)은 구속력을 가질 뿐만 아니라 그 효력도 당사자 간에는 법원의 확정판결과 동일하다. '중재에 관한 뉴욕협약(New York Convention)[36]'을 비준한 국가는 외국의 중재판정 결과에 대하여 국제적 강제집행력을 보장해주고 승인해 주므로 중재는 소송보다도 더 큰 효력이 있다. 우리나라는 '중재에 관한 뉴욕협약'을 비준한 협약 가입국가로서 상대방 국가가 우리나라 중재판정을 승인하고 집행을 허용한다는 상호주의 원칙 하에서 외국중재판정을 우리나라가 승인하고 국내에서 우리 국민의 재산에 대한 집행을 허용함으로써 우리나라 중재판정으로 동 협약의 가입국가에서 외국인의 재산을 강제 집행할 수 있게 되었다.

중재조건 예문

Claims: Buyers' claims, if any, shall be made by cable or telex within 20days after arrival of the goods at destination. Certificates by recognized surveyors shall be sent by mail without delay. All claims which can not be amicably settled between Sellers and Buyers shall be settled by Arbitration in Seoul, in accordance with the Commercial Arbitration Rules of the Korean Commercial Arbitration Board, whose award shall be final and binding upon Sellers and Buyers.

Arbitration: All disputes, controversies, or differences which may arise between the parties out of or in relation to or in connection with this contract or for the breach thereof, shall be finally settled by arbitration in Seoul, Korea in accordance with the Commercial Arbitration Rules of the Korean Commercial Arbitration Board and under the Laws of Korea. The award rendered by arbitrator(s) shall be final and binding upon both parties concerned.

---

36) 중재에 관한 뉴욕협약(New York Convention)은 상사중재에 관한 국제협약인 외국중재판정의 승인 및 집행에 관한 UN협약(The United Nations Convention on the Recognition and Enforcement of Foreign Arbitral Awards)을 말하며 1959년 7월 7일부터 시행되었으며, 이 협약에 근거하여 회원국 간에는 국내외 중재판정의 상호집행을 보장받게 되었다.

(4) 소송

소송(訴訟: litigation)이란 국가공권력 혹은 사법재판에 의하여 클레임을 강제적으로 해결하는 방법을 말한다.

소송은 외국과의 사법협정이 체결되어 있지 않아 그 판결은 외국에서 승인 및 집행이 보장되지 않으므로 클레임 해결을 위하여 피제기자 국가의 현지 변호사를 법정대리인으로 선임하여 소송절차를 진행시켜야 함으로 상호 간의 대화로서 도저히 해결할 수 없는 경우에 이용된다. 소송은 3심제이므로 중재와 비교하여 비용이 과다하고, 판결에 장시간이 소요되고, 공개주의 원칙 등의 단점이 있다.

3) 재판관할조항

무역계약은 당사자 자치원칙이 기본이므로 분쟁해결을 소송에 의하거나, 중재에 관한 뉴욕협약을 비준하지 않은 국가와의 거래 등의 사유로 중재합의가 되지 않는 경우에는 어느 특정 국가의 관할법원이 분쟁을 판정할 것인가에 대한 재판관할조항(裁判管轄條項: jurisdiction clause)을 설정하여야 한다. 국제재판관할을 약정하는 방식은 다음과 같다.

① 합의관할

합의관할(合意管轄: agreement jurisdiction)이란 국제거래 당사자들이 해당거래에 대한 관할을 당사자들이 합의하여 정하는 것을 말하며 재판관할에 대한 당사자 자치원칙을 인정하는 방식이다.

② 응소관할

응소관할(應訴管轄: responding jurisdiction)이란 당사자 한쪽이 소송을 제기한 법원에서 송달한 소장을 피고가 받아들여 응소하는 경우 그 법원이 관할권을 갖는 방식을 말하며 변론관할(辯論管轄)이라고도 한다. 본래 관할권이 없는 법원이 피고가 응소함으로써 관할권을 갖게 된다.

③ 전속관할

전속관할(專屬管轄: exclusive jurisdiction)이란 강력한 공익상의 요구에 따라 특정 법원에만 재판을 인정하는 방식을 말한다. 전속관할로 약정한 경우에는 합의관할과 응소관할이 인정되지 않는다.

재판관할 조건 예문

Jurisdiction: The Courts of the Republic of Korea shall have jurisdiction over all disputes which may arise between the parties to this contract regarding its execution, interpretation and performance and the parties shall waive any other forum to which they might be entitled by virtue of domicile or otherwise.

재판관할권: 대한민국 법정이 이 계약의 실행, 해석 및 이행에 관하여 이 계약의 당사자들 간에 발생할 수 있는 모든 분쟁에 대한 관할권을 갖는다. 당사자들은 거주지나 기타 사항에 의하여 권리가 주어질 수 있는 어떤 다른 재판을 포기한다.

4) 준거법조항

준거법(applicable law or governing law)이란 계약당사자 간의 권리와 의무에 관한 분쟁이 발생하는 경우 그에 대한 해석의 법적 기준이 되는 법을 말한다. 준거법은 광의로 어떠한 섭외적(涉外的) 사법관계(私法關係)[37]를 규율하기 위해 국제사법에 의해 선정된 어떤 국가의 실질법 즉, 민법, 상법 등을 말하지만, 협의로는 일정한 섭외적 생활관계에서 실제로 적용되는 실질사법(實質私法: substantive law)으로서 국제적인 사적 법률행위에 적용한다.

일국의 입법권은 국가에 있으며, 각국의 법은 상이하다. 상이한 국가 간에 발생하는 국제무역은 법률의 저촉이 필연적이며, 이러한 문제를 극복하기 위한 세계통일법이 현존하지 않는 한 각국이 독자적인 입장에서 섭외적 사법관계의 특수성을 고려하여 일정한 기준에 따라 내국법원에 의한 외국법의 적용을 지시하는 국제사법[38]이 적용된다. 이런 경우

37) 국내외 여러 국가의 법률에 관계를 가지는 법률관계를 섭외적 법률관계라고 한다. 한국인과 외국인이 매매계약을 체결하거나 외국인이 한국에서 불법행위를 한 경우와 같이 섭외적 법률관계가 사법적 법률적 관계인 경우를 섭외적 사법관계라고 한다.

38) 국제사법이란 국제적인 법률문제 중 특히 개인·기업이 주체가 되는 가족관계·거래관계 등의 사법문제에 대한 준거법의 결정·적용을 다루는 법 분야를 말하며, 자국사법과 외국사법의 차이에 의한 법의 저촉(抵觸: conflict)을 해결하고 각종 법률관계에 가장 밀접한 법을 준거법으로 지정하려는데 목적이 있다.

의 준거법은 특정국의 국내법 또는 국제적인 통일법이 될 수도 있으며, 선택된 준거법은 그 법의 국내법 여부와 관계없이 국제상거래법의 지위를 갖는다.

준거법은 당사자 간의 약정이나 국제사법에 의한 판단으로 결정된다. 무역계약의 제조건은 당사자 간의 합의에 따라 자유롭게 특정할 수 있다. 준거법도 계약조건의 일부이므로 당사자 간에 약정할 수 있다. 특히 국제상거래는 법적용의 불확실성으로 인하여 국내 상거래보다 당사자 간의 합의계약이 당사자 간의 법률관계를 규율하는 실질적인 규범이 된다. 준거법 선정에 양당사자가 서로 자신의 입장만을 고집하는 경우, 준거법을 약정하지 않거나 적절한 준거법(any applicable law)으로 약정하여도 된다. 이런 경우, 분쟁해결을 담당할 법정지(法廷地)의 관할법원이 자국의 국제사법(國際私法)의 원칙에 따라 그 법률관계에 합당한 준거법을 판단한다.

분쟁해결지는 준거법과는 독립적인 개념이다. 분쟁해결지를 한국으로 하고 준거법(governing law)을 외국법으로 약정할 수 있으며 역의 상황도 가능하다. 한국을 분쟁해결지로 하고 준거법을 미국법으로 채용한다면 한국의 법원이 미국법을 해석의 기준으로 적용하게 된다.

준거법을 자국법으로 하기 위하여 계약협상이 결렬되는 경우가 많이 있으나, 준거법을 자국법으로 하여도 유리한 점이 없다. 미국법이라고 하여 미국회사에게 유리하지 않고 역으로도 동일하다. 그러나 법이 당사자들을 그 국적에 따라 차별하지는 않지만 계약의 성격과 그 성격에 따른 당사자의 계약상의 역할에 따라 유불리가 있을 수 있다. 미국법의 경우, 지적재산권의 권리보유자 측의 손해를 더욱 폭넓고 두텁게 보호하는 경향이 있으므로 한국기업이 권리보유자로서 라이선스 계약을 체결하는 경우 미국법을 준거법으로 약정하는 것이 유리할 수 있다. 그러나 현실적으로 두 나라의 법률이 특정 계약에서 어떤 역할을 하는 계약당사자에게 유리한가를 판단하는 비교법적 분석이 어렵고 시간이 많이 소요되고 전문법률가가 많지 않다.

준거법조건 예문

Governing Law: This contract shall be governed, construed and performed by the laws of South Korea.

5) 무역계약의 해제

계약에 따른 매도인의 어떠한 의무의 불이행이 중대한(fundamental) 계약위반이 되는 경우[39]와 매도인이 물품의 인도를 불이행한 경우에는 매수인이 지정한 추가기간 내에 인도하지 않거나 또는 매도인이 그 지정된 기간 내에 인도하지 않겠다는 뜻을 선언한 경우 매수인은 계약해제권을 갖는다. 계약에 따른 매수인의 어떠한 의무의 불이행이 중대한 계약위반이 되는 경우와 매수인이 매도인이 지정한 추가기간 내에 대금지급 또는 물품의 수령의 의무를 이행하지 아니하거나 또는 매수인이 그 지정된 기간 내에 이를 이행하지 아니하겠다는 뜻을 선언한 경우 매도인은 계약해제권을 갖는다.

계약이 해지된 경우 이미 계약의 전부 또는 일부를 이행한 당사자는 상대방에 대하여 자신이 이미 공급한 것 또는 지급한 것에 대한 반환을 청구할 수 있다. 이 경우 당사자 쌍방이 반환하여야 할 의무가 있는 경우에는 양 당사자는 동시에 이를 이행하여야 한다.

계약의 이행기 도래 이전에 당사자의 일방이 중대한 계약위반을 자행할 것이 명백하게 예견되는 경우에는 이행기를 기다리지 않고 즉시 계약해제를 선언할 수 있다. 단, 시간이 허용하는 경우에는 계약을 해제하고자 하는 당사자는 상대방이 그 이행에 대한 적절한 보상을 할 수 있도록 합리적인 통지를 하여야 한다.

---

39) 중대한 계약위반이란 계약위반이 상대방이 향유하리라고 기대되는 권리를 실질적으로(substantially) 박탈할 정도로 손해를 끼치는 경우를 말한다.

예시 6-1 일반거래조건협정서

Memorandum of General Terms and Conditions of Business

This memorandum made and entered into between Wilson & Co., New York (hereafter called the Buyers) and 3A Ind. Co., Ltd., Seoul (hereafter called the Sellers) witnesses as follows :

(1) Business
All business entered into between the parties shall be done as Principals to Principals.

(2) Quality
All shipments shall be conforming to samples in regard to description, quality and state.

(3) Prices
Unless otherwise specified in cables, letters or telexes, all prices by Sellers or Buyers shall be quoted in US Dollars on the basis of CIF, New York.

(4) Quantity
An order shall be accepted so long as the quantity exceeds 1,000 dozen.

(5) Delivery
(a) Shipment
All the goods sold shall be shipped within the time stipulated in each contract. The date of bills of lading shall be taken as a conclusive proof of the date of shipment. Unless specially arranged, the port of shipment shall be at Sellers' option. Sellers shall not be responsible for late shipment caused by the delay of arrival of a letter of credit.
(b) Force Majeure
Sellers shall not be responsible for any delay in shipment directly or indirectly due to force majeure, such as fires, earthquakes, tempests, strikes, lockouts, wars, riots, civil commotions, hostilities, blockades, requisition of vessels, embargoes, and to any other causes beyond the control of Sellers. In the event of any of these accidents or contingencies which prevent shipment within the stipulated time, Sellers shall inform Buyers of its occurrence or existence and furnish a certificate substantiated by the Korea Chamber of Commerce and Industry.

(6) Payment
Draft(s) shall be drawn at sight, documents attached, for the full invoice amount under an irrevocable credit which shall be established within 10 days after the conclusion of the contract. Business against D/P draft without L/C should be subject to Sellers' previous consent in each case.

(7) Insurance
Sellers shall effect marine insurance on all shipments on ICC(B) including War Risks for 110% of the invoice amount. Risks of theft, pilferage and non-delivery or any other additional insurance if required, shall be covered by Sellers for account of buyers. Insurance Policies or Certificates shall be made out in US currency, and claims payable in New York.

(8) Firm Offer
Unless otherwise stipulated, all firm offers shall be valid for 72 hours from the time dispatched, excluding Sunday and national holidays.

(9) Order
Except in cases where firm offers are accepted, no orders shall be binding until acceptance is cabled by Sellers. All orders shall be confirmed in writing, and orders thus confirmed shall not be canceled unless by mutual consent.

(10) Marking and Numbering
In the absence of any special instructions, all cases shall be marked, WS in triangle, with the port mark, running case numbers and country of origin.

(11) Claims
Buyers' claims, if any, shall be made by cable or telex within 20 days after arrival of the goods at destination. Certificates by recognized surveyors shall be sent by mail without delay. All claims which can not be amicably settled between Sellers and Buyers shall be settled by Arbitration in Seoul, in accordance with the rules of the Korean Commercial Arbitration Board, whose award shall be final and binding upon Sellers and Buyers.

Please acknowledge by signing and returning the separate sheet, retaining the original for you.

Buyers Sellers

CHAPTER 07 정형거래조건

제 1 절 국제거래법의 법원
제 2 절 정형거래조건
제 3 절 Incoterms® 2010의 구성
제 4 절 Incoterms® 2010의 당사자 간의 법률

제 1 절 국제무역거래법의 법원

법을 생기게 하는 근거 또는 존재 형식을 법원(法源)이라고 한다. 법관이 재판기준으로 적용하는 법 규범의 존재 형식에는 성문법과 불문법이 있다. 성문법의 법원은 헌법, 법률, 명령, 자치 법규 등이며, 불문법의 법원은 관습법, 판례법, 조리(條理)[1) 등이다. 국제무역거래에 적용되는 법의 존재형식에는 국내법, 국제협약, 관습법 국제무역규칙 등이 있다.

1. 국내법

무역계약의 이행과정에서 분쟁이 발생하는 경우 준거법이 필요하며, 특정국의 국내법이 준거법으로 적용될 수밖에 없다. 일국의 국내법은 그 관할영역이 본래 일국내의 영토에 국한됨으로 원칙적으로 국내상거래에 한하여 적용된다. 일국의 국내법이지만 거래당사자가 합의하여 또는 국제거래의 국제사법(國際私法) 적용에 따라 준거법으로 선택된다면 무역거래의 법원(法源)이 될 수 있다. 역사적으로 무역거래의 준거법은 국제경제를 주도하는 특정국의 국내법 즉, 영국의 물품매매법(Sale of Goods Act; SGA), 해상물품운송법(Carriage of Goods by Sea Act), 해상보험법(Marine Insurance Act; MIA) 등이 적용되어 왔다.

그러나 준거법으로 선택된 특정국의 국내법이 무역거래의 법원이 될 수 있지만, 국제성을 갖는 무역거래에 적용하기에는 한계가 있다. 일국의 국내법이 국제상관습을 수용하고 보편화된 관행을 근거로 제정되었

1) 조리(條理)란 많은 사람들이 승인하는 공동생활의 원리인 도리(道理)를 말하며, 사회통념, 선량한 풍속 기타 사회질서, 신의성실의 원칙으로 표현되기도 하며 성문법이나 관습법의 결함을 보충하기 위하여 채용된다. 우리 민법은 '민사에 관하여 법률에 규정이 없으면 관습법에 의하고 관습법이 없으면 조리에 의한다'로 규정하여(1조), 민사재판에 있어서 성문법도 관습법도 없는 경우에 조리가 재판의 준거가 된다는 것을 명확히 하고 있다.

다고 하더라도 사안에 따라 불공평하거나 부적합할 수 있으므로 무역거래에 특정국의 국내법을 적용하는 것이 반드시 바람직한 것만은 아니다. 이와 같은 무역거래에 대한 특정국의 국내법 적용에 따른 문제점을 해소하고, 국제무역의 국제성을 반영하기 위하여 실체법(substantive law)의 국제적인 통일화와 통일규칙의 국제화가 해상법, 어음·수표법, 물품매매법 등의 분야에서 시도되었다. 무역규범의 국제적 통일화는 국제협약과 국제무역규칙을 이용하는 방식으로 이루어지고 있다.

2. 국제협약

국제협약(international convention)에 의한 무역규범의 국제적 통일화는 입법형식(international legislation) 즉, 무역거래에 적용할 수 있는 국제적인 통일사법을 제정하여 국제협약으로 채택하고 그 국제협약이 국내법적 효력을 갖게 하여 체약국들이 사법을 공동으로 통일하는 방식(어음·수표법 통일조약 1930, 공업재산권 보호 파리조약 1883),[2] 섭외적인 요소만을 통일하는 방식(UN국제물품매매협약 1980, 선하증권 통일협약 1924) 또는 모델법(model law)을 제정하여 국제협약의 체약국이 아니지만 각국이 국내법을 이 모델법에 접근하도록 권고하여 궁극적으로 사법의 통일을 모색하는(국제상사중재에 관한 모델법 1985) 방식을 말하며 국제무역거래의 법원(法源)이 될 수 있다.

무역거래에 관한 국제통일법은 국제물품매매(무역), 운송, 보험, 결제 등에 관한 것으로 국제물품매매계약에 관한 UN협약(UN Convention on Contracts for the International Sale of Goods), 해상화물운송에 관한 UN협약(UN Convention on the Carriage of Goods by Sea), 국제항공운송에 관한 규칙의 통일협약(Convention for the Unification of Certain Rules relating to International Carriage by Air), 철도에 의한 물품운송에 관한 국제협약(International Convention concerning the Carriage of Goods by rail), 도로에

2) 국제법은 주권국가간 또는 국가와 다른 단체 및 개인 간의 관계를 규정하는 국제공법 체계이므로 사법에 관한 통일협약은 국제법에 해당되지 않는다. 사법의 통일협약을 초국가법(transnational law) 또는 세계법(world law)이라고도 한다.

의한 국제물품운송계약에 관한 협약(Convention on the Contracts for the International Carriage of Goods by Road), 국제화물 복합운송에 관한 UN협약(UN Convention on International Multimodal Transport of Goods), 환어음 및 약속어음의 통일법협약(Convention providing a Uniform Law for Bills of Exchange and Promissory Notes), 국제 환어음 및 약속어음에 관한 UN협약(UN Convention on International Bills of Exchange and International Promissory Notes), 국제상사중재에 관한 표준법(Model Law on International Commercial Arbitration) 등이 있다.

3. 국제무역규칙

무역규칙에 의한 무역규범의 통일화는 국제민간단체들이 국제상관습을 기초로 일정한 무역규칙을 제정하여 공표하고 무역당사자들이 거래 시에 이를 원용하는 방식을 말하며 국제무역거래의 법원(法源)이 될 수 있다.

국제무역은 당사자들 간의 계약을 바탕으로 자유롭게 이루어지는 것이 원칙이지만 무역계약의 제조건을 합의하여 계약서에 구체화하는 것은 매우 어려운 일이다. 일반적으로 각 나라들이 계약에 관한 규율을 통하여 당사자들 간의 계약이행에 필요한 보충 및 해석규정을 마련하고 있지만, 국제성을 갖는 무역계약을 국내법만으로 규율하기에는 한계가 있고 부적합한 점이 많다. 따라서 무역은 국제적인 법적용에 따른 불확실성 때문에 국내거래보다도 당사자 자치원칙이 중시되어, 당사자 간의 합의에 의한 계약자체가 당사자 간의 법률관계를 규율하는 규범이 되는 경우가 많다.

국제상업회의소(International Chamber of Commerce; ICC) 등 국제민간단체들이 무역거래자들의 편의를 위하여 무역거래에 보편적으로 사용되는 국제상관습을 체계적으로 정리하여 국제무역규칙을 발표하여, 거래당사자들이 이를 거래 시에 원용하여 무역계약을 확장할 수 있도록 하고 있다. 국제무역규칙은 국제민간단체가 제정한 것이므로 법률이 아니고 국제상관습이 성문화된 것이지만, 거래당사자들이 이를 계약에 원용하면 계약의 내용에 포함되게 된다. 국제무역규칙은 무역거래에 당연히 이용될 정도로 보편성이 있는 경우가 많고 그들의 존재가 범세계적으로 알려져 있으므로 무역계약서에 명시조항으로 약정하지 않아도 각국의 법원이 이를 당연히 원용한 것으로 충분히 참고하고 있다.

국제무역규칙에는 물품매매와 관련하여 'CIF계약에 관한 와르소·옥스포드 규칙(Warsaw－Oxford Rules for CIF Contract)'과 '국내 및 국제 정형거래조건의 사용에 관한 ICC규칙(ICC Rules for the use of Domestic and International Trade Terms; Incoterms® 2010)', 무역결제와 관련하여 '신용장통일규칙(Uniform Customs and Practice for Documentary Credits; UCP)', '추심통일규칙(Uniform Rules for the Collection of Commercial Paper; URC)' 등이 있다.

4. 관습법

1) 상관습

사회규범은 관습[3], 도덕 그리고 법으로 분류한다.

관습(慣習: custom)이란 한 사회내부에서 오래 전부터 역사적으로 발생하여 계속 반복됨으로써 널리 승인되어 있는 관행적인 행동양식을 말한다. 관습과는 달리 일정한 상황에서 개인이 되풀이하는 특정 행동양식을 습관이라고 하며, 관습적으로 행하여지는 행위를 관행(usage)이라고 한다. 관습을 'usage' 또는 'custom'이라고 하며, 두 단어가 동일한 의미로 사용되지만 구별하여 사용하는 경우 'usages'는 업계에서 관행적 또는 관습적으로 실행되는 것으로(habitual or customary practice), 'custom'은 장기간 동안 통일적으로 실행되는 'usage'에 법적효력을 부여한 것으로 정의되고 있다. 즉, 'usage'는 어떤 행위의 반복에 지나지 않지만, 'custom'은 이 반복에 의하여 법으로 확정된 것을 말한다.

다수의 국가가 반복하여 행하는 대외적인 국가행위를 국제관행(國際慣行: international practice) 또는 국제관습이라고 한다. 국제관행은 사실상

---

3) 관습은 행동양식에 따르는 가치원리와 사회적 제재가 도덕만큼 확립되어 있지 않고 또한 법만큼 조직화 되어 있지 않는 것을 말한다.

여러 국가가 그 행위를 하고 있다는 것이지 그 자체가 법이 아니므로 관행을 준수하지 않는 국가에게 국제법상의 책임을 강요할 수 없지만 그것을 지키는 것이 의무라는 법적 신념을 수반함으로써 법적 구속력을 가지는 국제관습법으로 발전할 가능성을 갖게 된다.

상관습(trade usage, mercantile custom)이란 관습 중에서 상인들이 승인하고 준수하려고 하는 관습을 말하며, 상거래 행위 당사자가 계약당사자로서 동일한 상황에 놓인 경우에 그 계약에 당연히 적용할 것으로 생각되는 정도로 확립된 관행 또는 방법이라고 할 수 있다. 국제무역거래에 관용되고 있는 상관습을 국제상관습(international commercial custom, international mercantile custom) 또는 국제무역관습(custom of international trade)이라고 한다.

국제상관습은 무역계약의 성립에 관한 관습, 품질, 수량, 가격 기타 계약조항에 관한 관습, 선적, 양륙 등 하역운송에 관한 관습, 화환어음, 신용장 등 대금결제에 관한 관습 등이 있다. 상품의 종류와 거래장소 또는 당사자의 직업에 관계없이 일반적으로 광범하게 적용되는 매매관습을 정형거래조건에 관한 관습이라고 한다.

2) 상관습법

관습법(慣習法: customary law)이란 입법기관이 제정하지 않았지만 주권자가 법률로서 효력을 인정하는 사회관습에 바탕을 둔 법을 말한다. 관습이 사회적으로 법적 규범력을 가지면 관습법(customary law)이 된다. 즉, 항상 되풀이되는 관습으로 인하여 관련 당사자들이 법적 확신을 갖게 되는 상황에 이르는 상태를 관습법이라 하고, 재판에 당사자의 입증이 없어도 이를 적용하게 된다. 관습법은 단순한 사실인 관습과는 달리 국제무역거래의 법원(法源)의 하나로 인정되고 있다.

상관습법(legal custom of commercial)은 관습의 형태로 존재하는 상사에 관한 법으로써 끊임없이 발전하고 변화되는 상사분야를 위하여 발생하였다. 상관습법은 상거래 당사자들의 거듭된 관행으로 인하여 생성된 상거래 활동규범이 사회의 법적확신(legal recognition) 또는 인식에 의하여 법적규범으로 승인된 관습이며 성문법의 한정성과 고정성에 따른 경제적, 사회적 현실과 실정법과의 간격을 보충하기 위하여 필요하다. 반면에 상관습은 상거래 관행에 의하여 발생한 상거래 활동의 규범이라는 점에서 상관습법과 유사하지만, 승인된 법령과 같은 효력을 갖는 상관습법과는 달리 법령으로서의 효력이 없으므로 강행법규에 저촉되지 않는 한 법률행위 당사자의 의사를 보충하는 정도의 효력이 있다. 상관습법은 임의규정이 있는 경우에는 성립하지 않지만 상관습은 관습의 존재사실을 입증만 할 수 있다면 임의규정이 있는 경우에 성립된다. 상관습을 약정하거나 계약의 조항으로 추가하고자 하는 일방당사자는 타방당사자가 그 상관습을 알고 있었거나 또는 알 수밖에 없을 정도로 보편적이라는 것을 입증할 수 있다면 오히려 상관습이 상관습법보다 우선할 수도 있다. 국제무역거래에서 상관습법은 특정지역 또는 특정종류의 거래에서 표준계약서식, 약관, 통일규칙의 일부분으로서 관계자들에게 널리 알려진 사항으로 성립하는 경우가 많다.

우리나라 상법(commercial law, business law or mercantile law)은 제1조에서 "상사에 관하여 상법에 규정이 없으면 상관습법에 의하고, 상관습법이 없으면 민법의 규정에 의한다"라고 규정하여 상관습법의 법원성(法源性: source of law)을 인정하고 '제정법 우선주의 원칙'을 적용하고 있다. 또한 이 조항은 상관습법을 상법과 다름없는 특별법으로, 상관습법이 민법에 우선하여 적용되는 것으로 해석할 수 있다.

제2절 정형거래조건

무역계약은 일반적으로 서신, 전보, 'telex' 등으로 상담이 이루어지고 청약(offer)과 승낙(acceptance)이라는 의사표시의 합치로서 성립된다. 왕래한 서신, 전보 등의 내용이 계약의 명시조항이 된다. 반면에 법 또는 관습에 의하여 당사자가 당연히 준수할 것으로 기대되는 계약의 내용을 묵시조항이라고 하며 이 또한 무역계약의 일부를 구성한다.

무역거래는 국제적인 통일규범이 없고 국가마다 상이한 상관습으로 인하여 이행과정에서 분쟁의 소지가 높고, 매거래시마다 구체적으로 제 조건을 약정하여 일일이 매매계약서에 명시하는 것이 어렵고 불편하다. 이에 무역업자들은 매매당사자 간의 의무를 정형화한 거래조건의 필요성을 인식하게 되었으며, 그 결과 매매계약의 기본의무 즉, 물품의 인도장소, 위험과 소유권의 이전시기, 비용부담의 귀속 등을 일일이 명시적으로 협정하는 대신 아주 간결하게 'FOB', 'CIF' 등과 같은 관습적인 약호로서 당사자의 권리와 의무를 한정하고 거래방법과 매매계약의 종류를 결정지어 매매계약을 간결하게 체결하게 되었다. 이러한 관습적인 약호를 정형거래조건(trade terms)[4]이라고 한다.

무역거래는 국제상관습에 의해 오랜 연륜을 쌓아오면서 자연히 정형무역으로 발전하게 되었으며, 국제상관습이 묵시조항으로서 명시조항의 보완적 기능을 수행함으로써 신속·안전하게 이루어지고 있다. 국내 상거래 당사자 간의 법리는 국내법이 적용되지만, 국제성을 갖는 무역거래는 통일법이나 강행법이 없으므로 정형거래조건이 일반적으로 사용된다.

국제민간단체를 중심으로 무역계약조건의 해석에 대한 국제상관습의 국제적 통일화를 도모하기 위하여 국제무역규칙이 만들어지고, 거래당사자들이 계약 시에 이를 원용할 수 있도록 하여 국제물품매매에 대한 공통의 준거법으로 국제무역규칙을 활용할 수 있도록 추진되어 왔다.

1. 국내 및 국제정형거래조건의 사용에 관한 ICC규칙

정형거래조건의 해석에 관한 국제규칙(International Rules for the Interpretation of Trade Terms)은 약칭하여 'Incoterms'[5]라고 하며, 국제상업회의소

4) 'trade terms'는 무역용어로 해석되지만 무역거래에서는 'FOB', 'CIF.' 등의 관습적인 용어를 의미하는 경우에만 사용되므로 광의의 의미인 무역용어보다는 정형무역거래 또는 무역거래조건으로 해석하는 것이 의미에 부합한다. 이러한 관습적인 용어들은 그 관습이 발생한 영국이나 미국에서는 무역거래뿐만 아니라 국내거래에도 사용되고 있다. 그러므로 상관습상 이용되는 정형적 계약의 이행조건을 그 내용으로 하는 'trade terms'는 정형거래조건으로 번역하는 것이 적합하다.

5) 'International Commercial Terms'의 약칭을 말한다.

(International Chamber of Commerce; ICC)가 각국의 상이한 상관행으로 인하여 정형거래조건에 대한 해석의 차이와 오해에 따른 분쟁과 소송을 방지하기 위하여 매매당사자간의 권리와 의무에 대한 내용을 국제적으로 통일화시킨 것으로 가장 일반화된 것이다.

'Incoterms'는 1936년에 제정되어 1953년, 1967년, 1976년, 1980년, 1990년, 2000년, 2010년에 개정 또는 추보가 이루어졌으며, 2010년에는 그 명칭이 국내 및 국제정형거래조건의 사용에 관한 ICC규칙(ICC Rules for the Use of Domestic and International Trade Terms; INCOTERMS® 2010)으로 변경되어 11가지의 정형거래조건(trade terms)으로 구성되어 있다.

2. 개정미국무역정의

원래 'FOB'관습은 무역의 발상지인 영국을 중심으로 발생하였다. 해상국인 영국에서의 'FOB'관습은 매도인이 물품의 본선적재로서 인도의무가 완료되는 것이므로 특별히 'on board' 뒤에 본선을 지칭하는 'Vessel'이라는 단어를 첨부할 필요가 없었다. 영국의 'FOB'관습이 대륙국인 미국에 전해지면서 선박뿐만 아니라 철도화차, 선박, 화물자동차 등 일반운송인에게 화물을 인도하거나 또는 지정운송용구에 적재함으로써 매도인의 인도의무가 종료되는 거래로 사용하게 되었다. 이와 같이 'FOB'관습을 다양하게 사용하는 미국 상인과의 무역거래에 용어의 해석에 관한 분쟁이 발생하게 됨으로써, 이들 용어에 대한 통일을 기하기 위하여 1919년 12월에 전미국무역회의(National Foreign Trade Convention)에서 수출가격조건의 정의(Definitions of Export Quotations)를 채택하고[6] 'FOB', 'FAS', 'C&F', 'CIF'의 4종류에 대한 표준이 되는 정의를 규정하고 'FOB조건'을 7종류로 세분화 하였다. 그러나 1919년의 수출가격조건의 정의는 매도인에게 유리한 방향의 해석기준이라는 불만이 야기되어 전미국무역협회, 전미수입업자협회(National Council of American Importers, Inc.) 및 미국상공회의소의 공동개정작업으로 1941년에 개정미국무역정의(Revised

6) 수출가격조건의 정의를 채택한 회의가 'New York'의 'India House'에서 개최되었으므로 'F.O.B.에 관한 India House 규칙(India House Rules for F.O.B.)'이라고도 한다.

American Foreign Trade Definitions, 1941)가 채택되었다.

개정미국무역정의는 1919년 수출가격조건의 정의에 'Ex(point of Origin)'와 'Ex dock'을 추가하여 'Ex(point of Origin)', 'FOB', 'FAS', 'C&F', 'CIF' 및 'Ex dock'의 6종으로 구성하고 'FOB조건'을 다음과 같이 6가지로 세분하였다.

① F.O.B(named inland carrier at named point of departure)
② F.O.B.(named inland carrier at named inland point of departure) Freight prepaid to(named point of exportation)
③ F.O.B.(named inland carrier at named inland point of departure) Freight allowed to(named point)
④ F.O.B.(named inland carrier at named point of exportation)
⑤ F.O.B. Vessel(named port of shipment)
⑥ F.O.B.(named inland point in country of importation)

개정미국무역정의가 공표된 이후 무역관행의 변화에 부응하기 위하여 특히 'Incoterms'를 참조하여 1990년에 2차 개정미국무역정의(Revised American Foreign Trade Definition, 1990)가 공표되었다. 2차 개정미국무역정의에서는 'EXW(EX Works－named place)', 'FOB', 'FAS', 'CFR', 'CIF' 및 'DEQ Delivered'의 6조건을 규정하고 종전과 같이 'FOB'는 미국적인 특성을 감안하여 그 적용 유형을 6가지로 세분하였다.

① EXW(EX Works－named place)
② FOB(named inland carrier at named point of departure)
③ FOB(named inland carrier at named inland point of departure) Freight prepaid to(named point of exportation)
④ FOB(named inland carrier at named inland point of departure) Freight allowed to(named point)
⑤ FOB(named inland carrier at named point of exportation)
⑥ FOB Vessel(named port of shipment)
⑦ FOB(named inland point in country of importation)
⑧ FAS Vessel(named port of shipment)
⑨ CFR(named point of destination)

⑩ CIF(named point of destination)

⑪ EX Quay(duty paid)

1990년 2차 개정미국무역정의도 'Incoterms'나 '와르소·옥스포드 규칙(Warsaw－Oxford Rules for CIF Contract, 1932)'처럼 무역거래관습의 미국적 해석기준을 채택하고 있어 대미무역거래의 해석기준으로 활용되었으나, 국제성의 결여로 매매당사자가 1990년 2차 개정미국무역정의를 매매계약의 일부로서 수용하는 것을 동의하는 경우에 한하여 법적 구속력을 갖게 된다. 나아가 미국의 무역기관이 'Incoterms(1980)'이 공표됨으로서 개정미국무역정의를 사용하지 않기로 결의함으로써 더 이상의 기능을 발휘하지 못하게 되었다.

3. Warsaw-Oxford Rules for C.I.F. Contract

국제법협회(International Law Association; ILA)가 1926년 비엔나(Vienna) 회의에서 해상무역매매관습의 국제적 통일을 위한 규칙을 제정할 것을 결의하고, 1928년에 'Warsaw'회의에서 'Warsaw Rules'을 채택하였다. 'Warsaw Rules'은 영국의 CIF관습과 이에 관한 판례를 토대로 제정되었으며 22개 조로 구성되어 있다. 1930년에 이르러 국제법협회 뉴욕회의에서 'Warsaw Rules'을 개정하기로 결정하고 국제상업회의소(國際商業會議所: International Chamber of Commerce; ICC)의 강력한 지원 아래 1932년 옥스퍼드(Oxford) 국제법협회 회의에서 '1932년 Warsaw－Oxford 규칙'이 채택되었다.

'CIF계약에 관한 와루소－옥스포드 규칙(Warsaw－Oxford Rules for C.I.F. Contract, 1932)'은 서문과 함께 규칙의 개요, 선적에 관한 매도인 의무, 선적기일 및 선적일 증명, 면책, 위험, 소유권, 선하증권, 특정 선박, 선박 종류, 도착지불운임, 수입세 및 기타의 비용, 물품상태에 관한 매도인 의무, 보험에 관한 매도인 의무, 선적 통지, 수출·수입허가서, 원산지증명서, 품질증명서, 서류제공, 선적 후 멸실 또는 손상, 대금지급에 관한 매수인 의무, 물품검사에 관한 매수인 권리, 매매계약에 관한 권리와 구제 및 통지에 관한 내용을 규정하고 있다. 동 규칙 또한 'Incoterms'

나 미국무역정의와 같이 매매당사자가 임의로 채택할 수 있는 통일적 해석기준이 됨으로, 당사자의 합의에 의하여 그들의 계약이 이 원칙에 따라 해석된다는 취지의 조항을 명시적으로 규정하는 경우에 한하여 적용된다.

4. 국제물품매매계약에 관한 UN협약

국제물품매매계약에 관한 UN협약(United Nations Convention on Contracts for the International Sales of Goods)은 UN통일매매법 또는 비엔나협약(Vienna Convention)이라고도 하며, 1964년의 국제물품매매에 대한 통일법에 관한 협약(Convention Relating to a Uniform Law on the International Sale of Goods; ULIS)과 1964년의 국제물품매매계약의 성립에 대한 통일법에 관한 협약(Convention Relating to a Uniform Law on the Formation of Contracts for the International Sale of Goods; ULF)에 대한 비준 국가가 소수이고, 이들이 국제거래에 실질적인 영향력을 갖지 못하여 UN국제거래법위원회가 1980년 비엔나 'UN'외교회의에서 채택하여 1988년에 발효되었다. 우리 정부는 2004년 2월에 동 협약에 비준하였다.

국제물품매매계약에 관한 'UN'협약은 기존의 협약과는 달리 체약국간 또는 국제사법에 의거하여 적용하는 범위에 관한 협약이다. 무역거래당사자가 명시적으로 동 협약을 준거법으로 정하는 것이 아님을 밝히지 않는 한, 특정국의 법을 준거법으로 선택할 경우 그 나라가 체약국이라면 원칙적으로 이 협약이 준거법의 지위를 갖게 된다. 따라서 체약국은 일반적인 물품매매에 적용되는 국내 계약법과 특별히 국제계약에 적용되는 동 협약 즉, 두 개의 물품매매법을 보유하는 결과가 된다.

동 협약은 계약의 성립과 관련하여 물품매매계약의 성질, 계약의 성립요건, 청약(offer) 및 승낙(acceptance) 등을, 물품매매와 관련하여 매도인의 의무, 매수인의 의무, 위험의 이전, 물품의 보존, 계약위반에 대한 조치 등을 규정하고 있다.

5. 미국통일상법전

미국통일상법전(Uniform Commercial Code; UCC)은 미국 국내법이며 미국법협회(American Law Institute)와 통일주법위원회 전국회의(National Conference of Commissioners on Uniform State Laws)가 기초한 성문법으로서 1952년에 제정된 후 1957년, 1962년, 1972년, 1978년, 1988년 및 1995년에 각각 수정 및 보완되었으며 현재 총 12편으로 구성되어 있으며, 제2편에 매매(sale)에 관하여 규정하고 있다.

미국통일상법전은 매매계약의 양식, 성립 및 거절, 거래조건, 계약이행, 계약위반, 지급거절 및 허용, 구제방법 등과 거래조건으로서 'FOB', 'FAS', 'CIF', 'C&F', 'EX SHIP' 조건을 규정하고 있다. 미국통일상법전의 'FOB조건'은 다음 3가지의 유형으로 구분되고 있다.

① 첫 번째 유형은 'FOB(place of shipment)'로서 적출지 매매에 해당된다.

- 개정미국무역정의의 FOB(named inland carrier at named inland point of departure)
- FOB(named inland carrier at named inland point of departure) Freight Prepaid to(named point of exportation)
- FOB(named inland carrier at named inland point of departure) Freight Allowed to(named point of exportation)

② 두 번째 유형은 'FOB(place of destination)'로서 양륙지 매매에 해당된다.

- 개정미국무역정의의 FOB(named inland carrier at named point of exportation)
- FOB(named inland point in country of importation)

③ 세 번째 유형은 'FOB(vessel, car or other vehicle)'로서 적출지 매매에 해당되며 개정미국무역정의의 'FOB(named inland point in country of importation)'가 해당된다.

이러한 미국의 법을 고려할 때 미국인과 무역계약 체결 시 'INCOTERMS® 2010' 적용에 관한 준거규정을 계약서에 약정하여야 한다.

제 3 절 Incoterms® 2010의 구성

1. Incoterms® 2010의 개정 배경

국제상업회의소(國際商業會議所: International Chamber of Commerce; ICC)가 1936년에 정형거래조건에 관한 국제해석규칙(International Rules for the Interpretation of Trade Terms)을 제정한 후 국제운송 및 통신의 발달과 무역관습의 변화를 수용하기 위하여 거의 매10년을 주기로 첨삭·보완 및 개정하여 왔으며, 2010년 개정에서는 공식명칭을 '국내 및 국제정형거래조건의 사용에 관한 ICC규칙(ICC Rules for the Use of Domestic and International Trade Terms)'으로 변경하고 그 상표를 'Incoterms® 2010'으로 등록하였다.

'Incoterms® 2010'의 개정 주요배경은 관세자유지역의 지속적인 확대, 전자통신 사용증대, 물류보안 강화, 운송관행 변화 등 무역실무환경의 변화를 수용하고, 기존 정형거래조건의 사용에 있어 잘못된 정형거래조건의 선택 및 그 해석상의 오류방지 등 정형거래조건의 사용에 따른 효율성 제고에 있었다.

1) 국내 및 국제거래를 위한 규칙

'Incoterms'는 국제무역규칙으로서 전통적으로 물품이 국경을 통과하는 국제거래에 사용되어 왔다. 그러나 'EU'와 같이 자유무역지대에서는 국경의 의미가 중요하지 않으므로 이를 반영하여 'Incoterms® 2010'에서는 공식적으로 국제거래와 국내거래 모두에 'Incoterms'가 적용 가능하도록 하였다. 그 결과 많은 부분에서 수출/수입통관의무는 해당되는 경우에 한하여 존재하는 것으로 규정하고 있다.

2) 전자적 통신

기존의 'Incoterms'에서는 EDI메시지에 의해 대체될 수 있는 서류들을 규정하였으나, 'Incoterms® 2010'에서는 각 정형거래조건의 'A1/B1'에 'Any document referred to in [A1－A10] [B1－B10] may be an equivalent electronic record or procedure if agreed between the parties or customary.'라는 문구를 추가하여 당사자 간의 합의 또는 관행이 있는 경우에는 전자적 통신이 종이에 의한 통신과 동일한 효력이 있는 것으로 규정하였다.

3) 보험계약에 관한 규정

로이즈 시장협회(Lloyd's Market Association; LMA)와 런던 국제보험업협회(International Underwriting Association of London; IUA)가 공동으로 협회적하약관을 2009년에 개정하였다. 'Incoterms® 2010'에서는 개정된 협회적하약관을 반영하기 위하여 'CIP'와 'CIF' 조건 A3(b)를 'the minimum cover as provided by Clauses(C) of the Institute Cargo Clauses(LMA/IUA)', 'Clauses(A) or(B) of the Institute Cargo Clauses(LMA/IUA)', 'Institute War Clauses and/or Institute Strikes Clauses(LMA/IUA)'로 개정하였다. 또한 보험에 관한 정보제공의무를 명확하게 하기 위하여 당사자가 보험계약 체결의무를 부담하지 않는 경우, 상대방에게 보험계약(경우에 따라 추가보험계약) 체결을 위한 정보제공의무를 각 정형거래조건의 [A3/B3]에 규정하였다. 이것은 이전의 [A10/B10]에 규정된 일반적인 정보제공의무(협력의무) 중 보험부분을 이동하여 문구를 조정한 것이다.

4) 보안관련 통관과 정보

국제물류상의 보안문제로 통관 및 보안에 대한 국제적인 규제가 심화되어 'Incoterms® 2010'에서는 각 정형거래조건의 [A2/B2]에 통관의무의 내용으로 보안(security) 사항을 신설하고, [A10/B10]에 상대방에게 통관에 필요한 보안정보의 제공 및 취득에 관한 협조제공의무를 규정하였다.

5) Terminal Handling Charge

매도인이 약정된 물품의 도착지까지 운송계약을 체결하는 조건의 경우, 매수인은 운임이 포함된 물품대금을 지급함으로 별도의 운임을 지급할 필요가 없으며, 운임에 항구 및 컨테이너 터미널 내의 화물 처리와 이동에 따른 비용이 포함된 것으로 생각하는 것이 일반적이다. 그러나 운송실무에서는 매수인의 이러한 생각과는 달리 운송인과 터미널 운영자가 물품을 수령하는 매수인에게 터미널취급수수료(terminal handling charge; THC)를 부담시키고 있다. 매수인의 생각과 운송실무의 현실 간의 불일치 즉, 매수인이 동일한 서비스에 대하여 물품가격의 일부로서 그 비용을 매도인에게 지급하고, 또한 운송인 또는 터미널 운영자에게 별도로 지급함으로서 중복지급이라는 불합리성이 분쟁의 소지가 있으므로 'Incoterms® 2010'에서는 [A6/B6]에 'THC비용'을 기본운임 지급자의 부담으로 규정하였다.

6) 연속매매

곡물, 광물 등의 원자재(commodity)는 제조품(manufactured goods)과는 달리 해상운송 중 수차에 걸쳐 전매(轉賣)되는 경우가 빈번하다. 연속매매(string sales)의 경우, 중간에 있는 전매인(專賣人)인 매도인은 물품을 자신의 매수인이나 운송인에게 현실적으로 인도하는 것이 관념적으로 불가능하고 통상적으로 첫 번째 매도인에 의해 선적된 물품을 조달하여 자신의 의무를 이행하게 된다. 'Incoterms ®2010'에서는 연속매매의 이러한 현실을 반영하여 'FAS', 'FOB', 'CFR', 'CIF' 조건의 경우 [A4]에 'deliver the goods ..... by .... procuring the goods so delivered…'라는 문구를 추가하여, 매도인이 인도의무의 이행을 위한 선적의무 대신에 기 선적(인도)된 물품의 제공으로 자신의 인도의무를 이행할 수 있도록 하였다.

2. 위험부담과 비용부담의 분기점

매매계약의 당사자들은 계약체결 시점에 물품의 인도장소와 위험과 비용의 이전시기, 장소 및 부담자를 약정하며, 그에 따라 매매가격이 결정됨으로 정형거래조건은 가격조건(term of price)의 성격을 갖는다.

위험의 이전(transfer of risk)이란 물품의 멸실 또는 손상(loss of or damage to the goods)에 대한 위험부담의 변경 즉, 어느 시점, 어느 장소에서 위험이 매도인으로부터 매수인에게 이전되는가를 의미한다. 정형거래조건은 물품이 멸실 또는 손상되었을 때 손해배상의무가 누구에게 귀속되는가를 규정하고 있으며, 물품의 인도장소가 매매당사자의 위험부담의 분기점이 된다.

비용의 이전(transfer of cost)이란 물품의 생산지에서 최종목적지까지 발생하는 여러 가지 비용 중 어떤 비용을 어느 시점, 어느 장소까지 매도인이 부담하고 그 이후의 비용을 매수인이 부담한다는 것을 말한다. 정형거래조건은 매도인이 판매가격을 견적할 때 포함해야 할 무역거래에 수반되는 여러 가지 비용요소의 범위를 일괄하여 규정하고 있다.

1) 무역거래의 비용요소

① 생산원가와 기대이윤(expected profit)

② 포장비

정형거래조건은 포장을 운송용 포장과 인도용 포장으로 규정하고 있으며, 운송용 포장은 매수인과 매도인이 운송계약을 체결하는 경우로 구분하고 있다.

매수인이 운송계약을 체결하는 조건의 경우, 무포장 상태로 인수할 수 없는 경우에 한하여 매도인이 운송용 포장을 하여야 한다.[7] 매도인의 포장 방법과 내용은 계약체결 이전에 매수인으로부터 인지한 범위로 한정된다. 실무적으로 매매계약의 협상과정에서 매도인은 매수인으로부터 운송방법, 항로, 목적지 등 운송용 포장에 관한 정보를 입수하게 됨으로 매수인은 만족한 포장을 위하여 매도인에게 운송에 관한 충분한 정보를 제공하여야 한다.

매도인이 운송계약을 체결하는 조건의 경우, 매도인은 자신이 마련하

7) 산화물은 무포장 상태로 인도가 가능하다.

는 운송방식, 항로, 목적지 등에 적합한 운송용 포장을 하여야 한다. 매도인이 목적지에서 물품을 인도하는 조건의 경우, 포장의 용도가 운송에 있는 것이 아니라 인도에 있으므로 인도에 적합한 인도용 포장을 하여야 한다.

③ 물품점검비용과 검사비용

물품점검비용(costs of checking operation)이란 매도인이 물품을 매수인의 임의처분상태로 두기 위하여 필요한 품질, 수량, 용적, 중량, 개수 등의 검사 즉, 계약물품과 일치하는 물품을 인도하기 위하여 필요한 검사에 소요되는 비용을 말하며 당연히 매도인이 그 비용을 부담하여야 한다.

수출과 관련된 검사는 위장수출 및 불법수출의 방지에 목적을 둔 관세법에 의한 검사, 수출품의 품질 및 대외성가 유지에 목적을 둔 수출검사법상의 검사 등과 같이 수출국 정부에 의한 제도상의 검사와 당사자 간의 합의나 협정에 의하여 상품의 품질, 성능, 규격 등에 관한 계약상의 검사가 있다. 이러한 검사들은 모두 선적 전에 실시됨으로 선적 전 검사(pre-shipment inspection; PSI)라고 한다. 제도상의 검사는 수출절차의 일부이므로 수출통관의무자가 검사비용(costs of inspection)을 부담하고, 계약상의 검사는 매수인 자신의 이해관계에 관련된 검사로서 그의 요청에 의하여 매도인이 특정기관에 의뢰하여 실시하는 검사이므로 매수인이 그 비용을 부담하여야 한다.

④ 수출승인서(export license; E/L) 및 수출관련 기타의 정부승인 취득에 소요되는 행정비용

⑤ 물품의 출하지에서 수출국내의 선적항이나 지정인도지점 또는 적출지점까지의 내륙운송비(inland freight)

⑥ 선적항의 항구세(port dues), 부두사용료(wharfage charges), 창고료(storage or go-down rent) 등 항구비용

⑦ 수출관세와 기타 제세공과금, 수출통관비용 등 수출국 세관절차비용

⑧ 적입비용(loading charges): 선측에서 선박까지의 적하비용

⑨ 적부비용(stowage charges): 선창내의 적입비

⑩ 해상운임 및 목적항 또는 최종목적지까지의 수송비

⑪ 해상적하보험료 또는 운송보험료

⑫ 목적항의 양륙비(unloading charges)와 여러 가지 항구비용

⑬ 수입관세와 기타 제세공과금, 수입통관비용 등 수입국 세관절차비용

⑭ 수입승인서(import license; I/L) 및 수입관련 기타의 정부승인 취득에 소요되는 행정비용

⑮ 각종 선적서류(shipping documents) 조달비용, 수수료(commission), 이자, 외환비용, 통신비용, 기타 영업비용과 잡비(petties)

3. 매도인의 제공서류

각 정형거래조건은 무역거래에 있어서 선적서류의 중요성을 고려하여 매도인이 매수인에게 제공해야 할 서류의 종류와 적격요건을 규정하고 있다.

1) 필수적 서류

필수적 서류(required documents)란 기본적 서류라고도 하며, 매수인의 요청이 없더라도 매도인이 자신의 위험과 비용 부담으로 당연히 조달하여 제공해야 하는 서류로서 인도물품이 매매계약 물품과 일치한다는 일치증명서류를 말하며 상업송장 및 매매계약서에서 요구하는 포장명세서, 수량증명서, 품질증명서 등이 해당되며 이들은 상응하는 전자통신문으로도 가능하다. 일치증명서류의 제공목적은 매도인의 인도의무를 객관적으로 유효화 시켜 물품의 원만한 인도와 인수가 이루어지도록 하는데 있다.

2) 임의적 서류

임의적 서류(optional documents)란 선택적 서류라고도 하며, 매수인의 요청이 있는 경우에 한하여 그의 위험과 비용 부담으로 매도인이 제공해야 하는 서류로서 수출국 또는 원산국에서 발급되어 수출국이나 제3국 통과에 필요한 수출면장, 영사송장, 보세운송서류, 원산지증명서 등이 해당되며 이들은 상응하는 전자통신문으로도 가능하다. 임의적 서류의 제공은 매도인의 매매계약상의 본질적인 의무가 아니고 상도의상의

의무이며, 서류조달에 협조함으로써 매수인의 상거래 행위를 촉진시키고 국제무역의 원활을 도모하는데 그 목적이 있다.

4. 당사자의 기타의무

① 운송계약체결과 선적통지
② 선적(인도)일과 구체적 선적(인도)지점의 결정 및 통지
③ 부보의무 부담자
④ 상기 의무들을 위반한 경우 상대방이 취할 수 있는 조치에 관한 권리 및 의무위반자가 부담해야 할 추가의무

5. 서문 및 개별조건의 지침서

정형거래조건의 서문(introduction)과 지침서(guidance note)는 정형거래조건의 사용자들이 그들의 특정거래를 위한 적합한 정형거래조건을 보다 정확하게 선택하고 효율적으로 사용하도록 보조하기 위한 것이며 'Incoterms® 2010'의 실제적인 한 부분을 구성하지는 않는다.

서문은 'Incoterms® 2010'의 사용방법, 개정의 주요 특징 및 사용자 편의를 위한 관련 용어의 정의를 설명하고 있다. 지침서는 각 정형거래조건이 어떤 경우에 사용되는지, 위험의 이전시기 및 비용의 부담분배 즉, 개별 정형거래조건의 기본을 설명하고 있다.

6. 관련 용어의 정의

1) 운송인

운송인(carrier)은 운송계약의 당사자로서 운송의무의 부담자를 말한다. 운송주선업자(freight forwarder)도 송하인과 운송계약을 체결하고 운송을 인수하는 경우 운송인이 될 수 있으며, 이 경우 운송주선업자는 자신의 운송서류를 발행하고 선사 등 실제운송인을 이용하여 자신의 운송의무

를 이행한다.

2) 통관

통관(customs formalities)은 관련 세관규정을 준수하는 요건으로서 서류 구비 의무나 보안에 관한 의무, 신고·고지 의무, 실물검사 의무 등을 포함한다.

3) 인도

인도(delivery)는 거래법과 실무에서 많은 의미를 갖지만, 'Incoterms® 2010'에서는 물품의 멸실 또는 손상의 위험이 매도인으로부터 매수인에게 이전되는 시점을 표시하기 위한 목적으로 사용된다.

4) 인도서류

인도서류(delivery document)는 매도인의 의무 'A8'의 제목으로 사용되고 있으며, 인도가 이루어진 사실을 증명하는 용도의 서류를 의미한다. 'Incoterms® 2010'의 여러 조건에서 인도서류는 운송서류나 그에 상응하는 전자적 기록물을 의미하나, 'EXW', 'FCA', 'FAS', 'FOB' 조건의 경우에는 단순한 영수증 또는 지급수단의 일부기능을 수행하기도 한다.

5) 전자적 기록 또는 절차

전자적 기록 또는 절차(electronic record or procedure)는 하나 또는 그 이상의 전자메시지로 이루어지고, 경우에 따라 종이서류와 상응하는 기능을 하는 일체의 정보를 말한다.

6) 포장

포장(packaging)은 ① 매매계약의 일정한 조건을 준수하기 위하여 물품을 포장하는 것, ② 물품이 운송에 적합하도록 포장하는 것, ③ 포장된 물품을 컨테이너 또는 기타 운송수단에 적입하는 것과 같이 다양한 목적으로 사용된다. 'Incoterms® 2010'에서 포장은 ①번과 ②번을 의미하고 컨테이너에 적입할 당사자의 의무를 의미하지 않으므로 필요한 경우에는 이러한 의무를 당사자들이 매매계약에 명시하여야 한다.

7. 정형거래조건의 종류

'Incoterms® 2010'에서는 정형거래조건을 운송방식불문조건과 선박운송전용조건으로 구성되어 있다.

표 7-1 Incoterms® 2010

제1그룹(운송방식불문조건) (Rules for Any Mode or Modes of Transport)		제2그룹(선박운송전용조건) (Rules for Sea and Inland Waterway Transport)	
EXW	Ex Works	**FAS**	Free Alongside Ship
FCA	Free Carrier	**FOB**	Free On Board
CPT	Carriage Paid To	**CFR**	Cost and Freight
CIP	Carriage and Insurance Paid to	**CIF**	Cost Insurance and Freight
DAT	Delivered At Terminal		
DAP	Delivered At Place		
DDP	Delivered Duty Paid		

1) 운송방식불문조건

'Rules for Any Mode or Modes of Transport'은 단일 또는 복수의 모든 운송방식에 사용 가능한 규칙으로 해석할 수 있지만, 운송방식과 무관하거나 하나 이상의 운송방식을 사용하는 경우와 해상운송방식이 전혀 사용되지 않는 경우에도 사용할 수 있으며, 선박이 운송의 일부로서 사용되는 경우에도 사용할 수 있으므로 운송방식불문조건으로 해석하는 것이 보다 그 의미에 부합한다. 운송방식불문조건은 3가지 형태로 분류할 수 있다.

(1) 목적지인도조건과 도착터미널인도조건

목적지인도조건(Delivered At Place .... named place of destination; DAP)

과 도착터미널인도조건(Delivered At Terminal .... named terminal at port or place of destination; DAT)은 'Incoterms® 2010'에서 신설된 조건이다. 'DAP'는 이전의 'DES(착선인도조건: Delivered Ex Ship)', 'DAF(국경인도조건: Delivered at Frontier)', 'DDU(관세미지급인도: Delivered Duty Unpaid)'를 통합한 것이며, 운송수단에 적재되어 양하준비가 완료된 상태로 인도하는 조건이다. 'DAT'는 이전의 'DEQ(지정목적항 부두인도조건: Delivered Ex Quay; DEQ)'를 변환한 것이며. 매도인이 운송수단으로부터 물품을 양하하여 인도하는 조건이다.

(2) 복합운송조건

운송인인도조건(Free Carrier .... named place of delivery; FCA), 운송비지급인도조건(Carriage Paid To .... named place of destination; CPT) 및 운송비·보험료 지급인도조건(Carriage and Insurance Paid To .... named place of destination; CIP)은 복합운송조건에 해당되며 위험의 이전시기가 운송인에게 인도되는 시점이라는 점에서 모두 동일하다.

(3) 매도인 또는 매수인의 최소(대)의무 부담조건

수출입통관의무를 공장인도조건(Ex Works .... named place of delivery; EXW)에서는 매수인이 부담하고, 관세지급인도조건(Delivered Duty Paid .... named place of destination; DDP)에서는 매도인이 부담한다.

2) 선박운송전용조건

'Rules for Sea and Inland Waterway Transport'는 해상 및 내수로 운송을 위한 규칙으로 해석할 수 있지만 선박운송전용조건으로 해석하는 것이 보다 그 의미에 부합한다. 동 조건은 물품이 운송되어 매수인에게 인도되는 지점과 장소가 모두 항구인 해상과 내수로 운송에 사용 가능하며, 해상위험의 이전시기를 기준으로 본선인도조건과 선측인도조건으로 구분할 수 있다. 물품이 본선에서 인도되는 조건은 위험의 분기점이 본선의 갑판(on board)이며 본선인도조건(Free On Board .... named port of shipment; FOB), 운임포함인도조건(Cost and Freight .... named port of destination; CFR) 및 운임·보험료포함인도조건(Cost Insurance and Freight .... named port of destination; CIF)'이 해당되며, 물품이 선측에서 인도되는 조건은 선측인도조건(Free Alongside Ship .... named port of shipment; FAS)이 있으며 주로 선적비용이 많이 드는 물품거래에 사용된다.

8. 개별조건의 당사자 의무

표 7-2 Incoterms® 2010

	매도인의 의무		매수인의 의무
A1	General obligations of the seller (매도인의 일반 의무)	B1	General obligations of the buyer (매수인의 일반 의무)
A2	Licences, authorizations, security clearances and other formalities (허가, 인가, 보안통관 기타 절차)	B2	Licences, authorizations, security clearances and other formalities (허가, 인가, 보안통관, 기타 절차)
A3	Contracts of carriage and insurance (운송 및 보험계약)	B3	Contracts of carriage and insurance (운송 및 보험계약)
A4	Delivery(인도)	B4	Taking delivery(인도의 수령)
A5	Transfer of risks(위험의 이전)	B5	Transfer of risks(위험의 이전)
A6	Allocation of costs(비용의 분담)	B6	Allocation of costs(비용의 분담)
A7	Notices to the buyer (매수인에 대한 통지)	B7	Notices to the seller (매도인에 대한 통지)
A8	Delivery document(인도서류)	B8	Proof of delivery(인도의 증거)
A9	Checking-packaging-marking (검사, 포장, 화인)	B9	Inspection of goods (물품의 검사)
A10	Assistance with information and related costs (정보에 관한 협조 및 관련 비용)	B10	Assistance with information and related costs (정보에 관한 협조 및 관련 비용)

제 4 절 Incoterms® 2010의 당사자 간의 법률

1. 공장인도조건 (Ex Works .... named place of delivery; EXW)

① 'EXW' 뒤에 출하지의 지정인도장소가 표시되며, 지정인도장소는 일반적으로 매도인의 구내가 된다.

② 매도인이 그의 영업장(작업장, 공장, 창고 등) 내의 당사자들에 의해 지정된 장소에서 지정기간 내에 현물을 매수인의 임의처분하에 두었을 때 인도가 완료되며, 그 시점까지의 위험과 비용을 매도인이 부담한다.

③ 지정된 장소 내의 지점까지 매도인이 비용과 위험을 부담하므로 당사자들은 지정장소 내의 지점을 명확히 하여야 한다. 지정된 인도장소에서 합의된 명료한 지점이 있는 경우, 매수인이 그 지점으로부터 목적지까지 물품 관련 모든 비용과 위험을 부담하여야 한다.

④ 매도인은 매수인의 수취용 운송수단(차량)에 물품을 적재해야 할 의무가 없다. 비록 매도인이 적재하는 것이 유리한 경우라도 적재의무가 없으며, 물품을 적재한다 하더라도 매수인의 위험과 비용 부담으로 하는 것이다. 매도인의 적재가 유리한 경우라면 매도인이 자신의 위험과 비용으로 물품적재의무를 부담하는 운송인인도조건(Free Carrier .... named place of delivery; FCA)을 채택하여야 한다.

⑤ 수출통관의무가 매수인에게 있다. 매도인은 단지 매수인의 요청에 따라 그의 수출을 위하여 단지 협조할 의무만 있고 수출통관을 주도할 의무가 없다. 매수인이 직접 또는 간접적으로 수출통관을 수행할 수 없는 경우에는 동 조건을 사용하지 말아야 한다.

⑥ 매수인은 물품의 수출에 관한 정보를 매도인에게 제공할 한정적 의무를 부담한다. 그러나 매도인은 예컨대, 과세 또는 보고의 목적으로 그러한 정보가 필요할 수 있다.

⑦ 매도인의 의무가 가장 가벼운 조건이며 통상적으로 국내거래에 적합하고 국제거래에서는 'FCA'가 보다 적합하다.

2. 운송인인도조건 (Free Carrier .... named place of delivery; FCA)

① 'FCA' 뒤에 지정인도장소로서 매도인의 구내 또는 기타 장소가 표시된다. 매도인의 구내에서 물품을 인도하는 경우에는 지정인도장소로서 매도인의 영업장 주소를 표시하고, 기타의 장소에서 인도하는 경우에는 그러한 특정 인도장소를 표시한다.

② 매도인은 자신의 구내(seller's premises) 또는 기타의 지정장소에서 약정기간 내에 매수인이 지명한 운송인 또는 기타의 당사자에게 수출통관을 필한 계약물품을 인도함으로써 인도의무가 완료된다.

③ 지정인도장소 내의 지점에서 위험이 매수인에게 이전되므로 당사자들은 지정인도장소 내의 지점을 가급적 명확히 하여야 한다.

④ 지정인도장소가 매도인의 구내인 경우에는 물품이 매수인의 운송수단에 적재되는 시점, 기타의 지정장소인 경우에는 물품이 매도인의 운송수단에 적재되어 하차 준비가 완료된 상태로 매수인이 지정한 운송인이나 제3자의 처분 하에 둔 시점에 인도가 완료된다.

⑤ 지정장소 내의 인도지점에 관한 매수인의 통지가 없고, 인도가능한 지점이 여러 곳이라면 매도인은 인도장소에서 자신의 목적에 가장 적합한 인도지점을 선택할 수 있다.

⑥ 매도인은 인도완료시점까지 위험과 비용을 부담하고, 수출 관련 제세, 제세공과금 및 기타의 통관관련 비용을 부담하여야 한다.

⑦ 매수인은 물품인도완료 후의 모든 위험과 비용을 부담하고 운송계약을 체결하여야 한다. 그러나 매수인의 요청이 있는 경우 또는 상관습이 있고 또한 매수인이 적기에 반대의 지시를 하지 않는 경우, 매도인은 매수인의 위험과 비용으로 통상적인 조건으로 운송계약을 체결할 수 있다. 다만, 매도인은 이러한 운송계약의 체결을 거절할 수 있으며, 그

러한 경우 그 사실을 신속하게 매수인에게 통지하여야 한다. 이것은 매수인의 명시적인 요청 또는 상관습에 의거한 묵시적 요청이 있고 또한 매도인이 그 요청을 인수할 의사가 있다면 매도인이 운송계약을 체결하지만 반드시 체결해야 할 의무는 없다는 것을 의미한다.

⑧ 컨테이너 운송의 경우, 'Incoterms® 2010'이 컨테이너 적부비용부담자를 규정하고 있지 않으므로 부담자를 약정하여야 한다.

3. 운송비지급인도조건

(Carriage Paid To .... named place of destination; CPT)

① 'CPT' 뒤에 지정목적지를 표시하며, 운송인인도조건(Free Carrier .... named place of delivery; FCA)에 지정목적지까지의 운송비(carriage)를 추가한 조건이다.

② 매도인은 당사자 간의 합의된 장소에서 자신이 지정한 운송인 또는 기타의 당사자에게 수출통관을 필한 약정물품을 인도하여야 한다. 동 조건은 운송비·보험료 지급인도조건(Carriage and Insurance Paid To .... named place of destination; CIP), 운임포함인도조건(Cost and Freight .... named port of destination; CFR), 운임·보험료포함인도조건(Cost Insurance and Freight ....named port of destination; CIF)과 유사하게 매도인은 물품이 목적지에 도착한 시점이 아니라 운송인에게 인도되는 시점에 자신의 인도의무를 완료하게 된다.

③ 매도인은 비용의 분기점인 목적지 내의 인도지점까지 물품운송을 위한 통상의 운송경로와 관습적인 방법에 의한 운송계약을 체결하고 운송비를 지급하여야 한다.

④ 위험이전과 비용부담의 분기점이 다르다. 위험은 인도장소에서 이전되나, 합의된 목적지 내의 인도지점까지의 모든 비용을 매도인이 부담하므로 인도장소와 합의된 목적지 내의 인도지점을 명확히 하여야 한다. 합의된 목적지까지의 운송에 복수의 운송인이 참여하고 특정한 인도지점에 관한 당사자 간의 합의가 없는 경우, 물품의 위험은 매수인이

아니라 매도인이 전적으로 선택하는 장소에서 물품이 최초의 운송인에게 인도되는 시점에 이전된다. 그 후의 어느 단계(예컨대, 항구 또는 공항)에서 위험이 이전되기를 원한다면, 이를 명확히 하여야 한다.

매도인은 그의 운송계약에 따라 지정목적지에서 양하와 관련한 비용을 지출한 경우, 합의된 바가 없다면 그 비용을 매수인에게 구상할 수 없다.

⑤ 매수인은 물품이 운송인에게 인도된 이후의 모든 위험을 부담하고 지정목적지까지의 운송비를 제외한 모든 비용을 부담하여야 한다.

4. 운송비·보험료 지급인도조건 (Carriage and Insurance Paid To .... named place of destination; CIP)

① 'CIP' 뒤에 지정목적지를 표시하며, 운송비지급인도조건(Carriage Paid To .... named place of destination; CPT)에 적하보험의 체결 및 보험료 지급의무를 매도인에게 추가한 조건이며 운임·보험료포함인도조건(Cost Insurance and Freight .... named port of destination; CIF)을 기초로 만들어졌다.

② 매도인은 'CPT'와 같이 당사자 간의 합의된 장소에서 자신이 지정한 운송인 또는 기타의 당사자에게 수출통관을 필한 약정물품을 인도하여야 한다.

④ 매도인은 지정된 목적지까지의 물품운송을 위한 통상의 운송경로와 관습적인 방법에 의한 운송계약을 체결하고 운송비를 지급하여야 한다.

⑤ 'CPT'와 같이 위험이전과 비용부담의 분기점이 다르다. 위험은 인도장소에서 이전되나 합의된 목적지 내의 인도지점까지의 모든 비용을 매도인이 부담하므로 인도장소와 합의된 목적지 내의 인도지점을 명확히 하여야 한다. 합의된 목적지까지의 운송에 복수의 운송인이 참여하고 특정한 인도지점에 관한 당사자 간의 합의가 없는 경우, 물품의 위험은 매수인이 아니라 매도인이 전적으로 선택하는 장소에서 물품이 최

초의 운송인에게 인도되는 시점에 이전된다. 그 후의 어느 단계(예컨대, 항구 또는 공항)에서 위험이 이전되기를 원한다면 이를 명확히 하여야 한다. 매도인은 그의 운송계약에 따라 지정목적지에서 양하와 관련된 비용을 지출한 경우, 합의된 바가 없다면 그 비용을 매수인에게 구상할 수 없다.

⑥ 'CPT'와 달리 매도인은 운송 중 물품의 멸실 또는 손상에 대한 매수인의 위험을 담보하는 보험계약을 신망있는 보험자와 체결하고 보험료를 지급하여야 한다. 또한 관습적이거나 매수인의 요청이 있는 경우에는 매도인은 자신의 비용으로 매수인에게 통상의 운송서류와 보험증권 또는 기타 부보증명서를 제공하여야 한다.

⑦ 매도인은 협회적하약관 'C'조건 또는 이와 유사한 약관상의 최소담보조건으로 부보하여야 한다. 보다 넓은 보험의 보호를 원한다면 매수인은 매도인과 명시적인 합의를 하거나 스스로 자신이 추가보험을 들어야 한다. 보험기간은 물품의 출하지에서 운송인에게 인도한 시점부터 적어도 지정목적지까지 되어야 하며, 보험금액은 계약가격의 110%가 되어야 한다.

⑧ 매수인은 물품이 운송인에게 인도된 이후의 모든 위험을 부담하고 지정목적지까지의 운송비와 적하보험료를 제외한 모든 비용을 부담하여야 한다.

5. 도착터미널인도조건
(Delivered At Terminal .... named terminal at port or place of destination; DAT)

① 'DAT' 뒤에 목적항 또는 목적지의 지정터미널을 표시하고, 운송수단과 상관없이 사용할 수 있으며 하나 이상의 운송수단이 적용될 때에도 사용가능하다.

② 매도인이 도착하는 운송수단으로부터 일단 양하한 물품을 지정목적항 또는 지정목적지에 있는 지정터미널에서 수입통관을 필하지 않고 매수인의 임의처분상태로 인도하는 조건이다. 터미널은 부두, 창고, 'CY'

또는 도로, 철로 또는 항공화물터미널을 포함하며, 지붕의 유무를 불문한다.

③ 매도인은 자신의 비용으로 합의된 목적항 또는 목적지까지의 물품 운송을 위한 운송계약을 체결하고, 합의된 목적항 또는 목적지에 있는 터미널까지 운송하여 양하하는데 따른 모든 위험을 부담하여야 한다. 당사자들은 매도인이 위험을 부담해야 하는 합의된 목적항 또는 목적지 또는 경우에 따라 터미널 내의 특정지점을 명확히 하여야 한다. 특정터미널이 합의되지 않았거나 관습에 의해 결정되고 있지 않는 경우, 매도인은 합의된 목적항 또는 목적지에서 자신의 목적에 가장 적합한 터미널을 선택할 수 있다.

④ 당사자들이 터미널에서 다른 장소로의 물품 운송과 처리에 대한 위험과 비용을 매도인이 부담하는 것을 원한다면 목적지인도조건(Delivered At Place .... named place of destination; DAP) 또는 관세지급인도조건(Delivered Duty Paid .... named place of destination; DDP)를 사용하여야 한다.

⑤ 매도인은 수출통관 의무는 있지만, 수입통관 및 수입관세 부담의무는 없다.

⑥ 매수인은 물품이 합의된 터미널에서 인도된 이후의 모든 위험과 비용을 부담한다.

6. 목적지인도조건

(Delivered At Place .... named place of destination; DAP)

① 'DAP' 뒤에 지정목적지를 표시하며, 운송수단과 상관없이 사용할 수 있으며 하나 이상의 운송수단이 적용될 때에도 사용가능하다.

② 매도인이 지정목적지에서 수입통관을 필하지 않은 약정물품을 도착한 운송수단으로부터 양하 준비가 완료된 상태로 매수인의 임의처분 상태에 두었을 때 인도가 완료된다.

③ 매도인은 자신의 비용으로 지정목적지나 그 지정목적지 내에 합의

된 지점이 있는 경우, 그 지점까지 물품운송을 위한 운송계약을 체결하여야 한다. 특정 지점이 합의되지 않았거나 관습에 의하여 결정되어 있지 않는 경우, 매도인은 자신의 목적에 가장 적합한 지점을 선택할 수 있다. 매도인이 그의 운송계약에 따라 목적지에서 양하에 관한 비용을 지출한 경우, 당사자 간의 별도 합의가 없다면 매수인에게 그 비용을 구상할 수 없다.

④ 매도인이 지정목적지까지의 모든 위험을 부담하므로 당사자들은 그 지점을 명확히 하여야 한다.

⑤ 매도인은 매수인에 대한 보험계약 체결의무가 없으며, 매수인의 요청이 있다면 매도인은 자신의 위험과 비용으로 매수인의 보험취득에 필요한 정보를 제공하여야 한다.

⑥ 매수인은 지정목적지에서 물품이 자신의 임의처분상태로 된 이후의 모든 위험과 비용을 부담한다.

⑦ 수입통관은 매수인이 부담하나, 당사자들이 수입통관을 매도인이 부담하기를 원한다면 관세지급인도조건(Delivered Duty Paid .... named place of destination; DDP)을 사용하여야 한다.

⑧ 'DAP'와 'DAT'의 차이는 인도조건이다. 'DAP'의 경우, 매도인은 지정장소에서 도착한 운송수단으로부터 양하 준비가 완료된 상태로 약정상품을 매수인의 임의처분상태로 인도하며 운송수단은 선박이 될 수도 있고, 지정목적지는 항구가 될 수도 있다. 'DAT'의 경우, 지정터미널에서 물품이 일단 선박이나 기타의 운송수단으로부터 양하된 후 매수인의 임의처분상태로 인도되며, 지정터미널은 항구에 있을 수도 있다. 매도인이 지정터미널까지 운송하여 양하할 때까지의 모든 위험을 부담한다.

7. 관세지급인도조건

(Delivered Duty Paid .... named place of destination; DDP)

① 'DDP' 뒤에 지정목적지를 표시한다.

② 수출통관을 필한 약정물품을 지정목적지에서 도착운송수단에 적재되어 양하 준비가 완료된 상태로 매수인의 임의처분상태에 두었을 때

매도인의 인도의무가 완료된다.

③ 매도인은 물품이 지정목적지에 도착할 때까지 수입관세를 포함하여 인도 시까지의 모든 위험과 비용을 부담한다. 매도인이 합의된 목적지 내의 지점까지 위험과 비용을 부담하므로 당사자들은 그 지점을 명확히 하여야 한다.

④ 매도인은 운송계약을 체결하여야 하며, 목적지에서 양하에 관한 비용을 지출한 경우 당사자 간의 별도 합의가 없다면 그 비용을 매수인에게 구상할 수 없다.

⑤ 'EXW'가 매도인의 최소의무부담조건이라면 'DDP'는 최대의무부담조건이다.

⑥ 매도인은 물품의 수출입통관 의무, 수출입관세 및 수입 관련 부가가치세 및 제세를 부담하여야 한다.

⑦ 매수인은 지정목적지에 물품이 자신의 임의처분상태로 두어진 이후의 모든 위험과 비용을 부담하여야 한다.

⑧ 수입통관의무가 매도인에게 있으므로 그가 직접 또는 간접적으로 수입통관의무를 수행할 수 없는 경우에는 동 조건을 사용하지 말아야 하며, 수입통관의무를 매수인이 부담하기를 원한다면 'DAP'를 사용하여야 한다.

8. 선측인도조건
(Free Alongside Ship .... named port of shipment; FAS)

① 'FAS' 뒤에 지정선적항이 표시하며, 지정선적항에서 수출통관을 필한 약정물품을 매수인이 지정한 본선의 선측(예컨대, 부두 혹은 바지선)에서 인도하거나 또는 선적을 위해 이미 그렇게 인도된 물품을 조달(procure)하는 조건이다.

② 물품의 멸실 또는 손상의 위험이 물품이 선측에 인도된 시점에 이전하며 매수인은 그 시점 이후의 모든 비용을 부담한다.

③ 매도인은 합의된 기일 또는 기간 내에 그 항구의 관습적인 방법으로 물품을 인도하여야 한다.

④ 지정선적항 내의 적재지점까지의 비용과 위험을 매도인이 부담하고 또한 그러한 비용 및 관련 화물취급비용이 항구의 관행에 따라 다양하므로 적재지점을 명확히 하여야 한다.

⑤ 매수인이 특정 적재지점을 통지하지 않는 경우, 매도인은 지정선적항 내에서 자신의 목적에 가장 적합한 지점을 선택할 수 있다.

⑥ 매수인은 선박을 수배하고 선박명, 선적장소 및 선적시기를 매도인에게 통지하여야 하며, 지정선적항의 본선 선측에서 유효하게 인도된 시점으로부터 선적비용을 포함하여 그 물품에 관한 모든 위험과 비용을 부담하여야 한다.

⑦ 물품이 컨테이너에 적입되는 경우, 일반적이므로 매도인이 물품을 본선의 선측이 아니라 터미널에서 운송인에게 인도하므로 'FAS'가 적합하지 않으며 'FCA'를 사용하여야 한다.

9. 본선인도조건
(Free On Board ……. named port of shipment; FOB)

① 'FOB' 뒤에 지정선적항이 표시하며, 매도인이 수출통관을 필한 약정물품을 지정선적항에서 매수인이 지정한 본선 상에 적재하여 인도하거나 또는 이미 선적을 위하여 그렇게 인도된 물품을 조달(procure)하는 조건이다. 매도인의 인도의무의 일부인 조달(procure)은 1차 상품거래(commodity trade)에서 보편적인 복수의 연속매매(string sales)를 반영한 것이다.

② 물품의 멸실 또는 손상의 위험이 물품이 본선 상에 인도된 시점에 매수인에게 이전되며, 매수인은 그러한 시점 이후의 모든 비용을 부담한다.

③ 매수인이 지정선적항 내의 특정 선적지점을 통지하지 않는 경우, 매도인은 지정선적항 내에서 그의 목적에 가장 적합한 지점을 선택할 수 있다.

④ 매도인은 합의된 기일 또는 기간 내에 지정선적항에서 그 항구의 관습적인 방법으로 물품을 인도하여야 한다.

⑤ 당사자 간에 일정한 기간 내에 인도하도록 합의한 경우, 매수인은 그 기간 내의 어느 일자를 선택하여 물품을 인도할 수 있다.

⑥ 매도인은 인도시점까지 물품의 멸실 또는 손상의 모든 위험을 부담하지만, 매수인이 선박지정 통지의무를 위반한 경우, 매도인이 인도의무를 준수할 수 없도록 지정선박이 정시에 도착하지 않는 경우 또는 매수인이 통지한 인도시기보다 선박이 조기에 선적을 마감하는 경우에는 그러하지 아니한다.

⑦ 터미널에서 인도되는 컨테이너화물과 같이 물품이 본선에 적재되기 이전에 운송인에게 인도되는 경우, 'FOB'가 적절하지 않으므로 'FCA'를 사용하여야 한다.

⑧ 인도장소가 'FOB'는 본선상, 'FAS'는 본선의 선측이라는 점에서 두 조건이 다르다.

⑨ 발행되는 선하증권은 선적선하증권(on board B/L)이어야 한다.

10. 운임포함인도조건 (Cost and Freight .... named port of destination; CFR)

① 'CFR' 뒤에 지정목적항을 표시하며, 선적 시까지의 상품 원가(cost)에 지정목적항까지의 해상운임(freight)을 포함하는 조건이다.

② 매도인은 수출통관을 필한 약정물품을 본선에 적재하여 인도하거나 이미 그렇게 인도된 물품을 조달(procure)함으로써 자신의 인도의무가 완료된다. 즉, 'CPT'와 'CIP'와 마찬가지로 물품이 목적지에 도착한 시점이 아니라 운송인에게 인도된 시점에 매도인의 인도의무가 완료된다.

③ 물품의 멸실 또는 손상의 위험이 본선에 적재된 때에 이전한다. 즉, 'CPT'와 'CIP'와 마찬가지로 위험과 비용이 서로 상이한 장소에서 이전됨으로 2개의 분기점을 갖는다.

④ 매도인은 약정물품을 통상적인 유형의 선박에, 통상의 항로 및 통상의 조건으로 지정 목적항까지의 해상운송계약을 체결하고 운임을 부담하여야 하며, 자신의 운송계약에 따라 목적항 내의 특정지점에서 양

하 비용을 부담한 경우 당사자 간의 별도 합의가 없다면 그 비용을 매수인에게 구상할 수 없다. 매도인은 통상의 운송서류를 지체 없이 매수인에게 제공하여야 한다.

⑤ 'CFR' 뒤에 지정목적항을 표시하지만 위험은 선적항에서 매수인에게 이전한다. 목적항이 표시되더라도 목적항 내의 특정 지점까지 매도인이 비용을 부담하므로 당사자들은 합의된 목적항 내의 특정 지점을 명확히 하여야 한다.

⑥ 매수인은 물품이 본선에 인도된 이후의 모든 위험과 해상운임을 제외한 모든 추가비용을 부담하여야 한다.

⑦ 터미널에서 인도되는 컨테이너화물과 같이 물품이 본선에 적재되기 이전에 운송인에게 인도되는 경우, 'CFR'이 적합하지 않으므로 'CPT'를 사용하여야 한다.

11. 운임·보험료포함인도조건
(Cost Insurance and Freight ....named port of destination; CIF)

① 'CIF' 뒤에 지정목적항을 표시하며, 'CFR'에 지정목적항까지의 보험료를 포함하는 조건이다.

② 매도인은 약정물품을 본선에 적재하여 인도하거나 이미 그렇게 인도된 물품을 조달(procure)함으로써 자신의 인도의무가 완료된다. 즉, 'CPT', 'CIP', 'CFR'과 마찬가지로, 물품이 목적지에 도착한 시점이 아니라 운송인에게 인도된 시점에 매도인의 인도의무가 완료된다.

③ 물품의 멸실 또는 손상의 위험이 'FOB'와 'CFR'과 같이 물품이 본선에 인도된 시점에 이전한다. 즉, 'CPT', 'CIP', 'CFR'과 같이 위험과 비용이 서로 상이한 장소에서 이전됨으로 2개의 분기점을 갖는다.

④ 'CFR'과 같이 뒤에 지정 목적항을 표시하지만 위험은 선적항에서 매수인에게 이전한다. 지정목적항이 표시되더라도 목적항 내의 특정지점까지 매도인이 비용을 부담하므로 당사자들은 합의된 목적항 내의 특정지점을 명확히 하여야 한다.

⑤ 'CFR'과 같이 매도인은 물품을 지정 목적항까지 운송하는데 필요한 운송계약을 체결하고 운임을 부담하여야 한다.

⑥ 'CFR'과 달리 매도인은 운송 중 매수인을 위하여 물품의 멸실 또는 손상의 위험을 담보하는 보험계약을 체결하여야 한다. 매도인의 부보조건은 최소담보조건이며, 매수인이 보다 넓은 보험의 보호를 원한다면 매도인과 합의하거나 스스로 자신의 비용으로 추가적으로 부보하여야 한다. 매도인이 부보하는 해상보험의 보험금액과 보험조건은 'CIP'와 동일하고, 보험기간은 선적항의 본선인도시점부터 적어도 지정목적항까지 되어야 한다.

⑦ 터미널에서 인도되는 컨테이너화물과 같이 물품이 본선에 적재되기 이전에 운송인에게 인도되는 경우, 'CIF'이 적합하지 않으므로 'CIP'를 사용하여야 한다.

⑧ 'CFR'과 같이 인도(delivery)는 물품의 물리적 인도가 아니라 선적서류의 인도를 의미하는 상징적 인도조건이다. 즉, 매수인은 요구하는 것이 물품이 아니라 선적서류이므로 현실적인 물품인도를 요구할 수 없으며, 선적서류가 제시된 시점에 서류가 완전하면 물품의 목적항 도착 유무를 불문하고 대금을 지급하여야 한다. 물품이 운송 중에 멸실 또는 손상된 상태로 도착한 경우, 매수인은 보험증권에 의거하여 보험회사에 구상하거나 운송서류에 기재된 운송인에게 구상하여야 한다. 매도인은 선적서류의 인도로서 계약상의 의무를 완수하는 것이므로 선적서류 대신에 현물을 제공할 수 없다.

⑨ 매도인이 제시하는 선적서류는 합의된 목적항까지의 해상운송계약을 증명하는 통상의 운송서류(usual transport document), 해상위험을 담보하는 해상보험증권(marine insurance policy) 또는 보험증명서 및 규정된 형식의 상업송장(commercial invoice) 등으로 구성된다.

⑩ 매도인이 제시해야 하는 통상의 운송서류는 다음의 조건을 충족시켜야 한다.

a. 운송서류의 날짜가 선적을 위해 합의된 기간 이내가 되어야 한다.
b. 별도의 합의가 없는 한, 서류의 양도 또는 운송인에게 통지함으로써 운송 중인 물품을 전매할 수 있어야 한다. 즉, 양도 가능한 형

식이어야 한다.

c. 유통성이 있는 선적선하증권(shipped B/L)이어야 한다.

d. 복수의 원본이 발행된 경우, 원본 전통이 제시되어야 한다.

e. 당사자 간의 합의가 있거나 관습이 있는 경우, 전자통신이 서면통신과 동일한 효력을 가지므로 선하증권을 전자통신문으로 대체할 수 있다.

CHAPTER 08 신용장

제 1 절 신용장의 개념

제 2 절 신용장의 거래원칙

제 3 절 신용장거래의 당사자

제 4 절 신용장의 종류

제 1 절 신용장의 개념

1. 신용위험

신용(credit)이란 약속에 대한 신의와 그 약속의 이행에 대한 성실을 말한다. 사제(師弟)간에는 경제적 거래가 없으므로 성실하기만 하면 신용을 지킬 수 있지만, 경제거래에서는 신의와 성실을 지키고자 하는 선의의 당사자라고 할지라도 충분한 자산과 자력이 없으면 경제계의 변동에 따라 신용을 지킬 수 없는 경우가 있을 수 있다.

신용위험(credit risk)이란 거래상대방의 신용변화로 인하여 자신이 받게 되는 위험을 말한다. 신용위험은 수출상의 대금회수 불능위험과 수입상의 약정상품 입수불능위험을 초래할 수 있으나 지속적인 신용조사와 신용장 결제방식으로 어느 정도 대처할 수 있다.

'FOB'계약 체결 후 수입국의 국내가격이 하락하여 수입상이 물품인수를 거절하기 위하여 배선조치를 하지 않는 경우, 계약체결 후 국제가격이 하락하여 계약가격보다 더 싼 가격을 제시하는 다른 수출상으로부터 수입하기 위하여 수입상이 이중계약을 체결하고 원계약을 파기 또는 취소하기 위하여 신용장을 개설하지 않는 경우, 추심결제방식에서 수입상이 지급능력이 있지만 가격하락으로 인한 손해를 회피하기 위하여 환어음의 지급 또는 인수를 거절함으로써 수출상이 물품을 선적하고도 대금을 수취할 수 없는 경우, 수입상이 품질에 대한 부당한 클레임을 제기하여 물품의 인수거절, 가격인하 또는 손해배상을 요구하는 경우 등이 수출상의 신용위험 될 수 있다. 수출상이 수출국의 국내가격 또는 국제가격의 상승으로 부적(不積) 또는 지적(遲積)함으로써 수입상이 물품을 입수하지 못하거나 늦게 입수하는 경우, 수출상이 규격이 상이하거나 포장이 불량한 상품을 선적하는 경우, 선지급 결제조건에서 수입상이 대금지급을 하고도 물품을 입수하지 못하는 경우 등이 수입상의 신용위험이 될 수 있다.

2. 신용장의 정의

신용장(信用狀)이란 수입업자의 거래은행이 신용장의 제조건에 일치하는 서류가 제시되었을 때 수출업자에게 대금지급할 것을 확약하는 증서를 말한다.

신용장의 출현에 관하여 고대 그리이스설, 고대 로마설 등이 있으나 역사적으로 발견된 최초의 신용장은 1654년에 영국의 상인이 발행한 것이다. 초기의 신용장은 자금조달 또는 물품구매대금으로 금이나 은을 수송하는데 따른 불편을 제거하기 위하여 신용을 제공하고 영수증 또는 환어음만을 받고 자금 또는 물품을 제공하는 방식으로 사용되었다. 왕이나 부호가 자신의 신용을 바탕으로 발행한 일정한 형식이 없는 매수인 신용장(buyer's L/C)으로서 오늘날의 여행자신용장(traveller's L/C)과 유사하였다. 현대의 신용장은 국제상업회의소(國際商業會議所: International Chamber of Commerce; ICC)가 제정한 구체적인 표준양식의 사용을 권장하고, 은행이 발행하는 은행신용장(banker's L/C)으로서 대개가 화환어음의 제시로서 대금이 지급되는 방식으로 사용되고 있다.

신용장의 정의와 관련하여 'UCP 600(Uniform Customs and Practice for Documentary Credits, ICC Pub. No. 600)' 제2조에 다음과 같이 규정되어 있다.

Credit means any arrangement, however named or described, that is irrevocable and thereby constitutes a definite undertaking of the issuing bank to honour a complying presentation(신용장은 그 명칭이나 기술에 상관없이 취소불능이고 발행은행이 일치하는 제시에 대하여 결제(honor)하겠다는 확약을 구성하는 모든 약정을 의미한다).

Issuing bank means the bank that issues a credit at the request of an applicant or on its own behalf(발행은행은 발행의뢰인의 요청에 따라 또는 그 자신을 위하여 신용장을 발행하는 은행을 의미한다).

Complying presentation means a presentation that is in accordance with the terms and conditions of the credit, the applicable provisions of these rules and international standard banking practice(일치하는 제시란

신용장 조건 및 이 규칙과 국제표준은행관행의 적용 가능한 기준에 따른 제시를 의미한다).

상기의 정의에 의하면 신용장은 다음의 성격을 갖는다.

① 수입업자의 거래은행인 신용장 발행은행이 신용장의 제조건에 일치하는 서류가 제시되었을 때 수출업자인 수익자에게 대금지급할 것을 확약하는 서장이다.

② 'Letter of Guarantee' 등 어떠한 명칭을 사용하여도 무방하며, 화환신용장, 무화환신용장 및 보증신용장을 포함하고 취소불능이고 발행은행의 결제(honour)에 관한 확약이 있어야 한다.

③ 발행은행이 발행의뢰인의 요청에 따라 또는 보증신용장과 같이 자행을 위하여(on its own behalf) 발행할 수도 있다.

④ 일치하는 서류제시(complying presentation)에 대하여 수입업자의 결제의사와는 관계없이 발행은행이 일방적으로 지급채무를 부담하며, 제시서류는 화환어음, 환어음 또는 선적서류가 될 수 있다.

⑤ 발행은행의 결제약정은 발행은행의 직접 결제약정 또는 지정은행이 결제하도록 하는 간접 결제약정이 있을 수 있다.

3. 신용장의 효용과 한계

1) 신용장의 효용

(1) 수출업자

① 대금수취의 안정성

신용장은 수출상에 대한 대금지급을 신용장 발행은행이 확약하는 것이므로 수입업자 개인의 신용을 발행은행의 신용으로 전환한 것이다. 수출업자는 신용장발행은행의 지급확약을 믿고 물품을 선적할 수 있으므로 신용장결제방식은 신용위험을 제거할 수 있다.

수입국은 국제수지의 적자로 외환부족 현상이 발생하면 대외지급을 통제할 수 있다. 국가의 대외지급통제는 수입업자의 지급 능력이나 의사와는 관계없는 불가항력적인 사태이므로 계약상으로 수입업자는 면책되나 수출업자는 대금회수의 지연이나 불능사태를 직면하게 된다. 그러나 대개의 국가가 자국 은행의 국제신인도 추락을 방지하기 위하여 신용장에 의한 대금지급은 통제하지 않는 것이 일반적이므로 신용장을 수취한 수출업자는 대금회수에 대한 불안을 제거할 수 있다.

② 무역계약의 확정

무역계약 체결 후 약정상품의 국제시세가 하락하면 수입업자는 신용장을 발행하지 않을 수도 있다. 그러나 발행된 신용장은 수입업자 또는 발행은행이 일방적으로 취소할 수 없으므로 신용장을 수취한 수출업자는 수출거래가 확정된 것으로 볼 수 있다.

③ 무역금융 활용에 의한 자금부담 완화

대개의 국가는 수출진흥을 목적으로 수출신용장을 바탕으로 일반 여신금리보다 저리로 수출품의 생산, 집화, 구매 등에 따른 무역금융을 제공하고 있으므로 신용장을 수취한 수출업자는 수출품 확보에 따른 자금부담을 어느 정도 경감할 수 있다. 기한부신용장의 경우, 수출업자는 인수은행이 인수한 기한부환어음의 만기일까지 기다려야 실질적인 수출대금을 수취할 수 있다. 은행인수기한부환어음(banker's acceptance; B/A)은 은행이 환어음을 인수하고 만기지급을 확약한 것이므로 부도의 위험이 없어 'London', 'New York' 등 국제금융시장에서 유리한 할인율로 현금화가 가능하다. 수출업자는 은행인수기한부환어음의 만기일까지 기다리는 동안 자금부담이 있다면 이를 즉시 할인매도하여 현금화할 수 있으므로 자금부담을 완화할 수 있다.

④ 추심비용 절약 및 조기대금회수

수출대금을 수표나 어음으로 수취하는 경우, 수출업자는 이들을 현금화하려면 추심하여야 함으로 추심기간 동안 기다려야 하고 추심료를 부담하여야 한다. 또한 개인 수표나 어음은 부도의 위험이 높다. 신용장결제방식의 경우, 수출업자는 선적 후 즉시 선적서류를 자신의 거래은행에 할인방식으로 매도(negotiation)하여 조기에 수출대금을 회수할 수 있다.

(2) 수입업자

① 유리한 계약조건

신용장은 수입업자의 대외지급에 대한 확약을 신용이 더 높은 발행은행의 대외지급확약으로 대체한 것이다. 발행은행이 신용장을 발행하는 것은 수입업자의 신용을 믿는다는 증거이다. 수입업자는 이러한 신용을 바탕으로 수출업자와 계약체결 시 가격, 인도 등 계약조건을 자신에게 유리하게 제시할 수 있으며, 수출업자는 추심결제방식의 위험을 고려하여 신용있는 수입업자에게 낮은 가격을 제시할 수 있다.

② 상품의 적기 입수

신용장에 의한 지급은 신용장의 제 조건에 일치하는 서류가 제시되어야 하므로 수출업자가 대금을 조속히 받기 위해서 약정된 선적기간 내에 선적하게 됨으로 수입업자는 상품을 적기에 입수할 수 있다.

③ 대금지급의 유예

수출업자가 선적서류를 자신의 거래은행에 매도(negotiation)하는 시점부터 수입업자가 서류를 인수하여 지급하는 시점까지 발행은행과 매입은행이 수입업자를 대신하여 선지급함으로써 그들이 수입업자에게 서류의 우송기간 동안 금융을 주는 결과가 되어 수입업자는 상당한 기간 동안 지급을 유예 받게 된다.

2) 신용장의 한계

신용장하에 제시된 서류에 사소한 하자가 있는 경우, 수입업자가 복잡하고 애매한 조건의 신용장을 발행하여 수출업자가 일치하는 서류를 제시할 수 없는 경우, 위조 신용장 등의 경우 수출업자는 신용장결제이지만 대금수취를 보장받을 수 없으며, 이를 수출업자가 갖는 신용장의 한계라고 한다.

수입업자는 신용장조건과 일치하는 서류에 대하여 대금을 지급해야 하며 대금지급 이전에는 선적품과 계약물품의 일치성을 확인할 수 없다. 대금을 지급하고 서류를 인수한 후에는 선적품과 계약물품이 불일치하여도 대금지급을 거절할 수 없다. 신용장조건과 일치하지만 허위서류인 경우, 발행은행이 허위여부를 실질적으로 판단할 수 없으므로 수입업자는 대금지급을 하고도 계약물품의 입수를 보장받을 수 없다. 또한 수입업자는 수출업자가 파산하는 경우 부적에 따른 피해를 볼 수 있다. 이러한 것들을 수입업자가 갖는 신용장의 한계라고 한다.

발행의뢰인이 파산하는 경우, 발행은행은 대외지급에 대한 책임이 있으므로 피해를 입게 되며 이 또한 신용장의 한계이다.

신용장 개설 통지 서신

October 10, 2014

Dear Sirs,

Many thanks for your quotation of September 30, 2014. We have now decided to place the enclosed order with you.

We have asked the Sanwa Bank Ltd., Osaka branch, here to open an irrevocable and documentary credit for US$280,000 in your favor and this will remain valid until December 15, 2014. This credit will be confirmed by the Llyod's Bank of London and they will accept your draft on them at sixty days after sight for your invoice amount.

The following documents should be attached to your draft:
Two bills of lading
Three commercial invoices
One insurance policy

Our forwarding agent will dispatch necessary shipping instructions regarding the shipping marks and packing methods.

Please inform us by cable as soon as the goods have been shipped.

Sincerely yours,

제 2 절 신용장의 거래원칙

1. 신용장의 독립성

신용장의 독립성(獨立性: independence or autonomy)이란 신용장거래는 매매당사자 간의 매매계약이나 기타의 거래와는 별개의 독립된 거래로 간주한다는 기본원칙을 말한다.

UCP 600 4조의 신용장의 독립성에 대한 정의는 다음과 같다.

a. A credit by its nature is a separate transaction from the sale or other contract on which it may be based. Banks are in no way concerned with or bound by such contract, even if any reference whatsoever to it is included in the credit.

Consequently, the undertaking of a bank to honour, to negotiate or to fulfill any other obligation under the credit is not subject to claims or defenses by the applicant resulting from its relationships with the issuing bank or the beneficiary.

A beneficiary can in no case avail itself of the contractual relationships existing between banks or between the applicant and the issuing bank.

신용장은 그 본질상 그 기초가 되는 매매계약 또는 기타의 계약과는 독립된(별개의) 거래이다. 그러한 계약에 관한 어떠한 언급이 신용장에 있더라도 은행은 그 계약과는 아무런 관련이 없고, 또한 그 계약내용에 구속되지 아니한다.

결과적으로 신용장에 의한 결제(honor), 매입(negotiate) 또는 다른 의무이행(fulfill any other obligation)의 확약은 발행은행 또는 수익자와 발행의뢰인과의 관계에서 비롯된 발행의뢰인의 주장(클레임)이나 항변에 구속되지 않는다.

수익자는 어떠한 경우에도 은행들 간에 또는 발행의뢰인과 발행은행 간에 존재하는 계약관계를 원용할 수 없다.

b. An issuing bank should discourage any attempt by the applicant to include, as an integral part of the credit, copies of the underlying contract, proforma invoice and the like.

발행은행은 발행의뢰인이 신용장의 일부로서 원인계약서 사본, 견적송장 또는 그와 같은 것을 포함시키려는 어떠한 시도도 저지하여야 한다.

① 매매계약과 기타의 계약과 무관

신용장이 수출입업자 간의 매매계약을 근거로 발행되지만 발행된 신용장의 거래는 매매계약 또는 기타 계약의 영향을 받지 않으므로 신용장 관련 당사자는 매매계약을 참조하여 신용장을 해석할 수 없다. 신용장 관련 당사자는 신용장에 언급된 조건에만 제한을 받고, 비록 신용장의 내용이 매매계약의 내용과 서로 모순되거나 상이하여도 매매계약의 영향을 받지 않으며, 매매계약과 관계없이 신용장이 요구하는 서류가 신용장조건에 일치하는 경우 대금지급이 이루어진다. 매매계약서의 상품명이 A이고 신용장의 상품명이 B인 경우, 수출상이 B를 선적하고 B가 명시된 선적서류를 제시하여도 은행은 대금지급을 하여야 한다.

② 신용장의 매매계약서 번호 등과 무관

신용장에 참조사항으로서 관련 매매계약서, 견적송장 등의 번호가 표시되어 있어도 은행은 신용장의 내용만을 취급하며 그들에 의하여 구속되지 않는다. 신용장의 상품명세가 "Commodity descriptions as per contract No.1234."와 같이 명시된 경우, 신용장은 계약서 번호 1234와는 무관하다. 이러한 문구는 과도한 상품명세에 해당되므로 발행은행은 발행의뢰인이 이러한 문구를 신용장에 명시하려는 시도를 저지해야 한다. 그러나 발행은행이 저지의무를 이행하지 않은 경우 관련 책임규정이 없어 실효성이 없지만 발행은행의 신용장에 관한 전문성과 관련하여 대외평판에 영향을 줄 수 있다.

③ 은행간 계약, 화환어음거래약정서 등의 원용 금지

수익자는 은행상호간의 환거래계약, 발행의뢰인과 발행은행간의 화환어음거래약정 등을 원용하여 신용장의 대금지급을 주장할 수 없으며 신용장조건대로 이행하면 매매계약이 취소되더라도 대금지급을 받을 수 있다. 발행의뢰인은 신용장조건이 아닌 매매계약과 서류가 다르다는 이유로 대금지급을 지연하거나 거절할 수 없다.

2. 신용장의 추상성

신용장의 추상성(抽象性: abstraction)이란 매매계약에서 약정된 물품, 실제 선적된 물품 그리고 발행의뢰인에게 도착된 물품이 어떻게 되었든지 은행은 신용장이 요구하는 서류만을 근거로 대금의 지급여부를 판단한다는 서류거래의 원칙을 말한다. 신용장거래의 대상은 물품이나 용역(service) 그 자체나 계약의 이행이 아니고 단지 서류에 국한되며, 용역이나 계약의 이행이 실제적으로 내용과 일치하지 않아도 신용장거래는 하등의 영향을 받지 않는다. 신용장거래의 대상이 서류이므로 서류를 취급하는 은행은 서류만으로 대금지급여부를 판단하고 사실상의 거래내용을 확인할 의무를 부담하지 않는다. 실질상의 물품, 용역, 기타 이행과 관련하여 분쟁이 발생하는 경우 피해당사자는 신용장이 아닌 매매계약의 위반을 이유로 항변해야 한다.

UCP 600 제5조[1]는 신용장의 독립성을 다음과 같이 정의하고 있다.

Banks deal with documents and not with goods, services or performance to which the documents may relate(은행은 서류를 거래하며 그 서류와 관련될 수 있는 물품, 용역 또는 이행을 거래하지 않는다).

이 조항의 물품(goods)은 화환신용장(documentary L/C), 용역(services)은 무화환신용장(clean or non-documentary L/C), 이행(performance)은 보증신용장(standby L/C)을 고려한 표현이다.

3. 엄밀일치의 원칙

신용장거래에 있어서 전통적으로 서류의 일치성 판단기준은 엄밀일치

1) UCP 600 Article 5 Documents v. Goods, Services or Performance

의 원칙과 상당일치의 원칙이 적용되어 왔다. 법원은 엄밀일치의 심사에 상당한 주의의무와 검토를 권고하여 왔다.

엄밀일치의 원칙(嚴密一致의 原則: doctrine of strict compliance)이란 신용장 조건에 엄밀일치하지 않는 서류를 은행이 거절할 수 있는 권리를 가진다는 법률원칙(legal principle)을 말한다. 그러나 은행이 경상의 원칙(mirror image rule)을 적용하여 제시된 서류의 기재내용을 신용장의 본질을 해치지 않는 자구 하나 하나까지 신용장조건과 엄격히 일치할 것을 요구한다면 서류심사은행은 자행의 방어적 입장에서 행동할 수 있고, 채무불이행을 원하는 신용장 발행의뢰인과 발행은행은 사소한 하자를 지급거절의 이유로 악용할 수 있고 또한 발행의뢰인에게 실익이 없을 수도 있고 상거래에 불편을 초래할 수 있다. 수익자의 사소한 오타 등으로 엄밀일치한 서류를 제시하지 못하는 경우도 있을 수 있다. 이러한 엄밀일치원칙의 문제를 해결하여 신용장거래의 원활을 도모하기 위하여 엄밀일치의 정도를 완화하는 상당일치의 원칙(相當一致의 原則: doctrine of substantial compliance)이 적용된 국제판례가 있었으며 현실적으로 인정되고 있다.

4. 상당일치의 원칙

상당일치의 원칙(相當一致의 原則: doctrine of substantial compliance)이란 상당이행의 원칙이라고도 하며 제시된 서류가 신용장조건과 엄밀일치하지는 않더라도 그에 상당하면 지급해야 한다는 원칙 즉, 제시된 서류가 서로 모순이 없고, 특정한 서류에 기재사항이 빠졌더라도 제시된 모든 서류의 내용이 신용장조건을 충족시키면 유효한 서류로 간주한다는 것을 말한다. 그러나 상당일치의 원칙은 서류심사은행의 재량권을 상당히 인정하는 것이므로 서류심상은행이 재량권을 어느 정도로 합리적으로 행사하는가에 따라 서류심사의 판단기준이 달라질 수 있으며, 신용장발행은행이 자행의 재량으로 상당일치의 원칙을 적용하여 신용장 대금을 지급하는 경우 발행의뢰인으로부터 보상청구가 어려울 수도 있다.

5. 사기서류배제의 원칙

사기서류배제의 원칙(fraud rule)이란 제시된 서류가 신용장조건과 일치하더라도 그것이 위조, 변조 또는 사기로 작성되었다면 은행은 이를 수리할 의무가 없다는 원칙을 말한다. 그러나 이 원칙은 신용장의 독립성과 상반되고 신용장통일규칙의 원칙이 아니지만 허위서류에 한하여 국제적인 판례로서 예외적으로 신용장거래에 인정되고 있다. 다만, 동 원칙이 적용되기 위해서는 사기사실에 대한 명백한 입증이 있고 사기사실에 의한 피해자가 있어야만 한다.

제 3 절 신용장거래의 당사자

1. 신용장 발행의뢰인

신용장 발행의뢰인(applicant for the credit)이란 신용담보, 물적담보 또는 인적담보를 자신의 거래은행에 제공하고 신용장 발행을 의뢰하는 신용장 발행은행의 고객이며 매매계약의 매수인을 말한다. 신용장 발행의뢰인을 신용장통일규칙은 'applicant for the credit', 미국통일상법전(Uniform Commercial Code; UCC)은 'customer'로 규정하고 있으며, 무역실무에서는 'applicant', 'drawee', 'importer', 'accountee',[2] 'grantee',[3] 'accredited buyer',[4] 'consignee', 'opener'[5] 등으로 표기되기도 한다.

신용장 발행의뢰인은 실제 수입업자가 아닐 수도 있다. 수입업자의 거래은행이 외국환업무를 취결하지 않는 경우 수입업자는 먼저 자신의

---

2) 'accountee(채무자)'='account party(계산당사자)'

3) 'grantee' 수령자, 피수여자, 발행은행으로부터 신용을 받는 자

4) 'accredited buyer' 신용장 개설에 의하여 신용이 부여된 자

5) 'opener' 개설인

거래은행에 신용장 발행을 의뢰하고, 거래은행이 중앙은행이나 외국환은행에 신용장 재발행(reopen)을 신청하여 신용장을 발행하게 된다. 이 경우 수입업자는 제1 발행의뢰인(first applicant)이 되고, 수입업자의 거래은행은 제2의 발행의뢰인(second applicant)이 된다. 삼각무역(triangular trade or cross trade)[6]의 경우에도 신용장 발행의뢰인이 실수요자가 아니다. 인도의 무역업자가 한국으로부터 상품을 수입하여 태국으로 수출한다고 하자. 인도에서 한국으로 발행하는 신용장의 발행의뢰인은 인도의 수입업자이지만 실제 수입업자는 태국의 수입업자가 되며, 대개 한국으로 발행되는 신용장의 물품 도착항은 태국의 항구가 되어 물품이 한국에서 태국으로 직송된다. 물론 태국의 수입업자는 인도의 수출업자 앞으로 별개의 신용장을 발행한다.

신용장 발행은행은 신용장을 자발적이 아니라 발행의뢰인의 요청(request)에 따라 발행하고 지급을 확약함으로 신용장 발행시점에 발행의뢰인으로부터 신용장 발행신청서와 자행의 보호조치를 위한 화환어음거래약정서를 징구한다.

신용장 발행신청서는 발행의뢰인과 발행은행이 발행되는 신용장의 조건에 대한 계약내용을 나타내며 매매계약의 내용이 대부분 그대로 이기됨으로 결과적으로 매매계약의 내용이 대부분 신용장의 제조건이 된다.

화환어음거래약정서(General Letter of Hypothecation)는 외국환거래약정서(Agreement of Foreign Exchange Transaction)라고도 하며 신용장발행에 따른 제반사항과 발행은행과 발행의뢰인의 책임한계를 약정하는 서류이다. 신용장하의 화환어음 매입은행(negotiating bank)은 발행은행의 지급확약을 기초로 매입하며, 매입행위는 수익자에 대한 여신행위이므로 발행은행의 파산, 사무적 착오에 의한 불일치한 화환어음의 매입에 따른 화환어음의 지급거절 등으로 발행은행으로부터 매입대금의 상환이 불가능한 사태에 대비하여 매입시점에 수익자의 담보제공, 관련 상품 처분 등 매입에 관한 제반사항을 규정하는 화환어음거래약정서를 징구하게

6) 삼각무역(triangular trade)은 2국간의 무역불균형(편무역: one−way trade)을 해소하기 위하여 제3국의 시장을 이용하여 3개국 간의 무역수지의 균형을 진작시키는 무역을 말한다.

된다. 화환어음거래약정서는 다음의 내용으로 구성된다.

① 약정서의 적용범위
화환신용장 및 무담보신용장에 의한 수입거래 및 수출거래, 내국 신용장발행거래

② 각 거래별 특약

③ 화환어음 및 관련 화물을 어음채권(어음금액 및 그 이자) 및 부대비용의 담보로 제공

④ 화환어음 우송 중 발생하는 사고에 따른 처리방법 및 책임소재 등에 관한 약정

⑤ 화환어음 지급 또는 인수거절 시 매입은행의 처리방법

⑥ 필요시 추가담보제공, 어음채무 및 부대비용의 상환변제에 대한 약정

2. 신용장 발행은행

신용장 발행은행(issuing bank)은 수입상의 거래은행으로서 그의 요청에 따라 환어음의 지급, 인수, 연지급 또는 매입을 확약하는 은행을 말한다. 신용장거래는 발행은행의 지급확약을 전제로 이루어지므로 발행은행이 신용장거래에 있어서 가장 중요한 당사자이다. 발행은행은 국제적인 신용이 있고 신용장거래에 경험이 풍부한 은행을 선정하는 것이 좋으며 수출상에 의하여 지정되기도 한다.

신용장 발행은행은 신용장통일규칙 제3차 개정이전까지는 'opening bank'라고 하였으며 그 이후부터는 'issuing bank'로 칭하며, 무역실무에서는 'grantor', 'credit writing bank',[7] 'dealing bank'[8] 등으로 표기되기도 한다.

---

7) 'credit writing bank' 與信을 부여하는 은행
8) 'dealing bank' 수입업자의 거래은행

예시 8-1 취소불능화환신용장발행신청서

취소불능화환신용장발행신청서
(APPLICATION FOR IRREVOCABLE DOCUMENTARY CREDIT)
ABC BANK OF KOREA

AT SIGHT L/C 및 내국수입 USANCE
지 급 보 증 용

Cable Address :
Mailing Address :
Telex Number :

To :
Dear Sirs :

We request you to establish by ☐ cable ☐ air mail an Irrevocable Credit on the following terms and conditions

Advising Bank

Cable Address

Credit Number

Applicant

Beneficiary

Amount

Expiry Date

Tenor of Draft At Sight For % of invoice value

Documents(please indicate by placing x Mark in applicable box)

☐ full set of clean on board ocean bills of lading, made out to the order of the ABC Bank of Korea Ltd.,
marked "Freight________________" and "Notify accountee"

☐ Marine Insurance policy or certificate in duplicate, endorsed in blank for % of the invoice value.
Insurance polices or certificates must expressly stipulate that claims are payable in the currency of the drafts and policies or certificates must also indicate a claim settling agent in Korea. Insurance must include:
Institute Cargo Clauses : ______________________

☐ Signed commercial invoice in

☐ Packing list in

☐ Other document(s) (if any)

Commodity Description

Name of Commodity	Quantity	Unit Price	Amount
Country of Origin			

Shipment from to Latest

Partial shipments are Transhipment is

Documents must be presented within days after the date of issuance of B/L or other transportation documents.

Special condition(s) : All banking charges including postage, advising and payment commission outside Korea are for account of
Shipment by

위와 같이 신용장발행은 신청함에 있어서 위 기재사항이 수입허가(승인)사항과 틀림없음을 확인하고 따로 제출한 수입거래약정서의 각 조항에 따를 것을 확약하며 아울러 위 수입화물에 관한 모든 권리를 귀행에 양도하겠습니다.

인감대조

Except so far as otherwise expressly stated, this credit is subject to the : Uniform Customs and Practice for Documentary Credits : (2007 Revision) International Chamber of Commerce, Publication NO. 600

신청인 ㊞

주 소

지급보증확인	Checked By	Approved By

계	대 리	차 장	부 점 장

예시 8-2 취소불능신용장

IRREVOCABLE LETTER OF CREDIT
THE ABC BANK CO., LTD
Los Angeles, Ca., USA

February 1, 2014

Boboonet Trading Co., Ltd
5-1 Myong-dong Chung-ku, Seoul, Korea

Gentlemen:

We hereby establish this irrevocable credit No. 8035 in your favor for account of Pinnacle Corporation, 200 Spring Street, Los Angeles, California for a sum or sums not exceeding a total of US$50,000,000 (US$Fifty Million Only) available by your draft drawn on us at 90 days after sight accompanied by the following documents:

(1) Full set of clean on board ocean bills of lading issued to order of shipper, endorsed in blank, marked "Freight Prepaid" and "Notify: Pinnacle Corporation, 200 Spring Street, Los Angeles, California" and dated not later than March 31, 2014.
(2) Signed Commercial Invoice in triplicate.
(3) Packing List in triplicate.
(4) Marine Insurance Policy in duplicate, endorsed in blank for 110% of the full invoice value subject to ICC (A).

Evidencing shipment of 10 units of office computers from Inchon to Los Angeles.

Partial shipments are permitted. Transshipment is not permitted.

All drafts drawn hereunder must state the number, date, and name of establishing bank of this credit. The amount and date of payment/acceptance/negotiation of each draft must be endorsed on the reserve thereof.

This credit is subject to Uniform Customs and Practice for Documentary Credit(the latest revision), International Chamber of Commerce.

We engage with the drawers, endorsers and bona fide holders of drafts drawn under and in compliance with the terms of this credit that such drafts shall be duly honored on due presentation to the drawee bank on or before April 10, 2014.

Very truly yours,

초기의 신용장은 매수인 신용장(buyer's L/C)으로서 수입상이 직접 수출상 앞으로 발행하여 수출상이 발행한 환어음의 지급과 인수를 확약하였으므로 발행의뢰인과 수익자가 신용장거래의 기본당사자이었다. 오늘날의 은행신용장거래에서는 신용장 발행의뢰인, 발행은행 및 수익자가 있어야 가능하므로, 이들을 신용장거래의 기본당사자라고 한다.

신용장통일규칙은 은행만이 신용장을 발행할 수 있는 것으로 규정하고 있다. 오늘날 일류 무역회사들은 신용이나 자본의 규모 면에서 은행을 능가함으로 그들의 신용을 수출상이 신뢰한다면 이론적으로는 은행이 아닌 개인 기업이 수입업자로서 신용장을 발행할 수도 있다.

3. 수익자

수익자(受益者: beneficiary)는 신용장에 의하여 가장 혜택(benefit)을 많이 받는 자를 의미한다. 발행은행 또는 제3의 은행 앞으로 화환어음을 제시하고 지급, 인수, 연지급 확약 또는 매입을 의뢰하는 자를 말한다. 무역실무에서는 수익자를 'seller', 'exporter', 'accreditee', 'drawer', 'shipper', 'addressee', 'user' 등으로 표기하기도 한다. 발행의뢰인이 제1, 제2 발행의뢰인이 있을 수 있듯이 양도가능신용장의 경우 제1, 제2의 수익자가 있을 수 있다.

4. 통지은행

통지은행(advising bank)은 신용장을 단순히 수익자에게 통지하는 은행을 말하며, 별도의 요청이 없으면 발행은행이 지정하며, 일반적으로 발행은행의 본점, 지점 또는 해외환거래은행(correspondent bank)이 된다. 무역실무에서는 통지은행을 'notifying bank', 'transmitting bank' 등으로 표시하기도 한다.

이론적으로 발행은행이 신용장을 발행하여 수익자에게 직접 통지할 수 있으나, 이 경우 수익자는 신용장의 진위성을 확인하기 위하여 제3

의 은행을 반드시 방문해야 하는 번거로움이 있으므로 통지은행을 경유하여 통지하게 된다.

통지은행은 신용장 통지의 정확성 및 신용장의 진정성에 대한 상당한 주의의무를 부담한다. 진정성을 확인하기 어려운 경우 통지은행은 그 사실을 발행은행에 즉시 통지하여야 하며, 이러한 상황에서도 단지 정보사항 만으로(information only) 수익자에게 예비통지(preliminary notification)는 할 수 있다. 정보사항만으로 통지하는 경우, 통지은행은 그 사실을 반드시 수익자에게 알려야 하며, 알리지 않고 통지하는 경우 확인은행이 아니라도 신용장의 진정성을 인정하는 결과가 된다.

5. 확인은행

발행은행의 신용이 낮은 경우 또는 신용이 높지만 외화감소, 국제수지 악화 등으로 수입국의 대외결제능력이 저하되어 대외지급 제한 또는 지연 등 수입국의 정책변화가 우려되는 경우 제3의 은행이 발행은행의 지급확약에 독립적인 지급확약을 추가하는 것을 확인(confirmation)이라고 하며, 제3의 은행을 확인은행(confirming bank)이라고 한다. 발행은행과 확인은행의 독립적인 그리고 이중적인 지급확약이 부여된 신용장을 확인신용장(confirmed L/C)이라고 한다.

확인은 발행은행에 대한 확인은행의 여신행위이므로 우발채무에 따른 위험부담에 대한 보상으로 확인은행은 확인수수료(confirming charge)를 요구하며, 경우에 따라서는 확인을 위한 신용장 금액전체에 대한 담보를 요구하기도 한다. 일반적으로 확인은행은 통지은행이 되지만 제3의 은행이 될 수도 있다. 발행은행으로부터 확인요청을 받은 은행은 반드시 확인에 응해야 할 의무는 없으나 불응 시에는 즉시 발행은행에 그 사실을 통지하여야 한다.

6. 매입은행

매입은행(negotiating bank)이란 발행은행 또는 발행은행이 지정한 은행 앞으로 발행된 수익자의 환어음을 매입시점부터 지급시점까지의 기간이자[9]와 수수료를 수익자로부터 징수하고 즉, 할인방식으로 환어음 금액을 지급하는 은행을 말하며 할인은행(discounting bank)이라고도 한다.

매입은행은 어음의 선의의 소지인(善意의 所持人: bona-fide holder)[10] 자격을 가지며 특정은행으로 지정되는 경우도 있다. 재매입(renegotiation)이 이루어지는 경우 복수의 매입은행이 존재할 수 있으며, 이들을 재매입은행(renegotiating bank)이라고 한다.

7. 지급은행

지급은행(paying bank)이란 발행은행이나 발행은행의 수권(授權: authorization)하에 수익자가 제시하는 화환어음을 할인하지 않고 직접 지급하는 은행을 말한다. 수출국에 있는 발행은행의 본점, 지점 또는 환거래은행이 지급은행이 되며 대개가 발행은행의 예치환거래은행(depositary bank)이다.

지급은행은 매입을 허용하지 않고 지급을 허용하는 지급신용장의 당사자이며 일반 수표를 취급하는 것과 같이 동일한 방법으로 화환어음 대금을 지급하며, 그 지급에 대한 최종적인 책임은 발행은행이 부담한다. 지급과 동시에 자행에 개설된 발행은행의 계정에서 지급금액을 차기(debit)하거나 발행은행에 청구한다.

---

9) 매입은행이 수익자에게 화환어음 매입대금 지급 후로부터 발행은행 또는 결제은행으로부터 매입대금을 상환 받을 때까지의 기간에 대한 이자를 환가료(換價料: exchange commission)라고 한다.

10) 선의의 소지인이란 실제 유통되고 있는 증권 자체에 대한 하자를 모르고 표면상으로 완전하고 정상적인 것으로 간주하고 취득한 소지인을 말하며, 법적으로 지급에 대한 보호를 받는다. 착각으로 인하여 타인의 구두를 바꿔 신고 있는 것처럼 정당한 권원(權原)이 없다는 것을 모르고 점유하고 있는 자를 말한다. 반면에 자신이 정당한 권원이 없다는 사실을 알면서 점유하고 있는 자를 악의의 소지인(mala-fide holder)이라고 한다. 권원이란 행위를 정당화하는 법률상의 원인을 말하며, 민법상으로 사용의 원인이 되는 지상권, 임차권, 점유하게 된 객관적 원인 등을 말한다.

8. 인수은행

인수은행(accepting bank)이란 기한부환어음을 지급에 앞서 인수하고 만기에 지급하는 은행을 말한다.

어음의 인수(acceptance)란 어음의 지급인(drawee)이 어음에 기명날인하여 주된 채무자가 되는 어음행위를 말한다. 기한부신용장(usance credit, term credit)하에 발행된 기한부환어음(usance draft, time bill)은 지급에 앞서서 지급인의 인수가 이루어지고 인수일에 결정되는 만기일에 지급된다. 인수행위는 장래의 지급에 대한 확약이므로 인수은행은 환어음 인수에 따른 위험부담의 대가로 인수수수료(acceptance commission)를 요구한다.

은행이 인수한 환어음을 은행인수환어음(banker's acceptance; B/A), 무역업자가 인수한 어음을 무역인수환어음(trade acceptance; T/A)이라고 한다. 인수은행은 자행이 인수한 환어음을 수익자가 만기일 이전에 할인을 요청하는 경우 자행의 자금으로 할인매입하거나 은행인수환어음시장(B/A market)에 할인방식으로 매각하여 수익자에게 선지급하게 된다. 은행인수환어음을 매입한 은행 또는 일반투자가들은 인수환어음을 만기일까지 보유하였다가 인수은행으로부터 환어음 금액을 받을 수 있으며 또한 인수환어음의 보유 중에 자금이 필요하면 항

시 은행인수환어음시장에 할인방식으로 매도하여 즉시 현금화할 수 있다. 물론 은행인수환어음을 수익자가 직접 은행인수환어음시장을 통하여 투자가들에게 매각할 수도 있다. 은행인수환어음시장에 유통되고 있는 은행인수환어음은 최종적으로 만기일에 인수은행에 제시되어 지급된다. 매입은행은 어음의 만기일 이전에 선지급하므로 어음의 매입시점부터 만기일까지의 기간에 대한 할인이자(discounting charge)를 요구한다. 무역인수환어음(trade acceptance; T/A)은 개인이 인수한 환어음이므로 지급보장에 대한 한계로 유통시장이 현존하지 않는다.

9. 연지급 확약은행

일반적으로 신용장은 6개월 이하의 단기금융 용도로 사용된다. 6개월 이상의 중·장기 상환이 필요한 무역거래에는 인수신용장이 사용되지만 유럽 및 남미의 일부 국가가 환어음 발행에 고율의 인지세를 부과함으로써 연지급신용장[11]이 출현하게 되었다.

연지급신용장(deferred payment L/C)은 기한부신용장과 유사하나 환어음을 요구하지 않으며 수익자는 화환어음이 아니라 선적서류만을 연지급 확약은행(deferred payment undertaking bank)에 제시하여 그들로부터 인수된 환어음이 아니라 연지급 확약서(deferred payment undertaking)를 수령하게 되며, 그 확약서에 지정된 만기일에 대금을 지급받게 된다.

10. 결제은행

결제은행(settling bank)이란 신용장의 결제통화가 수출국이나 수입국의 통화가 아닌 제3국의 통화인 경우에 선적서류의 하자 유무에 관계없이 환어음 대금을 지급하는 제3국에 소재하는 발행은행의 예치환거래은행(depositary bank)을 말한다. 결제은행은 발행은행의 역할을 담당하는 제3의 은행이라고 할 수 있으며, 매입은행에 대금을 상환해 주므로 상환은행(償還銀行: reimbursing bank) 또는 보상은행(compensating bank)이라고도 한다.

매입은행의 결제은행에 대한 상환청구는 수익자의 환어음을 상환청구용으로 결제은행에 송부하고 선적서류는 수입업자를 위하여 발행은행에 송부하는 방법과 수익자의 환어음과는 별도로 매입은행이 직접 발행한 자행의 은행환어음을 결제은행에 송부하여 대금을 상환청구하고 수익자의 화환어음을 발행은행에 송부하는 방법이 있다.

---

11) UCP 400에서 처음으로 규정하였다.

11. 양도은행

양도은행(讓渡銀行: transferring bank)은 환어음의 지급, 연지급, 인수 또는 매입을 발행은행으로부터 수권받은 은행으로서 제1 수익자의 요청에 따라 양도가능신용장의 모든 권리와 의무를 제2 수익자에게 양도해 주는 은행을 말한다.

제 4 절 신용장의 종류

신용장은 그 효력, 어음발행의 기술적 차이, 이용자의 입장 등에 따라 다양하게 종류를 분류할 수 있다. 하나의 신용장이 하나의 명칭으로 불리거나 하나의 성질을 가지는 것이 아니라 수종의 분류방법에 따라 여러 종류의 신용장으로 명명되고 있다.

신용장은 그 사용자에 따라 수입신용장(import credit)과 수출신용장(export credit)으로 구분되나, 하나의 신용장이 수출상 입장에서는 수출신용장, 수입업자 입장에서는 수입신용장이 된다. 국제경제거래는 상품거래와 용역거래로 대별되며, 각 거래에 사용되는 신용장의 명칭과 성격이 다르다.

1. 무역신용장과 무역외신용장

신용장은 관련된 화물의 존재유무에 따라 무역신용장과 무역외신용장으로 구분된다.

1) 무역신용장

무역신용장이란 상업신용장(commercial credit)이라고도 하며 상품거래에 사용되며 대개가 발행은행의 지급거절시 매입은행의 인적 담보가 되는 환어음과 물적 담보가 되는 선적서류의 제시를 요구함으로 화(물)환신용장 또는 담보신용장(documentary credit)이라고도 한다.

신용장 관련 무역거래에서 선적서류가 발행되지만 수출상이 직접 수입상에게 송부하도록 하고 환어음만의 제시를 요구하는 신용장을 무화환신용장(documentary clean credit) 또는 무담보신용장(clean credit)이라고 하며, 이들은 환어음만으로 선적이전에 매입이 가능하므로 신뢰할 수 있는 수출상에 한하여 사용된다.

2) 무역외신용장

무역외신용장(clean credit)은 신용장 관련 무역거래 자체에서 선적서류가 발행되지 않는 운임, 보험료, 수수료 지급 등 무역외거래와 제3자의 자금차입에 대한 보증용도로 사용되는 신용장을 말하며, 선적서류가 발행되지 않으므로 제시를 요구하지 않고 환어음만으로 지급된다는 점에서 무담보신용장(clean credit)과 동일하다. 여행자신용장과 보증신용장이 무역외신용장에 해당된다.

(1) 여행자신용장

여행자신용장(traveller's credit)은 여행자의 현금휴대에 따른 위험방지용으로 사용되며 무역신용장과는 달리 여행자 자신이 신용장 발행의뢰인이며 동시에 수익자이며, 최근 들어 여행자 수표(traveller's check)의 출현으로 거의 사용되지 않는다.

(2) 보증신용장

은행은 다수 고객의 예금을 관리하는 기관이므로 특정인을 보증하여 보증사고가 발생하면 다수의 예금자를 보호할 수 없다. 미국은 예금자 보호를 위하여 은행의 보증서 발급을 금지하고 있으며 은행은 보증서의 대안으로 보증신용장(standby credit)을 활용하고 있다.

보증신용장은 선적서류가 발행되지 않는 무화환신용장(clean credit)으로서 해외지사의 현지금융, 건설공사에 따른 입찰보증(bid bond), 계약이행보증(performance bond), 하자보증(maintenance bond), 수입업자가 상품을 적기에 입수하지 못하는 경우 받게 되는 손해의 배상청구 등의 용도로 사용된다. 수익자는 발행의뢰인의 계약불이행시 환어음과 계약불이행확인서(契約不履行確認書: statement of default) 또는 상환불이행확인서를 발행은행에 제시하여 지급을 청구할 수 있다.

2. 개인신용장과 은행신용장

신용장은 그 발행의 주체를 기준으로 개인신용장(private credit)과 은행신용장(bank credit)으로 구분된다. 초기의 신용장은 왕이나 부호 등이 발행한 개인신용장이었으며, 현대의 신용장은 은행만이 발행할 수 있는 은행신용장이다. 이론적으로 수출상이 수입상을 신뢰한다면 은행보다 신용이 더 높은 국제적인 기업들이 신용장을 발행할 수 있으나 신용장 통일규칙은 은행만이 신용장을 발행할 수 있는 것으로 규정하고 있다.

미국은 신용장의 환어음 지급인이 은행이거나 수입상이거나 구분하지 않고 은행이 발행한 신용장이면 모두 은행신용장으로 인정하고 있다. 영국은 은행이 발행한 신용장으로서 환어음 지급인이 은행인 경우에만 은행신용장으로 인정하고 있다. 신용장의 중요성은 발행은행의 지급확약에 있으므로 미국의 견해가 타당성이 있으나, 금융용도로 환어음을 할인하는 경우 환어음의 지급인이 은행과 개인에 따라 특히 기한부환어음의 경우 할인율에 차이가 있으므로 영국의 신용장 개념이 유리하다.

3. 우편신용장과 전신신용장

신용장은 그 발행방식에 따라 우편신용장과 전신신용장으로 구분된다.

우편신용장(mail credit)은 편지형식으로 작성되어 우편으로 송부되는 신용장을 말한다.

전신신용장(cable credit)은 전신으로 송부되는 신용장을 말하며 'full cable credit', 'short cable credit', 암호신용장(code credit or cypher credit)

및 유사신용장(similar credit)으로 구분된다. 최근의 전신신용장은 'SWIFT (The Society for Worldwide Inter bank Financial Telecommunications)'[12]방식으로 발행되고 'SAK(SWIFT Authentication Key)'에 의하여 자동으로 진위성을 확인할 수 있다.

'full cable credit'은 신용장의 제조건을 전신으로 작성하여 송부한 완전한 신용장을 말한다. 'short cable credit'은 신용장의 발행사실과 주요조건 일부만의 사전통지(pre-advice)를 말하며 신용장으로서 완전하지 못하여 사용할 수 없으며 'airmailing details' 등과 같은 문언을 표시되어 실제 사용할 수 있는 완전한 우편신용장(mail confirmation)이 추후 송부된다.

암호신용장(code or cypher credit)은 'full cable credit'의 전신료를 절약하기 위하여 은행 간의 암호로 작성된 신용장을 말하며 통지은행이 신용장 통지 시 암호를 풀어서 사용할 수 있는 신용장 형태로 통지하며 발행은행과 통지은행이 본지점간인 경우에 주로 활용된다.

유사신용장(similar credit)은 기 발행된 신용장을 참고로 하여 새로운 신용장을 발행하는 경우 후자의 신용장을 말하며 가장 간단하게 발행되는 신용장이다. 유사신용장에 의한 전신신용장의 경우 "Similar(Refer, Repeat) to our previous credit No.1234 dated March 20, 2010 except ~~" 등과 같은 문언이 사용된다. 그러나 기 발행된 신용장이 조건변경된 경우 이 문언이 최초에 발행된 신용장의 조건만을 근거로 새로운 신용장을 발행한다는 것인지 아니면 조건변경된 신용장의 조건을 근거로 새로운 신용장을 발행한다는 것인지에 대한 혼란으로 분쟁의 소지가 있으므로 가능한 유사신용장의 사용을 금지하여야 한다.

---

12) 'SWIFT'는 1973년에 벨기에에 본부를 두고 설립된 국제금융기관 간의 자금이체, 고객의 송금 등에 관한 통신문을 인공위성을 이용하여 신속하고 안전하게 전달하는 세계은행간 금융통신망을 말한다. 'SAK'는 'SWIFT'를 이용하는 은행이 전신문의 진정성을 확인하기 위하여 사용하는 암호를 말하며 컴퓨터에 내장되어 있어 컴퓨터가 자동으로 진정성을 확인해 준다.

SWIFT 신용장

Send－no : 7－0000738－00 Date : 2008.05.13. SWF ID.: 1700080513048573

FM : KOREA EXCHANGE BANK, SEOUL
TO : STANDARD CHARTERED BANK JAKARTA
DATE:080513

::700 ISSUE OF A DOCUMENTARY CREDIT

:27 Sequence of Total:1/1
:40A Form of Documentary Credit: IRREVOCABLE
:20 Documentary Credit Number: M06 805NU00032
:31C Date of Issue:080509
:40E Applicable Rules: UCP URR LATEST VERSION
:31D Date and Place of Expiry:080608 IN YOUR COUNTRY
:50 Applicant: EASTWEST TRADING CO.,LTD., Korea
:59 Beneficiary: PT MULIAGLASS., INDONESIA
:32B Currency Code, Amount:USD129,674.85
:39A Percentage Credit Amount Tolerance:03/03
:41D Available With ... By ...:ANY BANK
BY NEGOTIATION
:42C Drafts At ...: 90 DAYS AFTER SIGHT
:42A Drawee: KOEXGB2L
:43P Partial Shipment: ALLOWED
:43T Transshipment: NOT ALLOWED
:44E Port of Loading/Airport of Departure: JAKARTA INDONESIAN PORT
:44F Port of Discharge/Airport of Destination: SOUTH KOREAN PORT
:44C Latest Date of Shipment:080601
:45A Description of Goods and/or Services:
+ORIGIN : INDONESIA
+FLOAT GLASS.
+PRICE TERM : FOB JAKARTA.
:46A Documents Required:
+SIGNED COMMERCIAL INVOICE IN 3 FOLD
+FULL SET OF CLEAN ON BOARD OCEAN BILLS OF LADING MADE OUT TO THE ORDER OF KOREA EXCHANGE BANK MARKED

FREIGHT COLLECT AND NOTIFY APPLICANT

+PACKING LIST IN 3 FOLD

+CERTIFICATE OF ORIGIN IN 3 FOLD ISSUED BY MINISTRY OF TRADE

:47A Additional Conditions:

+INTEREST PAYABLE BY BUYER.

+NEGOTIABLE AT SIGHT BASIS.

+COUNTRY OF ORIGIN TO BE MARKED IN EACH SHEET OF GLASS.

+USANCE DRAFTS SHALL BE NEGOTIATED AT SIGHT BASIS REGARDLESS OF THE TENOR OF DRAFT.

+ACCEPTANCE COMMISSIONS AND DISCOUNT CHARGES ARE FOR BUYER'S ACCOUNT.

+AT TIME OF REIMBURSEMENT CLAIM, THE NEGOTIATING BANK MUST ADVISE THE DRAWEE BANK OF L/C NUMBER, DRAFT AMOUNT, COMMODITY NAMES, LOADING AND UNLOADING PORT, DATE OF SHIPMENT, LATEST SHIPMENT DATE.

+NEGOTIATION/PAYMENT UNDER RESERVE OR AGAINST AN INDEMNITY PROHIBITED. IN THAT CASE, NEGOTIATION SHOULD BE PROCESSED UNDER OUR APPROVAL. A DISCREPANCY FEE OF USD80.00 OR EQUIVALENT THEREOF IS PAYABLE BY THE BENEFICIARY FOR EACH DRAWING PRESENTED WHICH DOES NOT STRICTLY COMPLY WITH THE TERMS OF THIS LETTER OF CREDIT AND WHICH HAS TO BE REFERRED TO THE APPLICANT.

+03 PCT MORE OR LESS IN QUANTITY AND AMOUNT ARE ACCEPTABLE.

+PLS REIMBURSE YOURSELVES FROM KOREA EXCHANGE BANK, LONDON AT THE TIME OF NEGOTIATION.

:71B Charges: ALL BANKING CHARGES OUTSIDE KOREA AND REIMBURSEMENT CHARGES ARE FOR BENEFICIARY'S ACCOUNT.

:48 Period for Presentation: DOCUMENTS TO BE PRESENTED WITHIN 21 DAYS AFTER THE DATE OF SHIPMENT BUT WITHIN THE VALIDITY OF THE CREDIT

:49 Confirmation Instructions: WITHOUT

:53A Reimbursing Bank: KOEXGB2L

:78 Inst to the Pay/Accept/Negotiate Bank:

ALL DOCUMENTS MUST BE FORWARDED TO KOREA EXCHANGE

BANK INTERNATIONAL OPERATION CENTER/2ND FLOOR 181. ULCHIRO 2-KA. CHUNG-KU SEOUL 100-793 REPUBLIC OF KOREA IN ONE LOT BY REGISTERED AIRMAIL/COURIER SERVICE.
:57D "Advice Through" Bank: STANDARD CHARTERED BANK
JAKARTA INDONESIA.
JL.JEND.SUDIRMAN KAV. 33-A JAKARTA,
10220, INDONESIA.

******* END OF MESSAGE *******

4. 취소가능신용장과 취소불능신용장

신용장은 발행된 후 취소가능 여부에 따라 취소가능신용장과 취소불능신용장으로 구분된다.

1) 취소가능신용장

취소가능신용장(revocable credit)은 발행은행이 수익자에게 사전통보 없이 기 발행된 신용장을 언제나 일방적으로 조건변경 또는 취소할 수 있는 신용장을 말한다. 그러나 취소가능신용장이라도 조건변경 또는 취소통지 이전에 원신용장의 조건에 따라 지급, 인수, 매입한 은행(선의의 소지인)에 대하여 발행은행은 보상책임이 있다. 즉, 취소가능신용장은 취소통지가 도달될 때까지는 유효한 신용장이다.

취소가능신용장의 수익자는 발행은행에 대한 법적 구속력이 없으므로 불안하지만 발행은행은 항시 취소통지할 수 있으므로 권한이 크다. 취소가능신용장은 발행신청 시 발행은행이 취소불능신용장보다 발행의뢰인의 담보요건을 완화하므로 발행비용이 저렴한 효과가 있어 본지사간에 주로 사용된다. 취소가능신용장의 취소나 조건변경 통지는 반드시 최초의 통지은행을 통하여 이루어져야 한다.

2) 취소불능신용장

취소불능신용장(irrevocable credit)은 발행은행, 확인은행(있는 경우), 수익자 전원의 합의하에서만 취소나 조건변경이 가능한 신용장을 말한다. 취소나 조건변경에 발행의뢰인의 합의를 요하지 않는 이유는 실무적으로 신용장의 취소와 조건변경은 수익자가 제의하여 발행의뢰인이 수락하고 발행은행과 확인은행에 지시하기 때문이다. 취소가능여부에 관한 언급이 없는 신용장은 취소불능신용장으로 간주된다.

5. 어음매입수권서와 어음매입지시서

어음매입수권서와 어음매입지시서는 발행은행의 지급확약이 없으므로 엄밀한 의미에서 신용장이 아니고 신용장과 유사한 형태이므로 유사신용장[13]이라고 할 수 있다.

1) 어음매입수권서

어음매입수권서(authority to purchase; A/P)는 수입상의 의뢰에 의하여 발행은행이 자행 앞으로가 아니라 수입상 앞으로 발행된 화환어음을 발행은행의 수출지 본점, 지점 또는 환거래은행이 매입하도록 권한을 부여하는 통지서를 말하며 'Advice to Purchase'[14]라고도 한다. 수출지의 은행은 발행은행의 수권하에 화환어음을 매입하게 된다. 미국과 극동, 미국과 동남아 무역에 주로 사용되며 일반적으로 취소가능하다.

어음매입수권서는 신용장과는 달리 발행은행의 지급이나 인수에 대한 독자적인 확약이 없고 수입상이 어음지급인이므로, 발행은행과 매입은행은 수입상의 어음지급거절 시 항상 수출상에 대한 상환청구권을 가진다. 어음매입수권서를 이용하는 수출상은 대개 중소기업으로서 자신의 여신으로는 어음할인이 불가능하지만 발행은행의 어음매입수권서 발행

13) 기 발행된 신용장을 참고로 하여 발행된 새로운 신용장인 유사신용장(similar credit)과는 다르다.

14) 어음매입수권서가 수입지의 은행과 수출지에 있는 자행의 본지점간에 사용되는 경우 어음매입지시서(letter of instruction; L/I)라고 한다.

이 수입상의 여신을 높게 평가해 주는 것이므로 수입상의 신용으로 어음할인이 가능하여 추심결제방식보다는 조기에 대금을 받을 수 있다. 수입상은 어음매입수권서를 발행해 주는 대가로 수출상으로부터 가격할인 등 유리한 조건으로 계약을 체결할 수 있다.

2) 어음지급수권서

어음지급수권서(authority to pay)는 발행은행이 수출지의 본점, 지점 또는 환거래은행에게 그들 앞으로 즉, 은행 앞으로 발행된 일람불환어음을 지급하도록 지시하는 통지서를 말한다. 통지은행은 지급에 대한 어떠한 확약이나 약정을 하지 않으며, 발행은행의 지시에 따라 지급하는 지급은행도 하등의 책임이 없다. 수입상의 지급거절시 수출상은 상환의무가 있으나, 어음지급수권서는 지급수권서이므로 지급은행은 수출상에 대한 상환청구권이 없다.

취소가능신용장의 발행은행은 신용장의 조건변경이나 취소 시 그 사실을 통보하여야 하나, 어음지급수권서의 발행은행은 지급을 확약하지 않으므로 어음지급수권서를 아무런 통지 없이 사전에 언제라도 취소가능하다. 어음지급수권서는 어음지급인이 수입상이 아니라 수출지의 지정은행이므로 어음이 수입상 앞으로 발행되는 어음매입수권서 보다는 신용이 높다.

6. 확인신용장과 미확인신용장

확인(confirmation)이란 발행은행의 지급확약에 제3의 은행이 독립적으로 자행의 지급확약을 추가하는 것을 말하며, 제3의 은행을 확인은행이라고 한다. 확인이 부가된 신용장을 확인신용장(confirmed credit)이라고 하며, 일반 신용장은 미확인신용장(unconfirmed credit)이다.

확인은 확인은행의 우발채무(偶發債務)로서 발행은행에 대한 여신행위(與信行爲)이므로 확인은행은 그 위험부담에 대한 보상으로 확인수수료(confirmation charges)를 요구하며, 확인신용장에 확인수수료 부담자가 명시된다.

7. 상환청구가능신용장과 상환청구불능신용장

신용장은 매입한 환어음이 지급거절되는 경우 매입은행의 수익자에 대한 상환청구권(償還請求權: right of recourse)의 유무에 따라 상환청구가능신용장과 상환청구불능신용장으로 구분된다.

발행은행과 확인은행은 수익자에게 일정한 조건하에 지급할 것을 확약하므로 상환청구권이 없다. 발행은행과 확인은행 이외의 환어음 소지인이 환어음의 지급거절시 환어음의 발행인인 수익자에게 상환청구권을 행사할 수 있는 신용장을 상환청구가능신용장(with recourse credit)이라고 하며, 상환청구권의 행사를 허용하지 않는 신용장을 상환청구불능신용장(without recourse credit)이라고 한다.

매입은행이 엄밀일치한 서류를 매입하면 발행은행의 지급거절이 발생할 수 없으므로 상환청구의 문제가 발생하지 않는다. 우리나라 어음법 제9조는 "어음의 발행인은 인수와 지급을 담보한다. 발행인은 인수를 담보하지 않는다는 뜻을 기재할 수 없다"로 규정하여, 지급은행이나 매입은행은 환어음의 지급거절시 수익자에 대한 상환청구권을 가지므로 상환청구불능신용장을 사용할 수 없다. 상환청구의 가능여부에 대한 명시가 없는 신용장은 상환청구가능신용장으로 간주된다.

8. 매입신용장과 지급신용장

신용장은 관련 화환어음의 매입허용여부에 따라 매입신용장과 지급신용장으로 구분된다.

1) 매입신용장

매입신용장(negotiation credit)이란 발행은행이 환어음이 유통(매입)될 것을 고려하여 환어음의 발행인인 수익자, 유통 중의 환어음을 일시적으로 매입하였다가 매도하는 배서인(背書人: endorser), 최종적으로 소유하고 있는 선의의 소지인(bona fide holder) 모두에게 지급을 확약하고 있는 신용장을 말한다. 재매입은행도 선의의 소지인 자격을 갖는다.

(1) 개방신용장

개방신용장(open credit)은 일반신용장(general credit)이라고도 하며, 수익자가 낮은 할인율을 적용하는 어느 은행에서나 자유롭게 화환어음의 매입을 의뢰할 수 있는 매입은행 미지정신용장(unrestricted credit)을 말한다.

(2) 매입제한신용장

매입제한신용장(restricted credit)은 특정신용장이라고도 하며, 매입을 허용하되 특정은행만의 매입을 한정하고 있는 신용장을 말한다. 매입은행은 일반적으로 발행은행이 지정하지만 수익자의 요청에 의하여 발행의뢰인이 지정하기도 한다. 매입제한신용장인 경우에 지정은행 이외의 은행이 매입하면 매입대금을 직접 발행은행에 청구할 수 없으며 지정된 매입은행에 재매입시켜야 한다.

2) 지급신용장

지급신용장(straight credit)은 환어음의 매입불허 즉, 발행은행이 환어음의 유통을 금지한다는 취지로서 어음의 배서인(endorser)이나 선의의 소지인(bona fide holder)에 대하여는 지급확약을 하지 않고 수익자에게만 발행은행의 본점, 지점 또는 환거래은행에 어음을 제시하면 지급할 것을 확약하고 있는 신용장을 말한다. 환어음 자체의 유통은 가능하지만 발행은행이 수익자 이외의 자에게는 지급확약을 하지 않으므로 지급거절시 그 위험을 어음소지인이 부담한다.

9. 일람출급신용장과 기한부신용장

신용장은 지급확약의 내용에 따라 일람출급신용장과 기한부신용장으로 대별된다.

1) 일람출급신용장

일람출급신용장(sight credit)은 일람불화환어음이 도착하는 즉시 지급되는 신용장을 말하며 일람지급신용장과 일람출급매입신용장으로 구분된다.

(1) 일람지급신용장

일람지급신용장(sight payment credit)은 원칙적으로 무어음신용장이나 환어음의 제시를 요구하는 경우도 있다. 환어음의 제시를 요구하는 경우 제시하지 않으면 신용장조건의 불일치로 지급거절의 사유가 된다. 지급은행과 발행은행은 지급 후 수익자에 대한 상환청구권이 없다.

일람출급표시: We hereby issue in your favor this documentary credit which is available <u>by sight payment</u> against presentation...........

지급확약문언: We hereby engage that <u>payment will be duly made</u> against documents presented in conformity with the terms of this credit.

(2) 일람출급매입신용장

일람출급매입신용장(sight negotiation credit)은 매입한 환어음의 지급거절시 매입은행은 수익자(환어음의 발행인), 배서인 또는 선의의 소지인에게 상환청구권을 행사할 수 있으며, 발행은행과 매입은행이 확인은행인 경우 그들의 상환청구권을 인정하지 않는다.

일람출급표시: We hereby issue in your favor this documentary credit which is available <u>by negotiation</u> of your draft at XXX sight drawn on Chase Manhattan Bank.

지급확약문언: We hereby engage with drawers and/or bona fide holders that drafts drawn and negotiated in conformity with the terms of this credit will be duly honoured on presentation.

2) 기한부신용장

기한부신용장(期限附信用狀: usance credit or term credit)이란 기한부화환어음의 제시를 요구하고, 은행이 기한부환어음을 인수하고 만기일에 지급하는 신용장을 말하며, 인수신용장, 연지급신용장 및 기한부매입신용장으로 구분된다. 수입상은 환어음의 만기일까지 대금지급 유예 즉, 수출상이나 은행의 신용공여로서 물품을 외상으로 수입하여 판매대금으로 결제할 수 있다.

(1) 인수신용장

인수신용장(acceptance credit)은 신용공여자에 따라 은행인수신용장과 무역인수신용장으로 분류된다.

기한부 표시: We hereby issue in your favor this documentary credit which is available by acceptance of your drafts at 90 days after sight drawn on Chase Manhattan Bank.

지급확약문언: We hereby engage that drafts drawn in conformity with the terms of this credit will be duly accepted on presentation and duly honoured at maturity.

① 은행인수신용장

은행인수신용장(banker's usance credit or buyer's usance credit)이란 발행은행이나 발행은행의 환거래은행이 수입상에게 신용공여하고 기한부환어음의 제시를 요구하지만 수익자는 일람불로 지급받는 기한부신용장을 말한다. 인수수수료(acceptance commission) 또는 할인이자(discount charge)는 매수인이 부담하며 선불로 지급한다.

신용공여은행이 발행은행인 경우 내국수입유산스(domestic import usance credit)라고 하며, 발행은행의 해외환거래은행(correspondent bank)인 경우 해외은행인수신용장(overseas banker's usance credit)이라고 한다. 인수은행은 일반적으로 해외의 매입은행이 되며 발행은행 앞으로 서류를 송부하는 시점에 어음의 만기일, 인수수수료(acceptance commission) 또는 할인이자(discount charge)를 통보한다. 은행인수신용장의 조건은 다음과 같다.

a. Acceptance commissions and discount charges are for account of buyer.
b. Usance draft is negotiable at sight basis and acceptance commissions and discount charges are for buyer's account.
c. Negotiating bank shall obtain reimbursement at sight basis by forwarding beneficiary's time draft to drawee bank.

② 무역인수신용장

무역인수신용장(shipper's usance credit, trade acceptance credit or seller's usance credit)이란 선적인 유산스 신용장이라고도 하며 기한부환어음의 만기일까지 수출상이 수입상에게 신용공여하는 신용장을 말한다. 신용장금액에 어음기간에 대한 이자가 포함되어 있으므로 수출상이 환어음의 만기일에 이전에 대금을 수령하고자 한다면 인수수수료(acceptance commission) 또는 할인이자(discount charge)를 자신이 부담하여야 한다. 발행은행 앞으로 발행된 기한부화환어음이 도착하면 발행은행은 환어음의 만기일을 매입은행에 통지하고 만기일에 지급한다. 무역인수신용장의 조건은 다음과 같다.

a. Acceptance commissions and discount charges, if any, are for account of beneficiary.
b. We will make payment at maturity as per your instructions to be received.
d. In reimbursement, you are authorized to reimburse yourselves for the proceeds at maturity under advice to us.

(2) 연지급 신용장

제3절 연지급 확약은행 참조

기한부 표시: We hereby issue in your favor this documentary credit which is available by payment at 90 days after B/L date.

지급확약문언: We hereby engage that payment will be duly undertaken against documents presented in conformity with the terms of this credit and payment will be duly made at maturity.

(3) 기한부매입신용장

제3절 매입은행 참조

기한부 표시: We hereby issue in your favor this documentary credit which is available by negotiation of your drafts at 90 days after sight drawn on Chase Manhattan Bank.

지급확약문언: We hereby engage with drawers, endorsers and bona fide holders of drafts that drafts accepted within the terms of this credit will be duly honoured at maturity.

10. 선지급 신용장

선지급 신용장(advance payment credit)이란 선적 또는 서류제시 이전에 수출대금을 회수할 수 있는 권한이 부여된 신용장을 말하며, 선지급금이 포장이나 집화에 사용되므로 집화신용장(packing credit)이라고도 한다. 선지급에 대한 문언이 붉은 글자로 표시되어 있으므로 적색조항신용장(red clause credit)이라고도 한다.

선지급 시 일반적으로 수익자의 선지급금 수취증(receipt)과 환어음의 제시를 요구하며, 선지급금과 관련 이자는 추후 매입시점에 매입금액에서 공제된다. 선지급 문구의 예는 다음과 같다.

We authorized the negotiating bank to pay the sums not exceeding 40% of the above mentioned amount to beneficiary against presentation of the following documents:

(가) Beneficiary's clean draft drawn at sight on the accountee.

(나) Beneficiary's receipt stating that the beneficiary have duly received sums representing 40% advance payment for delivery of (commodity) from Busan to New York.

11. 단순신용장, 상환신용장 및 송금신용장

신용장은 발행은행의 상환방법에 따라 단순신용장, 상환신용장 및 송금신용장으로 구분된다. 발행은행의 상환방법은 사전수권방식과 사후수권방식이 있다. 사전수권방식에는 차기베이스와 상환베이스가 있다.

1) 단순신용장

단순신용장(simple credit)은 발행은행의 예치환거래은행(depositary bank)을 광의의 매입은행으로 가정하여 발행되어 매입은행이 매입대금을 발행은행에 상환청구하지 않고 자행에 개설된 발행은행의 계정에서 차기하여(debit) 수익자에게 지급하는 조건의 신용장을 말한다.

2) 상환신용장

상환신용장(reimbursement credit)은 발행은행의 무예치환거래은행(non-depositary bank) 앞으로 신용장을 발행하는 경우 별도로 매입은행이 발행은행의 예치환거래은행 앞으로 상환청구하도록 지시하고 있는 신용장을 말한다. 매입은행은 신용장의 상환문언에 따라 선적서류는 발행은행으로 송부하고 수익자의 환어음은 예치환은행으로 송부하여 상환청구하거나 화환어음 전체를 발행은행으로 송부하고 매입은행이 직접 발행한 자행의 상환청구용 환어음을 예치환은행에 송부하여 청구한다.

① 수익자의 환어음을 예치환거래은행 앞으로 송부하여 상환청구하는 문언
In reimbursement, the negotiating bank is authorized to reimburse itself by sending beneficiary's drafts to the above drawee bank.

② 매입은행이 직접 발행한 자행의 상환청구용 환어음(reimbursement draft)을 예치환거래은행에 송부하여 상환청구하는 문언
In reimbursement, the negotiating bank is authorized to draw at sight on Chase Manhattan Bank.

3) 송금신용장

송금신용장(remittance credit)은 발행은행이 타은행에 신용장대금 상환에 대한 사전수권을 하지 않고 매입은행이 화환어음을 매입한 후 발행은행에게 송부하면서 자행이 원하는 은행 앞으로 매입대금을 송금하도록 요청하면 발행은행이 자행의 예치환거래은행에 송금하도록 지시하여 상환하는 조건의 신용장을 말하며, 관련 지시문언은 다음과 같다.

- We shall make payment as per negotiating bank's instructions to be received.
- We will provide you with the necessary funds as per your instructions to be received.

12. 회전신용장

일반적인 신용장은 1회만 사용가능하고 금액, 유효기일 등이 확정되어 있으며, 증액이나 기간연장 등의 조건변경이 없으면 유효기일이 지나면 그 효력이 자동적으로 만료된다.

동일한 거래처와 동종의 상품을 장기간 거래하는 경우, 매거래시마다 새로운 신용장을 개설하는 것은 비능률적이고 비경제적이다. 그렇다고 하여 장래의 거래금액 전체를 1회의 신용장으로 발행한다면 발행의뢰인은 발행담보금 증가 등 자금 부담이 따른다. 이러한 경우 일정한 기간

동안 일정한 금액이 자동적으로 갱신(생)될 수 있는 회전신용장(回轉信用狀: revolving credit)을 사용하면 편리하다. 갱신시기는 환어음이 지급되는 시점, 신용장 발행일로부터 일정기간 경과 후 등으로 할 수 있다.

회전신용장은 갱신되는 시점에 전회의 신용장 미사용 잔액이 새로 발행되는 신용장 금액에 누적되는 누계적신용장(cumulative revolving credit)과 누적되지 않는 비누계적신용장(non-cumulative revolving credit)으로 분류된다.

13. 연계무역신용장

연계무역신용장이란 수출과 수입이 연계되는 거래에 사용되는 신용장을 총칭한다.

1) 구상무역신용장

구상무역신용장(求償貿易信用狀: back to back credit)은 동시발행신용장이라고도 하며 수입국에서 일정금액의 신용장을 발행하는 경우 그 신용장이 유효하기 위해서 수출국에서 동일한 금액의 신용장이 수입국으로 발행되는 것을 조건으로 하는 신용장을 말한다.

2) 기탁신용장

기탁신용장(寄託信用狀: escrow credit)은 수익자의 환어음 매입대금이 그에게 직접 지급되지 않고 발행의뢰인과 수익자 간의 상호약정에 따라 매입은행, 발행은행 또는 제3의 환거래은행에 수익자 명의로 입금(신탁; escrow)되었다가 그가 신용장 발행국(수입국)에 수입대금을 결제할 때 사용하도록 하는 조건이 부여된 신용장을 말한다. 두 개의 신용장이 동시에 발행되는 것이 아니므로 수출상에게 수출 후 상대국(수입국)으로부터 수입하고자 하는 물품을 선택할 수 있는 기간을 허용한다는 점에서 구상무역신용장(back to back credit)보다 편리하다.

3) 토마스 신용장

토마스 신용장(Tomas credit)[15]은 수출상과 수입상 모두 각각 하나의 신용장을 발행하기로 약정하고 일방이 신용장을 먼저 발행하는 경우 상대방이 일정기간 내에 신용장을 발행하겠다는 보증서를 자신의 거래은행에 제출함으로써 먼저 발행한 신용장의 효력이 발생한다는 조건의 신용장을 말한다. 토마스 신용장은 수출상품은 확정되었으나 수입물품이 결정되지 않은 경우에 이용된다는 점에서 기탁신용장(escrow credit)과 유사하다.

14. 원신용장과 내국신용장

원신용장(master, original, mother or prime credit)이란 해외에서 발행된 신용장을 말하며, 내국신용장(local, subsidiary, domestic or baby credit)은 수출상의 국내 거래은행이 원신용장을 바탕으로 수출상이 수출품 또는 수출용 원재료를 국내에서 조달하기 위한 국내금융 용도로 수출상의 요청에 의하여 그의 물품공급업자 앞으로 발행하는 신용장을 말한다. 내국신용장은 원신용장이 뒷받침(backed)되어 발행됨으로 미국에서는 'back to back credit'이라고도 하며, 지급도(D/P), 인수도(D/A)와 같은 선수출계약서를 바탕으로 발행되기도 한다.

15. 양도가능신용장과 양도불능신용장

신용장거래에서 서류가 위조 또는 허위라 할지라도 문면상 신용장조건과 일치하면 이와 상환으로 대금지급이 가능하므로 수익자의 도덕성이 매우 중요하여 일반적으로 신용장은 특정한 수익자 앞으로 발행되어 그만이 사용하도록 제한되어 있다. 그러나 거래의 사정상 수익자 이외의 다른 당사자가 신용장을 사용할 수 있도록 양도를 허용하는 것이 필

15) 토마스(Tomas)는 중국과의 거래에 토마스 신용장을 처음으로 사용한 일본회사의 전신약호(cable address)이다.

요할 수도 있다.

신용장은 수익자의 제3자에 대한 양도의 가능여부에 따라 양도가능신용장(transferable credit)과 양도불능신용장(non-transferable credit)으로 구분된다. 양도가능신용장이란 수익자가 신용장 금액의 전부 또는 일부를 제3자에게 양도할 수 있도록 그에게 양도은행에 대한 양도지시권을 부여한 신용장을 말한다.

1) 신용장 양도의 필요성

① 무역업자가 중개무역업자로서 수수료(commission)를 목적으로 거래에 참가하는 경우.

② 제1 수익자가 생산시설이 없고 무역거래의 알선을 주 업무로 하는 순수무역업자인 경우 그가 좋은 조건으로 거래를 성사시켰지만 직접 물품을 공급할 수 없으므로 가장 저렴한 비용으로 생산, 선적할 수 있는 국내외의 제조업자에게 신용장 금액보다 싼 가격으로 구매계약을 체결하여 그들에게 신용장을 양도하여 그들이 선적하도록 하면 그 차액을 취득할 수 있다. 생산시설이 있는 무역업자인 경우에도 그가 자가생산하는 것보다 하청하는 것이 유리한 경우 신용장을 양도하여 차액을 취득할 수 있다.

③ 국가의 무역관리로서 수출창구가 일원화되어 있는 경우, 예를 들어 쿼터품목(quota item)이라 수익자 명의로 수출이 불가능한 경우 수출이 가능한 자 앞으로 신용장을 양도하면 타인의 명의로 수출할 수 있다.

④ 1인의 수입업자가 해외에 있는 다수의 수출업자로부터 수입하는 경우, 수 개의 신용장을 발행하는 것은 복잡하고 번거로우므로 일괄하여 1장의 양도가능신용장을 수익자 앞으로 발행하여 그가 다수의 수출업자에게 양도하도록 하면 소기의 목적을 달성할 수 있다.

⑤ 수입업자가 수출지에 있는 자신의 대리인(agent) 앞으로 양도가능신용장을 발행하고 그가 현지에서 가장 유리한 수출업자에게 양도하도록 하면 수입가격과 부대비용을 절감할 수 있다.

2) 양도의 요건

신용장은 양도가능(transferable)의 표시가 있어야만 양도가 가능하다. 'transferable'이라는 표시가 있다고 하여 신용장 조건엄수라는 의미에서 반드시 양도해야 하는 것이 아니며 양도는 수익자의 자유재량이다. 양도가능신용장하의 제1 수익자의 권리는 양도권이 아니라 양도지시권(讓渡指示權)이므로 제1 수익자가 제2 수익자를 지정하여 양도은행에 양도지시권을 행사하여야만 양도가 가능하다.

'transferable' 이외 유사한 의미인 'divisible(분할가능)', 'fractionable(분절가능)', 'assignable(할당가능)', 'transmissible(이전가능)' 등은 양도가능의 의미를 갖지 못하며 사용된 경우 무시된다. 'divisible', 'fractionable'은 분할선적이 가능한 경우에만 양도할 수 있는 것으로 해석될 가능성이 있으며, 'assignable'은 신용장대금의 양도에 사용되는 표현이다.

신용장대금의 양도(assignment of proceeds)란 신용장대금에 대한 청구권의 양도를 말하며 선적과 서류작성의 의무가 제1 수익자에게 있으며 'transferable'이란 문언이 있거나 없거나 당사자 간의 합의로서 가능하다.

3) 양도절차

제1 수익자가 양도은행에 양도신청서(양도통지서 발행신청서)와 원신용장을 제시하고 전액양도(total transfer) 또는 분할양도(partial transfer)를 요청한다. 양도은행은 양도의 적합성을 검토한 후 원신용장 이면에 양도사실을 배서(背書)하고 양도통지서를 발행한다.

분할양도의 경우, 양도은행은 이중양도를 방지하기 위하여 분할양도통지서에 양도금액, 상품명, 수량 등 원신용장의 조건을 명시하고, 원신용장 내용 중 양수인(제2 수익자)과 관계없는 내용을 삭제한 후 원신용장 사본을 분할양도통지서 원본에 첨부하여 양수인에게 교부한다. 전액양도의 경우, 원신용장 사본을 전액양도통지서 원본에 첨부하여 양수인에게 교부한다.

예시 8-3 신용장양도신청서

Application for(□Total, □Partial) Transfer

담당	책임자

SEOULBANK
SEOUL, KOREA Date :

L/C NO. :
Dated :
Issuing Bank :
Amount :
Beneficiary :
Accountee :

Gentlemen :

We hereby request you to transfer irrevocably all of our rights of the above mentioned credit to the transferee under the same terms and conditions of the original credit with exceptions indicated hereunder :

Amount to be transferred :

Latest shipping date :

Expiry date :

Description of commodities and other conditions :

□ the first beneficiary.

Any amendment to the credit made hereafter is to be advised to □ the second beneficiary.

The original credit(including amendments to this date, if any)is attached herewith for your endorsement.

We agree to indemnify and hold you harmless against any and all losses, damages and expenses arising from your actions on this transfer.

This application is subject to The Uniform Customs and Practice for Documentary Credits, 2007 Revision, International Chamber of Commerce Publication No. 600.

Accepted by Yours very truly,

Authorized Signature &
Name of Second Beneficiary

Authorized Signature &
Name of First Beneficiary

(1) 양도은행

양도은행은 신용장의 종류에 따라 다르다. 매입제한신용장이나 지급신용장은 지급, 인수 또는 매입을 위하여 지정은행이 양도은행이 된다. 자유매입신용장은 개설은행으로부터 별도로 수권받은 은행이 양도은행이 된다. 신용장에 양도은행이 지정되어 있지 않는 경우, 모든 은행이 양도은행이 될 수 있다는 주장이 있으나 수권은행만이 양도은행이 될 수 있으므로 조건변경의 형식으로 발행은행으로부터 양도은행을 지정받아야 한다. 결국 하나의 양도은행만이 존재하는 것이다. 양도은행을 통지은행으로 한정하지 않고 지급, 인수 또는 매입이 수권된 지정은행으로 한 것은 수익자의 송장대치나 환어음 차액분에 대한 어음발행을 허용하는 양도가능신용장의 특성을 고려하기 때문이다.

양도은행은 반드시 제1 수익자의 양도요청에 따라야 할 의무가 없으며 그 요청을 거절하거나 무시할 권리가 있다. 양도은행이 비록 확인은행이라 할지라도 확인이 양도에 대한 확인을 포함하는 것이 아니므로 양도요청을 거절하거나 무시할 수 있다. 양도은행은 양도 시 양도의뢰인과 명시적으로 동의한 범위와 방법으로만 양도업무를 이행한다. 제1 수익자가 양도수수료를 제2 수익자에게 받도록 요구하는 경우 양도은행은 양도에 응하지 않아도 된다.

양도은행이 발행은행에 양도통지서 사본을 송부하여 양도사실을 통지하는 관행이 있으나 사실상의 물품공급자인 제2 수익자를 발행은행을 통하여 발행의뢰인에게 알려주는 결과가 되어 장차 제1 수익자를 배제하고 직거래할 수 있으므로 제1 수익자를 보호하는 차원에서 양도에 관한 상세한 사항을 발행은행에 알리지 않는 것이 일반적인 은행관행이다. 또한 제1 수익자는 양도은행에 양도와 관련된 상세한 사항을 발행은행과 발행의뢰인에게 밝히지 말 것을 요청할 수 있는 양도사항 불고지 요구권을 갖는다.

4) 양도조건

신용장이 양도되는 경우, 제1 수익자는 매매계약상의 매도인 지위를 상실하며, 제2 수익자가 매도인의 이행보조자로서 물품의 선적을 위임

받게 된다.

① 분할선적이 허용된 경우에 한하여 별도로 신용장금액을 분할하여 복수의 제2 수익자들에게 분할양도할 수 있다. 신용장에 'transferable'란 문언이 있지만 분할선적이나 어음의 분할발행을 금지하는 문언이 있는 경우 전액양도만이 가능하다.

② 신용장의 양도는 1회에 한하여 가능하다. 제2 수익자가 자신 이후의 수익자에게 양도할 수 없도록 하는 것은 발행의뢰인을 보호하기 위함이다. 제2 수익자는 제1 수익자가 신뢰한다는 가정에서 발행의뢰인이 믿을 수 있고 알 수도 있지만 제3 수익자는 발행의뢰인이 전혀 알 수 없기 때문이다. 그러나 신용장금액 한도 내에서 신용장을 서로 다른 복수의 수출업자에게 독립적으로 분할양도하는 것은 1회의 양도로 인정된다.

③ 양도된 신용장이 원수익자에게 재양도(retransfer)되는 것은 양도금지규정에 적용되지 않는다. 제2 수익자가 양도취소를 요청하는 경우, 제1 수익자, 양도은행, 발행은행, 제2 수익자 전원의 합의하에 양도취소가 가능하며, 이 경우 제1 수익자가 새로운 제2 수익자에게 양도할 수 있으며 1회의 양도로 인정된다.

신용장은 원신용장 조건대로 양도되는 것이 원칙이나 다음의 예외사항들이 있다.

① 금액과 단가는 제1 수익자의 중간차익을 고려하여 감액하여 양도할 수 있다. 감액양도의 경우, 제1 수익자는 제2 수익자의 송장을 자신의 송장으로 대체할 수 있으며 양당사자의 송장금액 차액에 대하여 추가 환어음을 발행하여 청구할 수도 있다.

② 서류의 발급일자 후 제시기간(presentation period)은 단축하여 양도할 수 있으며, 기간명시가 없는 경우 21일 이내로 단축하여 양도 가능하다.

③ 최종선적기일과 유효기일은 단축하여 양도가능하다. 이것은 제1 수익자의 차액취득을 위한 송장 및 환어음 대체(substitution of invoices and drafts)에 필요한 기간을 제공하는데 목적이 있다. 물론 감액양도가 아닌 경우에도 대체가 가능하다.

④ 원신용장에 명시된 보험금액으로 담보할 수 있도록 부보비율을 높여 양도할 수 있다. 원신용장 금액이 U$100이라면, 최저부보금액은 'CIP'

또는 'CIF' 가격의 110%인 U$110이 된다. 신용장 금액 또는 단가를 감액하여 U$90로 양도한다면 제2 수익자의 최저부보금액은 U$99(U$90×110%)이 된다. 부보금액 U$99은 원신용장 조건인 'CIF' 또는 'CIP' 가격의 110%를 충족시키지 못한다. 원신용장의 최저부보금액인 U$110을 충족시키기 위해서는 U$90의 122.222%에 해당하는 부보비율로 양도하여야 한다. 양도금액과 원신용장 금액과의 차이가 클수록 부보율이 높아야 원신용장의 최저부보금액에 상당하는 보험을 들 수 있다.

⑤ 신용장 양도로서 제2 수익자가 발행의뢰인을 알게 되면 그와 직접 거래할 수 있으므로 제1 수익자를 보호할 수 있다. 제2 수익자에게 발행의뢰인을 숨기기 위하여 발행의뢰인을 제1 수익자로 대체하여 양도할 수 있다. 이 경우 제2 수익자는 모든 서류를 제1 수익자 앞으로 발행하여 제시하여야 하며, 제1 수익자의 송장 및 환어음 대체권이 인정한다. 제1 수익자는 송장상의 차액만 발행하지 않고 제2 수익자의 환어음을 자신의 환어음으로 완전 대체하고, 자신 앞으로 발행된 선하증권은 자신이 배서하여 은행에 제시하게 되며, 발행은행은 제1 수익자 앞으로 작성된 서류를 지급거절할 수 없다.

원신용장이 양도되는 신용장에 발행의뢰인을 반드시 밝히도록 요구하고 있는 경우, 제2 수익자의 송장 이외의 서류는 발행의뢰인 앞으로 작성되어야 한다. 결과적으로 제1 수익자의 송장대체권이 인정되므로 모든 서류가 발행의뢰인 앞으로 작성되는 것이다.

양도은행은 제1 수익자에게 송장 및 환어음 대체를 최초로 통보하였을 때 그가 대체하지 않으면 기간경과선하증권(stale B/L)의 방지를 위하여 제2 수익자가 제시하는 서류를 그대로 발행은행에 송부한다.

신용장 양도에 의하여 발행의뢰인과 발행은행은 누가 최종적인 수익자가 될지 알 수 없으며 제2 수익자의 평판과 이행능력은 전적으로 제1 수익자의 판단에 의존된다. 발행의뢰인은 서류는 일치하지만 하자있는 물품을 선적하지 못하도록 제3자의 검사증명서를 요구하는 조건을 신용장에 부여하는 것이 안전하다.

⑥ 양도 후의 조건변경은 관계당사자 전원의 합의하에서만 가능하다.

전액양도는 제1 수익자가 신용장금액에 대한 청구권을 상실하고 제2

수익자가 승계하는 것이므로 양도 후 조건변경 또는 취소는 양도은행, 발행은행 및 제2 수익자 전원의 합의하에서 가능하며, 조건변경된 신용장은 제2 수익자에게만 효력이 있다.

분할양도된 경우, 신용장의 조건변경 또는 취소의 낙부권이 제2 수익자에게 있다. 제2 수익자가 다수인 경우에는 다수의 제2 수익자가 가지는 신용장은 상호 별개의 독립된 신용장이 된다. 어느 특정의 제2 수익자가 조건변경을 수락하지 않는다고 하여 다른 제2 수익자가 수락하지 못하는 것은 아니다. 조건변경을 수락하는 자는 조건변경된 신용장 조건대로, 수락하지 않는 자는 원신용장 조건대로 이행하여야 한다.

분할양도이거나 전액양도이거나 신용장이 양도된 후 제1 수익자가 자신이 원하지 않는 조건변경을 자신의 동의 없이 제2 수익자에게 통지되는 것을 원하지 않는다면 양도신청 시 양도은행에 이를 명확히 요청하여야 한다. 양도은행은 이러한 사실을 제2 수익자에게 고지하여 이에 대한 양해 하에 양도된다는 사실을 주지시켜야 한다. 또한 제1 수익자는 양도시점에 양도은행에 제2 수익자가 조건변경을 요구하는 경우, 조건변경에 대한 자신의 승낙권한을 스스로 포기할 것인가에 대한 뜻을 명확히 밝혀야 한다.

⑦ 양도비용은 원칙적으로 제1 수익자가 부담한다.

⑧ 기업의 국제분업에 의한 제조·가공하는 국제경영활동에 부응하기 위하여 타국으로의 신용장양도도 허용된다. 타국으로 양도되는 경우, 제1 수익자는 자신의 편의를 위하여 특정기일까지(만기일 이전) 제2 수익자가 지급, 인수 또는 매입을 양도은행에서 하도록 요청할 권리를 갖는다. 실무적으로 지급신용장, 인수신용장 또는 매입은행지정신용장은 지정은행에서 지급, 인수 또는 매입이 이루어져야 하므로 문제가 되지 않는다. 자유매입신용장은 제2 수익자가 양도은행이 매입하도록 요구하거나 자신의 거래은행이 매입하는 경우에는 송장대체를 위하여 선적서류를 발행은행으로 직송하지 않고 양도은행으로 송부하도록 요구할 수 있다. 그러나 제2 수익자가 유효기일을 최대한으로 이용하여 양도은행에 서류의 도착이 늦어지면 송장대체 또는 추가어음의 발행이 불가능해지므로 유효기일을 단축하여 양도할 수 있다.

CHAPTER 09

국제물품운송

제 1 절 국제해상운송

제 2 절 컨테이너운송

제 3 절 국제항공운송

제 4 절 국제복합운송

제 1 절 국제해상운송

운송이란 재화의 공간적 이동을 통하여 목적지로 물품을 전달하는 과정을 말한다. 국제물품운송의 형태는 육상운송, 항공운송, 해상운송 및 복합운송이 있다.

1. 해상운송의 형태

국제수송물량의 대부분이 대량화물 또는 중량화물이므로 가장 많이 이용되고 가장 전통적인 운송형태가 해상운송이다. 해상운송[1)]은 운송의 안전성, 신속성, 정확성, 운임의 저렴성 등 장점을 고루 갖추고 있으며, 그 형태는 정기선운송, 부정기선운송 및 특수전용선운송이 있다. 해상운송의 형태는 선박구조 차이가 아니라 선박의 취항에 따른 구분된다.

1) 정기선 운송

정기선(定期船: liner)이란 사전에 정해진 정기배선표(定期配船表: schedule)에 따라 정기항로(regular line)를 규칙적으로 반복하여 선행(船行)하는 선박을 말한다. 정기선의 종류는 재래선, 컨테이너선 및 다목적선이 있으며 그 특징은 다음과 같다.

① 정기적인 배선에 따른 취항의 규칙성을 유지함으로써 화주가 운송화물에 대한 계획적인 선적 또는 인수준비 및 계획적인 수출입을 할 수 있다. 협정운임을 적용함으로써 운임의 안정성을 유지하여 선물계약을 가능하게 한다. 특정시간에 정해진 특정항로를 정규적으로 선행하는 것이 정기선의 생명이며 화주에 대한 신용의 기준이 된다.

② 불특정다수의 화주에게 운송(service)을 제공하는 개품운송계약의

---

1) 해상운송에 관한 국제규칙은 헤이그-비스비규칙(Hague-Visby Rules)과 함부르그규칙(Hamburg Rules)이 있다.

형식을 취한다. 개품운송계약이란 개개의 화물을 개별적으로 운송계약을 체결하여 운송할 것을 약정하는 계약을 말한다.

③ 해운동맹이 제정한 공통운임율을 적용하고, 정기배선표에 따라 화물의 만선적여부에 관계없이 특정항로를 선행한다.

④ 지점 및 부두관리에 따른 고정비용이 높아 부정기선보다 운임이 비싸다.

⑤ 운송의 주 대상이 여객, 우편물 및 공업제품 등이 주종을 이룬다.

2) 부정기선 운송

부정기선(不定期船: tramp or tramper)이란 고정된 운항일정과 항로가 없이 운송수요자의 요구에 따라 수시로 어느 곳이나 취항하는 선박을 말한다. 수요가 급증하는 명절에 투입되는 임시열차와 같은 선박이라고 할 수 있다. 정기선이 화물이 선박을 찾아온다면, 부정기선은 선박이 화물을 찾아오는 것이라고 할 수 있다. 부정기선 운송의 특징은 다음과 같다.

① 시장이 광범위하고, 선주 및 관계국의 수가 지나치게 많고, 선박간의 비용조건이 균등하지 못하여 해운동맹이 형성되지 못한다.

② 운임이 그 당시 선복(船腹)의 수요와 공급에 의하여 결정되며, 경쟁사간의 경쟁이 치열하여 유동적이며 일반적으로 정기선보다 낮다.

③ 1인 또는 소수 화주에게 운송을 제공하고, 동일물품을 만선적(滿船積)하여 운항한다. 화주가 선박회사로부터 선복의 일부 또는 전부를 대절하는 용선운송계약(charter party; C/P)의 형식을 취한다.

④ 운송의 주 대상이 곡물, 광석, 원목, 비료, 원면 등 대량화물이다.

3) 특수전용선 운송

특수전용선(specialized vessel)이란 부정기선의 일종으로 대개 용선운송계약의 형식을 취하며 특정종류의 화물만을 수송하기 위하여 특수시설을 구비한 선박 즉, 광석전용선, 석탄전용서, 곡물전용선, 목재전용선, 유조선, 냉동선 등과 같은 산업전용선(industrial carrier)을 말한다. 특수전용선의 이용으로 운송의 효율성 제고와 운송비를 절감할 수 있다.

2. 해상운송계약

1) 개품운송계약

개품운송계약(contract of affreightment in a general ship)이란 개개의 물품을 선박회사와 화주 간에 개별적으로 체결하는 물품운송계약을 말한다. 불특정 다수의 화주로부터 물품을 인수하여 혼적(混積: consolidation)하여 운송하는 정기선운송은 개품운송계약에 의한다.

2) 용선운송계약

용선운송계약(傭船運送契約: contract of carriage by charter party)이란 화주가 선박회사로부터 선복의 일부 또는 전부를 대절하여 운송하는 경우에 체결하는 물품운송계약을 말한다. 주로 1회의 선적량이 대량인 석탄, 광석, 곡물, 원목 등 산화물(bulk cargo) 운송에 활용된다. 일반적으로 부정기선이 이용되며 개품운송계약과는 달리 표준화된 용선계약서(charter party; C/P)가 사용된다.

용선운송은 화주용선과 운송인용선, 전부용선과 일부용선으로 구분되며, 전부용선은 정기용선, 항해용선 및 나용선으로 대별된다.

(1) 화주용선과 운송인용선

용선의 주체가 화주이면 화주용선, 운송인이면 운송인용선이라고 한다. 화주용선은 화주가 운임(freight)을 선박회사에게 지급하고, 운송인용선은 운송인이 대선업자(貸船業者: ship owner)에게 용선료(charterage)를 지급한다.

운송인용선은 선박회사가 자사 소유의 선박이 부족한 경우 대선업자로부터 선복 전부를 일정기간 또는 특정항로를 한정하여 용선하고, 그 용입선으로 화주의 선복에 응하므로 전부용선, 기간용선, 항해용선의 형태이다. 선박회사는 화주에게는 운송인되며, 대선업자에게는 용선자가 된다. 운송인용선이 기간용선이거나 항해용선이거나 선원, 선용품 등을 대선업자가 공급한다.

(2) 전부용선과 일부용선

전부용선(whole charter)이란 선복의 전부를 대절하는 경우를 말하며 정기용선, 항해용선 및 나용선으로 구별된다. 일부용선(partial charter)은 선복의 일부만을 대절하는 경우를 말한다.

(3) 항해용선과 정기용선

항해용선과 정기용선은 전부용선의 형태에 속한다.

항해용선(voyage charter or trip charter)이란 무역업자가 주로 이용하며, 용선계약의 존속기간이 특정항로에 제한되는 경우 즉, 특정항구에서 특정항구까지의 1회 또는 수회의 운송을 화주(용선주: charterer)가 의뢰하고 선박회사가 수락하는 용선계약을 말한다. 정기용선(time charter)은 기간용선이라고도 하며 용선계약의 존속기간이 일정한 기간에 제한되는 경우를 말하며, 선비는 선주가, 운항비는 용선자가 부담한다.

선비(船費: ship's expenses)란 용선기간 중에 선박을 운항할 수 있는 상태로 두기 위하여 직·간접으로 필요한 경비를 말하며 직접선비와 간접선비로 구분된다. 직접선비(management cost)는 선원비, 수리비, 선용품비, 검사비 등을 말하며, 간접선비(fixed cost)는 선박의 감가상각비, 보험료, 금리 등을 말한다. 운항비(運航費: operating expense cost)란 당해 운항에서 직접 필요한 비용으로서 항해하지 않으면 발생하지 않는 연료비, 항비, 하역비, 운하통과료, 대리점비 등을 말한다.

(4) 나용선

나용선(裸傭船: bareboat charter or demise charter)이란 선박을 소유하고 있는 선주(대선업자: 용선선주; chartered owner)가 선박으로 해상운송업을 영위하는 선주(선박회사)에게 선박만을 임대하는 선박의 임대차용선을 말한다. 용선자는 나용선료(bareboat charter hire)를 선주에게 지급하고 선박 이외의 선원, 항세, 장비, 소모품 및 운항에 관한 모든 책임을 부담한다. 운송업자가 외국선박을 나용선하여 자국의 선원과 장비를 구비하여 다시 제3국에 재용선하기도 한다.

3. 해운동맹

1) 해운동맹의 의의

해운동맹(shipping conference or shipping ring)이란 특정의 정기항로에 배선하고 있는 선박회사들이 상호 간의 부당한 경쟁을 규제 또는 제한할 목적으로 결합하여 운임율, 기항지, 취항회수, 적하량 등 운송에 관한 각종의 협정을 체결하는 일종의 국제카르텔을 말한다. 정기선에 한하여 존재하므로 정기선동맹(liner conference)이라고도 하며, 운임이 제일 중요하므로 운임동맹(freight conference)이라고도 한다. 항로에 중점을 두면 항로동맹(navigation conference)이라고 한다.

해운동맹은 희망하는 선박회사는 무조건 가입을 허용하는 미국식 해운동맹(개방적 해운동맹: open conference)과 일정한 자격과 실적이 있고 동맹사의 이익을 해칠 우려가 없는 선박회사에 한하여 가입을 허용하는 영국식 동맹(폐쇄적 동맹: closed conference)이 있다. 해운동맹에 가입한 선박을 동맹선(member liner)이라고 하며, 해운동맹에 가입하지 않은 선박을 맹외선(outsider or non-conference liner)이라고 한다.

2) 대내적 경쟁배제수단

해운동맹은 경쟁배제수단으로서 대내외적으로 여러 가지 수단을 강구하고 있다. 운임율을 일정기간 고정시켜 운영하기 위한 운임협정(rate agreement)과 항해수, 발항지, 기항지 및 적재화물과 수량을 제한하기 위한 항해협정(sailing agreement)을 체결하고, 집화경쟁(集貨競爭)을 억제하기 위한 공동계산제(pooling system)를 협정한다.

동맹사 간의 운송화물 분배는 일정기간의 화물량 또는 운임수익 실적을 기준으로 한다. 일정기간의 화물량 실적을 기준으로 분배하는 경우를 'tonnage pool'이라고 하며, 일정기간의 운임수익 실적을 기준으로 분배하는 경우를 'freight pool'이라고 한다.

3) 대외적 경쟁배제수단

해운동맹은 비동맹선에 의한 해운시장의 혼란방지와 영업 안정성을 기하기 위하여 대외적으로 여러 가지 방법을 강구하고 있다.

(1) 투쟁선

투쟁선(fighting ship)이란 맹외대항선이라고도 하며, 해운동맹의 항로에서 유력한 비동맹선과 경쟁이 발생하는 경우 그들의 활동을 방해하기 위하여 가맹회사가 공동으로 비용을 부담하여 마련한 대항선을 말한다. 투쟁선은 영국식 해운동맹에서만 사용하고, 미국식 동맹에서는 누구나 가입이 허용됨으로 비동맹선(non-conference ship)과의 경쟁이 발생하지 않는다. 대항의 방법은 투쟁선을 맹외선과 동일항로, 동일시간에 취항시키거나, 채산성을 무시한 운임을 적용하는 것이다.

(2) 화주구속수단

화주가 맹외선을 이용하지 않도록 동맹선을 이용하는 충실한 화주에 대하여 운임상의 일정한 할인을 부여한다.

① 계약운임제

계약운임제(contract rate system)란 이중운임제(dual rate system)라고도 하며, 해운동맹과 화주 간의 자유계약에 의하여 성립되며 계약서가 교환된다. 해운동맹이 적용하는 운임율은 계약운임율과 비계약운임율이 있으며, 계약운임율이 상대적으로 싸다. 선적시점에 동맹선에만 선적할 것을 약속하는 계약화주(contract shipper)에게는 싼 계약운임율을 적용하고, 약속 후 계약을 위반하고 비동맹선에 선적하는 경우 위약금(違約金: liquidated damage)을 받거나 그 이후의 계약을 거부한다.

② 운임연할려제

운임연할려제(運賃延割戾制: deferred rebate system)란 운임연환급제(運賃延還給制)라고도 하며, 계산기간(account period) 동안 동맹선에만 적재한 화주에 대하여 그 기간 중에 수취한 운임의 일부를 환급해주는 제도를 말한다. 환급조건은 다음의 일정기간(거치기간)도 동맹선을 이용하도록 의무화시키고, 만일 비동맹선에 선적하면 그 기간의 선적분과 그 전기간에 행하여진 운송에 대한 환급금청구권을 포기하게 하는 것이다. 가장 강력한 화주구속수단으로서 영국계 동맹에서만 사용하며, 미국계 동맹의 경우 1916년 미국 해운법의 제정으로 위법행위가 된다.

③ **충실보상제**

충실보상제(fidelity rebate system)는 운임할려제(loyalty bonus system)라고도 하며, 계산기간 동안 전체 화물을 동맹선에만 적재한 화주(비계약운임율을 적용받는 화주)에 대하여 운임의 선급 또는 후급에 관계없이 그 기간 내에 선박회사가 수취한 운임의 일정율을 기간경과 후에 환급하는 제도를 말한다.

충실보상제와 운임연할려제와의 차이는 유보기간의 유무이며, 운임연할려제는 유보기간 없이 일정기간이 경과된 후에 그 할려금 전액을 한꺼번에 지급한다. 이들은 동맹의 일방적인 의사에 따른 특혜제도이므로 동맹이 일방적으로 할려금선언서(rebate circular)를 발행하여 화주에게 통고하거나 공포한다.

4. 해상운임

해상운임은 선복에 대한 수요와 공급에 의해 결정된다. 정기항로에는 일종의 카르텔인 해운동맹이 결성되어 있으므로 시장경쟁이 크게 제약을 받는다. 일반적으로 복합운송은 정기선 해상운송에 상이한 운송수단을 결합한 일관운송이므로 정기선 운임체계를 기본으로 하고 있다.

1) 정기선 운임

정기선 운임은 기본운임, 할증료 및 추가요금으로 구성된다. 기본운임(basic rate)은 중량톤(weight ton)과 용적톤(measurement ton) 중 높은 쪽을 운임톤(revenue ton; R/T)으로 하고 기본운임율(base rate)[2]을 곱하여 산출된다.[3] 귀금속 등 고가품은 가격이나 개수를 기준으로 운임을 산정

2) 기본운임율은 항로 및 화물에 따라 다르다.

3) 중량보다 부피 즉, 용적이 큰 화물(용적화물: measurement cargo)은 용적을 기준으

한다.

선박회사는 운송관련 시설확충이나 기술진전에 따른 비용을 해상운임만으로 충당(cover)하기 어려워 이를 보전하기 위한 명목으로 할증료(surcharge) 또는 추가비용(additional charge)을 징수하며, 이들은 통상적으로 기본운임의 일정비율(%) 또는 컨테이너 당 또는 톤당 일정액을 적용한다.

① **터미널화물처리비**

터미널화물처리비(terminal handling charge; THC)란 화물이 'CY(container yard)'에 입고된 순간부터 본선의 선측까지, 역으로 본선의 선측에서 'CY'의 게이트(gate)를 통과하기까지의 화물이동에 따른 비용을 말한다. 한국, 대만, 홍콩 등 극동지역, 'ASEAN(Association of South Asian Nations)' 국가 및 유럽지역에서 사용하는 명칭이다. 일본은 아시아항로에 한정하여 컨테이너처리비용(container handling charge; CHC), 미국은 도착지 화물인도비용(destination delivery charge; DDC)을 부과함으로 터미널화물처리비의 개념과 원가구성 요소가 국가마다 다르다.

② **CFS 작업료**

'CFS 작업료(container freight station charge)'란 'LCL(less than container load)' 화물 운송에서 선적지 및 도착지의 'CFS'에서 화물의 혼적 또는 분류 작업에 따른 비용을 말한다. 선박회사는 화주로부터 'CFS 작업료(CFS charge)'를 징수하여 'CFS 운영자(operator)'에게 지급한다.

③ **도착지화물인도비용**

북미수출에서는 도착항의 터미널 작업비용과 목적지까지의 내륙운송비용을 포함하여 도착지화물인도비용(destination delivery charge; DDC)이라는 명목으로 해상운임과는 별도로 징수한다.

④ **컨테이너세**

컨테이너세(container tax)란 부산항만 배후도로를 운송하는 컨테이너

로, 용적보다 중량이 큰 화물(중량화물: weight cargo)은 중량을 기준으로 운임을 산출한다. 우리나라에서는 '1 Ton=1 CBM(m³)'로 보고 더 높은 쪽을 기준으로 운임을 산정한다.

차량에 대하여 운송시설 확충의 목적으로 부산시가 부과하는 지방세를 말한다.

⑤ 서류발급비

서류발급비(documentation fee)란 선박회사가 선하증권(B/L)과 화물인도 지시서(D/O)를 발급할 때 징수하는 비용을 말한다.

⑥ 체선할증료

체선(滯船)은 목적지 부두의 혼잡으로 선박이 항외에 정박해야 하는 상태를 말하며 지속되면 항만기능 마비, 양륙불능, 체선료 등의 추가비용이 발생하게 된다. 체선할증료(port congestion surcharge)란 입출항 선박의 수에 비하여 항구의 하역능력이 부족하여 하역을 위한 선박의 대기시간이 길어짐으로써 발생하는 손해에 대하여 부과되는 할증료를 말하며, 발생하는 경우 일정기간에 대하여 부과한다.

⑦ 통화할증료

통화할증료(currency adjustment factor; CAF)는 'currency surcharge'라고도 하며 운임을 항로의 기준통화 또는 'U.S. Dollar'를 기준으로 산정하는 정기선이 운임표시 통화의 가치하락에 따른 손실보전을 위하여 부과하며 일정기간 해당통화의 가치변동률을 감안하여 기본운임의 일정비율(%)을 적용하며 현재 구주 및 호주 지역에 부과하고 있다.

⑧ 유류할증료

유류할증료(bunker adjustment factor; BAF)는 'bunker surcharge'라고도 하며 선박의 연료인 벙커유(bunker)의 가격변동에 따른 손실보전을 위하여 부과되며, 기본운임의 일정비율(%) 또는 일정액을 적용한다. 북미항로에서는 연료할증료(fuel adjustment factor; FAF)라고 한다.

⑨ 피드운임

컨테이너선은 한정된 항구에 기항한다. 기항하는 항구와 기항하지 않는 항구와의 사이에 보조적인 수단으로 사용되는 선박을 'feeder'라고 하며, 'feeder'와 관련된 비용을 피드운임(feeder charge)이라고 한다.

⑩ 중량화물할증료

중량이 일정기준을 초과하는 화물을 중량화물이라고 한다. 중량화물 할증료(heavy lift surcharge)란 중량화물에 부과되는 할증료를 말한다.

⑪ 전송료

전송료(轉送料: on-carriage charge)란 미국이 사용되는 용어로서 환적비(transshipment charge)라고도 하며, 본선에서 거룻배, 트럭, 화차 등으로 소정의 목적지에 이르기까지의 전송과 관련된 비용을 말하며 목적지에서 발생한다.

⑫ 접속비용

접속비용(arbitrary)이란 환적을 위한 선적비, 보관료 등을 말한다.

⑬ 양륙항 선택할증료

선적시점에 양륙항이 결정되지 않은 채로 선적되는 화물을 양륙항 선택권부화물(optional cargo)이라고 한다. 화주는 본선이 도착하기 이전에 양륙항을 선택할 권리가 있으며, 선택할 수 있는 항구 수에 비례하여 양륙항 선택할증료(optional destination fees)가 부과된다. 관련비용은 수하인이 부담하며 목적지에서 발생한다.

⑭ 지체료

지체료(遲滯料: detention charge)란 화주가 대여받은 컨테이너(container) 또는 트레일러(trailer)를 규정된 기간 내에 반환하지 못하는 경우 벌과금으로 부과되는 비용을 말한다.

2) 용선 운임

용선계약은 화물의 종류와 수량, 적재톤수, 운임율, 하역비용, 정박기간 등을 약정한다.

(1) 적재톤수

적재톤수(부적운임 적용)는 '500 metric tons 5% more or less' 또는 'not exceeding ...... tons but less than ..... tons' 등과 같이 표기한다.

(2) 운임율

기간용선과 나용선은 계약기간에 따라 용선료가 결정된다. 항해용선은 적재수량을 기준으로('주로 화물의 톤당 얼마') 용선료를 산정하는 것이 원칙이다. 항해용선의 변형으로 목재와 같이 용선료를 적재수량에 의하지 않고 적하전체의 '일 항해 당 얼마'로 정하는 경우를 선복용선(lump-sum charter)이라고 하며, '1일당 얼마'로 정하는 경우를 일부용선(daily charter)이라고 한다.

(3) 하역비용

하역비용은 선내비용으로서 선내하역인부에게 지급하는 선내하역인부임(stevedorage)을 말한다.

선내하역인부(stevedore)는 선박회사 또는 부두경영자에게 전속되거나 고용되어 부두에서 선적 등 일절의 하역에 종사하며, 미국에서는 항만노동자(longshoreman)라고 하며 부두하역인(dock man), 갑판하역인(deck man), 선창하역의 적재인부(hatch[4] man or hold man) 등으로 분류된다.

본선내의 적재비용(stowage charges)으로서 선창의 하역인부인(hatch(hold) man)에게 지급되는 임금을 'stowage'라고 한다. 산화물(bulk cargo)을 만선시키는 경우 또는 동종동급의 화물을 혼합하는 경우, 선창의 각 칸마다 화물을 고루 실을 수 있도록 일정한 방법으로 정리하는 것을 'trimming' 또는 'levelling'이라고도 하며, 관련 비용을 화물정리비용(trimming charge)이라고 한다. 'levelling'은 선장의 지휘 하에 이루어지며, 'levelling charge'는 원칙적으로 본선이 부담한다. 개장화물을 선창에서 정리하는 것을 이화(移貨: shifting)라고 하며 넓은 의미에서 'levelling'의 일종이다.

정기선운송은 본선 선측에서 화물의 인수도가 이루어지고 하역비는 원칙적으로 선주가 부담한다. 부정기선운송은 그 대상이 석탄, 광석, 시멘트 등 대량화물이며, 이들의 하역은 특수한 하역시설과 전문하역인부가 필요하므로 화물의 적하비 및 양하비를 화주에게 부담시키는 경우가 많다.

---

4) 'hatch'란 선창을 말하며 'ship's hold' 또는 'hatch hold'라고도 한다.

① Berth Terms(Liner Terms)
적하 및 양하 시 선내하역인부임 모두를 선주가 부담하는 조건을 말하며 정기선 운송에 사용된다.

② FIO(Free In and Out)
적하 및 양하 시 선내하역인부임 모두를 화주가 부담하는 조건

③ FI(Free In)
적재 시의 선내하역인부임은 화주가, 양하 시는 선주가 부담하는 조건

④ FO(Free Out)
적재 시의 선내하역인부임은 선주가, 양하 시는 화주가 부담하는 조건

⑤ FIOST(Free In, Free Out, Stowed, Trimmed)
FIO조건에 'stowage'와 'trimming charge'를 추가하여 화주가 부담하는 조건

3) 정박기간

선박회사는 운임수익의 극대화를 위하여 선박의 운항회전율이 중요하므로 항해용선의 경우에도 하역을 위한 정박일수가 화주의 사정으로 헛되이 연장되지 않도록 정박기간을 약정한다.

정박기간(laydays or laytime)이란 화주가 하역을 위하여 선박을 정박시킬 수 있는 기간을 말한다. 선박회사는 정박기간을 초과하면 하주에게 체선료(滯船料: demurrage)를 부과하고, 정박기간 만료이전에 하역을 종료하면 조출료(早出料: despatch money)를 지급한다. 선복용선(lump－sum charter)은 정박기간을 '하역기간 며칠'로 표시한다. 기타 용선은 정박기간을 '1일 책임하역량'하여 간접적으로 표시한다.[5]

정박기간은 화물의 종류 및 항만의 관습에 따라 대개 다음의 조건으로 약정한다.

---

5) 총톤수: 1일 하역량＝정박기간

(1) CQD

'CQD(customary quick despatch)'는 관습적 조속하역을 말하며, 정박기간을 한정하지 않고 항구의 관습적인 방법으로 가능한 한 빨리 하역하는 조건을 말한다. 1일 책임하역량을 한정하지 않고(unfixed laydays), 특약이 없는 한 일요일과 공휴일은 물론 불가항력에 의한 하역지연일도 정박기간에서 제외되므로 선주에게 불리한 조건이다. 'customary'가 의미하는 바와 같이 선박회사나 화주가 묵인하고 신뢰할 수 있는 정도의 관습과 하역작업능력이 하역항에 있는 것을 전제로 한다. 관습의 판단에 대한 분쟁이 발생할 수 있으므로 잘 이용되지 않는다.

(2) 정박기간 한정조건

정박기간 한정조건이란 총톤수에서 1일 책임하역량을 나누어 정박기간을 결정하는 조건(fixed laydays)을 말하며, 1일 24시간을 결정하는 방법은 2가지가 있다.

① 경과일수

하역의 개시시점에서 종료시점까지의 총일수(running laydays)를 정박기간으로 계산하는 조건을 말하며 무조건 연속 24시간을 1일로 한다. 특약이 없는 한, 일요일과 공휴일, 불가항력에 의한 하역지연기간도 정박기간에 모두 포함되므로 화주(용선자)에게 불리한 조건이다. 일반적으로 '원면 1일 몇 톤' 등과 같이 1일 책임하역량을 표시한다.

② 하역가능일

가장 많이 사용되는 조건으로서 호천후 작업일 24시간조건이라고도 한다. 기후조건이 하역작업이 가능한 날짜(weather working days; WWD)만을 정박기간에 산입하는 조건을 말하며 일요일과 공휴일은 정박기간에 포함되고 일기불량으로 하역작업이 불가능한 날은 제외된다. 대부분의 경우 악천후일이나 일요일과 공휴일 모두 제외시키므로 'WWD SHEX[6] unless used'로 표시하며, 일요일과 공휴일에 작업하지 않으면 정박기간에 산입되지 않는다. 실무적으로 하역이 끝나면 정박일수계산서(laydays

---

6) 'SHEX'는 'Sunday and Holiday Excepted'의 약자임.

statement)를 작성하여 선주와 화주 상호간에 확인한다.

4) 체선료와 조출료

항해용선에서 정박기간을 한정한 경우, 체선료와 조출료가 발생할 수 있다. 항해용선의 체선료는 보통 '1일당 얼마'(예컨대, demurrage at the rate of U$ 1,000 per day)로 결정되며, 금액은 1일당의 선비가 기준이 된다. 일반적으로 조출료는 체선료의 반이며, 'WWD'나 'CQD' 조건에서도 허용기간을 초과하면 초과한 모든 시간에 대해 체선료가 징수되지만, 조출료는 보통 'For All Laytime Saved', 'For All Working Time Saved'로 됨으로 휴일 등 정박기간에 산입되지 않는 기간은 조출료 계산에서 제외된다.

제 2 절 컨테이너운송

오늘날의 운송은 컨테이너운송이 일반화되어 있다. 컨테이너는 1920년대 미국의 철도화물 운송에 처음 사용되었다. 세계 최초의 해상운송 컨테이너선은 1956년 4월 유조선을 개조한 'Ideal-X'호이다. 컨테이너 운송의 아버지'로 불리는 트럭기사 출신 말콤맥린(Malcom McLean)의 주도하에 'Ideal-X'호는 58개의 컨테이너를 싣고 미국 연안 'New Jersey'주의 'New Wark'에서 'Houston'으로 출항하였다. 그러나 'Ideal-X'호 운항 후 컨테이너 사용에 따른 실업문제로 인한 파업, 벌크화물을 취급하는 구식 항구들의 반발, 컨테이너 규격 표준화 과정의 갈등 등으로 컨테이너가 즉시 물류시스템의 중심이 되지 못하였다. 그 후 베트남 전쟁에서 미국이 대규모 군용물자 수송에 대한 컨테이너의 유용성을 인식함으로써 컨테이너가 국제물류의 중심축으로 부상하게 되고 또한 해상운송된 컨테이너의 내륙운송을 위한 철도산업의 육성으로 컨테이너 사용을 위한 시스템과 장비의 발전을 가져오게 되었다. 1966년에 이르러 미국의

'Sea-Land'사가 북대서양 항로에 처음으로 'full-container ship'을 투입함으로써 해상운송의 컨테이너화가 본격화되었다.

우리나라는 1972년 최초로 컨테이너 운항선인 인왕호를 한·일 항로에 취항시켰으며 1979년에 이르러 컨테이너선을 전세계에 취항시켰다. 컨테이너선의 취항으로 의류와 직물의 수출비중이 감소하고 전자제품과 철강 등 첨단제품의 비중이 증가하여 무역패턴의 변화를 가져왔다. 우리나라 조선기업의 컨테이너 생산능력 향상으로 조선산업과 컨테이너와 불가분의 관계인 항구의 발전도 뒤따랐다.

1. 컨테이너의 개념

컨테이너(container)란 수송화물을 '1 unit'(수송취급단위)로 할 목적으로 사용하는 대형의 상자형 수송용기를 말한다. 환적에 용이한 구조, 각종 수송기관에 적합한 용적 및 반복 사용할 수 있는 내구성이 있어야 한다.

'Incoterms'는 컨테이너를 국제표준화기구(International Organization for Standardization; ISO)의 공인여부에 관계없이 'container', 'flat',[7] 'trailer', 'swap body', 'RO-RO장비', 'igloo', 'pallet' 등 단위화 화물(unitize)에 사용되는 모든 장비로 규정하고 있다.

컨테이너는 크기에 따라 20피트 컨테이너와 40피터 컨테이너로 구분된다. 20피트 컨테이너를 'TEU(twenty-foot equivalent unit)'라고도 하며, 40피트 컨테이너를 'FEU(forty-foot equivalent unit)'라고도 한다. 20피트 컨테이너와 40피트 컨테이너의 가로와 높이는 각각 8피트, 8피트 6인치이며, 단지 길이가 각각 20피트, 40피트로 차이가 난다.

2. 컨테이너의 종류

컨테이너는 육상용, 해상용 및 항공용이 있다.

7) 철도차량의 무개차를 말한다.

① 일반용 컨테이너(dry container)

일반잡화의 수송용으로 모든 면이 밀폐되어 있고 뒤에 문이 있다.

② 냉동 컨테이너(reefer container)

생선, 과일, 채소 등 냉동화물 수송용으로 'CFS'와 'CY'에서 플러그 연결이 가능하다.

③ 상부개방식 컨테이너(open top container)

장척화물, 기계류 등 단위중량화물 수송용으로 천정 없어 수직으로 하역이 가능하다.

④ flat rack container

승용차, 기계류, 합판 등의 수송용으로 윗부분과 벽면을 분해 결합하여 화물을 전후좌우로 적입할 수 있으므로 상부개방식 컨테이너(open to container)보다 편리하다.

⑤ 동물수송용 컨테이너

'pen container' 또는 'live stock container'라고 하며 소, 말 등 동물 수송용으로 통풍과 먹이주기에 편리한 구조를 갖추고 있다.

⑥ 액체화물 수송용 컨테이너

'tank container'라고 하며 식품, 약품, 유류 등 액체화물의 수송용으로 사용된다.

⑦ 기타 컨테이너

양복전용 컨테이너(garment container), 자동차전용 컨테이너(car container) 등 특수 컨테이너가 있다.

3. 컨테이너운송의 이점

컨테이너를 매체로 운송화물에 적합한 상이한 종류의 운송기관을 결합하여 수송하는 협동일관수송(協同一貫輸送: intermodal transport)이 가능하므로 컨테이너운송은 운송의 3대 원칙인 경제성, 신속성 및 안전성을 실현하여 화주와 선박회사 모두에게 공히 이익을 제공한다. 반면에 컨테이너 운송은 수송에 필요한 여러 장비를 갖추는데 거대한 자금이 소요되는 단점이 있다. 컨테이너로 수송할 수 없는 화물의 종류도 많다.

① 포장비 절감

컨테이너가 수송용기 역할을 함으로써 상품의 외부 포장을 생략할 수 있다.

② 운임 절감

하역의 기계화에 따른 하역비 감소와 운항시간 단축에 따른 운항비 감소로 재래선보다 화주의 운임부담이 감소한다.

③ 자금의 신속한 회전

재래선 운송은 선적 후에 선하증권이 발급되지만, 컨테이너 운송은 컨테이너 적입 후 발급됨으로 화환어음의 매도(negotiation)를 보다 신속하게 할 수 있어 자금의 원활한 회전이 가능하다.

④ 보관료 절감

'CY'와 'CFS' 자체가 보세창고의 역할을 함으로써 통관을 위한 보세창고료가 들지 않는다.

4. 컨테이너 선박의 종류

컨테이너 선박은 컨테이너 전용선(full container ship)을 말하며, 하역방식에 따라 'Lo－Lo Ship(lift on－lift off ship)'과 'Ro－Ro Ship(roll on－roll off ship)'으로 분류한다. 'Lo－Lo Ship'은 'Gantry Crane'으로 컨테이너를 중직으로 선적하는 선박을 말하며 가장 경제적이며 제일 많다. 'Ro－Ro Ship'은 컨테이너를 'Fork Lifter'나 트레일러(trailer)에 적재한 채로 선박과 육상을 연결하는 램프(ramp)를 경유하여 선측이나 선미에 있는 출입구를 이용하여 수평으로 선내에 반입하는 방식의 선박을 말하며 불필요한 공간이 많은 것이 단점이다.

5. 우리나라 컨테이너 육상운송

육상운송(내륙운송)은 수출화물의 경우 생산자의 공장에서 선적항의 'CY'나 'CFS'까지, 수입화물의 경우 양륙항의 'CY'나 'CFS'에서 수입업자의 창고까지의 운송을 말하며, 수출인 경우에는 최초이고 수입인 경우에는 최후의 연결운송수단이 된다.

육상운송은 육로운송과 철로운송이 있다. 육로운송은 철도를 제외한 육상운송수단에 의한 운송을 말하며, 운송 중 해상운송이 개입되더라도 물품이 육로차량으로부터 적출되지 않으면 전운송구간이 육로에 의해 운송으로 본다. 철로운송은 내륙 인접국가 간의 무역과 해안과 접하지 않는 내륙국가가 해상운송이 필요한 경우 철도로 항만시설 국가까지 물품을 운송하여 해상운송과 연계시키기 위하여 이용되며 복합운송의 출현으로 원거리 운송에도 그 사용이 점증하고 있다. 컨테이너에 의한 육상운송은 트레일러(trailer), 트랙터(tractor), 트럭(truck), 돌리(dolly) 등 육상운송기기가 필요하다.

육상운송서류는 비유통성 서류로서 화물수취증(貨物收取證: consignment note), 'rail waybill', 'waybill' 등이 있다.

육상운송 관련 국제규칙은 국제도로운송조약(Convention relative au de contrat de Transport International de Marchandise par route, 1956; CMR)과 국제철도운송조약(International Convention concerning the Carriage of Goods by Rail, 1970; CIM)이 있다.

우리나라 국내운송에 사용되는 실무용어로서 'long drayage, local drayage' 및 'shuttle drayage'가 있다. 'long drayage'는 부산과 대전 이북지역간의 운송을 말하며, 컨테이너 기지(Container Depot; CD)가 경인지역에 소재하는 경우 통상적으로 편도(one way) 운송료가 적용된다. 'local drayage'는 서울, 부산 및 인천 시내의 운송을 말한다. 'shuttle drayage'는 컨테이너 야드(container yard)와 컨테이너 데포(container depot), 수출항부두밖 컨테이너야적장(off dock container yard; ODCY)[8]와 컨테이터 터미널

---

8) 'ODCY'는 컨테이너 터미널의 'CY'가 협소하여 컨테이너 터미널의 기능인 수출입 컨테이너의 장치, 보관, 수리 및 통관업무 등을 할 수 있는 부두 밖 장소(컨테이너

(부두터미널)간의 단거리 왕복운송을 의미한다.

1) 트럭운송

'FCL'화물은 일반적으로 공 컨테이너(empty container)가 생산자의 공장(door)에 투입되고 물품이 내륙지에서 수출통관된 후 컨테이너에 적입(stuffing)되어 대부분 트랙터(tractor)/세미 트레일러(semi-trailer) 방식에 의해 고속도로나 일반국도를 통해 부산항 등 수출항 부두 밖 컨테이너 야적장(off dock container yard; ODCY)에 반입되어 선적된다. 일반화물(loose cargo) 형태로 트럭(truck)으로 수출항부두 밖 컨테이너야적장(ODCY)까지 수송된 후 그곳에서 수출통관이 이루어져 컨테이너에 적입되어 선적되기도 한다. 수출항까지의 운송은 선박회사가 지정한 육상운송업체(컨테이너 운송업체)가 전담한다.

FCL화물의 운송 흐름은 다음과 같다.

① 육상운송업체(트럭회사)가 선박회사 또는 포워드(forwarder)의 운송신청을 접수하면, 운송신청 기준으로 그들에게 공 컨테이너(empty container)의 수도를 통보하고 선박회사로부터 기기인도지시서(equipment dispatch order; EDO)를 교부 받는다.

② 육상운송업체(트럭회사)는 'CT(container terminal)'에 기기인도지시서(EDO) 1통을 제시하고 기기수도증(equipment receipt; ER) 반출용(out용) 1통, 공 컨테이너 반입표 및 Seal(봉인) 등을 수령하는 동시에 'CY'에서 관리하는 공 컨테이너를 수취한다. 공 컨테이너에 컨테이너 반입표 및 'seal'을 동봉한 후 화물발송지(화주의 생산공장, 창고, 야적지 등)에 투입한다.

③ 화물발송지에서 컨테이너에 적입(stuffing or vanning)[9]이 완료된 후 'Seal'을 부착하고 컨테이너 반입표에 필요한 사항(본선명, 도착지 등)을 기록하고 서명한다.

야드)를 말한다.

9) 컨테이너에 화물을 적재하는 작업을 'stuffing' 또는 'vanning'이라고 하며, 관련 비용을 컨테이너 화물적입비용(stuffing or vanning charge)이라고 한다.

④ 화물이 적입된 컨테이너가 'CT(container terminal)'에 도착하면 컨테이너 반입표, 기기수도증 반출용(out용) 1통을 터미널에 제출한다. 터미널에서는 기기수도증을 기준으로 컨테이너를 검사한 다음 인수용 기기수도증 반입용(in용) 1통을 트럭기사에게 수도한다.

2) 철도운송

철도운송은 컨테이너 특별간이보세운송면허를 겸하고 있는 철도소운송업체들이 자체장비를 활용할 수 없는 특수한 중량화물 또는 도로운송으로 부산항 예정선박의 반입 마감시간에 맞추어 반입하기 어려운 경우에 많이 활용되고 있다.

철로에 의한 컨테이너 운송의 화물은 경기도 의왕시 내륙컨테이너기지(inland container depot; ICD)의 내부 작업절차를 거쳐 운송된다. 의왕 'ICD' 내의 철도운송업체가 의왕 'ICD'에 컨테이너를 반입하여 일시 장치하거나 조차작업(操車作業: marshalling work)[10] 중인 화차에 적시 상차시키고 사전에 의왕역 철도운송담당자에게 컨테이너 철도운송을 의뢰하여 화차를 배정 받는다. 의왕 'ICD' 내의 하역업체는 일시 장치중인 컨테이너를 구내로 이송하여 조차작업이 끝난 화차에 상차하거나 화주의 생산공장에서 직접 반입된 컨테이너를 화차에 상차시킨다. 의왕역을 출발하여 부산진역에 도착된 컨테이너는 그 중 부산컨테이너 부두운영공사(Busan Container Terminal Operation Terminal; BCTOC)로 직접 반입될 컨테이너만으로 열차를 다시 조차작업을 하여 부산진역과 부산컨테이너 부두운영공사 간의 지선을 통하여 반입되고 나머지는 다른 부두 밖 컨테이너야적장(ODCY)에 반입되어 선박스케줄에 맞춰 부산컨테이너 부두운영공사, 신선대컨테이너터미널(Busan East Container Terminal; BECT) 또는 일반부두(재래부두)에 반입되어 선적된다.

---

10) 조차(操車)란 열차를 편성하거나 다른 선로에 넣거나 나누거나 하는 일을 말한다.

제 3 절 국제항공운송

1. 국제항공운송의 의의

항공화물(air cargo)은 항공기에 의해 운송되는 승객의 수하물(手荷物: baggage)과 우편물(mail)을 제외한 화물을 말한다.

항공회사는 화주와 직접 거래하지 않으므로 항공화물은 항공화물운송대리점(air freight forwarder) 또는 혼적업자(consolidator)[11]에 의뢰하여 기적(機積)되어 운송된다. 화주가 항공화물의 내용(품목, 수량, 중량 등) 및 출하예정일, 비행편 등을 항공화물대리점에 예약하면 항공화물운송대리점이 항공회사에 항복예약(plane's space booking)을 하여 지정된 일시에 화주의 화물을 인수하여 세관까지 운송하여 통관절차를 거쳐 보세구역에 일시 장치된 후에 기적된다.

항공운송은 신속하지만 1회 수송량, 적재중량, 공간 등의 제한으로 산화물과 중량화물의 수송이 불가능하고 운송비가 비싼 것이 단점이다. 최근의 광동형(wide body) 항공기 출현과 항공화물 컨테이너화, 지상조업 자동화 등으로 운송원가의 절감이 가능하여 국제무역의 중요한 운송수단으로 증가일로에 있다. 전자제품, 고급 완구류, 귀금속 등 경량고가품과 견본품 수송에 널리 이용되고 있다.

2. 항공운송계약

항공회사는 선박회사와는 달리 무역업체와 직접 영업을 하지 않으므로 화주는 먼저 항공화물운송대리점을 선택하여야 한다. 우리나라 항공화물 포워딩업(forwarding)은 화물유통촉진법에 의한 복합운송주선업에 해당되며, 복합운송주선업자가 항공화물운송대리점 및 항공운송주선업

11) 항공화물주선업자(air freight forwarder)라고도 한다.

자의 기능과 역할을 동시에 수행하고 있다.

복합운송주선업(複合運送周旋業)이란 타인의 수요에 응하여 자신의 명의로 선박, 항공기, 철도차량 등 두 가지 이상의 운송수단을 이용하여 화물의 운송을 주선하는 사업을 말한다. 항공화물운송대리점은 항공화물의 송하인과의 계약주체인 항공사를 대신하여 항공화물운송장(air waybill)을 발행하고, 수출 및 수입 화물 모두에 대하여 육상운송과 수출입면허와 창고반출입 업무를 대행하면서 항공화물의 흐름을 원활히 하는 자로서 수출입 화주의 운송대리인, 혼적업자, 항공사의 판매대리인, 수출입 운송과 관련한 자문 및 부보(insurance) 업무를 담당한다.

항공화물운송대리점은 주로 'FCL'화물을 취급하여 항공운송주선업자에게 혼적을 의뢰하는 반면에 항공운송주선업자는 'LCL'화물만을 취급한다. 항공화물운송대리점은 항공회사의 항공화물운송장(master airway bill)을 화주에게 발행하지만 화주에 대한 책임은 항공회사가 부담하는 반면에 항공운송주선업자는 직접 자신이 화주에게 혼적화물운송장(house airway bill)을 발행하고 화주에 대한 책임도 직접 부담한다. 항공화물대리점은 항공사의 약관과 운임률을 적용하고 수수료로서 국제항공운송협회(International Air Transport Association; IATA)[12]의 '5% commission'과 취급수수료를 받지만, 항공운송주선업자는 자체의 약관과 운임율을 적용하고 수취운임과 지급운임의 차액을 자신의 수익으로 하거나 국제항공운송협회의 '5% commission'을 받는다.

3. 항공운송의 운임과 요율

항공화물의 운임은 국제항공운송협회(IATA)가 정한 운임표와 규정에 따라 산출하며 운임요율의 종류는 다음과 같다.

12) 항공운송에 관한 국제규칙으로는 국제항공운송 통일규칙에 관한 조약(Convention for the Unification of Certain Relating to International Carriage by Air, 1929)이 있으며 약칭하여 바르사바 조약(Warsaw Convention)이라고 한다.

1) 일반화물요율

일반화물요율(general cargo rate; GCR)은 모든 항공화물의 운임 산정 시 기본이 되며, 특정품목 할인요율 및 품목 분류요율의 적용을 받지 않는 화물의 운송에 적용되고 최저운임, 기본요율, 중량단계별 할인요율 등으로 분류된다.

최저운임(minimum charge)은 한 건의 화물운송에 적용할 수 있는 가장 적은 운임을 말한다. 화물의 중량운임이나 용적운임이 최저운임보다 낮은 경우 최저운임이 적용되며 요율표에 'M'이라 표시된다.

기본요율(normal rate)은 '45Kg'미만의 화물에 적용되는 요율로서 모든 화물의 기준이 되며 요율표에 'N'으로 표시된다.

중량단계별 할인요율은 중량단계(weight break)에 따라 달리 적용되는 요율을 말하며 중량이 높을수록 'Kg'당 요율이 더 낮게 설정되어 있다.

2) 특정품목 할인요율

특정품목 할인요율(specific commodity rate; SCR)은 화물운송의 유형상 특정 구간의 동종품목의 반복적 운송에 대한 수요제고를 목적으로 코드로 분류된 특정품목에 대하여 일반화물요율(GCR)보다 낮게 설정한 요율을 말하며 육상 및 해상 운송과의 경쟁성을 감안하여 결정된다. 시장에 근거한 차별화된 요율이며 품목마다 다르게 설정되어 있으므로 다른 품목의 영향을 거의 받지 않는다.

3) 품목분류요율

품목분류요율(class rate or commodity classification rate)은 특정품목에만 적용되며 특정 지역 간 또는 특정 지역 내에서만 적용되는 경우도 있다. 대개 일반화물요율(GCR)의 백분율에 의한 할증 또는 할인으로 표시된다. 일반화물요율보다 높게 설정되는 경우와 낮게 설정되는 경우가 있다. 신문, 잡지 등의 정기간행물, 귀중화물, 생동물, 시체, 자동차 등에 적용된다. 정기간행물은 기본요율(normal rate)에서 할인된 요율이 적용되고, 귀중화물 및 생동물, 시체와 자동차는 일반화물요율에 할증 요율이 적용된다.

4) 종가운임

종가운임(valuation charge; VC)은 손해배상과 관련된 요금을 말한다. 귀금속, 예술품 등 고가품은 화주가 항공운송인에게 그 가격을 신고하고 운송 중 사고가 발생하면 화물가액의 일정비율 즉, 종가운임으로 손해배상을 받게 된다.

5) 단위탑재용기요금

단위탑재용기요금(bulk unitization Charge; BUC)은 단위탑재용기(unit load device; ULD)[13] 사용료를 말하며 우리나라의 경우 미주행 항공화물에 적용된다.

6) 입체지불수수료

입체지불금(立替支拂金: disbursements or disbursement amount)은 송하인의 요구에 따라 항공사, 송하인 또는 그 대리인이 선 지급한 비용을 수하인으로부터 징수하는 금액을 말하며, 이에 따른 수수료를 입체지불수수료(disbursement fee)라고 한다.

7) 기타 비용

기타 비용은 수출항공화물취급수수료(handling charge), 'pick-up service charge', 수입화물 'AWB fee', 착지불수수료(charge collect fee) 등이 있다. 위험물품의 경우 위험물품 취급수수료(dangerous goods handling fee)가 적용된다.

---

13) 단위탑재용기란 항공운송에만 사용되는 항공화물용 'container'와 'pallet' 및 'igloo'를 의미한다. 대량의 항공화물을 수송함에 있어 단위탑재용기를 사용함으로써 화물의 보호, 신속한 작업 및 취급, 특수화물의 수송, 조업시간 단축에 따른 항공기 가동율을 높이는 등 많은 이점이 있다.

제 4 절 국제복합운송

국제복합운송은 1960년대 컨테이너 등장과 더불어 서서히 부각되어 오늘날 국제운송의 일반화된 개념으로서 해륙연결에 의한 복합운송이 주류를 이루고 있다. 오늘날 컨테이너라이제이션(containerization)이 가장 효과적으로 사용되고 있는 시스템이 복합운송이며, 복합운송의 장점을 극대화시킬 수 있는 운송수단이 컨테이너이므로 컨테이너운송과 복합운송은 같은 의미로 이해되고 있다.

1. 국제복합운송의 개념

국제복합운송(國際複合運送: international multimodal transport)이란 'international combined transport' or 'international intermodal transport'라고도 하며 복합운송인이 화물을 자신의 책임 하에 인수하여 어떤 국가의 일정한 지점으로부터 다른 국가의 인도예정지점(place designated for delivery)까지 복합운송계약에 의거하여 선박, 철도, 항공기 및 자동차에 의한 운송방식 중 적어도 두 종류 이상의 상이한 운송수단을 이용하여 행하는 운송을 말하며, 복합운송계약을 증명하는 서류를 복합운송증권(combined transport documents)이라고 한다. 반면에 동종 또는 이종운송수단의 구분 없이 연결되어 운송되는 형태를 통운송(through transport)이라고 한다.

2. 복합운송인

복합운송인(複合運送人: multimodal transport operator)이란 자신 또는 자신의 대리인을 통하여 복합운송계약을 체결하고, 송하인이나 복합운송 업무에 관여하는 운송인의 대리인 또는 그러한 사람에 갈음하여서가 아니라 주체로서 행위를 하고 또한 계약의 이행에 관한 채무를 부담하는 자를 말하며 계약운송인과 실제운송인으로 구분된다. 운송실무에서 복합운송을 수행하는 자는 복합운송회사이며, 복합운송회사의 자격과 요건은 각 나라마다 상이하다.

1) 계약운송인

계약운송인(contracting carrier)이란 운송수단을 직접 보유하지 않고 실제운송인처럼 운송주체자로서의 기능과 책임을 다하는 운송인을 말하며, 실제운송인에게는 화주의 입장에서, 화주에게는 운송인의 입장에서 책임과 의무를 수행한다.

해상운송주선업자(ocean freight forwarder), 항공운송주선업자(air freight forwarder), 통관업자 등이 계약운송인이 해당됨으로 프레이트 포워드(freight forwarder)형 복합운송인이라고도 한다. 미국의 NVOCC(non-vessel operating common carrier)[14]는 포워드형 복합운송인을 법제화시킨 개념이다.

2) 실제운송인

실제운송인(actual carrier)이란 자신 소유의 운송수단으로 복합운송인의 역할을 수행하는 자를 말하며, 선박회사, 철도회사, 트럭회사 및 항공사 등이 해당된다. 복합운송 중 해상운송 구간이 차지하는 비중이 높으므로 선박회사가 가장 대표적인 실제운송인형 복합운송인이라고 할 수 있다.

3. 복합운송인의 책임

1) 통일책임론

통일책임론(統一責任論: uniform liability system)이란 단일책임론(單一責任論)이라고도 하며, 운송물의 멸실(滅失), 훼손(毁損), 지연(遲延) 등 손해

14) 'NVOCC'는 미국 해운법 상의 계약운송인으로서 자신의 운송수단을 보유하지 않고 화주에 대하여 자신의 요율에 의하여 운송을 인수하는 해상운송인을 말한다. 반면에 'VOCC(vessel operating common carrier)'는 실제운송인을 말한다.

가 발생한 복합운송구간을 고려하지 않고 복합운송인이 항상 동일한 기준에 의하여 책임을 부담하는 원칙을 말한다.

2) 불통일책임론

불통일책임론(不統一責任論: network liability system)이란 이종책임론이라고도 하며, 손해 발생구간이 확인된(known damage) 경우에는 그 구간의 기존 국내법이나 국제조약을 적용하고, 미확인되는(concealed damage) 경우에는 그 손해가 운송구간이 가장 긴 해상구간에서 발생한 것으로 추정하여 헤이그－비스비규칙(Hague－Visby Rules)을 적용하는 원칙을 말한다. 1975년 국제상업회의소(ICC) 복합운송증권통일규칙(複合運送證券統一規則: uniform rules for a combined transport document) 및 운송주선인협회국제연맹 복합선하증권(FIATA[15] combined transport bills of lading; FIATA CT B/L)의 이면약관에는 불통일책임론이 채택되었다.

3) 변형통일책임론

변형통일책임론(變形統一責任論: modified uniform liability system)이란 통일책임론과 불통일책임론을 절충한 원칙이라 절충식책임론(flexible liability system)이라고도 하며, 원칙적으로 손해발생 구간의 확인여부와 관계없이 동일한 책임규정을 적용하나 예외적으로 손해발생구간이 확인되고 그 구간에 적용될 법규의 책임한도액이 UN국제복합운송조약(United Nations Convention on International Multimodal Transport of Goods)의 책임한도액보다 높은 경우에는 그 구간의 기존 법을 적용한다는 원칙을 말하며 1980년 UN국제복합운송조약, 1992년 'UNCTAD/ICC' 복합운송증권규칙 및 1978년 'Hamburg Rules'에 채택되었다.

---

15) 'FIATA'는 불어로서 'Fédération Internationale des Associations de Transitaires et Assimilés'를 말하며, 영어로는 'International Federation of Forwarding Agent Association'이며 운송주선인협회 국제연맹을 말한다.

4. 복합운송 관련 국제규칙

1) 복합운송증권에 관한 통일규칙

복합운송증권에 관한 통일규칙(Uniform Rules for a Combined Transport Document, ICC Publication No. 273)은 국제상업회의소(International Chamber of Commerce; ICC)가 1975년에 제정하였으며 복합운송인이 원칙적으로 물품의 수령에서부터 인도 시까지의 운송을 책임지고 수하인의 작위·부작위로 인한 손해, 동맹파업 등에 의한 손해 및 포장이나 기호의 오류 또는 불충분, 운송물 고유의 하자 등에 의한 손해는 책임지지 않으며, 손해발생구간이 판명된 경우는 각 구간에 적용되어야 하는 국제조약 또는 국내법에 따르는 것으로 규정하고 있다.

2) UN국제복합운송조약

UN국제복합운송조약(United Nations Convention on International Multi-modal Transport of Goods)은 1980년 UN무역개발회의(United Nations Conference on Trade and Development; UNCTAD)에서 제정되었으며, 30개국 정부가 비준한 후 12개월 후부터 발효하도록 되었으나 비준국의 수가 적어 발효되지 못하였다. 복합운송증권을 비유통성증권으로도 발행할 수 있도록 규정하고 있다.

5. 국제복합운송 루트

국제복합운송의 가장 일반적인 형태는 해상-육상-해상의 방식이며, 중간의 육로운송구간을 'Land Bridge'라고 한다. 'Land Bridge'는 대륙을 횡단하는 철도를 가교(架橋: bridge)로 이용하여 해상-육상-해상을 복합운송하는 형태이며 비용절감과 운송시간 단축을 가져와 해상운송인이 내륙운송이 용이한 일부 항만에 화물량을 집중시키게 되었다.

1) Siberian Land Bridge(SLB)

'SLB'는 한국, 일본, 극동, 동남아, 호주 등과 유럽대륙과 스칸디나비아반도를 연결하는 해상－육상 또는 해상－육상－해상의 복합운송형태를 말한다. 부산 또는 일본으로부터 내륙운송의 접점인 독립국가연합(Common wealth of Independent States; CIS)의 나호트카(Nakhodka)나 보스토치니(Vostochny)까지 컨테이너선으로 해상운송하고, 그 곳에서 시베리아철도로 육상운송하여 유럽과 중동으로 운송하는 경우가 한 예가 될 수 있다.

2) American Land Bridge(ALB)

'ALB'는 미국내륙 횡단철도를 'Land Bridge'로 한 극동과 유럽(목적지) 간의 복합운송 루트를 말한다. 'ALB'를 이용하는 경우, 전 구간 해상운송하는 것보다 운송기간이 단축된다.

3) Mini Land Bridge(MLB)

'MLB'는 극동의 선적화물이 미국 태평양 서해안 항구에 양하되어 육상운송으로 북미대륙을 횡단하여 미국 대서양 연안의 동부 및 걸프지역 항구까지 운송되는 복합운송 루트를 말한다. 목적지가 미국 내의 항구이므로 'ALB'의 축소판이라고 할 수 있다.

4) Overland Common Point(OCP)

'OCP'는 북미내륙의 공통운임 부과지역을 말하며, 주로 록키산맥 동쪽지역인 'Colorado', 'New Mexico', 'Nebraska', 'South Dakota' 등의 주가 해당된다. 미국 태평양 연안의 항구에 도착되어 'OCP'까지 육상운송되는 화물을 'OCP화물'이라고 한다. 선하증권에 'OCP VIA Seattle', 'S/F OCP' 등과 같이 표시된 경우, 관련 화물이 'Seattle', 'San Francisco'에서 양하되어 'OCP지역'으로 철도와 트럭으로 일관운송되는 것을 의미한다.

CHAPTER 10

해상보험

제 1 절 해상보험계약
제 2 절 해상보험의 기본용어
제 3 절 해상위험과 해상손해
제 4 절 부보조건

제1절 해상보험계약

1. 해상보험계약의 의의

해상보험계약(海上保險契約)이란 보험자(保險者)가 피보험자(被保險者)에게 장차 손해가 발생할 경우 이를 보상할 것을 약속하고, 피보험자는 이러한 손해보상에 대한 약속을 받는 대가로 보험료를 보험자에게 지급할 것을 약속하는 보험자와 피보험자 간의 손해배상계약(損害賠償契約: contract of indemnity)을 말한다.

해상보험은 무역의 발상국인 영국을 중심으로 발전하여 왔다. 대부분의 국가는 영국 해상보험법을 기초로 자국의 법률을 정비하거나 해상보험의 준거법으로 사용하고 있다. 우리나라 적하보험증권에도 "이 보험은 영국의 법률과 관습에 따른다(subject to English law & practice)"라는 준거법 약관을 두고 있다.

영국 해상보험법(Marine Insurance Act 1906; MIA)은 해상보험에 관한 관습과 판례를 기초로 1906년에 제정되었으며, 총 94개 조항과 부칙인 보험증권의 해석에 관한 규칙(Rules for Construction of Policy; RCP)으로 구성되어 있다. 해상보험계약을 "보험자가 피보험자에게 계약에서 합의된 방법과 범위 내에서 해손 즉, 항해사업에 수반하여 발생하는 손해를 보상할 것을 약속하는 계약(A contract of marine insurance is a contract whereby the insurer undertakes to indemnify the assured, in manner and to the extent thereby agreed, against marine losses, that is to say, the losses incident to marine adventure.)"으로 규정하고 있다. 우리나라 상법은 "보험계약은 당사자 일방이 약정한 보험료를 지급하고 상대방이 재산 또는 생명이나 신체에 관하여 불확정한 사고가 생길 경우에 일정한 보험금액 기타의 급여를 지급할 것을 약정함으로서 효력이 생긴다.[1]" "해상보험

1) 우리나라 상법 제 638조(보험의 의의)

계약의 보험자는 항해사업에 관한 사고로 인하여 생길 손해를 보상할 책임이 있다.[2)]"로 규정하고 있다.

이러한 정의에 의하면 해상보험은 해상에서 우연히 발생하는 사고로 인하여 손해가 야기된 경우 미리 약정된 방법과 범위 내에서 이를 보상하는 제도라고 할 수 있다.

해상보험은 부보의 주체와 대상에 따라 선박보험, 적하보험, 선임보험, 희망이익보험 등으로 구분된다. 선박보험은 선박을 보험의 객체로 하는 기간보험이다. 적하보험은 화물보험으로서 무역업자가 주로 이용하는 항해보험이므로 무역업자가 가입하는 보험은 해상적하보험이라는 표현이 정확하다. 선임보험은 운임을 보험의 객체로 하는 보험으로서 운송인이 이용한다. 희망이익보험은 기대예상이익을 객체로 하는 보험이다.

2. 해상보험계약의 관계당사자

1) 보험자

보험자(保險者: insurer, assurer or underwriter)[3)]란 보험계약의 인수자로서 보험계약자로부터 보험료를 받는 대가로 보험기간 중 보험사고가 발생하면 보험금을 지급하겠다고 약속하는 보험회사와 보험업자를 말한다. 우리나라 보험업은 회사조직(주식회사 또는 상호회사) 만이 영위할 수 있으므로 보험자는 보험회사만을 의미하나[4)] 영국의 경우에는 개인보험업자도 포함한다.

2) 보험계약자

보험계약자(policy holder)는 자신의 명의로 보험자와 보험계약을 체결하고 해상보험료 지급의무를 부담하는 자를 말한다. 정형거래조건(Incoterms)

---

2) 우리나라 상법 제 693조(해상보험자의 책임)

3) 로이즈보험회사가 해상보험을 인수하는 경우 보험자로서 보험증권 하단에 서명함으로써 보험자를 'underwriter'로 표현하게 되었다.

4) 우리나라 보험업법 제5조

에 따라 자신이 부담하는 위험구간에 대하여 부보하는 자를 말한다.

3) 피보험자

피보험자(被保險者: insured or assured)는 보험계약의 직접적인 당사자는 아니지만 피보험이익(被保險利益: insurable interest)의 주체로서 보험사고가 발생하는 경우 보험자로부터 보험금을 보상받는 자를 말한다.

피보험자는 보험계약자와 동일인이 될 수도 있고 다를 수도 있다. 양자가 동일한 경우를 '자신을 위한 보험', 서로 다른 경우를 '타인을 위한 보험'이라고 한다. 'CIF'조건의 경우, 매도인이 보험계약자로서 매수인을 피보험자로 하여 부보함으로 '타인을 위한 보험계약'을 체결하는 것이다. 'FOB'조건의 경우, 매수인이 보험계약자로서 자신을 피보험자로 부보함으로 '자신을 위한 보험계약'을 체결하는 것이다.

우리나라와 독일은 보험계약자와 피보험자를 구분하고 있다. 영국은 보험계약자와 피보험자를 개념상으로 구별하지 않으며[5] 보험계약을 체결하고 보험료 지급의무를 부담함과 동시에 피보험이익을 가지고 보험사고 발생 시 손해보상을 받는 자를 'assured' 또는 'insured'라고 하며, 이들은 '피보험자(보험계약자)' 혹은 '보험계약자(피보험자)'로 해석되며 피보험자가 보험계약의 당사자가 된다.[6]

제 2 절 해상보험의 기본용어

1. 피보험목적물

피보험목적물(被保險目的物: subject-matter insured)은 보험목적물이라고

5) 영국 해상보험법(Marine Insurance Act) 제86조에서는 본인의 위임 없이 체결된 해상보험계약을 본인이 추인할 수 있다는 취지의 규정을 두고 있다.

6) 해상적하보험청약서와 보험증권에는 'assured'란 밖에 없다.

도 하며 보험계약체결의 대상물 즉, 보험에 의해 보호받는 대상을 말한다. 해상보험의 피보험목적물은 해상위험으로부터 손해가 발생할 수 있는 모든 객체 즉, 수출입화물, 해상운임, 제비용(charges),[7] 희망이익(希望利益: anticipated profit),[8] 관세,[9] 증액,[10] 선박[11] 등이 될 수 있다.

2. 피보험이익

피보험이익(被保險利益: insurable interest)이란 피보험목적물과 특정인과의 이해관계를 말한다. 해상보험은 선박이나 화물과 같은 피보험목적물 자체를 보호하는 것이 아니라 피보험목적물과 재산상의 이해관계가 있는 자를 보호하는 것이 목적이다. 재산상의 이해관계(피보험이익)가 없으면 보험도 없다(without interest, no insurance). 어떤 선주가 자신의 선박에 부보한다면 선박이 침몰되는 경우 많은 경제적 손실을 입게 되므로 그 선박에 대한 이해관계 즉, 피보험이익을 갖는다. 만일 그 선주의 형님이 그 선박에 부보한다면 그 선박과 형님과는 아무런 재산상의 이해관계가 없으므로 형님은 피보험이익을 갖지 못하며 그 선박이 침몰, 멸실 또는 파손되어도 아무런 손실을 입지 않는다.

---

7) 제비용(charges)이란 운송화물에 대하여 화주가 지급한 적하보험료와 화물매입금, 포장비, 창고료, 검사료, 하역비, 부선비, 수출세, 영사증명료 등 화물에 부수하여 지급되는 모든 비용을 말한다.

8) 희망이익이란 화물이 목적지에 무사히 도착할 경우 화주가 얻을 수 있을 것으로 예상되는 이익을 말한다. 화물이 항해 중에 멸실 또는 손상되는 경우, 매수인은 희망이익의 전부 또는 일부를 상실하게 됨으로 화물의 원가에 제비용과 희망이익을 합산하여 적하보험에 부보하게 된다. 통상적으로 송장금액(CIF가격)의 10%를 희망이익으로 산정한다. 원칙적으로 보험금액은 송장금액이며, 110%의 금액은 보험가액이지만 양자를 동일한 것으로 본다. 보험가액이란 보험대상물의 경제적 가치를 의미하는 것이나 적하보험에서는 그 가액을 정하기 어려워 10%를 가산하여 부보한다.

9) 화주가 손상 또는 멸실된 수입화물에 대하여 관세를 지급한 경우 화물자체의 손해뿐만 아니라 관세까지도 손해를 입게 됨으로 관세를 화물가격에 가산하여 또는 별개로 부보할 수 있다.

10) 적하의 시장가격이 항해 중에 현저하게 상승하는 경우 그 적하가 멸실되거나 손상된 상태로 목적지에 도착하면, 수하인은 적하의 가격증가액에 대한 손실을 입게 되므로 송장금액의 150%까지 부보할 수 있다.

11) 선박의 선체(船體: hull), 의장(outfits) 및 선원의 용품과 식료품 등을 말한다.

피보험이익에 관한 영국 해상보험법(Marine Insurance Act; MIA)의 정의는 다음과 같다.

① "본 법률의 제 규정에 저촉되지 않는 한 항해사업에 이해관계를 갖는 자는 모두 피보험이익을 가진다. 항해사업에 대해서 또는 위험에 직면한 피보험재산에 대해서 보통법상 또는 형평법상의 관계를 갖는 결과로서 피보험재산의 안전 또는 예정시의 도착에 의해서 이득을 얻거나 또는 피보험재산의 멸실, 손상 또는 지연에 의해서 손해를 입거나 또는 피보험재산에 연관해서 배상책임을 부담하는 입장에 있는 사람은 특히 항해사업에 대하여 이해관계를 갖는 것이다.[12)]"

이 조항에 의하면, 선박과 화물이 안전하거나 무사히 목적지에 도착하면 그로부터 이익을 얻고 만약 선박과 화물에 손실이 발생하면 그로 인해 손해를 입는 자는 해상사업에 이해관계를 가지는 피보험자가 될 수 있으며, 또한 선박 또는 화물과 관련하여 배상책임을 부담하는 자도 해상사업에서 피보험이익을 가질 수 있다는 것이다. 피보험이익의 당사자는 피보험목적물의 소유자인 선주, 화주, 용선자, 피보험목적물의 담보권자인 은행 및 기타 당사자로서 선장, 선원, 대리인, 운송인, 압류자(押留者), 보험자 등이 될 수 있다.

② "피보험자가 본 법률에 정한 피보험이익을 갖지 않고 또한 그러한 피보험이익을 취득할 기대 가능성 없이 보험계약을 체결한 경우 또는 보험증권이 "피보험이익의 존재유무를 불문함(interest or not)", "보험증권 자체 이외에는 피보험이익 존재의 증명은 요하지 않음(without further proof of interest than the policy itself)", "보험자에게 구조물 취득의 권리가 없음(without benefit of salvage to the insurer)" 또는 이와 유사한 조건으로 작성된 보험계약은 무효이다".[13)]

이 조항에 의하면, 현재는 피보험이익이 없으나 앞으로 피보험이익을 취득할 것이 확실하면 보험계약을 체결할 수 있다는 것이다. 일반적으로 피보험자는 보험계약 체결 시 피보험이익을 가지고 있어야 하나 해상보험에서는 국제상거래 관습을 고려하여 예외를 인정하고 있다. 'FOB'조

12) 영국 해상보험법(MIA) 5조
13) 영국 해상보험법(MIA) 4조 2항

건에서 수입업자는 수출업자의 선적통지를 받은 후 부보하게 되며, 그 시점에는 화물에 대한 소유이익이 수출업자에게 있으므로 수입업자에게는 피보험이익이 없다. 그러나 그 화물에 대한 피보험이익이 장차 수입업자에게 발생할 것이 확실하므로 부보가 가능하다. 이와 관련하여 영국 해상보험법(Marine Insurance Act; MIA) 6조 1항은 "보험계약을 체결할 당시에는 이해관계를 가질 필요는 없지만 보험사고가 발생한 시점에서는 이해관계를 가져야 한다"로 규정하고 있다. 통상적으로 보험회사는 선하증권의 소유자를 피보험이익이 있는 자로 본다.

1) 피보험이익의 요건

피보험이익은 경제성, 확정성 및 적법성의 요건을 갖추어야 한다.

경제성(經濟性)이란 피보험이익은 객관적으로 재산상의 가치가 있고 금전적으로 평가할 수 있어야 한다는 것을 의미한다.[14] 확정성(確定性)이란 피보험이익은 금전적으로 확정되고 그것이 누구에게 귀속되는가가 확실해야 한다는 것을 의미한다. 적법성(適法性)이란 모든 보험계약은 합법적이어야 하고 피보험이익 또한 법적으로 인정되는 합법성이 있어야 한다는 것을 의미한다. 밀수품, 도난품, 수출입금지품목 등은 부보의 대상이 되지 못한다.

보험은 피보험이익을 강조함으로써 도박과 구별된다. 보험이나 도박 모두 우연성을 전제로 한다는 점에서 동일하나 보험은 아무런 이해관계가 없는 자가 보험계약을 체결할 수 없으며 만일 아무나 체결할 수 있다면 도박과 동일한 것이 된다.

3. 보험금액과 보험가액

1) 보험금액

보험금액(保險金額: insured amount)이란 보험계약 체결 시 보험에 가입

14) 우리나라 상법 제668조는 보험계약은 금전으로 산정할 수 있는 이익에 한하여 보험계약의 목적으로 할 수 있다는 것으로 규정하고 있다.

한 피보험목적물의 보험가입금액 즉, 보험증권의 담보되는 위험으로 인하여 경제적 손해가 발생한 경우 보험자가 피보험자에게 손해보상금 명목으로 지급하는 최고책임한도금액을 말한다. 보험금액은 일반적으로 물품의 'CIF'가격에 10%를 가산한 금액으로 한다. 반면에 보험금(claim amount)은 실질적인 보상금액을 말한다.

2) 보험가액

보험가액(保險價額: insurable value)이란 피보험목적물의 경제적 평가액 즉, 경제적 가치로서 보험사고가 발생한 경우에 피보험자가 입게 되는 손해액의 최고한도액을 말한다. 손해보험은 보험사고로 인한 피보험이익상의 손해를 보상하는 것을 본질적인 내용으로 하고 이득금지의 원칙에 따라 적극적으로 피보험자에게 어떤 이익을 주려는 것이 아니므로 보험자가 피보험이익의 가액이상으로 손해보상하는 것이 아니다. 이에 보험가액은 보험자가 법률상 보상할 최대한의 손해액 즉, 보상책임에 대한 최고한도를 말한다.

보험가액은 계속 변동할 가능성이 있으므로 일반적으로 보험계약 체결 시 일정금액 즉, 협정보험가액(insured value, agreed value or fixed value)을 협정하여 변동하지 않도록 하는 보험가격불변의 원칙을 적용한다. 보험계약 시 보험가액이 확정된 경우 기평가보험증권(valued policy)이 발행된다. 반면에 보험계약 체결 시 보험가액을 평가하지 않고 손해발생 시에 평가하는 경우 미평가보험증권(unvalued policy)이 발행된다. 해상보험과 같이 장소를 이동하는 화물이나 선박을 대상으로 하는 보험은 손해발생 시점과 장소에서 보험가액 산정이 곤란하고 시점과 장소를 정확히 알 수 없으므로 일반적으로 기평가보험계약이 체결된다.

보험금액은 당사자의 합의에 의하여 결정되며 보험가액과 동일하거나 또는 그 이하가 된다. 보험금액과 보험가액이 동액인 경우를 전부보험(full insurance), 보험금액이 보험가액의 일부인 경우를 일부보험(partial insurance)이라고 한다. 보험금액이 보험가액을 상회하면 초과보험(over insurance)이라고 하며 초과분은 무효가 된다. 해상보험은 특별한 경우를 제외하고 전부보험(full insurance)으로 인정하여 실손보상원칙(實損補償原

則)을 적용하여 협정보험금액을 한도로 실손전액이 보험금으로 지급된다.[15)]

3) 부보통화

부보통화는 신용장에 달리 명시되어 있지 않는 한, 환차손(換差損)을 방지하기 위하여 신용장의 표시통화와 동일한 통화이어야 한다.

4) 보험금 지급지

보험금 지급지는 보험금 수령장소를 말하며 수입상의 편의를 위하여 일반적으로 그의 소재지가 된다. 수입상 소재지에 보험회사의 지사 또는 대리점이 없는 경우, 세계적인 조직망을 구축하고 있는 'Lloyd's Agent' 등을 통하여 보험사고 조사보고(survey report) 및 보험금 지급을 대행시킬 수 있다.

4. 보험료

보험료(premium)란 보험자가 보험사고로 인하여 손해가 발생한 경우 피보험자에게 손해 보상할 것을 약속한 대가로 보험계약자가 지급하는 금액을 말한다. 일반적으로 보험료는 보험가입금액(보험금액)의 백분비(%)로 표시하며, 이를 보험료율(rate of premium)이라고 한다.

보험료는 화물의 종류, 포장, 출발지, 도착지, 운송용구, 보험조건, 할증사항 해당여부 등의 영향을 받는다.[16)] 산출된 보험료가 미화 10달러 미만인 경우, 미화 10달러를 최저보험료로 적용하며, 미화로 산출된 보험료에 부보 당일의 외국환은행고시 제1차 대고객전신환매도율을 적용하여 원화보험료를 산출한다. 화물운송선박의 정기선 및 비정기선 여부,

---

15) 화재보험은 보험사고가 발생한 당시의 보험가액을 산정하여 보험금액의 비율만큼을 보상하는 비례보상원칙이 적용된다. 손해보험은 보험사고시 실제보험가입금액을 보상해주는 것이 아니라 피보험자가 입은 실손만을 보전해 주는 실손보상원칙이 적용된다.

16) 적하보험료＝송장가액×110%(희망이익)×보험요율×할인할증

총톤수, 선령, 선박 재질, 선박의 종류 등에 따라 소정의 선박할증보험료가 부과되며, 보험가입금액이 'CIF' 상당 송장금액의 130%~150%인 경우와 사고가 많은 지역의 경우에도 할증보험료가 적용된다.

보험요율은 수출화물과 수입화물에 대해 별도의 요율을 적용하며, 품목, 거리, 과거 손해율 등을 감안하여 보험개발원이 작성한 요율서를 적용하여 산출한다. 전쟁보험의 요율은 'London war committee'가 세계 각국의 정황에 따라 결정하는 'London scale'을 적용한다.

5. 보험기간

매매계약 체결 시 당사자들은 보험계약자와 피보험자에 대한 관계를 명확히 약정하여야 하며, 각 당사자는 자신이 부담하는 위험구간에 대하여 부보하여야 한다. 위험의 부담시기는 정형거래조건(Incoterms)에서 규정된 위험의 이전시기와 일치한다.

보험기간(duration of risk)이란 보험자가 위험을 담보하는 기간 즉, 보험금 지급대상 기간을 말하며 운송화물의 위험 개시시점에서 종료시점까지가 된다. 무역거래의 전 과정에서 보험기간은 매도인의 공장에서 매수인의 공장까지가 된다. 일반적으로 생명보험이나 화재보험은 일정한 기간을 보험기간으로 정하여 그 기간에 발생한 손해를 담보하지만, 해상적하보험은 일정한 항해를 기준으로 보험기간을 약정한다.

해상보험은 항해사고뿐만 아니라 그 명시적 규정 또는 상관습에 의해서 항해사업에 부수하는 내륙수로나 육상 위험으로 인한 손해에 대하여 피보험자를 보호하기 위하여 그 담보범위를 확장할 수 있는 확장해상적하보험계약의 체결도 가능하다. 무역업자는 확장해상적하보험계약[17]을 체결하여 육상 및 내수로 운송구간의 위험을 담보할 수 있다. 해상보험

17) 확장담보조건은 내륙운송확장담보조건(inland transit extension; I.T.E.), 내륙보관확장담보조건(inland storage extension; I.S.E.) 등이 있다. 내륙운송확장담보조건은 육상운송 중의 위험을 적하보험증권에서 추가로 담보하는 조건을 말하며, 내륙보관확장담보조건은 통상적인 운송과정에서 중간창고나 보세창고 보관 중의 위험을 적하보험 증권에 명시된 기간(수출 : 모선으로부터 하역 후 60일, 수입 : 보세창고 입고 후 10일)이상으로 연장할 경우 담보하는 조건을 말한다.

증권이 "화물이 출발항의 외항선에 선적될 때에 보험기간이 개시하고 도착항에 안전하게 양하된 때에 종료한다"로 규정하고 있다. 그러나 이것은 보험기간을 원칙적으로 피보험목적물이 선박에 적재되어 운송되고 있는 동안으로 국한하는 것이므로 현실적으로 매우 제한적이다. 보험가입자가 보험기간을 연장하고자 하는 경우 창고간 약관(warehouse to warehouse clause)을 채택하여 보험기간을 화물이 증권에 명시된 화물출발지의 창고 혹은 보관장소에서 반출되어 도착지의 창고 혹은 보관장소에 반입되기까지의 전운송구간으로 확장할 수 있다.

1) 위험의 개시

위험은 보험증권에 기재된 지역의 창고 또는 보관장소에서 화물이 운송개시를 위해 떠날 때부터 개시되며, 이 시점에 해상보험의 효력이 발생한다. 보관장소는 창고뿐만 아니라 공장, 점포사무소, 노천 야적장 등을 포함한다. 떠날 때부터란 비, 바람, 도난 등의 위험에 노출되는 장소로 나간다는 의미이다.

2) 위험의 종료

위험은 다음 중 어느 하나가 완성되었을 때 종료되며, 이 시점에 보험계약의 효력이 종료된다.

① 보험증권에 기재된 목적지에 위치한 창고나 보관장소 등에 인도완료된 시점에 보험의 효력이 종료된다.

② 보험증권에 명시된 목적지 여부를 불문하고 통상의 운송과정이 아닌 보관, 할당 또는 분배를 위한 장소에 인도하게 되는 경우 그 장소에 인도되는 시점에 보험의 효력이 종료된다. 수입업자가 다량의 화물을 수입하여 특정창고에 입고시킨 후 여러 지역의 최종사용자에게 분배할 목적이라면 보험은 이 창고에 입고되는 순간에 보험의 효력이 종료된다.

③ 본선으로부터 하역 종료 후 60일을 초과하는 순간에 보험의 효력이 종료된다. 화물이 운송약관에 규정된 창고 혹은 장소에 입고나 인도되기 이전 즉, 운송 중에 있더라도 본선으로부터 하역종료 후 60일이

경과되면 보험의 효력이 종료된다. 수입화물의 경우에는 30일이 경과되면 보험의 효력이 종료된다.

④ 목적지 변경 시에는 변경된 목적지로 출발하는 시점에 보험의 효력이 종료된다. 최초의 보험이 부산에서 뉴욕까지로 약정되어 있는 경우, 화물이 뉴욕에서 하역된 후 부득이한 사정으로 다른 지점으로 운송되어야 한다면 뉴욕의 중간창고에 보관 중 60일이 경과하면 그 시점에 보험의 효력이 종료된다. 만약 60일이 경과되지 않았다 하더라도 다른 지점을 위해 운송을 개시하는 시점에 보험의 효력이 종료된다. 그러나 재선적, 강제하역 등 운송인의 자유재량권(自由裁量權) 행사에 따라 피보험자가 지배할 수 없는 사정으로 인하여 위험이 변경되는 경우에는 보험의 효력은 지속된다.

6. 고지의무

보험자는 피보험목적물의 손해발생 가능성을 산정하고 이를 기초로 합리적인 보험료를 산출한다. 그러나 현실적으로 보험자가 모든 피보험목적물의 성질이나 특성을 파악하는 것이 용이하지 못하여 보험계약 체결 및 보험료 산출을 위해 피보험목적물의 위험사정을 잘 알고 있는 피보험자가 위험측정에 영향을 줄 수 있는 요소들을 최대선의로 보험자에게 알려야 하며, 이를 피보험자의 고지의무(告知義務: duty of disclosure)라고 한다.[18]

고지의무의 당사자는 피보험자, 보험계약자 또는 그들의 대리인이 된다. 고지의 내용은 모든 사항이 아니라 보험자가 보험계약을 체결할 당시 보험료 확정이나 보험계약 인수여부에 영향을 미치는 모든 중요한 사항을 말한다. 이러한 사항들은 피보험자가 정상적인 사업과정에서 당연히 알고 있는 것으로 해석되어 이를 알지 못하였다고 항변할 수 없다.

고지의 방법은 특별한 제한이 없으며 서면이나 구두로서 명확히 하여

---

18) 영국 해상보험법(MIA, 1906) 18조 1항 : 피보험자는 보험계약이 체결되기 전 자기가 알고 있는 모든 중요한 사항(material circumstances)을 보험자에게 고지하여야 한다.

야 한다. 실무적으로 보험종목마다 중요사항이 다르고 또한 이를 피보험자가 일일이 다 안다는 것이 불가능하므로 고지사항을 보험청약서[19]에 기재하도록 한다.[20]

고지시기는 보험계약체결 이전이고 보험계약 성립시점에 고지의무가 종결된다. 허위 또는 불성실한 고지는 고지의무의 위반이며 보험자는 보험계약을 취소할 수 있다.[21] 고지의무 위반으로 계약이 취소되면 보험자는 보험료를 반환하고 지급된 보험금은 즉각 회수할 수 있다.

7. 근인설과 상당인과관계설

해상보험은 보험기간 동안만 위험을 담보하고,[22] 발생한 손해와 담보위험이 인과관계(causation)가 성립되어야 그 손해를 보상한다. 발생한 손해와 담보위험의 인과관계에 관한 학설은 근인설과 상당인과관계설 등이 있다.

1) 근인설

근인설(近因說: doctrine of proximate cause)이란 영국 해상보험법(Marine Insurance Act; MIA) 제55조에 규정된 원칙으로서 효과적인(effective, efficient) 근인(近因: proximate cause)이 손해의 원인이라는 학설이다. 보험자가 약관상의 담보위험에 기인한 모든 손해를 담보해 주는 것이 아니라 보험사고를 야기한 근인이 담보위험인 경우에 한하여 담보하며, 면책위험은 면책된다는 보험사고의 보상원칙을 적용하고, 근인이 밝혀지면 나머지 모든 원인은 고려하지 않는다.

---

19) 보험청약서의 기재사항은 보험계약자, 피보험자명, 화물의 수량 및 품목, 송장금액 및 보험금액, 보험조건, 출발항, 도착항 및 환적항, 선박명 및 출항예정일자, 보험금 지급지 및 통화, 신용장, 상업송장 및 수입허가번호, 소요되는 보험증권의 부수 등이다.

20) 우리나라 상법 651조 2항에서도 보험자가 서면으로 질문한 사항을 중요사항으로 추정하고 있다.

21) 영국 해상보험법(MIA, 1906) 20조 1항

22) 손해를 담보하는 것이 아니다.

근인(近因: proximate cause)이란 손해를 야기 시킨 가장 효과적(effective, efficient)이고 지배적인(predominant) 원인을 말하며, 시간적인 가까움이 근인의 판단기준이 되는 것은 아니다.

선원이 고의로 선박을 침몰시키기 위해 바닥에 구멍을 뚫었고 그 구멍으로 해수가 선박 안으로 유입되어 선박이 침몰한 경우, 침몰에 대한 시간적으로 가장 가까운 원인은 해수의 유입이다. 그러나 실질적인 선박침몰의 가장 지배적인 원인은 구멍을 뚫은 선원들의 악행이므로 선원의 악행이 근인이 된다.

과일을 적재한 선박이 다른 선박과의 충돌로 파선되어 부득이하게 수리항에 입항하게 되었다. 선박수리를 위해 과일을 양하하였다가 수리 후 재선적 하였으나 시간이 지나치게 경과되어 과일이 상했다. 과일이 상한 가장 지배적인 원인이 충돌과 양하인 것 같지만 근인은 수리로 인한 지연이다.

전쟁 중 영국 정부가 용선한 유조선이 원유수송 중 독일 선박의 위협으로 부득이하게 다른 섬으로 우회하여 항해하다가 조류와 안개를 만나 좌초되었다. 법정은 선박이 전쟁 수행 중인 정부에 의해 용선되었고 군수물자를 수송 중이었으므로 전쟁을 근인으로 판결하였으나 오늘날은 좌초(坐礁)를 근인으로 판단한다.

여러 가지 원인이 복잡하게 얽혀진 경우 근인 찾기가 용이하지 않다. 그러나 어떠한 경우에도 보험자는 최초에 계약된 담보범위를 초과하여 담보하지 않으며 사고의 원인이 담보위험이면 보상하고 면책위험이면 보상하지 않는다.

2) 상당인과관계설

상당인과관계설(相當因果關係說)은 적당조건설(適當條件說)이라고도 하며 신협회적하약관에서 일부 수용되었다. 손해가 발생한 경우, 손해의 원인이 되는 사고가 그 특정한 경우만이 아니라 다른 경우에서도 일반적으로 발생하면 같은 결과 즉, 손해를 발생시킬 가능성이 있는 관계에 있는 것은 그 손해의 원인이 된다는 학설이다. 어떤 사실이 어떤 손해를 야기 시키는 조건이 되는 경우, 경험상으로 보통 같은 결과를 일으킬

가능성이 있는 것으로 인정하는 것은 그 원인과 결과 사이에 인과관계(因果關係)가 존재한다는 주장이다. 그러나 해상보험과 같이 위험의 종류가 복잡하고 위험상호 간에 연쇄관계가 많고 위험에 대한 면책사유가 많은 경우에는 문제 해결에 어려운 점이 있다.

제 3 절 해상위험과 해상손해

1. 해상위험

보험에서 위험이란 손해 입을 가능성을 말한다. 보험에서 흔히 위험이 없으면 보험도 없다라고 할 때, 위험이란 사고발생의 가능성을 말한다. 사고가 발생하지 않는다는 것이 확실하거나, 사고발생이 확정적이라면 이미 위험이 존재하지 않는 것으로 해석되어 보험계약은 무효가 된다.

해상보험계약은 계약에 의하여 피보험이익이 존재하고 그러한 피보험이익에 손해를 주는 위험을 특정한다. 즉, 보험자가 담보하는 위험의 범위를 약관에서 별도로 특정하여 위험담보책임을 부담하고 손해가 발생한 경우 보상책임을 부담한다.

구협회적하약관의 담보위험조항에 특정된 위험의 종류는 해상고유의 위험, 해상위험, 전쟁위험 및 기타 일체의 위험이 있다.

1) 해상고유의 위험

해상고유의 위험(perils of the seas)이란 해상에서 발생하는 우연한 사고 또는 손해 즉, 바다의 자연적 위험으로 발생하는 해난을 의미하며 좌초(stranding), 침몰(sinking), 충돌(collision), 악천후(heavy weather) 및 행방불명(missing)[23]을 말한다.

① 좌초

좌초(坐礁: stranding)란 선박이 암초 또는 그 밖의 물체 위에 걸려서 용이하게 떨어지지 않는 것을 말한다. 선박이 진흙이나 모래밭에 걸린 경우를 좌주(坐柱: grounding) 또는 교사(膠沙)라고 한다. 선박이 암초 또는 수저의 방해물과 잠시 동안 접촉하고 선저를 긁힌 다음 자력으로 부상하여 항해를 계속하는 것을 촉초(觸礁: touch and go)라고 한다. 좌주는 좌초로 취급되나 촉초는 좌초로 취급되지 않는다.

② 침몰

침몰(沈沒: sinking)이란 선박이 부력 및 항행 능력을 상실하고 선체의 대부분이 수면 이하에 잠기는 것을 말한다. 선박이 깊은 바다에 있는 구조불능의 침몰을 심몰(深沒: foundering)이라고 하며 현실전손으로 취급된다. 얕은 바다의 침몰을 천몰(淺沒: subversion)이라고 하며 추정전손이나 분손으로 취급된다.

③ 충돌

충돌(衝突: collision)이란 선박상호간의 부딪침을 말하며, 그 책임의 소재와 성질에 따라 무과실충돌(none to blame collision), 일방과실충돌(one to blame collision) 및 쌍방과실충돌(both to blame collision)로 구분된다.

④ 악천후

악천후(惡天候: heavy weather)이란 황천(荒天)이라고도 하며 선박이 폭풍우 등을 만나는 것을 말하며, 파선, 선박의 이상경사, 침수, 갑판적 화물의 유실(washing overboard), 선창의 통풍차단으로 인한 한습손(ship's sweat) 등의 위험이 발생할 수 있다.

⑤ 행방불명

행방불명(行方不明: missing)이란 선박과 적하 등이 함께 원인 모르게 없어져 버려 상당한 기간 동안 연락이 두절된 상태에 빠진 경우를 말한다.

---

23) 좌초(stranding), 침몰(sinking), 충돌(collision)을 'S.S.C.위험'이라고 한다.

2) 해상위험

해상위험(perils on the sea)이란 해상에서 발생할 수 있는 해상고유의 위험 이외의 위험

즉, 항해에 기인하거나 부수하여 발생하는 위험인 화재(fire, burning), 투하(jettisons), 선장 및 선원의 악행(barratry of master and mariners), 해적(pirates), 표도(剽盜: rovers) 및 강도(thieves)를 말한다.

① 화재

화재(fire or burning)[24]란 단지 연소나 소실만을 뜻하지 않고 눋거나, 그을리거나, 금이 가거나 연기로 인해 시들거나 마른 손해를 포함하며 소화 작용으로 인한 파손, 유손도 화재손해에 포함된다.

② 투하

투하(投貨: jettison)란 화물 또는 선박저장품이나 의장품의 일부를 선외로 배출 투기하는 것을 말하며, 악천후로 인한 선박의 침몰위기나 좌초 시 선박의 부상(浮上)을 위하여 발생한다.

③ 선장 및 선원의 악행

선장 및 선원의 악행(barratry of master and mariners)이란 이유 여하를 불문하고 선주(또는 용선자)에게 손해를 입힐 의도로 행하는 선장이나 선원의 고의적 범죄 즉, 밀수목적의 선박사용, 선박의 유기, 방화, 고의적인 침몰 및 좌초 등을 말한다.

④ 해적과 표도

해적(pirates)이란 국제법상 공해에서 사적인 목적을 위해 선박에 대하여 폭행하거나 약탈(掠奪)하는 것을 의미한다. 영국 해상보험법(Marine Insurance Act; MIA)은 보다 광의의 개념으로서 국제법상의 해적개념에 승객을 습격하거나 해안에서 선박을 습격한 자를 포함한다. 표도(剽盜: rovers)란 해적의 일종으로 역사적으로 무어인[25]이나 아라비아인의 해적을 의미한다.

---

24) 'burning'은 대규모 화재 또는 그에 의한 소실을 뜻한다.

25) 무어(Moor)인이란 원래 모로코의 원주민을 말하나, 일반적으로는 8세기에 이베리아 반도를 정복한 이슬람교도를 막연히 부르던 말이다.

⑤ 강도

강도(thieves)란 폭력이나 위협으로 강탈하는 것을 말하며 단순한 도난(theft or pilferage)을 포함하지 않는 개념이다.

3) 전쟁위험

전쟁위험(war perils)이란 국제법상의 전쟁으로서 군함(men of war), 외적(enemies), 습격과 포획(surprisals and capture), 해상탈취와 나포(taking at sea & seizure), 군주의 강류, 억지 및 억류(arrests, restraints and detainments of kings, princes and people), 포획면허장 및 보복포획면허장(letters of mart and countermart)을 말한다.

① 군함

군함(men of war)이란 우군함이거나 적군함이거나를 불문하고, 적극적이거나 소극적이거나를 불문하고, 평상시이거나 전시이거나를 불문한 군함의 가해행위를 말한다.

② 외적

외적(enemies)이란 적군의 군함을 제외한 모든 적선, 적병기, 적국의 시설, 적국인의 행위에 의한 사고를 의미한다.

③ 습격과 포획

습격과 포획(surprisals and capture)이란 전시에 선박이나 적하의 소유자로부터 일체의 소유권을 탈취할 목적의 행위를 의미한다.

④ 해상탈취와 나포

해상탈취와 나포(taking at sea & seizure)란 전후에 중립국의 선박이 적국의 화물을 적재하고 있는 것으로 의심되는 경우에 항진을 정지시키는 것을 말하며 재물 탈취의 목적이 아니다.

⑤ 군주의 강유, 억지 및 억류

군주의 강유, 억지 및 억류(arrests, restraints and detainments of kings, princes and people)는 각각의 구분이 사실상 불가능하다. 이들은 통상적인 사법절차를 의미하지 않고 관헌(官憲)의 정치적 또는 행정적 행위를 의미하는 출항금지(embargo), 양륙금지, 봉쇄(blockade), 공용징수 등을 뜻하므로 전쟁위험이 될 수 있으며 평시위험이 될 수도 있다.

⑥ 포획면허장 및 보복포획면허장

역사적으로 국가가 민간선박(私船)에 적군의 선박을 습격하여 포획할 수 있는 포획면허장을 부여하고, 이에 대한 보복으로 동질의 면허장을 국가가 민간선박에 준 적이 있었으며 이를 보복포획면허장이라고 한다. 민간선박으로서 포획에 대한 면허증을 소지한다는 점에서 해적과 구별된다. 적군의 군함을 포획할 수 있는 면허장이 주어진 민간무장선을 사략선(私掠船: privateer)이라고 하며, 사략선의 가해행위를 포획면허장 및 보복포획면허장(letters of mart and countermart)의 위험이라고 하며 단순한 역사적인 유물에 불과하다.

4) 기타 일체의 위험

기타 일체의 위험(all other perils)이란 보험증권에 기재된 위험을 제외한 기타 일체의 위험이라는 포괄적 의미가 아니라 기재된 위험과 동일한 성격의 위험으로서 기재에서 빠진 위험을 총괄하는 의미이다. 보험증권의 위험약관 말미에 "상기 화물 및 상품, 또는 선박 및 기타에 대하여, 혹은 그들 일부에 대하여 파손, 온손 또는 손상을 발생하게 했거나, 또는 발생하게 할 일체의 위험, 멸실, 또는 불행"이라고 표시되어 있다.

2. 해상손해

해상손해(maritime loss or average)는 피보험목적물이 우연하게 발생한 해상위험으로 인하여 전부 또는 그 일부가 멸실 또는 손상되거나 비용이 발생하여 피보험자가 입게 되는 경제적 손실을 말하며, 물적손해, 비용손해 및 배상책임손해로 구분된다.

보험자는 보험기간 내의 위험을 담보하는 것이지 해상손해를 담보하는 것이 아니다. 손해발생에 우연성이 없거나 또는 희박하여 즉, 사전에 손해발생을 알 수 있었다면 위험담보의 원리에서 벗어나 손해가 보상되지 않는다.

1) 물적손해

물적손해(physical loss)란 부보화물(피보험이익)의 멸실이나 손상으로 인한 재산 및 금전상의 손해를 말하며, 그 손해가 부보화물의 전부 또는 일부에 발생하였는가에 따라 전손과 분손으로 구분된다.

(1) 전손

전손(全損: total loss)이란 부보화물이 전부 멸실된 경우를 말하며, 현실전손과 추정전손으로 구분된다.

① 현실전손

현실전손(現實全損: actual total loss)이란 화물의 물리적 전손, 화물고유의 성질을 상실한 상태 또는 피보험목적물의 상실상태를 말한다. 물리적 전손이란 화재로 인한 화물의 소실과 화물이 파괴되어 멸실된 경우 등을 말한다. 화물고유의 성질을 상실한 상태란 시멘트가 해수에 침수되어 굳어버렸거나 쌀이 부패되어 사료로서의 가치밖에 없는 경우 등을 말한다. 피보험목적물의 상실상태란 화물 적재선이 상당한 기간 동안 행방불명된(missing) 경우나 포획(捕獲: capture)이나 몰수(沒收)와 같이 박탈당하여 회복전망이 없는 경우 등을 말한다.

② 추정전손

추정전손(推定全損: constructive total loss)이란 현실적으로 화물이 존재하지만 경제적으로 전손으로 인정되는 경우를 말한다. 담보위험으로 인하여 피보험목적물이 전부 멸실된 것이 확실하지만 이를 입증하기 곤란한 경우, 선박 또는 화물의 구조비용과 구조 후의 수리비용이 이들의 보험가액을 초과하는 경우,[26] 선박 또는 적하가 나포(拿捕)된 경우 등이 해당된다.

---

26) 예를 들면, 동전 100원짜리를 물에 빠뜨려서 건져 올리는데 1,000원이 드는 경우 즉, 구조비용이 보험가액을 초과하는 경우

피보험자가 담보위험으로 인하여 자신의 선박 및 화물의 점유를 박탈당한 경우 자신이 판단하기로 그 선박 및 화물이 회복될 수 있는 가능성이 전혀 없으면 추정전손이 되며, 회복이 불가능한 박탈은 현실전손이 된다.[27] 추정전손을 전손으로 처리하기 위해서는 피보험자가 화물을 보험회사에 위부하여 한다.

(2) 분손

분손(分損: average or partial loss)이란 전손 이외의 물적 손해를 말하며, 피보험목적물의 일부가 멸실 또는 손상되는 손해로서 그 손해를 피보험자가 단독으로 부담하는 단독해손(particular average)과 이해관계자 모두가 공동으로 부담하는 공동해손(general average)으로 구분된다.

① 단독해손

단독해손(particular average)이란 공동해손 이외의 분손으로서, 피보험목적물의 일부가 손해를 입은 것 중 공동해손과 같이 여러 이해관계자가 공동으로 부담하는 손해가 아니라 특정 화주가 단독으로 부담해야 하는 손해를 말한다. 화재로 인한 화물 일부의 소실, 해수의 유입으로 인한 화물 일부의 손상, 풍파의 이례적인 작용으로 인한 선박 일부의 손상 등이 해당된다. 단독해손은 어떤 손해가 보험가액의 일정비율에 달했을 경우에만 손해전액을 보상하는 소손해면책비율(franchise) 적용조건과 특정 사고에 한하여 보상하는 조건이 있다.

② 공동해손

항해 중 선박이나 적하가 공동위험에 처하게 되어 공동의 안전을 위하여 고의적으로 선체나 장비, 화물 등의 일부를 희생시키거나 필요한 경비를 지출한 경우, 그 희생과 경비를 공동해손(general average)이라고 한다. 선박이 좌초되어 침몰위기에 놓인 경우, 그 선박과 적하를 구하기 위하여 적하의 일부를 바다에 투하(jettison)한다면 공동해손이 성립된다.

공동해손이 성립되기 위해서는 다음과 같은 조건이 필수적이다.

가. 위험에 처한 공동의 해상사업이 존재하고, 상징적이 아니라 실제

27) 영국 해상보험법(MIA) 제57조, 제60조.

적인 위험이어야 한다.

나. 공동해손행위는 임의적이고 의도적이어야 한다.

다. 희생이나 비용은 신중한 무보험소유자가 자기 재산의 보호를 위해 취하는 행동과 같은 합리성이 있어야 한다.

라. 희생과 비용은 그 성질상 이례적이어야 한다.

마. 공동해손행위의 목적은 오로지 전체 재산의 보존에 있고 선박 또는 적하만을 위한 것이 되어서는 안 된다.

바. 공동해손의 손해는 공동해손행위의 직접적이고 합리적인 결과이어야 한다.

공동해손은 선체, 장비, 화물 등의 전부 또는 일부가 물리적으로 희생되는 공동해손희생손해(general average sacrifice)와 좌초한 선박을 구조하기 위한 구조비용 등의 공동해손비용손해(general average expenditure)[28]로 구분된다.

공동해손행위(general average act)에 의하여 발생한 손해는 이익을 입은 선주 또는 다른 화주 등 공동해손의 이해관계자가 혜택 입은 정도에 따라 공동으로 부담하게 된다.[29]

2) 비용손해

비용손해는 피보험목적물의 멸실이나 손상과는 관계가 없지만 피보험목적물에 발생할 가능성이 있는 위험의 방지나 경감을 위하여 피보험자가 지출하는 경비 또는 보수 등을 말하며, 특별비용, 손해방지비용, 구조비용 등으로 구분된다.

① 특별비용

특별비용(particular charge)이란 담보위험에 처한 피보험목적물의 안전과 보존을 위하여 피보험자가 지급한 비용을 말한다. 해난으로 인한 피난항에서 양륙, 보관 및 그에 계속되는 운반을 위한 비용 등이 해당된다.

---

28) 선박이 좌초된 경우 다른 배를 끌고 가는 예선(曳船: towing vessel)을 사용함으로서 발생하는 예선사용료는 공동해손비용손해가 된다.

29) 공동해손분담금(general average contribution)에 관한 국제규칙은 'York-Antwerp Rules(1994)'가 있다.

② 손해방지비용

피보험목적물에 손해가 발생한 경우 피보험자는 그 손해를 방지 또는 경감시키기 위하여 합리적인 조치를 취해야 할 의무가 있다. 그 의무를 이행하는데 필요한 비용을 손해방지비용(sue and labour charges)이라고 한다.

③ 구조비용

구조비용(salvage charge)이란 담보위험에 처한 피보험목적물을 적재한 선박을 제3자가 구조계약에 의하지 않고 임의로 구조한 경우 구조자가 해법(海法)에 의해 취득하는 보수를 말한다. 구조비용은 손해방지비용 또는 공동해손비용으로 취급된다. 오늘날은 통신이 발달하여 구조계약에 의한 구조가 일반적이다.

3) 배상책임손해

피보험선박이 그 자체의 과실이나 쌍방의 과실로 다른 선박과 충돌함으로써 다른 선박의 선주 또는 화주가 손해를 입은 경우, 과실이 있는 선박의 피보험자가 그 손해를 배상하며 이를 충돌배상책임손해라고 한다.

선박의 충돌은 일방과실충돌, 쌍방과실충돌 또는 쌍방 모두 과실이 없는 충돌이 있다. 협회적하약관은 쌍방과실충돌약관(both to blame collision clause)을 두어 선주와 화주의 제3자에 대한 책임을 보험자가 보상하도록 하고 있다.

제 4 절 부보조건

부보조건은 일반적으로 무역계약 체결 시 화물의 종류, 포장, 운송방식, 예상항해기간 등의 구체적인 부보조건, 화물과 운송의 특수사항을 고려한 추가 부과위험, 전쟁위험과 동맹파업위험의 부보여부 등을 감안하여 매매당사자간의 합의에 의해 결정되어 매매계약서나 신용장에 명시된다.

1. 협회적하약관

17세기까지의 보험증권은 선박에 사용된 'Ship Policy', 적하에 사용된 'Goods Policy', 선박과 적하에 동시에 사용된 'S.G. Policy'가 있었다. 1779년에 이르러 로이드 보험업자협회(Institute of Lloyd's Underwriter; ILU)가 'S.G. Policy'를 표준 'Lloyd's Policy'[30]로 채택하였다. 그 후 세월의 흐름에 부응하기 위하여 'S.G. Policy'에 각종의 약관을 첨부하여 사용하였으며, 이 중 대표적인 약관이 협회적하약관이다.

협회적하약관(Institute Cargo Clause; ICC)은 해상적하보험의 보험자가 담보할 위험과 손해보상에 관한 정형약관 즉, 보험조건을 규정한 것이며 원래는 해상보험증권에 첨부하여 사용하기 위하여 런던보험업자협회(ILU)가 1912년에 제정하였으며 이후 일부가 개정되거나 새로운 조항들이 추가되었다. 1958년과 1963년에 개정된 약관을 구협회적하약관이라고 한다.

구협회적하약관은 문구가 고어체이고 복잡하고 난해하여 무역업자들이 이해하기가 어려워 약관의 내용을 보완하고 현대적인 문안으로 간단명료하게 로이드 보험업자협회가 1982년 1월 1일에 개정하여 1983년 4월 1일자로 사용을 확정하였으며, 이것을 신협회적하약관이라고 한다. 우리나라는 현재 신약관과 구약관 모두 사용하고 있다.

2. 구협회적하약관

구협회적하약관은 본문약관(body clause)과 난외약관(marginal clause)으로 구성되어 있다.

본문약관은 모두(冒頭)약관(첫머리 약관), 양도약관, 소급약관, 위험개시약관, 피보험목적물 표시약관, 선박명의 표시약관, 선장표시약관, 보험기간약관, 기항, 정박약관, 보험가액평가약관, 위험약관(해상고유의 위험, 해상위험, 전쟁위험, 기타 일체의 위험), 손해방지약관, 위부포기약관, 보험증권의 효력에 관한 약관, 구속약관, 보험료 영수승인약관(약인약관), 선서약관, 면책률약관, 영국법준거법 약관으로 구성되어 있다.

---

30) 'Lloyd's S.G Policy'라고 하며 'S'는 'Ships', 'G'는 'Goods'의 머리글자이다.

예시 10-1 해상보험증권

<table>
<tr><td colspan="3">THE MARINE INSURANCE CO., LTD
MARINE CARGO INSURANCE POLICY</td></tr>
<tr><td colspan="3">Assured</td></tr>
<tr><td colspan="2">Policy No.</td><td>Ref. No.</td></tr>
<tr><td colspan="2">Claims, if any, payable at/in</td><td>Amount insured hereunder</td></tr>
<tr><td colspan="2">Survey should be approved by</td><td rowspan="5">Conditions and warranties</td></tr>
<tr><td>Local Vessel or Conveyance</td><td>From(interior port or place of loading)</td></tr>
<tr><td>Ship or Vessel</td><td>Sailing on or about</td></tr>
<tr><td>at and from</td><td>transhipped at</td></tr>
<tr><td>arrived at</td><td>thence to</td></tr>
<tr><td colspan="3">Subject-matter Insured

Subject to the following Clauses as per back hereof
Institute Cargo Clauses specified above
Institute replacement Clause(applying to machinery)
In-Deck Clause

Marks and Numbers as per Invoice No. specified above</td></tr>
<tr><td colspan="2">Place and Date signed in</td><td>Numbers of Policies issued</td></tr>
<tr><td colspan="2">*</td><td>**</td></tr>
</table>

* IMPORTANT

PROCEDURE IN THE EVENT OF LOSS OR DAMAGE FOR WHICH UNDERWRITERS MAY BE LIABLE
LIABILITY OF CARRIERS, BAILEES OR OTHER THIRD PARTIES

It is the duty of the Assured and their Agent, in all cases, to take such measures as may be reasonable for the purpose of averting or minimising a loss and to ensure that all rights against Carriers, Bailees or other third parties are properly preserved and exercised. In particular, the Assured or their Agents are required;

1. To claim immediately on the Carriers, Port Authorities or other Bailees for any missing packages.
2. In no circumstances, except under written protest, to give clean receipts where goods are in doubtful condition.
3. When delivery is made by Container, to ensure that the Container and its seals are examined immediately by their responsible official.
   If the Container is delivered damaged or with seals broken or missing or with seals other than as stated in the shipping documents, to clause the delivery receipt accordingly and retain all defective or irregular seals for subsequent indentification.
4. To apply immediately for survey by Carriers' or other Bailees' Representatives if any loss or damage be apparent and claim on the carriers or other Bailees for any actual loss or damage found at such survey.
5. To give notice in writing to the Carriers or other Bailees within 3 days of delivery if the loss or damage found at such survey.

NOTE: The Consignees or their Agent are recommended to make themselves familiar with the Regulation of the Port Authorities at the port of discharge.

INSTRUCTIONS FOR SURVEY

In the event of loss or damage which may involve a claim under this insurance, immediate notice of such loss or damage should be given to and a Survey Report obtained from this Company's Office or Agents specified in this Policy or Certificate.

DOCUMENTATION OF CLAIMS

To enable claims to be dealt with promptly, the Assured or their Agents are advised to submit all available supporting documents without delay, including when applicable;

1. Original policy or certificate of insurance.
2. Original or Certified copy of shipping invoices, together with shipping specification and/or weight notes.
3. Original or certified copy of Bill of Lading and/or other contract of carriage.
4. Survey report or other documentary evidence to show the extent of the loss or damage.
5. Landing account and weight notes at port of discharge and final destination.
6. Correspondence exchanged with the Carriers and other Parties regarding their liability for the loss or damage.

In the event of loss or damage arising under this policy, no claims will be admitted unless a survey has been held with the approval of this company's office or Agents specified in this policy.

** Condition

Notwithstanding anything contained herein or attached to the contrary, this insurance is understood and agreed to be subject to English law and practice only as to liability for and settlement of any and all claims.

This insurance does not cover any loss or damage to the property which at the time of the happening of such loss or damages is insured by or would but for the existence of this Policy be insured by any fire or other insurance policy or policies except in respect of any excess beyond the amount which would have been payable under the fire or other insurance policy or policies had this insurance not been effected.

We, THE MARINE INSURANCE CO., LTD. hereby agree, in consideration of the payment to us by or on behalf of the assured of the premium as arranged, to insure against loss damage liability or expense to the extent and in the manner herein provided.

In witness whereof, I the undersigned of THE MARINE INSURANCE CO., LTD. on behalf of the said Company have subscribed My Name in the place specified as above to the policies, the issued numbers thereof being specified as above, of the same tenor and date, one of which being accomplished, the others to be void, as of the date specified as above

For THE MARINE INSURANCE CO., LTD.
AUTHORIZED SIGNATORY

난외약관은 포획·나포부담보약관, 동맹파업·소요·폭동부담보 약관, 좌초약관, 타보험약관, 손해통지약관(claim notice clause)으로 구성되어 있다.

구협회적하약관에서 규정하고 있는 보험자의 면책위험은 다음과 같다.

① 피보험자의 고의적인 불법행위 또는 중과실로 인한 일체의 손해
  예 화주가 화물을 고의로 풍파에 노출시킨 경우
② 화물 고유의 하자 또는 성질로 인한 손해(inherent vice and nature)
  예 금속물의 녹, 술의 휘발
③ 자연감량, 통상의 손실 등 위험요건을 구비하지 않은 사유에 의한 손해 즉, 통상의 손해(ordinary loss)
④ 항행 지연(delay in voyage)으로 인한 손해
  예 운송선박 불감항성(unseaworthiness)에 의한 손해
⑤ 화물의 포장불량으로 인한 손해

1) 구협회적하약관의 기본조건

부보의 기본조건은 보험자의 보상범위에 따라 분손부담보조건, 분손담보조건 및 전위험담보조건으로 구분하고, 그 외 화물이 전손된 경우에만 보상하는 전손담보(total loss only; TLO) 조건이 있다.

매매계약에 보험에 관한 구체적인 언급이 없는 경우, 'Incoterms'는 최소담보조건인 구약관의 'ICC(FPA)' 또는 신약관의 'ICC(C)' 조건으로 부보하도록 규정하고 있다.

(1) 분손부담보조건

분손부담보조건(free from particular average; FPA)이란 보통 담보되는 위험에 의한 피보험목적물의 전손 및 공동해손의 경우와 손해방지비용, 구조료, 특별비용 등의 손해를 보상하는 조건으로서 열거책임주의[31]를 채택하고 있다. 원칙적으로 단독해손(particular average)은 담보하지 않으므로 단독해손부담보조건이라고도 하나, 화물을 적재한 선박이나 부선의 침몰(sinking), 좌초(standing), 대화재(burning), 충돌(collision)로 인한

31) 열거책임주의란 보험자가 담보하는 위험을 구체적으로 하나하나 열거해 두고 열거된 위험을 담보하는 원칙을 말하며 'ICC(WA)'와 'ICC(FPA)' 약관, 'ICC(B)'와 'ICC(C)' 약관에 적용된다.

특정단독해손은 담보하기 때문에 불특정단독해손부담보조건이라고 하는 것이 더 정확하다. 구약관의 분손부담보조건(FPA)은 하역작업 중 발생한 포장단위의 전손 즉, 'sling loss'를 보상하지만 신약관의 ICC(C)조건은 보상하지 않는다는 것이 두 조건의 차이다.

(2) 분손담보조건

분손담보조건(with average; WA)은 단독해손담보조건이라고도 하며 전손과 공동해손은 물론 단독해손인 분손도 보험증권에 열거된 보통 담보되는 위험에 의한 손해인 경우 보상하며 분손부담보조건과 같이 열거책임주의를 채택하고 있다.

분손담보조건(WA)은 분손부담보조건(FPA)이 보상하는 손해에 추가하여 보상하지 않는 단독해손 즉, 악천우(heavy weather)에 의한 적하의 풍랑손해, 해수침손(sea water damage)과 갑판유실 등을 증권에 기재된(협정된) 면책비율(franchise)을 초과하는 손해를 보상한다. 일반적으로 협정된 면책비율은 특정분손 이외의 단독해손에만 적용되며, 면책비율 미만의 소손해는 보상하지 않는다. 대마, 아마, 피혁 등은 '5%'미만의 손해를 보상하지 않는다. 기타의 화물은 '3%'미만의 손해는 보상하지 않고 '3%' 초과하는 손해는 전액 보상함으로 'WA 3%'라 하고 일반적으로 보험증권에 "Average payable if amounting to 3% on the whole or on each hold"로 명시된다. 화물에 따라 면책율 적용없이 단독해손 모두를 보상하는 경우 면책비율부적용(with average payable irrespective of percentage; WAIOP)으로 특약하기도 한다.

구약관의 'WA'조건과 신약관의 'ICC(B)'조건은 그 보상범위가 동일하다. 'WA'조건은 'WA 3%', 'WAIOP' 등으로 구분하지만, 'ICC(B)'조건은 그러한 구분 없이 분손인 경우 손해비율에 관계없이 손해액 전액을 보상한다.

(3) 전위험담보조건

전위험담보조건(all risks, against all risks, A/R or AAR)이란 피보험목적물의 멸실이나 손상의 모든 위험을 담보하고 보험금은 면책비율 적용없이 지급하며 포괄책임주의[32)]를 채택하고 있다. 즉, 보험기간 내에 발생한 외래적 또는 우연한 사고에 의해 발생한 모든 손해를 면책비율 적용없이 보상한다.

전위험담보조건은 법률 또는 약관에 의해 면책되는 것 이외의 모든 멸실과 손상 즉, 전손, 분손, 보통 담보하는 위험이외의 보험증권에 열거되지 않은 도난, 우유(雨濡), 담수유, 파손 등 특약에 의해 담보하는 위험은 별도로 특약하지 않아도 원칙적으로 담보된다. 그러나 전위험담보조건도 다른 조건과 동일하게 보험자의 면책위험이 여전히 존재한다. 고의의 불법행위, 항행지연에 따른 손해, 통상의 자연손모, 통상의 누손, 파손, 화물 고유의 하자나 성질에 기인한 손해, 쥐나 벌레 등에 근인한 손해 등은 보험자가 면책된다.

전쟁위험(war risk)과 동맹파업, 폭동, 소요(strikes, riots and civil commotions; SRCC) 위험은 어떠한 조건으로 부보하여도 담보되지 않으므로 이들을 담보받기 위해서는 추가적인 특약이 필요하다.

구 협회적하약관상 기본조건에서 보상하는 손해

A/R: 1－9　　WA: 1－8　　FPA: 1－6

① 전손(현실전손 및 추정전손)
② 공동손해(공동해손희생손해, 공동해손분담액)
③ 비용손해(손해방지비용, 구조비, 피난항에서의 특별비용 및 부대비용 등)
④ 본선 및 부선의 침몰, 좌초, 화재로 인한 단독손해(인과관계유무 불문)
⑤ 선적, 환적, 양하 중 추락으로 인한 매포장 단위당의 전손
⑥ 화재, 폭발, 충돌, 접촉 및 조난항에서의 양하로 인한 단독손해
⑦ 상기 ④－⑥ 이외의 단독손해(불특정분손)
⑧ 악천후에 의한 해수손해(seawater damaged caused by heavy weather)
　ⅰ. WA 3%: 손해액이 전체의 3% 초과시만 손해액 전부보상
　ⅱ. WAIOP: 면책비율에 관계없이 전액보상
⑨ "보상하지 아니하는 손해(면책사항)"로 열거하는 손해(6가지)를 제외한 모든 외부적, 우발적 원인에 의한 손해

32) 포괄책임주의란 보험자가 피보험목적물에 대하여 담보하는 위험을 모든 위험(all risk)으로 규정하여 담보하는 원칙을 말하며 'ICC(A/R)'와 'ICC(A)' 약관에 적용된다.

3. 신협회적하약관

1) 신협회적하약관의 기본조건

신협회적하약관은 실무적으로 그 동안 논란이 되어온 해상위험의 범위를 구체적으로 열거하고, 약관의 명칭을 구협회적하약관의 'ICC(A/R)', 'ICC(WA)', 'ICC(FPA)'를 'ICC(A)', 'ICC(B)', 'ICC(C)'로 변경하고 육상운송시의 담보약관 등을 명시하였다.

'ICC(A)'는 'ICC(A/R)'와 동일하지만 'ICC(B)'와 'ICC(C)'는 'ICC(WA)'나 'ICC(FPA)'와 비교하여 그 내용이 획기적으로 변경되었다. 구협회적하약관의 'WA'나 'FPA'는 단독해손에 상당한 제한이 있었지만, 신협회적하약관은 담보위험에 의한 손해는 전손, 분손에 관계없이 보상하며 소손해에 대한 보험자의 면책이 허용되지 않으므로 'ICC(B)'와 'ICC(C)'는 담보위험이 약관상에 구체적으로 명시되어 있으며, 이러한 위험이 동 약관에 규정된 면책위험이 아닌 한 보험자가 담보한다.

(1) ICC(A)

'ICC(A)'는 구협회적하약관의 'ALL Risks'조건과 유사하며 전위험을 담보하며 포괄책임주의를 취한다.

(2) ICC(B)

'ICC(B)'는 구협회적하약관의 'WA'조건에 대응하며 화재, 폭발, 좌초, 지진, 분화, 낙뢰, 해수·호수·강물의 침입 등 약관에 열거된 주요위험에 의한 손해를 보상하는 열거책임주의를 취하며, 분손, 전손의 구분 없이 보상하며 면책비율(franchise)을 적용하지 않는다.

(3) ICC(C)

'ICC(C)'는 구협회적하약관의 'FPA'조건에 대응하며 약관에 규정된 면책위험을 제외하고 열거된 위험(named perils)에 의한 손해를 보상하는 열거책임주의를 채택한다. 분손, 전손의 구분 및 면책비율의 적용없이 보상하나, 'ICC(B)' 약관에서 보상되는 위험 중 지진, 분화, 낙뢰, 해수·호수·강물의 침입, 갑판유실, 추락한 매 포장당의 전손 등은 보상하지 않는다.

2) 각 약관의 담보위험

표 10-1 담보위험

담보위험	약관별 담보여부		
	(A)	(B)	(C)
화재 또는 폭발로 인하여 발생한 손해	○	○	○
본선 또는 부선의 좌초, 교사, 침몰, 전복으로 인하여 발생한 손해	○	○	○
육상운송용구의 전복 또는 탈선으로 인하여 발생한 손해	○	○	○
선박, 부선, 운송용구의 타물체와의 충돌, 접촉(물과의 충돌, 접촉 제외)	○	○	○
피난항에서 화물의 하역 중 발생한 손해	○	○	○
지진, 화산의 분화, 낙뢰	○	○	×
공동해손희생손해	○	○	○
하역, 투하로 인한 손해	○	○	○
갑판유실	○	○	×
본선, 부선, 선창, 운송용구, 컨테이너, 지게차 또는 보관 장소에 해수, 호수, 강물의 침입으로 인한 손해	○	○	×
본선, 부선에 선적 또는 하역작업 중 바다에 떨어지거나 갑판에 추락하여 발생한 포장단위당 전손	○	○	×
보상하지 아니하는 손해로 열거하는 손해(6가지)를 제외한 모든 외부적, 우발적 원인에 의한 손해	○	×	×
공동해손	○	○	○
쌍방과실충동	○	○	○

3) 면책위험

보험자의 면책위험은 다음과 같다.

① 피보험자의 고의적인 비행에 의한(불법행위) 멸실, 손상 또는 비용

② 피보험목적물의 통상의 누손, 통상의 중량·용적의 통상의 손실 및 자연소모

③ 피보험목적물의 포장[33] 또는 포장준비의 불완전 또는 부적합으로

33) 포장이란 컨테이너 등에 적재하는 것을 포함하는 의미이며, 적재가 보험개시 전에 또는 피보험자 혹은 그 사용인에 의하여 행하여지는 경우에 한한다.

부터 야기된 멸실, 손상 또는 비용.

④ 피보험목적물의 고유의 하자 또는 성질이 근인이 되어 발생하는 멸실, 손상 또는 비용

⑤ 지연이 피보험위험으로 발생한 경우라도 그 지연을 근인으로 하여 발생한 멸실, 손상 또는 비용

⑥ 본선의 소유자, 관리자, 용선자 또는 운항자의 지급불능 또는 금전상의 채무불이행으로 발생한 멸실, 손상 또는 비용

⑦ 피보험목적물의 전체 또는 그 일부에 또는 어떤 자의 불법행위에 의한 의도적인 손상 또는 고의적인 파괴. 단 'ICC(A)'에서는 담보위험임

⑧ 원자력, 핵분열 및/또는 핵융합 또는 기타 이와 유사한 반응 또는 방사선이나 방사선물질을 응용한 무기의 사용으로 인하여 발생한 멸실, 손상 또는 비용

⑨ 피보험자 또는 그 사용인이 인지하는 선박의 내항성 결여 또는 부적합에 따른 멸실, 손상 또는 비용

⑩ 전쟁에 따른 멸실, 손상 또는 비용

⑪ 동맹파업에 따른 멸실, 손상 또는 비용

4. 부가위험담보조건

보험계약의 기본조건 중 'ICC(B)'와 'ICC(C)'는 열거책임주의를 취하므로 동 조건상에 규정된 담보위험으로부터 발생한 손해에 대해서만 보험자가 보상책임을 진다. 규정된 담보위험 이외의 위험을 부가위험(extraneous risks)이라고 하며, 부가위험은 특약에 의하여 추가보험료가 지급되어야만 담보된다. 'ICC(A)' 조건에서는 각종의 부가위험이 포괄적으로 담보된다.

해상화물은 전위험담보조건(A/R)으로 부보하는 것이 바람직하지만 보험료가 상대적으로 비싸므로 화물의 종류, 포장방식, 운송방식 등을 고려하여 'FPA', 'WA' 또는' ICC(C)', 'ICC(B)'조건에 부가위험을 추가로 부보하여 보다 저렴한 보험료로서 전위험담보조건과 동일한 효과를 거둘 수 있으며, 이를 부가위험담보조건이라고 한다.

① TPND(theft, pilferage & non-delivery)

피보험목적물이 도난 또는 포장 단위당의 불착으로 인한 손해를 담보하는 조건을 말한다. 포장내용물을 통째로 훔치는 것을 도난(theft), 일부 훔치는 것을 발화(pilferage)라고 하며, 포장단위의 화물 전체가 목적지에 도착하지 않는 것을 불착(non-delivery)이라고 한다.

② RFWD(rain and/or fresh water damage)

빗물(rain)과 담수(淡水: fresh water)로 인한 손해를 담보하는 조건을 말한다. 담수는 염분이 없는 맑은 물 즉, 민물을 말한다. 빗물과 담수로 인한 손해는 바닷물 이외의 민물에 화물이 젖어 발생한 손해를 말하며, 하역 중에 비나 눈이 오는 경우 발생할 수 있다. 호수나 강물이 선박이나 보관장소에 유입되어 발생한 손해는 'RFWD'를 추가담보하지 않아도 보험자가 보상한다. 'WA'조건의 경우에는 해수손(sea water damage)은 보상되나, 담수손(rain/fresh water damage)은 보상되지 않는다.

③ COOC(contact with oil and/or other cargo)

선박의 연료기름 등에 의한 화물의 유손(oil damage), 적재된 다른 화물과의 접촉에 의한 파손, 오손(汚損) 등의 손해를 담보하는 조건을 말한다.

④ Breakage

해상위험 이외의 위험으로 인한 파손(breakage)으로 발생한 손해를 담보하는 조건을 말한다. 깨어지기 쉬운 도자기, 유리제품 등의 화물은 담보위험 이외의 사유로 인한 파손을 담보하려면 동 조건을 특약하여야 한다. 'FPA', 'W.A.', 'ICC(C)', 'ICC(B)'조건은 해상위험으로 인한 파손을 담보한다.

⑤ Leakage and/or Shortage

화물의 누손(leakage)과 수량과 중량의 부족(shortage)으로 인한 손해를 담보하는 조건을 말한다. 액체류의 화물은 용기의 틈이나 파손된 부분에서 화물이 누손되거나 용량이 부족해 질 수 있다.

⑥ Sweat & Heating

선창 내와 선외의 기온 차에 의해 선창의 천정 또는 내벽에 응결한 수분이 떨어지거나 또는 그러한 수분에 접촉함으로써 화물이 젖거나 화물자체가 수분을 발산함으로써 젖게 되는 위험으로 발생하는 손해 또는 화물이 컨테이너 내벽에 응결된 수분에 접촉함으로써 일어난 손해(ship's sweat), 직접 화물의 표면에 응결한 수분에 의한 손해(cargo sweat) 및 이상온도의 상승에 의하여 화물이 입은 손해(heat damage)를 담보하는 조건을 말한다.

⑦ JWOB(jettison & washing over-board)

투하(jettison) 및 갑판유실(washing over board)조건이라고 하며, 목재, 차량 등 갑판적재화물(on deck cargo)은 일반화물과는 달리 안전한 선창(hold)이 아니라 일반적으로 보다 위험한 갑판에 적재되어 운송되므로 투하 및 갑판유실 위험이 높다.

⑧ Hook & Hole

하역작업 중 갈고리 사용에 따른 손해를 담보하는 조건으로서, 마대로 포장하는 직물이나 잡화 등은 이 조건을 추가 담보할 필요가 있다.

⑨ Denting & Bending

구손(毆損: denting) 및 곡손(曲損: bending)을 담보하는 조건을 말한다. 구손은 부딪쳐서 우그러져 움푹 들어간 손해를 말하며, 곡손은 구부려진 손해를 말한다. 외부적 또는 우발적 원인으로 기계류의 화물은 구손되거나 곡손으로 사용이 불가능해질 수 있다.

5. 위부와 대위

1) 위부

위부(委付: abandonment)란 추정전손을 사유로 전손에 대한 보험금을 청구하기 위하여 피보험자가 피보험목적물에 대한 모든 권리 즉, 잔존화물의 소유권 및 제3자에 대한 구상권(求償權)을 보험자에게 이전하는 것을 말하며, 전손의 경우에만 성립된다.

피보험자가 보험금을 청구하기 위해서는 손해발생을 증명하여야 한다. 선박의 행방불명과 같이 현실적으로 증명이 어렵거나 불가능한 경우 장기간 보험금을 받지 못하면 보험제도의 의미가 없으며, 보험금이 지급된 후에 혹시라도 행방불명된 선박이 돌아온다면 선박의 소유권에 관한 분쟁이 발생할 수 있다. 이러한 경우를 대비하여 보험자는 보험사고를 전손으로 처리하여 보험금을 지급하고, 피보험자는 피보험목적물에 관한 일체의 권리를 보험자에게 이전하는 것을 위부제도라고 한다.

(1) 위부 통지

해상손해를 추정전손으로 인정받으려면 피보험자가 전손이 불가피하거나 복구비용 또는 수리비용이 보험금액을 초과할 것이라는 사실을 증명하고, 보험자에게 위부통지(notice of abandonment)를 하여야 한다. 현실전손의 경우는 위부통지를 하지 않아도 된다.

위부통지는 피보험자가 보험자에게 위부의 뜻을 서면으로 표시하는 것을 말한다. 위부가 보험자에 의하여 수락되지 않으면 추정전손이 분손으로 처리된다. 위부가 수락되면 보험자는 피보험목적물에 잔존하는 피보험자의 일체의 이익과 피보험목적물에 부수하는 소유권에 기인한 일체의 권리를 승계할 권리를 가진다. 선박보험의 경우, 선박이 취득하게 될 운임까지도 승계할 권리를 갖는다.

2) 대위

대위(代位: subrogation)[34]란 보험자가 보험금을 지급한 경우 멸실 또는 손상된 피보험목적물에 대한 피보험자의 소유권과 손해를 발생시킨 과실이 있는 자에 대한 구상청구권을 승계 받는 것 즉, 보험자가 잔존물에 대한 소유 및 제3자에 대한 손해배상청구에 관한 피보험자의 위치에 대신 서게 되는 것을 말한다. 대위제도는 피보험자가 보험자로부터 수령한 손해배상금 이상의 이익을 향유하지 못하도록 또는 보험자와 귀책

34) 생명보험은 대위권을 인정하지 않는다.

사유가 있는 자로부터 이중의 손해배상을 받지 못하도록 하는 소유권 원리이다

대위는 전손과 분손 모두에 성립되며, 잔존물대위와 구상권대위로 구분된다. 잔존물대위란 보험자가 보험금 전액을 지급한 경우 피보험자의 잔존물에 대한 모든 권리를 취득하는 것을 말한다. 구상권대위란 청구권대위라고도 하며 제3자의 행위에 의하여 보험사고가 발생한 경우 피보험자가 보험자로부터 보험금을 받고 가해자인 제3자로부터 추가로 손해배상금을 취득하지 못하도록 보험자가 피보험자에게 지급한 손해보상 한도 내에서 피보험자가 제3자에 대하여 가지는 모든 권리를 보험자가 승계 받을 수 있는 권리를 말한다.

(1) 전손

전손금을 지급한 보험자가 갖는 대위의 한계에 대하여 영국 해상보험법(Marine Insurance Act; MIA) 제79조 1항은 "보험자가 피보험목적물의 전부에 대한 전손금을 지급하였거나 또는 화물의 경우 피보험목적물의 분할적용이 허용된 부분의 전손금을 지급한 경우에는 보험자는 전손금이 지급된 피보험목적물에 잔존하는 피보험자의 이익을 승계할 권리를 갖는다. 그리고 손해를 야기한 보험사고의 발생 시부터 피보험목적물에 대한 그리고 그와 관련된 피보험자의 권리와 구제수단에 대위한다"라고 규정하고 있다.

(2) 분손

영국 해상보험법(Marine Insurance Act; MIA) 제79조 2항은 "전 조항에 규정한 경우를 제외하고 보험자가 분손금을 지급한 경우, 피보험목적물에 대한 소유권 또는 잔존하는 그 일부분에 대한 소유권을 취득할 수 없다. 그러나 보험자는 손해에 대한 보험금을 지급함으로써 피보험자가 본 법에 따라 보상받은 한도 내에서 손해를 야기한 보험사고의 발생 시부터 피보험목적물에 대한 그리고 그와 관련된 피보험자의 모든 권리와 구제수단에 대위한다"로 규정하고 있다. 동 조항은 피보험자가 보험자로부터 사고로 인하여 손해액을 보험금으로 청구하고 아울러 사고를 야

기한 제3자부터 손해배상을 청구하여 이득을 취할 수 없도록 하는데 목적이 있다. 이에 대하여 "보험자가 보험료를 받고도 보험금은 대위권을 이용하여 다시 회수하므로 사기행위"라는 주장이 있으나 근본적인 사항을 간과하는 것이다. 적하보험에서 보통 구상은 운송인의 과실사고인 경우에 행하여지고, 사고에 대한 과실비율에 따라서 구상금이 책정된다. 보통 100%의 과실인정이 어려워 100%의 구상은 힘들고, 책정된 구상금은 다시 계약자를 위한 보험요율의 하락효과를 가져 온다.

부보하지 않은 경우, 운송인에게 사고당한 물품의 손해를 배상청구하기 위해서는 소송절차와 관련 비용 그리고 소송기간의 경과에 따른 손해를 부담하여야 함으로 부보는 보험사고로 처리한 후 보험금을 지급받는 이점이 있다.

대위는 위부에 대한 보험자의 수락여부에 관계없이 보험자가 보험금을 지급함으로써 피보험목적물에 대한 피보험자의 권리를 승계 받는 권리를 말하므로 보험자가 위부를 수락하는 경우에는 대위와 위부는 구분할 수 없으나, 거절하는 경우에는 위부와 대위는 명확히 구분된다. 위부는 전손의 경우에만 성립하고, 대위는 전손과 분손 모두에 성립한다. 대위는 전손의 경우라도 보험자가 지급한 보험금에 해당되는 이익만큼을 자동적으로 수취할 수 있으나, 위부는 전적으로 모든 이익과 채무를 보험자가 승계 받으며 보험자의 재량에 따라 위부를 수락할 수도 거절할 수도 있다.

6. 해상적하보험의 구상

1) 전손 또는 단독해손

피보험목적물이 보험사고로 손해를 입은 경우, 피보험자는 즉시 보험자에게 서면 또는 구두로 그 사실을 통지하고 보험자가 지정하는 손해감정인의 손해조사를 받고, 다음의 서류들을 수입화물의 경우에는 보험회사의 본사 또는 지점에, 수출화물의 경우에는 증권에 명시되어 있는 현지대리점(settling agent)에 제출하여 구상절차를 취하여야 한다.

① 보험구상장(letter of claim)
② 보험증권 원본(original insurance policy)
③ 상업송장(commercial invoice), 포장·중량 명세표(packing and weight list) 사본
④ 선하증권(bill of lading) 또는 항공화물운송장(airway bill) 사본
⑤ 선박회사에 대한 'claim' 청구서 및 이에 대한 회신(letter of claim against carriers or other parties concerned and their reply)
⑥ 해난이 있었을 경우 해난보고서(sea protest)
⑦ 손해검정보고서 및 기타 사고입증서류(survey report or other certificates of damage)[35)]
⑧ 전손인 경우, 위부장(letter of abandonment), 전통의 선하증권 및 보험증권

2) 공동해손

선박회사로부터 공동해손 선포통지서(notice of General Average)를 받게 되면 피보험자는 즉시 보험자에게 그 사실을 통지하고, 공동해손구상장(claim letter on General Average), 보험증권 원본, 선하증권 사본, 상업송장 및 공동해손통지서(letter of General Average declaration)를 선박회사에 제출하여 구상절차를 취하여야 한다.

---

35) 'Cargo Boat Note', 'Tally Sheet' 등이 있다.

CHAPTER 11 무역서류

제 1 절 무역서류의 의의
제 2 절 환어음
제 3 절 선하증권
제 4 절 항공화물운송장
제 5 절 보험서류
제 6 절 상업송장
제 7 절 기타 선적서류

제1절 무역서류의 의의

무역계약은 그 이행을 위하여 운송계약, 보험계약 등 종속계약이 수반되며 이와 관련된 서류들은 물품인도와 대금지급 시에 필수적이다.

무역서류(trade documents)란 무역거래에 사용되는 모든 서류를 말하며, 실무에서는 선적서류(shipping[1] documents) 또는 운송서류(transport document)라고도 한다. 그러나 선적서류 또는 운송서류가 선적 관련 서류만을 의미하는 경우도 있다.

무역서류는 기본 무역서류와 보충 무역서류로 분류된다. 기본 무역서류는 운송서류, 보험서류 및 상업송장을 말하며, 보충 무역서류는 영사송장, 통관송장, 원산지증명서, 검사증명서, 중량증명서, 용적증명서, 포장명세서 등을 말한다. 수출업자가 직접 작성하는 무역서류는 상업송장과 포장명세서이며, 제3자가 작성하는 무역서류는 운송서류와 보험서류이다. 기타의 무역서류는 신용장 또는 계약서(D/P, D/A)에서 요구하는 대로 본인이나 제3자가 작성한다.

무역서류는 일반적으로 복통수로 발행되고, 신용장이나 계약서에 그 종류와 통수가 명시되며, 선하증권은 일반적으로 1조가 3통의 원본으로 발행된다.

물품의 매매형태는 현물매매와 서류매매가 있다. 현물매매의 경우, 계약에 명시 또는 묵시된 장소에서 매도인이 현물을 현실적으로 인도(actual delivery)하였을 때 물품의 위험과 소유권이 이전된다. 무역품은 해상운송이나 환적에 의한 해륙연결 운송됨으로써 현물의 인도와 인수에 상당한 시일이 소요되고 많은 위험이 수반된다. 이러한 문제를 해결하기 위하여 운송인이 선적화물을 증권화 하여 적법한 증권을 발급하고 상인들은 그 증권을 상품으로 취급하는 관행이 생성하게 됨으로써 서류매매가 출현하게 되었다. 서류매매인 'CIF'거래는 상징적 인도(symbolic delivery)

1) 'shipment(선적)'이란 원래 선박에 적재를 의미하나, 미국과 같은 대륙국에서는 철도, 항공 운송에도 사용하고 있다.

조건이라고도 하며 매도인의 물품인도가 서류에 의하여 이루어지며 대금지급은 선적서류의 수수에 의하여 이행된다. 매도인은 상품을 현실적으로 제공하였다 하더라도 서류의 제공 없이 대금지급을 요구할 수 없으며, 매수인은 물품의 도착 전이라도 매도인의 서류가 제공되면 대금을 지급하여야 한다.

신용장은 신용장의 제 조건에 일치하는 서류가 제시되면 지급하겠다는 발행은행의 확약을 나타내는 서장이며, 신용장거래는 상품거래와는 별개의 서류거래이다. 화환어음(documentary bill)에 의한 결제방식인 추심결제방식과 신용장결제방식의 경우, 매입은행에 환어음은 인적 담보, 무역서류는 물적 담보의 기능을 갖는다.

제 2 절 환어음

1. 환어음과 무역대금결제

환어음(bill of exchange)이란 작성자인 발행인이 제3자인 지급인에 대하여 환어음에 기재된 금액을 일정 일자에 환어음의 권리자(수령인 또는 그의 지시인)에게 지급할 것을 기명날인된 서면으로 요구하는 무조건의 지급위탁증서를 말한다. 환어음은 국내거래에 사용되는 내국환어음과 국제거래에 사용되는 외국환어음이 있다.

송금결제방식의 경우, 송금수표(demand draft; D/D), 송금환(mail transfer; M/T) 및 전신환(telegraphic transfer; T/T)이 그 결제수단으로 사용됨으로 환어음이 필요하지 않다. 지급도(D/P)결제방식의 경우, 선적서류가 제시되는 시점에 대금지급이 이루어짐으로 환어음이 반드시 필요한 것은 아니며 환어음이 사용된 경우 환어음은 수출상의 대금수취에 대한 영수증 기능을 한다. 일람불신용장(sight L/C)결제방식의 경우, 인적 담보(환어음)보다 물적 담보(선하증권)가 더 중요하므로 반드시 환어음이 필요한 것이 아니지만 관행적으로 사용된다. 기한부신용장(usance L/C)과 인수도(D/A) 결제방식의 경우, 환어음에 의한 인수금융의 활용을 위하여 반드시 기한부환어음이 필요하다.

2. 환어음의 기재사항

환어음은 요식증권(formal document)이므로 필수기재사항과 임의기재사항을 나타내고 있어야 한다. 요식증권이란 요구증권이라고도 하며 증권이 효력을 갖기 위해서 반드시 법률이 정하는 기재사항을 나타내고 있는 증권을 말한다.

1) 필수기재사항

① 환어음 표시

환어음이라는 문구 즉, 'The First Bill of Exchange', 'The Second Bill of Exchange'의 표시를 말한다.

② 무조건 지급위탁 문언

지급위탁에 있어서 조건이 없다는 의미로서 "Pay to .... the sum of U$ 100" 등으로 나타낸다. 무조건의 지급을 의미하므로 'pay' 앞에 'please'를 붙이지 않는다.

③ 지급인(drawee)

개인 또는 법인의 명칭을 말한다.

④ 만기 표시(tenor)

어음금액이 지급되는 날의 표시로서 다음의 표시방법이 있다.

(a) at sight(일람지급): 제시일이 만기

(b) at 90 days after sight(일람 후 정기출급)
: 인수일로부터 일정기간(90일) 경과 후가 만기

(c) at 90 days after draft's date 또는 B/L date(발행일자 후 정기출급)
: 특정서류의 발행일자 후 일정기간(90일)의 경과 후가 만기

(d) on Sept. 10, 2014(확정일 출급): 만기가 미래의 일자로 확정

⑤ 지급지(place of payment)

어음이 지급되는 장소를 말하며, 기재되지 않은 경우 지급인의 표시지가 지급지가 되며, 영미법에서는 임의 기재사항이다.

⑥ 수령인(payee)

대금수취인의 명칭을 말하며, 기명식(pay to ..... bank), 지시식(pay to ...... bank or order, or pay to the order of .... bank), 소지인식(pay to bearer), 선택무기명식(pay to .... bank or bearer)이 있으며, 우리나라는 소지인식과 선택무기명식을 인정하지 않는다.

⑦ 발행일, 발행지, 발행인의 기명날인

2) 임의기재사항

① 복본표시(複本表示)

환어음은 관례적으로 2통이 발행되고 각 어음에 어음번호가 부여된다. 2통 이상 발행되는 환어음을 조(組)어음 또는 복수어음(sets bill)이라고 하며, 1통만 발행되는 경우를 단일어음(sola bill)이라고 한다.

② 대가수취문구(valuation clause)

어음발행인이 어음의 대가를 수령하였음을 나타내는 문구로서 환어음의 영수증 기능을 나타내며 "value received and charge the same to account of buyer to ...."(발행인이 대가를 영수하였으며 동일한 금액을 ~~~의 계정에서 차기하시오)와 같이 표시된다.

③ 신용장에 관한 문구

환어음 발행의 근원이 된 신용장에 관한 참조사항을 말하며 "drawn under .... L/C No .... date ...."와 같이 표시된다.

④ 파훼문구

복수어음(sets bill)의 경우 각 통은 동일한 법적 효력을 갖는다. 파훼문구(破毁文句)란 복수어음의 경우 어느 1통이 지급 완료되면 다른 것은 자동으로 무효가 된다는 문언을 말하며, "The first(or second)of the same tenor and date not being paid."와 같이 표시된다.

예시 11-1 환어음

BILL OF EXCHANGE

No. 1234 Busan, Korea April 20, 2013

FOR US$100,000

AT ××××× SIGHT OF THIS FIRST BILL OF EXCHANGE (SECOND OF THE SAME TENOR AND DATE BEING UNPAID) PAY TO Seoul Bank Busan or Order THE SUM OF US Dollars One Hundred Thousand Only

VALUE RECEIVED AND CHARGE THE SAME TO ACCOUNT OF ABC Co., Ltd. Seattle, WA., U.S.A.

DRAWN UNDER Bank of America, Seattle, WA., U.S.A. L/C No. 5678 Dated April 5, 2013

TO Bank of America,
Seattle, WA.,
U.S.A.

Haemin Yoo, Chairman
PUFS Co., Ltd.
55-1 Uam-dong, Busan,
South Korea

BILL OF EXCHANGE

No. 1234 Busan, Korea April 20, 2013

FOR US$100,000

AT ××××× SIGHT OF THIS SECOND BILL OF EXCHANGE (FIRST OF THE SAME TENOR AND DATE BEING UNPAID) PAY TO Seoul Bank Busan or Order THE SUM OF US Dollars One Hundred Thousand Only

VALUE RECEIVED AND CHARGE THE SAME TO ACCOUNT OF ABC Co., Ltd. Seattle, WA., U.S.A.

DRAWN UNDER Bank of America, Seattle, WA., U.S.A. L/C No. 5678 Dated April 5, 2013

TO Bank of America,
Seattle, WA.,
U.S.A.

Haemin Yoo, Chairman
PUFS Co., Ltd.
55-1 Uam-dong, Busan,
South Korea

제 3 절 선하증권

초기의 상인들은 화물과 함께 승선하여 선박과 함께 생사를 같이 하면서 무역을 하였으므로 모험상인(冒險商人: adventure merchant)이라 불러졌다. 그 당시에는 선하증권이 필요하지 않았으며, 상인 자신이 무역상이며 동시에 운송인, 보험자 그리고 은행이었다. 그 후 무역업에서 오늘날의 무역업과 운송업이 분화됨으로써 화주가 선주에게 운송을 의뢰하여 화물위탁에 대한 영수증으로 목적지에서 물건을 처분하게 되었으며, 대리인제도의 발생과 선하증권의 형식이 유럽대륙의 해상법에서 갖추어짐으로써 선하증권이 본격적으로 상거래에 사용되기 시작하였다. 해상운송에서 선하증권이 통례적으로 발행되나 반드시 선하증권이나 기타의 서류가 발행되어야 하는 것은 아니며, 운송계약에서 명시적으로 선하증권이 발행되지 않을 것이라는 약정이 된 경우를 제외하고는 송하인은 운송인에게 선하증권을 요구할 권리를 갖는다.

선하증권(船荷證券)이란 운송인이 운송화물을 선적 또는 선적을 위하여 수취하였음을 확인하고 양륙항 또는 중계항을 경유하여 목적지까지 운송하여 증권의 정당한 소지인에게 증권과 상환하여 당해 화물을 인도할 것을 약속하는 유가증권을 말한다.

1. 선하증권의 법적 성격

1) 요인증권

요인증권(要因證券)이란 증권의 발행에 원인을 필요로 하는 증권을 말한다. 발행에 대한 원인관계의 입증을 요하지 않는 증권을 무인증권(無因證券)이라고 한다. 선하증권은 운송계약에 의하여 화물의 선적을 전제(원인)로 발행됨으로 요인증권(要因證券)이다. 어음과 수표는 발행에 대한 원인의 존재 유무에 관계없이 발행되었다는 그 사실 자체로서 상당한 가치를 발생시킴으로 무인증권이다. 어음상의 권리는 어음행위를 하게 된 원인인 법률관계와는 독립하여 존재하며, 권리행사에 있어서 원인관계를 입증할 것을 요하지 않는다. 매매대금의 채무변제를 위하여 어음을 발행한 후 비록 매매계약이 취소되어도 어음상의 권리는 유효하게 성립한다.

2) 요식증권

선하증권은 증권의 기재사항이 상법에 의하여 엄격히 규정되어 있으므로 요식증권(要式證券)이다. 선하증권의 법적기재사항은 선박의 명칭, 국적, 톤수, 선장의 성명 등이 있다.

3) 유통증권

선하증권은 배서나 인도(교부)에 의하여 그 소유권을 이전(양도)할 수 있는 유통증권(流通證券)이다. 송하인은 물품을 증권화한 선하증권을 수하인이나 제3자에게 인도하고 물품대금을 수취할 수 있다.

4) 지시증권

선하증권은 증권의 특정인이나 그가 지시한 자가 증권의 권리를 행사할 수 있는 지시증권(指示證券)이다. 지시의 방법은 배서이며, 배서는 지시식 배서와 기명식 배서가 있다.

5) 문언증권

선하증권은 증권의 권리가 증권에 기재된 문언에 의하여 결정되는 문언증권(文言證券)이다. 선하증권의 운송인과 소지인간의 운송에 관한 권리와 의무는 선하증권에 기재된 문언에 의해 결정된다. 선하증권에 표시되어 있는 사항 이외의 것을 상대방에게 요구할 수 없으며, 선하증권에 표시되어 있는 문언에 대하여 상대방에게 담보책임을 부담한다.

6) 상환증권

선하증권은 증권과의 상환 없이는 채무(債務)의 이행을 요하지 않는 상환증권(相換證券)이다. 채무자가 이중지급을 강요당할 수 있으므로 반드시 선하증권과 상환으로 운송물의 인도를 청구하여야 한다.

7) 처분증권

선하증권은 증권의 재산권을 증권에 의해서만 행사할 수 있는 처분증권(處分證券)이다. 선하증권의 운송물에 대한 처분행위는 선하증권에 의해서만 가능하다. 처분행위란 재산권의 변동(양도, 저당권 설정, 양륙지 변경, 운송중지)을 수반하는 법률행위를 말한다. 실제 운송 의뢰한 상품이 금이었는데 선하증권이 동으로 표시되어 있다면 금을 요구할 수 없다.

2. 선하증권 수하인 표시

1) 기명식

기명식(記名式)은 선하증권의 수하인을 'to Mr. Kim', 'to Hanil Bank', 'to Kim Co.' 등과 같이 특정인으로 표시하는 방법을 말한다. 수하인이 기명식으로 표시된 선하증권을 기명식 선하증권이라고 하며, 기명식 선하증권은 특정인만이 배서하여 유통시킬 수 있으므로 유통성이 결여되어 신용장거래에서는 사용되지 않고 현금거래에 사용된다.

2) 지시식

선하증권의 수하인을 지시식(指示式)으로 표시하는 방법은 단순지시식과 기명지시식이 있다. 수하인이 지시식으로 표시된 선하증권을 지시식 선하증권이라고 한다.

(1) 단순지시식

선화증권의 수하인을 'to order'로 표시하는 방법을 단순지시식이라고 하며 가장 많이 사용된다. 'to order'는 뒤에 'of shipper'가 생략된 것으로 해석하며, 단순지시식 선하증권은 송하인(shipper)이 후면에 백지배서로서 유통이 가능하다.

(2) 기명지시식

선하증권의 수하인을 'to order of shipper', 'to order of XYZ(Nego Bank)'로 표시한 선하증권을 기명지시식 선하증권이라 하며, 'shipper, XYZ (Nego Bank)'와 같은 불특정인이 후면에 백지배서(무기명배서, 약식배서)로서 유통이 가능하다. 백지배서가 이루어진 후에는 증권의 소지인이 무기명식 발행(to bearer)의 선하증권과 동일한 권리를 갖는다.

3) 선택무기명식

선하증권의 수하인을 'to Mr. Kim(XYZ Bank) or bearer'와 같이 표시하는 방법을 선택무기명식(지참인식)이라고 한다.

4) 무기명식

선하증권의 수하인을 'to bearer'로 표시하는 방법을 무기명식(지참인식)이라고 하며, 교부에 의하여 양도가 가능하다.

3. 선하증권 배서

선하증권은 권리증권이며 유가증권이므로 그 양도는 화물의 양도와 동일하므로 배서의 형식과 방법이 중요하다.

1) 기명식 배서

피배서인(endorsee)의 이름을 기재하고 배서인(endorser)이 서명하는 배서방식을 기명식 배서 또는 정식 배서(full or special endorsement)라고 한다. 배서 후의 유통은 새로운 피배서인의 서명이 필요하다.

예 deliver to 'XYZ Co.'(피배서인)
For 'ABC Co.'(배서인)
.... signed .... Export Manager

2) 지시식 배서

지시식 배서(order endorsement)는 피배서인을 'order of XYZ Co.' 또는 'XYZ Co. or order'로 기재하고 배서인이 서명하는 방식을 말한다.

예 1. deliver to the order of 'XYZ Co.'
For 'ABC Co.'
.... signed .... Export Manager
2. deliver to 'XYZ Co.' or Order
For 'ABC Co.'
.... signed .... Export Manager

3) 백지 배서

백지 배서(白紙背書: blank endorsement)는 무기명식 배서라고도 하며 피배서인을 기재하지 않고 배서인 만이 서명하는 방식을 말하며 배서의 연결문제가 발생하지 않는다. 유통성이 있는 지시식 선하증권은 백지 배서가 많다.

예 'ABC Co., Ltd.'
.... signed .... Export Manager

4) 선택무기명식 배서

특정의 피배서인 또는 본권 지참인이라고 기입하고 배서인이 서명하는 방식을 선택무기명식 배서 또는 소지인식 배서(beared endorsement)라고 한다.

예 deliver to 'A' or bear
'ABC Co.'
.... signed .... Export Manager

4. 운임표시

운임지급필은 'freight prepaid' 또는 'freight paid'로 표시한다. 신용장

거래의 경우 'freight prepayable', 'freight to be paid' 등은 운임 지급필을 의미하지 않는다. 운임 후지급은 'freight collect' 또는 'FPAD(freight payable at destination)'로 표시한다.

운송계약에서 운송인은 화주에게 화물운송에 따른 기본비용(basic sea freight)으로서 운임과 추가비용 또는 특별비용의 명칭으로 여러 가지 비용을 요구하고 있다.

5. 선하증권의 종류

1) 선적선하증권과 수취선하증권

선적선하증권(shipped B/L)이란 화물이 본선 상에 적재되었다는 사실을 증명하고 있는 증권을 말한다. 수취선하증권(received B/L)은 운송인이 물품을 수취하였다는 사실을 증명하고 있는 증권으로서 선박명과 선적일자를 알 수 없으며 관련 물품이 반드시 선적된다는 보장도 없다. 수취선하증권은 물품이 선적된 후 운송인이 증권 상에 본선적재부기를 하게 되면 본선적재부기선하증권(on board endorsement B/L)이 되어 선적선하증권(shipped B/L)과 동일한 효력을 갖는다.

2) 무사고선하증권과 사고부선하증권

제3장 수출절차 참조

3) 해양선하증권과 내국선하증권

해양선하증권(ocean, marine or port to port B/L)은 국외해상운송이 이루어지는 경우에 발행된다. 내국선하증권(local bill of lading)은 내륙수로(호수, 강)운송 또는 연안운송과 같이 국내해상운송의 경우에 발행된다. 내륙수로운송에 사용되는 선하증권을 내륙수로선하증권(inland waterway B/L)이라고 하며, 범선운송에 사용되는 선하증권을 범선선하증권(sailing B/L or B/L covering shipment by sailing vessel)이라고 한다.

4) 운송중개업자선하증권

운송중개업자선하증권(forward's or forwarding agent B/L)이란 운송중개업자(forwarder, forwarding agent, freight broker or freight forwarder)가 발행한 선하증권을 말하며, 운임절약을 위하여 사용된다.

운송중개업자란 운송인과 화주 간에 개입하여 선복의 획득, 화물의 통관, 수취, 환적, 인도 등의 업무를 제공하는 서비스업자를 말하며 운송회사의 대리업과 운송주선업을 겸한다. 운송중개업자는 선박회사의 최저운임제(minimum freight)를 이용하여 다수의 화주로부터 물품을 집화하여 운송인에게 선적을 의뢰함으로써 운송중개업자 선하증권이 발급되는 시점에 화물이 본선에 적재된 것이 아니며 조속한 선적도 보장되지 않는다. 운송중개업자 선하증권의 경우 배상문제 발생 시 화주와 운송인 간에 직접적인 운송계약 관계가 존재하지 않으므로 화주의 운송인에 대한 직접적인 청구권이 없다. 화주가 운송중개업자에게 직접 배상청구하여야 하나, 운송중개업은 대자본이 필요하지 않으므로 자산과 신용상태가 견실하지 못한 운송중개업자인 경우 화주는 보호받을 수 없다.

(1) 집단선하증권

집단선하증권(groupage B/L)이란 운송중개업자가 동일한 목적지로 가는 컨테이너 화물을 모아 그룹화 하여 선박회사에 운송을 의뢰하는 경우 선박회사가 운송중개업자에게 발행하는 선하증권을 말한다.

(2) House Bill of Lading

'house B/L'[2]은 운송중개업자가 집단선하증권를 바탕으로 화주에게 발행하는 선하증권(forward's B/L)을 말하며 명칭과는 달리 선하증권이 아니고 선적증명서(certificate of shipping)에 불과하다.

5) 용선계약선하증권

용선계약선하증권(charter-party B/L)이란 화주와 선박회사 간에 체결

2) 환어음의 발행인과 지급인이 본 지사 관계인 경우를 'house bill'이라고 한다.

된 용선계약에 의거하여 발행된 선하증권을 말한다. 화주가 대량의 화물을 운송하여야 하는 경우 선박회사와 항해용선 또는 기간용선 계약을 체결하여 운송하게 된다. 용선계약은 개품운송계약보다 자유로운 조건으로 체결할 수 있는 이점이 있지만, 용선계약에서 화주가 용선료를 지급하지 않는 경우 선주가 적재화물에 대하여 유치권(留置權: lien)[3]을 행사할 수 있는 권리를 규정하고 있으므로 용선계약선하증권을 기초로 수입대금을 지급하는 수입업자는 대금을 지급하고도 물품을 입수할 수 없는 위험을 부담하게 된다.

6) 통선하증권

2가지 이상의 운송기관이 목적지까지 릴레이식으로 운송하는 통운송의 경우에 발행되는 운송서류를 통선하증권(through B/L)이라고 한다. 통선하증권은 최초의 운송인이 전구간의 운송에 대하여 책임을 부담하고 발행하며 선박과 선박의 연결에 의한 해상통선하증권(transshipment B/L)[4]과 해상과 육상을 연결하여 운송하는 해륙통선하증권(combined transport B/L)으로 구분된다.

통선하증권이라는 용어는 제4차 개정 신용장통일규칙에서부터 사용하지 않고 대신에 'combined transport B/L, combined transport document', 'combined transport B/L' 또는 'port to port B/L'을 사용하고 있으며, 통선하증권은 신용장거래에서 자동 수리된다.

미국에서 사용되는 'overland B/L', 'overland common point B/L(OCP B/L)', 'sea van stowage B/L'은 육상운송과 해상운송을 겸한 선하증권, 즉 복합운송서류의 일종으로서 태평양의 항구를 경유하여 로키산맥의 동쪽지방으로 운송되는 화물에 대하여 발행된다. 'OCP(Overland Common Point)란 미국 내륙공통 운임을 적용하는 지역을 말하며 로키산맥으로부

3) 유치권이란 물권(物權)의 한 종류로서, 타인의 물건 또는 유가증권을 점유한 자가 이에 관하여 생긴 채권의 변제를 받을 때까지 이를 유치할 수 있는 권리(민법 제320조)를 말한다. 갑(甲)이 을(乙)에게 물건의 수선을 맡겼으나 그 수선비를 지급하지 않았는데 을(乙)이 어떤 기회에 그 물건을 점유한 경우, 을(乙)이 그 수선비를 지급받을 때까지 그 물건의 반환을 거절할 수 있는 권리를 말한다.

4) 환적선하증권이라고도 한다.

터 멀리 떨어진 동쪽의 North Dakota, South Dakota, Nebraska, Colorado, New Mexico 등으로 해상/철도 복합운송화물의 해상운임을 대서양 및 걸프지역 화물의 운임과 경쟁할 수 있도록 특별할인운임을 적용한다. 선하증권의 목적지란에 'S/F OCP' 또는 'OCP VIA Seattle'이라고 되어 있는 경우, 이것은 'S/F'와 'Seattle'까지는 해상운송으로, 그 곳에서부터 수하인이 특정하는 'OCP'까지는 육상운송이 이루어진다는 것이다. 이와 유사한 종류로서 'land bridge B/L', 'micro bridge B/L', 'mini land Bridge B/L' 등이 있으며, 이들은 해상운송, 육상운송, 해상운송의 순서로 연결운송이 이루어지는 경우 육상운송이 해상운송의 연결교량(bridge) 역할을 한다는 의미이다.

7) 복합운송증권

복합운송증권(combined transport document; CTD)이란 화물의 수취장소에서 인도장소까지 적어도 두 가지 이상의 상이한 운송수단에 의한 연결운송인 경우 발행되는 운송증권을 말한다.

8) 컨테이너선하증권과 부지약관선하증권

컨테이너(container), 팔레트(pallet), 이구루(igloo)와 같이 화물을 운송하는 일정한 용기에 화물을 넣어 선박에 적재하여 운송하는 경우 발행되는 증권을 컨테이너선하증권(container B/L)이라고 한다. 컨테이너 선하증권의 상품명세 란에는 '1 container', '3 container' 등과 같이 표시된다.

대량화물(full container load cargo)의 컨테이너 운송인 경우, 수출상이 직접 컨테이너에 화물을 적입함으로 운송인은 화물의 내용을 알 수 없으므로 선하증권의 상품명세서 란에 'shipper's load and count', 'shipper's weight and measurement', 'said by shipper to container', 'said to container' 등을 표시하며, 이러한 문언이 있는 서류를 부지약관(不知約款) 선하증권(shipper's load and count B/L or unknown clause B/L)이라고 하며 컨테이너 운송의 특성을 고려한 증권이다.

9) 표준형식선하증권과 약식선하증권

선하증권은 문언증권이므로 운송약관이 기재되어 있어야 한다. 운송약관이 기재되어 있는 증권을 표준형식선하증권(standard long form B/L or regular long form B/L)이라고 하며, 이것은 길고, 발행하는데 내용을 타자하고 기록하여야 하는 번거로움이 있다. 표준형식선하증권의 발행수속을 간소화하기 위하여 약관을 기재하지 않고 운송조건의 일부 또는 전부가 선하증권 이외의 자료 또는 서류에 근거하고 있음을 표시하고 있는 선하증권을 간이선하증권 또는 약식선하증권(short form B/L)이라고 한다.

10) 제3자 선하증권

선하증권의 송하인(shipper)은 일반적으로 수출업자인 신용장의 수익자가 된다. 최근에 이르러 통관서비스를 제공하는 통관법인의 출현으로 통관법인을 송하인으로 하는 경우가 일반화되어 가고 있다. 중계무역의 경우 중계사실을 은폐하기 위하여 즉, 제1 수출상을 숨기기 위하여 제1 수입상(제2 수출상)을 송하인으로 하여 선하증권의 발행을 요구하기도 한다. 실제 수출상이 아닌 제3자가 송하인으로 표시된 선하증권을 제3자 선하증권(third party B/L)이라고 하며 신용장거래에서 자동 수리된다.

11) 기간경과선하증권

발행일로부터 21일이 경과된 후 매입은행에 제시된 선하증권을 기간경과선하증권(stale B/L)이라고 하며, 기간경과 선하증권은 신용장거래에서 자동 수리되지 않는다.

12) 양륙항선택권부선하증권

양륙항선택권부화물(optional cargo)의 경우 선하증권의 양륙항이 'LA/SF/SEATTLE' 등과 같이 수개 표시되는데, 이를 양륙항선택권부선하증권(optional B/L)이라고 한다. 양륙항의 수에 비례하여 양륙항선택료(optional charge)가 결정되며 양륙항을 화주가 선택할 권리가 있다.

6. 신용장 관련 조항

Full set of clean on board ocean Bills of Lading issued to the order of AAA bank marked "freight(prepaid, collect)" and notify "accountee ~~~~~.

밑줄 친 신용장 관련 문언은 선하증권의 수하인을 'AAA bank'가 담보권을 행사하기 위하여 'to the order of AAA bank'로 표시된 'AAA bank'의 지시식 선하증권을 요구한다는 의미이다. 선하증권을 유통시키려면 'AAA bank'가 백지배서하여야 한다. 'the order of AAA bank가 the order' 또는 'the order of shipper'로 되어 있다면 송하인(shipper)이 백지배서하여야 한다.

예시 11-2 선하증권(Bill of Lading)

<table>
<tr><td colspan="3">Shipper</td><td colspan="3" rowspan="4">K.S. LINE
Korea Shipping Corporation
COMBINED TRANSPORT BILL OF LADING
RECEIVED in good apparent good order and condition except as otherwise noted the number of Containers or other packages or units enumerated below for transportation from the place of delivery subject to the terms hereof. One of the original Bills of Lading must be surrendered duly endorsed in exchange for the Goods of delivery Order. On Presentation of this document (duly endorsed) to the Carrier by or on behalf of the Holder, the rights and liabilities arising in accordance with the terms hereof shall (without prejudice to any rule of common law or statute rendering them binding on the Merchant) become binding in all respects between the Carrier and the Holder as though the contract evidenced hereby had been made between them.
IN WITNESS whereof the number of original Bills of Lading stated below have been signed, one of which being accomplished, the other(s) to be void.</td></tr>
<tr><td colspan="3">Consignee</td></tr>
<tr><td colspan="3">Notify Party</td></tr>
<tr><td>Pre-Carriage by</td><td colspan="2">Place of Receipt</td></tr>
<tr><td>Ocean Vessel
Voy. No.</td><td colspan="2">Port of Loading</td><td colspan="3">B/L No.</td></tr>
<tr><td>Port of Discharge</td><td colspan="2">Place of Delivery</td><td colspan="3">Final destination (for the Merchants reference)</td></tr>
<tr><td>Container No.</td><td>Seal No:
Marks & Nos.</td><td>No. of Container P'kgs.</td><td>Kind of packages: Description of Goods</td><td>Gross Weight</td><td>Measurement</td></tr>
<tr><td colspan="6">Total Number of Containers or Packages (in words)</td></tr>
<tr><td>Freight & Charges</td><td>Revenue Tons</td><td>Rate</td><td>Per</td><td>Prepaid</td><td>Collect</td></tr>
<tr><td colspan="2">Freight Prepaid at</td><td colspan="2">Freight Payable at</td><td colspan="2">Place of Issue</td></tr>
<tr><td colspan="2">Total Prepaid</td><td colspan="2">No. of Original B/L</td><td colspan="2">Date of Issue</td></tr>
<tr><td colspan="3">Laden on Board the Veseel
Date
By</td><td colspan="3">KOREA SHIPPING CORPORATION
By
as Agents for the Master</td></tr>
</table>

제 4 절 항공화물운송장

항공화물운송장(air waybill; AWB)은 항공운송장 또는 항공화물수취증이라고도 하며 항공운송의 기본서류로서 항공회사가 발행하며 해상운송의 선하증권에 해당된다.

항공화물운송장의 기본적인 성격은 선하증권과 동일하나 선하증권이 화물의 수취를 증명하는 동시에 유가증권적 성격을 가지고 유통이 가능한 반면, 항공화물운송장은 화물의 수취를 증명하는 영수증에 불과하며 유통이 불가능하다. 항공운송인의 청구에 따라 항공화물운송장을 송하인이 작성하여 제출하는 것이 원칙이나 항공회사나 항공회사의 권한을 위임받은 항공화물운송대리점(air cargo agent) 또는 항공화물운송주선업자가 화주로부터 화물을 인수함과 동시에 발행하는 것이 통례이다. 항공화물운송장은 3통의 원본과 6부 이상의 부본이 1조(set)로 구성된다. 3통의 원본은 항공사, 송하인, 수하인의 용도로 사용되며, 부본은 항공사간 운임정산 및 대리점 용도로 사용된다. 항공화물운송장은 화물과 함께 보내져 화물의 출발지, 경유지, 목적지를 통하여 각 항공회사의 지점이 적절한 화물취급 및 운임정산 등의 작업을 원활하게 수행하기 위하여 필요한 모든 사항이 기재되어 있다.

항공운송계약은 항공화물운송장을 발행한 시점 즉, 화주 또는 그 대리인이 항공화물운송장에 서명하거나 항공회사 또는 항공화물운송대리점이 항공화물운송장에 서명한 순간부터 유효하며 수하인(consignee)에게 화물이 인도되는 순간에 소멸된다.

1. 항공화물운송장의 기능

① 운송계약서

송하인과 항공운송인 간의 항공운송계약 체결을 입증하는 운송계약서이다.

② 화물수취증

항공운송인이 송하인으로부터 화물을 수취하였음을 증명하는 화물수취증의 성격을 가진다.

③ 요금계산서

화물과 함께 목적지에 보내져 수하인이 운임 및 요금을 정산하는 근거자료로 사용된다.

④ 보험계약증서

송하인이 항공화물운송장에 보험금액 및 보험가액을 기재한 화주보험을 부보한 경우 항공화물운송장의 원본 No.3이 보험계약의 증거가 된다.

⑤ 세관신고서

수출입신고서 및 통관자료로서 사용된다.

⑥ 화물운송의 지시서

항공화물운송장에 송하인이 화물의 운송, 취급, 인도에 관한 지시를 기재할 수 있다.

2. 항공화물운송장의 표준화

항공화물운송장은 국제항공운송협회가 결의한 모든 규정을 대부분의 정부가 인정하여 공인하고 있으므로 국제항공운송협회(International Air Transport Association; IATA)가 규정한 양식과 발행방식을 적용한다.

항공화물운송장은 국제항공운송에 관한 국제조약인 와르소 조약(Warsaw Convention, 1929)[5]을 법률적 기초로 한다. 동 조약은 화물운송장의 법률적 성격, 운송인의 책임범위, 배상한도, 송하인, 수하인 및 항공회사의 권리와 의무 등을 규정하고 있다. 항공화물운송장의 원본 뒷면에 와르소 조약과 헤이그 의정서(Hague Protocol)에 의거한 항공회사의 책임을 명백히 하여 위탁받은 화물의 운송에 대한 책임을 규정하고 있다.

---

5) 동 조약의 정식명칭은 국제항공운송에 관한 규칙의 통일을 위한 조약(Convention for the Unification of Certain Rules relating to International Transportation by Air)이다.

제 5 절 보험서류

보험서류는 보험증권과 보험증명서가 대표적이다. 보험증권(insurance policy)은 확정보험계약의 체결을 증명하는 서류이며, 보험증명서는 예정보험에 의하여 개개의 보험사실이 발생할 때 보험사가 발행하는 증명서이다. 'A'사가 금일 'US$200,000'의 상품을 선적하고자 하면 선적물량, 선박명, 선적항 등 보험계약 체결에 필요한 제 조건이 확정됨으로 보험계약을 체결하면 보험증권이 발행된다. 그러나 'A'사가 일정기간의 수출물량은 산정할 수 있으나 구체적인 선적일자, 기간별 선적물량, 선적항 등 확정보험 계약체결에 필요한 제 조건이 확정되지 않은 경우에는 예정보험계약을 체결할 수 있다. 예정보험의 경우, 먼저 보험회사로부터 예정보험증권(open policy, floating policy or provisional policy)을 교부받고 확정보험사실이 발생하면 예정보험증권을 근거로 보험증명서(insurance certificate)를 발급 받게 된다. 예정보험이 확정보험보다 시간과 수고가 절약되고 수수료가 저렴하여 일반화되어 있다. 우리나라는 예정보험은 연간 보험료 규모가 2,000만원 이상인 계약자만이 이용가능하며, 1년을 보험기간으로 하기 때문에 그 1년간은 반드시 보험계약을 체결한 보험회사에만 부보하여야 한다.

일반적으로 신용장은 보험증권 또는 보험증명서를 택일적으로 제시하도록 요구하고 있다. 보험증권 및 보험증명서는 보험회사, 보험인수업자(underwriter)[6] 또는 그 대리인에 의하여 발행되어야 한다. 보험각서(保險覺書: cover note)는 보험중개인(insurance broker)이 발행한 보험서류이며 소지인은 보험자에 대한 직접적인 청구권이 없으므로 신용장거래에서 수리 거절된다.

6) 보험인수업자는 보험자의 위탁을 받아 보험을 인수(underwriting)하는 자를 말한다.

제 6 절 상업송장

상업송장(商業送狀: commercial invoice)은 송품장(送品狀)이라고도 하며 수출상이 수입상 앞으로 작성한다.

1. 상업송장의 기능

1) 수출품 출하안내서

상업송장은 매도인이 선적품에 관한 제반사항 즉, 상품명, 하인, 수량, 단가, 금액, 적재 선박명, 선적항, 목적지, 출항일 등을 표시하고 있으므로 출하상품의 안내서 및 명세서의 기능을 갖는다. 수입물품 도착이전에 수입업자는 수출업자로부터 송장사본을 입수하면 선적품의 명세를 알 수 있고 통관(인수)준비 또는 제3자에 대한 화물의 인도 및 전매할 준비를 할 수 있다.

2) 대금계산서

상업송장은 상품명세 뿐만 아니라 가격조건, 단가, 수량 등 대금 산출 기초와 총액 등 매매에 필요한 계수(計數)사항이 기재됨으로 대금계산서 및 대금청구서(debit note)의 기능을 갖는다. 송장금액은 환어음 금액, 보험가액 및 보험금액, 운임[7] 등의 기준으로 사용된다.

3) 수입화물 매입서

상업송장은 수입신고서와 함께 세관에 제출되어 수입과세액의 부과결정에 유용한 자료로 활용되며, 수입물품을 제3자에게 전매하는 경우 수입채산의 기준으로 활용할 수 있다.

---

7) 고가품의 운임은 종가운임제가 적용되며 상업송장의 가격이 운임산정의 기초가 된다.

2. 송장의 종류

송장은 상업송장과 공영송장으로 구분된다.

1) 상업송장

상업송장은 일반 무역거래용 송장을 말하며 선적송장과 견적송장으로 구분된다.

선적송장(shipping invoice)은 실제로 선적된 화물에 대한 송장을 말하며, 매매송장, 위탁판매송장, 매입위탁송장, 견본송장 등으로 구분된다. 매매송장(sales invoice)이 가장 일반적인 것이며, 수출상이 작성하므로 수출송장(export invoice)이라고도 한다. 가격조건에 따라 'FOB invoice', 'CIF invoice' 등으로 분류할 수 있다.

위탁판매송장(consignment invoice)은 위탁자가 수탁자 앞으로 작성한 위탁판매용 송장을 말하며 일반적으로 가격은 매매가격이 아닌 판매수수료를 포함한 판매희망가격 즉, 'CIF&C' 등으로 표시된다. 'C'는 판매수수료(selling commission)를 의미한다. 수탁자는 판매 후 수수료를 제외하고 판매계산서(account sales)를 위탁자에게 송부하여야 한다.

매입위탁송장(indent invoice)은 수탁자가 매입위탁품을 선적할 때 매입위탁자 앞으로 작성한 위탁매입거래용 송장을 말한다.

견본송장(sample invoice)은 그 내용이 수출송장과 동일하며 유상견본에 대한 송장을 말한다.

견적송장(proforma invoice)이란 매매계약 성립 이전에 수출업자가 거래를 유발시키거나 촉진하기 위하여 또는 수입물품의 가격견적, 신용장 개설, 수입허가 또는 외화배정을 받기위하여 수입업자의 요청에 의하여 작성하는 송장을 말한다. 일반적으로 수입업자의 거래문의(inquiry)에 대하여 수출업자가 청약서를 제시하나, 지속적인 거래자 또는 청약단계를 생략하는 경우 수출업자가 계약을 확인하기 위하여 견적송장을 발행하기도 한다. 수입업자는 견적송장으로 상업송장의 정확성을 사전에 점검할 수 있는 이점이 있다. 견적송장은 'Free Offer'에 해당되며 거래조건에 대한 법적 구속력이 없으나, 제품정보와 수출가격·판매조건·결제조건이 포함되어 있으므로 'Offer Sheet'와 동일하게 은행이 공급자의 공급의사표시로 인정함으로 신용장 개설 등 수출입 금융신청용 서류로 사용할 수 있다.

2) 공영송장

송장은 수입관세 산정자료이나 수출상이 작성하는 사문서이므로 수입국은 그 내용의 진실성을 확인할 필요가 있다. 송장금액을 실제수입가격보다 낮게 기재한 경우에는 관세포탈이 되며, 높게 기재한 경우에는 외화도피가 된다.

공영송장(official invoice)은 영사송장과 세관송장으로 구분된다. 영사송장(consular invoice)은 수출국 주재 수입국 영사가 특정양식에 상업송장의 기재내용을 작성하거나, 수출상이 작성한 상업송장의 기재내용을 영사가 확인한 송장을 말한다. 영사송장 발행 시 상업송장의 진실성을 확인하기 위하여 영사가 선하증권이나 수출신고서를 요구하기도 한다. 개도국으로 수출하는 경우 덤핑방지를 위하여 개도국이 영사송장을 요구하기도 한다. 영사송장을 발행하는 경우 영사 사증료(consular fee)가 발생하며 Incoterms에 의하여 부담자가 결정된다.

세관송장(customs invoice)은 영사송장과 동일한 용도로 사용되며 수출상이 수입국이 지정하는 소정양식에 필수사항을 기재하여 수입지 세관에 송장의 진실성을 선언하는 송장을 말하며 영사의 사증은 필요하지 않다. 영국은 'Conference Invoice Form', 미국은 'Special Customs Invoice (Customs Form 5515)' 등 국가별 세관송장 양식이 사용하고 있다.

예시 11-3 상업송장

COMMERCIAL INVOICE

① Shipper/Exporter	⑧ No. & date of invoice ⑨ No. & date of L/C
② For account & risk of Messers.	⑩ L/C issuing bank
③ Notify party	⑪ Remarks :

④ Port of loading	⑤ Final destination	
⑥ Carrier	⑦ Sailing on or about	

⑫ Marks & numbers of Pkgs.	⑬ Description of Goods	⑭ Quantity/unit	⑮ Unit-price	⑯ Amount

⑰ P.O. Box :
Cable address :
Telex code :
Telephone No. :

⑱ Signed by ______________________
Manager

예시 11-4 캐나다 세관용송장

CANADA CUSTOMS INVOICE
FACTURE DES DOUANES CANADIENNES

page of / de

1. Vendor (Name and Address/Vendeur (Nom et Adresse)

2. Date of Direct Shipment to Canada/Date d' expédition directe vers le Canada

3. Other References(include Purchaser's Order No.)
Autres références(inclure le n. de commande de l'acheteur)

4. Consignee (Name and Address)/Destinataire(Nom et adresse)

5. Purchaser's Name and Address (If other than Consignee)
Nom et adresse de l'acheteur(S'il diffère du destinataire)

6. Country of Transhipment/Pays de transbordement

7. Country of Origin of Goods Pays d'origine des machandises

IF SHIPMENT INCLUDES GOODS OF DIFFERENT ORIGINS ENTER ORIGINS AGAINST ITEMS IN 12 SL LEXPEDITION COMPREND DES MARCHANDISES D'ORIGINES DIFFERENTES PRECISER LEUR PROVENANCE EN 12

8. Transportation Give Mode and Place of Direct Shipment to Canada
Transport Préciser mode et point d'expédition directe vers le Canada

9. Conditions of Sale and Terms of Payment
(i.e. Sale, Consignment Shipment, Leased Goods, etc.)
Conditions de vente et modalites de paiement
(P. ex. vente, expédition en consignation, location de marchandises, etc.)

10. Currency of Settlement/Devises du paiement

11. No. of Pkgs Nore de colis	12. Specification of Commodities(Kind of Packages, Marks and Numbers, General Description and Characteristics, i.e. Grade, Quality) Désignation des articles(Nature des colis, marques et numèros, description générale et caractéristiques. p ex classe, qualité)	13. Quantity (State Unit) Quantité (Préciser l'unité)	Setting Price/Prix de vente: 14. Unit Price Prix unitaire	15. Total

18. If any of fields 1 to 17 are included on an attached commercial invoice, check this box
Si les renseignements des zones 1 à 17 figurent sur la facture commerciale. cocher cette boite
Commercial Invoice No. / N. de la facture commerciale ________ ☐

16.Total Weight/Poids Total: Net | Gross/Brut

17. Invoice Total
Total de la facture

19. Exporter's Name and Address (if other than Vendor)
Nom et adresse de l'exportateur(S'il diffère du vendeur)

20. Originator (Name and Address)/Expéditeur d'origine(Nom et adresse)

21. Departmental Ruling(if applicable)/Décision du Ministère(S'il y a lieu)

22. If fields 23 to 25 are not applicable, check this box
Si les zones 23 à 25 sont sans objet. cocher cette boite ☐

23. If included in field 17 indicate amount
Si compris dans le total à la zone 17, préciser

(i) Transportation charges, expenses and insurance from the place of direct shipment to Canada
Les frais de transport, dépenses et assurances à partir du point d'expédition directe vers le Canada
$________

(ii) Costs for construction, erection and assembly incurred after importation into Canada
Les coûts de construction, d'érection et d'assemblage après importation au Canada
$________

(iii) Export packing
Le coût de l'emballage d'exportation
$________

24. If not included in field 17 indicate amount.
Si non compris dans le total à la zone 17, préciser

(i) Transportation charges, expenses and insurance to the place of direct shipment to Canada
Les frais de transport, dépenses et assurances jusqu'au point d'expédition directe vers le Canada
$________

(ii) Amounts for commissions other than buying commissions
Les commissions autres que cellas versées pour l'achat
$________

(iii) Export packing
Le coût de l'emballage d'exportation
$________

25. Check (if applicable)
Cocher (S'il y a lieu)

(i) Royalty payments or subsequent proceeds are paid or payable by the purchaser
Des redevances ou produits ont été ou seront versés par l'acheteur ☐

(ii) The Purchaser has supplied goods or services for use in the production of these goods
L'acheteur a fourni des marchandises ou des services pour la production des marchandises ☐

DEPARTMENT OF NATIONAL REVENUE-CUSTOMS AND EXCISE   MINISTERE DU REVENU NATIONAL-DOUANES ET ACCISE

제 7 절 기타 선적서류

기타 선적서류는 매수인이 자신의 이익방어나 법규에 따라 발급되는 포장명세서, 원산지증명서, 품질증명서, 분석증명서, 검사증명서, 검역증, 중량(용적)증명서 등을 말한다.

1. 포장명세서

포장명세서(packing list)는 포장내용을 기술하고 포장과 운송 및 통관상의 편의를 위하여 작성된다. 포장하면서 포장명세서를 작성하거나 포장명세서를 작성한 후에 포장할 수 있으며 반드시 송장의 내용과 일치하여야 한다.

예시 11-5 포장명세서

<table>
<tr><td colspan="6">PACKING LIST</td></tr>
<tr><td colspan="3">① Seller</td><td colspan="3">⑦ Invoice No. and date</td></tr>
<tr><td colspan="3" rowspan="2">② Consignee</td><td colspan="3">⑧ Buyer(if other than consignee)</td></tr>
<tr><td colspan="3" rowspan="4">⑨ Other references</td></tr>
<tr><td colspan="3">③ Departure date</td></tr>
<tr><td colspan="3">④ Vessel/flight ⑤ From</td></tr>
<tr><td colspan="3">⑥ To</td></tr>
<tr><td>⑩Shipping Marks</td><td>⑪No.&kind of packages</td><td>⑫Goods description</td><td>⑬Quantity or net weight</td><td>⑭Gross Weight</td><td>⑮Measurement</td></tr>
<tr><td colspan="5"></td><td>Signed by
⑯</td></tr>
</table>

2. 원산지증명서

원산지증명서(原産地證明書: certificate of origin; C/O)[8]는 수출국 주재 수입국 영사 또는 수출국의 상공회의소가 물품의 원산지 또는 제조원산지를 증명하는 공문서를 말한다. 호혜통상협정(互惠通商協定: reciprocal trade agreement)을 체결한 국가 간에 상대국 상품에 대한 수입세 면제 또는 감세, 수입국의 특정 국가나 지역으로부터 수입 금지 또는 제한, 선진국의 개발도상국에 대한 특혜관세(preferential tariff), 국별 수입통계 등의 목적으로 사용된다.

원산지란 물품의 생산국(country of origin)을 말하며, 물품의 원재료 원산국과는 관계가 없다. 생산은 제조, 가공, 조립, 혼합을 포함하는 개념이다. 물품의 생산국이란 상업상 신상품으로 인정되는 정도의 주요 제조공정이 행하여진 즉, 신상품 수출 시 그 국가의 진정한 제품임을 상징적으로 입증할 수 있는 상태를 완성시킨 국가를 말한다. 포장, 개장, 분할, 세정과 같은 가벼운 작업은 물론 약간 가공하였더라도 그 물품의 조직, 성분, 성질, 형태를 기본적으로 수정하지 못할 정도의 부차적인 가공은 원산국의 결정조건이 될 수 없다.

원산지증명서의 종류는 일반원산지증명서, 특혜원산지증명서, FTA원산지증명서 및 자율원산지증명서가 있다. 'FTA'원산지증명서는 'FTA'협정에 따른 원산지증명서를 말한다. 자율발급 원산지증명서는 수출자 스스로 판정하여 발급하는 증명서를 말하며 규정된 양식이 없으며 상업서류에 원산지신고문언을 기재하면 원산지증명서로 인정해주는 경우(EU, 터키 등)와 'FTA'협정에서 규정한 양식을 요구하는 경우(칠레 등)도 있다.

일반특혜관세제도(generalized system of preference; GSP)란 1968년 유엔무역개발협의회(United Nations Conference on Trade and Development; UNCTAD) 총회에서 개도국의 수출증대와 공업화 촉진을 위하여 선진국이 수입상품에 대하여 무관세 또는 저율의 관세를 부과하는 관세상

8) 원산지증명서의 주요 내용은 수출자, 수입자, 제조자, 상품, 원산지, 원산지 결정기준 등이다.

의 특혜제도를 말한다. 일반특혜관세 공여국의 일반특혜관세의 혜택을 받기 위해서는 수출상품이 수입국(특혜관세 공여국)의 일반특혜관세 원산지규정에 부합한다는 사실을 증명해야 하며, 이를 위한 서류를 일반특혜관세 원산지증명서(generalized system of preferences certificate of origin; GSPCO)라고 한다. 신용장이 원산지증명서를 요구하나 발행자에 관한 언급이 없는 경우에는 상공회의소와 같은 독립기관이 작성하는 것으로 해석된다.

예시 11-6 원산지 증명서

1. Seller

ORIGINAL

CERTIFICATE OF ORIGIN

issued by

THE KOREA CHAMBER OF COMMERCE & INDUSTRY

Seoul, Republic of Korea

원 산 지 증 명 서

대한상공회의소

2. Consignee

4. Buyer (if other than conssignee)

3. Particulars of Transport (where required)

5. Country of Origin

6. Invoice Number and Date

7. Shipping Marks

8. Number and Kind of Packages; Description of Goods

9. Gross Weight or Other Quantity

10. Other Information

The Korea Chamber of Commerce & Industry hereby certifies, on the basis of relevant invoice and other documents, that the above mentioned goods originate in the country shown in column 5.

THE KOREA CHAMBER OF COMMERCE & INDUSTRY

예시 11-7 일반특혜관세 원산지증명서

<table>
<tr><td colspan="4">1. Goods consigned from (Exporter's business name, address, country)</td><td colspan="3" rowspan="2">Reference No

GLOBAL SYSTEM OF TRADE PREFERENCES
CERTIFICATE OF ORIGIN
(Combined Declaration and Certificate)

issued in ____________
(Country)
See Notes overleaf</td></tr>
<tr><td colspan="4">2. Goods consigned to (consignee's name, address, country)</td></tr>
<tr><td colspan="4">3. Means of transport and route(as for as known)

FROM :
TO :
BY :
ON BOARD DATE :</td><td colspan="3">4. For official use</td></tr>
<tr><td>5. Tariff Item number</td><td>6.marks and numbers of package</td><td colspan="2">7.Number and kind of packages ; description of goods</td><td>8. Origin criterion (see notes overleaf)</td><td>9. Gross weight or other quantity</td><td>10. Number and date of invoice</td></tr>
<tr><td colspan="4">11. Declaration by the exporter
The undersigned hereby declares that the above details
and statements are correct; that all the goods were

produced in ________________________

and that they comply with the origin requirements specified for those goods in the Global System of Trade Preferences for goods exported to

____
____
Place and date, signature of authorized Signatory</td><td colspan="3">12. Certification
It is hereby certified, on the basis of control carried out, that the declaration by the exporter is correct

____
Place and date, signature and stamp of certifying authority</td></tr>
</table>

3. 검사증명서

검사증명서(inspection certificate)는 점검매매(sale by inspection)와 같은 검사판매의 경우에 수입업자가 품질보장을 받기 위하여 요구하는 서류이다. 검사판매란 실견매매(實見賣買)라고도 하며 수입업자가 현물을 실제로 점검한 후 수도하는 매매를 말하며 국내거래의 소매상 점두매매, 해외거래의 보세창고도거래(bonded warehouse transaction; BWT)가 해당된다.

검사증명서는 일반적으로 수입업자의 수출국 주재 대리인(수입업자의 지점이나 대리점), 제3의 검사기관(국제적인 품질검사기관) 또는 수출업자 자신이 발행한다. 세계적인 검사기관으로는 'FESCO(Far East Superintendence Co.)', 'GESCO(General Superintendence Co.)', 'Lloyd's Agent' 등이 있다. 우리나라의 경우, 수입업자가 요구하지 않아도 수출검사법에 의한 검사대상 품목은 수출검사에 합격하여야 수출이 가능하며 이러한 검사는 수입업자의 인정여부와는 관련이 없다.

품질증명서(certificate of quality)는 일반적으로 표준품매매(sale by standard)에서 사용된다. 수확예상 농산물이나 목재 등의 거래에는 견본제공이 어려워 표준품을 선정하여 거래하며, 이들은 동일한 상품이라도 규격, 무게, 품질이 다르므로 공인검사관(official grader)이 판정한 등급을 나타내는 품질증명서가 필요하다.

분석증명서(certificate of analysis)는 광산물이나 의약품 거래에 사용되며 이들 상품에 대한 공인검사관의 분석표를 말한다.

검역증(檢疫證: certificate of quarantine)은 동식물 거래에 사용되며 전염성 병균방지를 위하여 일정한 기간, 일정한 장소에 고립시켜 검역한 후 발급되며, 선진국의 검열규칙은 매우 까다롭다. 미국은 검역증과 유사한 건강증명서(health certificate)를 FDA(food and drug administration)가 감독하고 있는 식료품, 화장품, 약품 등의 거래에 요구하고 있다.

예시 11-8 검사증명서

CERTIFICATE OF INSPECTION

As per P/O No. Cat. No.___________

shipped by Sailed on/about 날 짜

To 회 사 명

____

This is to certify that our Quality Controller attended for inspection of the captioned shipment at ____________________ on _________________ and samples taken at random from this shipment were inspected and appeared to be such as to warrant the issue of this Authorization.

The Issue of this Certificate of Inspection to ship these goods does not imply that the goods are in accordance with the contract and does not in anyway relieve the sellers of their responsibility to supply the goods to be shipped herewith in entire accordance with the contract.

Yours very truly,

Merchandise inspected by:

회 사 명

Quality Controller

____

Authorized Signature

부 록

1. Incoterms® 2010
2. The Uniform Customs and Practice for Documentary Credits, 2007 Revision, ICC Publication No. 600

1. Incoterms® 2010

Introduction

The Incoterms® rules explain a set of three-letter trade terms reflecting business- to-business practice in contracts for the sale of goods. The Incoterms rules describe mainly the tasks, costs and risks involved in the delivery of goods from sellers to buyers.

How to use the Incoterms® 2010 rules

1. Incorporate the Incoterms® 2010 rules into your contract of sale

If you want the Incoterms® 2010 rules to apply to your contract, you should make this clear in the contract, through such words as "[the chosen Incoterms rule including the named place, followed by] Incoterms® 2010".

2. Choose the appropriate Incoterms rule

The chosen Incoterms rule needs to be appropriate to the goods, to the means of their transport, and above all to whether the parties intend to put additional obligations, for example such as the obligation to organize carriage or insurance, on the seller or on the buyer. The Guidance Note to each Incoterms rule contains information that is particularly helpful when making this choice. Whichever Incoterms rule is chosen, the parties should be aware that the interpretation of their contract may well be influenced by customs particular to the port or place being used.

3. Specify your place or port as precisely as possible

The chosen Incoterms rule can work only if the parties name a place or port, and will work best if parties specify the place or port as precisely as possible.
A good example of such precision would be:

FCA 38 Cours Alvert 1er, Paris, France Incoterms 2010"

Under the Incoterms rules Ex Works(EXW), Free Carrier(FCA), Delivered at Terminal(DAT), Delivery at Place(DAP), Delivery Duty Paid(DDP), Free Alongside Ship(FAS), and Free on Board(FOB), the named place is the place where delivery takes place and where risk passes from the seller to the buyer.

Under the Incoterms rules Carriage Paid to(CPT), Carriage and Insurance Paid to(CIP), Cost and Freight(CFR) and Cost, Insurance and Freight(CIF), the named place differs from the place of delivery. Under these four Incoterms rules, the named place is the place of destination to which carriage is paid. Indications as to place or destination can helpfully be further specified by stating a precise point in that place or destination in order to avoid doubt or argument.

4. Remember that Incoterms rules do not give you a complete contract of sale

Incoterms rules do say which party to the sale contract has obligation to make carriage or insurance arrangements, when the seller delivers the goods to the buyer, and which costs each party is responsible for. Incoterms rules, however, say nothing about the price to be paid or the method of its payment. Neither do they deal with the transfer of ownership of the goods, or the consequences of a breach of contract. These matters are normally dealt with through express terms in the contract of sale or in the law governing that contract. The parties should be aware that mandatory local law may override any aspect of the sale contract, including the chosen Incoterms rule.

Main features of the Incoterms® 2010 rules

1. Two new Incoterms rules – DAT and DAP – have replaced the Incoterms 2000 rules DAF, DES, DEQ and DDU

The number of Incoterms rules has been reduced from 13 to 11. Th is has been achieved by substituting two new rules that may be used irrespective of the agreed mode of transport – DAT, Delivered at Terminal, and DAP, Delivered at place – for the Incoterms 2000 rules DAF, DES, DEQ and DDU.

Under both new rules, delivery occurs at a named destination: in DAT, at the buyer's disposal unloaded from the arriving vehicle(as under the former DEQ rule); in DAP, likewise at the buyer's disposal, but ready for unloading(as under the former DAF, DES and DDU rules).

The new rules make the Incoterms 2000 rules DES and DEQ superfluous. The named terminal in DAT may well be in a port, and DAT can therefore safely be used in cases where the Incoterms 2000 rule DEQ once was. Likewise, the arriving "vehicle"under DAP may well be a ship and the named place of destination may well be a port: consequently, DAP can safely be used in cases where the Incoterms 2000 rule DES once was. These new rules, like their predecessors, are "delivered", with the seller bearing all the costs(other than those related to import clearance, where applicable) and risks involved in bringing the goods to the named place of destination.

2. Classification of the 11 Incoterms 2010® rules

The 11 Incoterms® 2010 rules are presented in two distinct classes:

RULES FOR ANY MODE OF MODES OF TRANSPORT
EXW EX WORKS
FCA FREE CARRIER
CPT CARRIAGE PAID TO
CIP CARRIAGE AND INSURANCE PAID TO
DAT DELIVERED AT TERMINAL
DAP DELIVERED AT PLACE
DDP DELIVERED DUTY PAID

RULES FOR SEA AND INLAND WATERWAY TRANSPORT
FAS FREE ALONGSIDE SHIP
FOB FREE ON BOARD
CFR COST AND FREIGHT
CIP COST INSURANCE AND FREIGHT

The first class includes the seven Incoterms® 2010 rules that can be used irrespective of the mode of transport selected and irrespective of whether one or more than one mode of transport is employed. EXW, FCA, CPT, CIP, DAT, DAP and DDP belong to this class. They can be used even when there is no maritime transport at all. It is important to remember, however, that these rules can be used in cases where a ship is used for part of the carriage.

In the second class of Incoterms® 2010 rules, the point of delivery and the place to which the goods are carried to the buyer are both ports, hence the label"sea and inland waterway"rules. FAS, FOB, CFR and CIF belong to this class. Under the last three Incoterms rules, all mention of the ship's rail as the point of delivery has been omitted in preference for the goods being delivered when they are"on board"the vessel. Th is more closely reflects modern commercial reality and avoids the rather dated image of the risk swinging to and fro across an imaginary perpendicular line.

3. Rules for domestic and international trade

Incoterms rules have traditionally been used in international sale contracts where goods pass across national borders. In various areas of the world, however, trade blocs, like the European Union, have made border formalities between different countries less significant. Consequently, the subtitle of the Incoterms® 2010 rules formally recognizes that they are available for application to both international and domestic sale contracts. As a result, the Incoterms® 2010 rules clearly state in a number of places that the obligation to comply with export/import formalities exists only where applicable.

Two developments have persuaded ICC that a movement in this direction is timely. Firstly, traders commonly use Incoterms rules for purely domestic sale contracts. The second reason is the greater willingness in the United States to use Incoterms rules in domestic trade rather than the former Uniform Commercial Code shipment and delivery terms.

4. Guidance Notes

Before each Incoterms® 2010 rule you will find a Guidance Note. The Guidance Notes explain the fundamentals of each Incoterms rules, such as when it should be used, when risk passes, and how costs are allocated between seller and buyer. The Guidance Notes are not part of the actual Incoterms® 2010 rules, but are intended to help the users accurately and efficiently steer towards the appropriate Incoterms rules for a particular transaction.

5. Electronic Communication

Previous versions of Incoterms rules have specified those documents that could be replaced by EDI messages. Articles A1/B1 of the Incoterms® 2010 rules, however, now give electronic means of communication the same effect as paper communication, as long as the parties so agree or where customary. This formulation facilitates the evolution of new electronic procedures throughout the lifetime of the Incoterms 2010® rules.

6. Insurance cover

The Incoterms® 2010 rules are the first version of the Incoterms rules since the revision of the Institute Cargo Clauses and take account of alterations made to those clauses. The Incoterms® 2010 rules place informations duties relating to insurance in articles A3/B3, which deal with contracts of carriage and insurance. These provisions have been moved from the more generic articles found in articles A10/B10 of the Incoterms 2000 rules. The language in articles A3/B3 relating to insurance has also been altered with a view to clarifying the parties' obligations in this regard.

7. Security-related clearances and information required for such clearances

There is heightened concern nowadays about security in the movement of goods, requiring verification that the goods do not pose a threat to life or property for reasons other than their inherent nature. Therefore, the Incoterms® 2010 rules have allocated obligations between the buyer and seller to obtain or to render assistance in obtaining security-related clearances, such as chain-of-custody information, in articles A2/B2 and A10/B10 of various Incoterms rules.

8. Terminal handling charges

Under Incoterms rules CPT, CIP, CFR, CIF, DAT, DAP, and DDP, the seller must make arrangements for the carriage of the goods to the agreed destination. While the freight is paid by the seller, it is actually paid for by the buyer as freight costs are normally included by the seller in the total selling price. The carriage costs will sometimes include the costs of handling and moving the goods within port or container terminal facilities and the carrier or terminal operator may well change these costs to the buyer who receives the goods. In these circumstances, the buyer will want to avoid paying for the same service twice: once to the seller as part of the total selling price and once independently to the carrier or the terminal operator. The Incoterms® 2010 rules seek to avoid this happening by clearly allocating such costs in articles A6/B6 of the relevant Incoterms rules.

9. String sales

In the sale of commodities, as opposed to the sale of manufactured goods, cargo is frequently sold several times during transit "down a string". When this happens, a seller in the middle of the string does not "ship" the goods because these have already been shipped by the first seller in the string. The seller in the middle of the string therefore performs its obligations towards its buyer not by shipping the goods, but by "procuring" goods that have been shipped. For clarification purposes, Incoterms® 2010 rules include the obligation to "procure goods shopped" as an alternative to the obligation to ship goods in the relevant Incoterms rules.

Variants of Incoterms rules

Sometimes the parties want to alter an Incoterms rule. The Incoterms® 2010 rules do not prohibit such alteration, but there are dangers in so doing. In order to avoid any unwelcome surprises, the parties would need to make the intended eff ect of such alterations extremely clear in their contract. Th us, for example, if the allocation of costs in the Incoterms® 2010 rules is altered in the contract, the parties should also clearly state whether they intend to vary the point at which the risk passes from seller to buyer.

Status of this introduction

This introduction gives general information on the use and interpretation of the Incoterms® 2010 rules, but does not form part of those rules.

Explanation of terms used in the Incoterms® 2010 rules

As in the Incoterms 2000 rules, the seller's and buyer's obligations are presented in mirror fashion, reflecting under column A the seller's obligations and under column B the buyer's obligations. These obligations can be carried out personally by the seller or the buyer or sometimes, subject to terms in the contract or the applicable law, through intermediaries such as carries, freight forwarders or other persons nominated by the seller or the buyer for a specific purpose.

The text of the Incoterms® 2010 rules is meant to be self−explanatory. However,
in order to assist users the following text sets out guidance as to the sense in which selected terms are used throughout the document.

Carrier: For the Incoterms® 2010 rules, the carrier is the party with whom carriage is contracted.

Customs formalities: These are requirements to be met in order to comply with any applicable customs regulations and may include documentary, security, information or physical inspection obligations.

Delivery: This concept has multiple meanings is trade law and practice, but in the Incoterms® 2010 rules, it is used to indicate where the risk of loss of or damage to the goods passes from the seller to the buyer.

Delivery document: This phase is now used as the heading to article A8. It means a document used to prove that delivery has occurred. For many of the Incoterms® 2010 rules, the delivery document is a transport document or corresponding electronic recode. However, with EXW, FCA, FAS and FOB, the delivery document may simply be a receipt. A delivery document may also have other functions, for example as part of the mechanism for payment.

Electronic recode or procedure: A set of information constituted of one or more electronic messages and, where applicable, being functionally equivalent with the corresponding paper document.

Packaging: Th is word is used for different purposes:

1. The packaging of the goods to comply with any requirements under the contract of sale.
2. The packaging of the goods so that they are fi t for transportation.
3. The stowage of the packaged goods within a container or other means of transport.

In the Incoterms® 2010 rules, packaging means both the first and second of the above. The Incoterms® 2010 rules do not deal with the parties' obligations for stowage within a container and therefore, where relevant, the parties should deal with this in the sale contract.

RULES FOR ANY MODE OR MODES OF TRANSPORT

EXW
EX WORKS
EXW(insert named place of delivery) Incoterms® 2010

GUIDANCE NOTE

This rule may be used irrespective of the mode of transport selected and may also be used where more than one mode of transport is employed. It is suitable for domestic trade.

"Ex Works" means that the seller delivers when it places the goods at the disposal of the buyer at the seller's premises or at another named place(i.e., works, factory, warehouse, ets.). The seller does not need to load the goods on any collecting vehicle, nor does it need to clear the goods for export, where such clearance is applicable.

The parties are well advised to specify as clearly as possible the point within the named place of delivery, as the costs and risks to that point are for the account of the seller. The buyer bears all costs and risks involved in taking the goods from the agreed point, if any, at the named place of delivery.

EXW represents the minimum obligation for the seller. The rule should be used with care as:

a) the seller has no obligation to the buyer to load the goods, even though in practice the seller may be in a better position to do so. If the seller does load the goods, it does so at the buyer's risk and expense. In cases where the seller is in a better position to load the goods. FCA, which obliges the seller to do so at its own risk and expense, is usually more appropriate.

b) A buyer who buys from a seller on an EXW basis for export needs to be aware that the seller has an obligation to provide only such assistance as the buyer may require to effect that export: the seller is not bound to organize the export clearance. Buyers are therefore well advised not to use EXW if they cannot directly or indirectly obtain export clearance.

c) The buyer has limited obligation to provide to the seller any information regarding the export of the goods. However, the seller may need this information for, e.g., taxation or reporting purposes.

A THE SELLER'S OBLIGATIONS

A1 General obligations of the seller

The seller must provide the goods and the commercial invoice in conformity with the contract of sale and any other evidence of conformity that may be required by the contract.

Any document referred to in A1—A10 may be an equivalent electronic record or procedure if agreed between the parties or customary.

A2 Licences, authorizations, security clearances and other formalities

Where applicable, the seller must provide the buyer, at the buyer's request, risk and expense, assistance in obtaining any export licence, or other official authorization necessary for the export of the goods.

Where applicable, the seller must provide, at the buyer's request, risk and expense, any information in the possession of the seller that is required for the security clearance of the goods.

A3 Contracts of carriage and insurance

a) Contract of carriage

The seller has no obligation to the buyer to make a contract of carriage.

b) Contract of insurance

The seller has no obligation to the buyer to make a contract of insurance. However, the seller must provide the buyer, at the buyer's request, risk and expense(if any), with information that the buyer needs for obtaining insurance.

A4 Delivery

The seller must deliver the goods by placing them at the disposal of the buyer at the agreed point, if any, at the named place of delivery, not loaded on any collecting vehicle. If no specific point has been agreed within the named place of delivery, and if there are several points available, the seller may select the point that best suits its purpose. The seller must deliver the goods on the agreed date or within the agreed period.

A5 Transfer of risks

The seller bears all risks of loss of or damage to the goods until they have been delivered in accordance with A4 with the exception of loss or damage in the circumstances described in B5.

A6 Allocation of costs

The seller must pay all costs relating to the goods until they have been delivered in accordance with A4, other than those payable by the buyer as envisaged in B6.

A7 Notices to the buyer

The seller must give the buyer any notice needed to enable the buyer to take delivery of the goods.

A8 Delivery document

The seller has no obligation to the buyer.

A9 Checking–packaging–marking

The seller must pay the costs of those checking operations(such as checking quality, measuring, weighing, counting) that are necessary for the purpose of delivering the goods in accordance with A4.

The seller must, at its own expense, package the goods, unless it is usual for the particular trade to transport the type of goods sold unpackaged. The seller may package the goods in the manner appropriate for their transport, unless the buyer has notified the seller of specific packaging requirements before the contract of sale is concluded. Packaging is to be marked appropriately.

A10 Assistance with information and related costs

The seller must, where applicable, in a timely manner, provide to or render assistance in obtaining for the buyer, at the buyer's request, risk and expense, any documents and information, including security–related information, that the buyer needs for the export and/or import of the goods and/or for their transport to the final destination.

B THE BUYER'S OBLIGATIONS

B1 General obligations of the buyer

The buyer must pay the price of the goods as provided in the contract of sale. Any document referred to in B1–B10 may be an equivalent electronic record or procedure if agreed between the parties or customary.

B2 Licences, authorizations, security clearances and other formalities

Where applicable, it is up to the buyer to obtain, at its own risk and expense, any export and import licence or other offi cial authorization and carry out all customs formalities for the export of the goods.

B3 Contracts of carriage and insurance

a) Contract of carriage

The buyer has no obligation to the seller to make a contract of carriage.

b) Contract of insurance

The buyer has no obligation to the seller to make a contract of insurance.

B4 Taking delivery

The buyer must take delivery of the goods when A4 and A7 have been complied with.

B5 Transfer of risks

The buyer bears all risks of loss of or damage to the goods from the time they have been delivered as envisaged in A4.

If the buyer fails to give notice in accordance with B7, then the buyer bears all risks of loss of or damage to the goods from the agreed date or the expiry date of the agreed period for delivery, provided that the goods have been clearly identified as the contract goods.

B6 Allocation of casts

The buyer must:

a) pay all costs relating to the goods from the time they have been delivered as envisaged in A4;

b) pay any additional costs incurred by failing either to take delivery of the goods when they have been placed at its disposal or to give appropriate notice in accordance with B7, provided that the goods have been clearly identified as the contract goods;

c) pay, where applicable, all duties, taxes and other charges, as well as the costs of carrying out customs formalities payable upon export; and

d) reimburse all costs and charges incurred by the seller in providing assistance as envisaged in A2.

B7 Notices to the seller

The buyer must, whenever it is entitled to determine the time within an agreed period and/or the point of taking delivery within the named place, give the seller sufficient notice thereof.

B8 Proof of delivery

The buyer must provide the seller with appropriate evidence of having taken delivery.

B9 Inspection of goods

The buyer must pay the costs of any mandatory pre-shipment inspection, including inspection mandated by the authorities of the country of export.

B10 Assistance with information and related costs

The buyer must, in a timely manner, advise the seller of any security information requirements so that the seller may comply with A10.

The buyer must reimburse the seller for all costs and charges incurred by the seller in providing or rendering assistance in obtaining documents and information as envisaged in A10.

FCA
Free Carrier
FCA(insert named place of delivery)Incoterms® 2010

GUIDANCE NOTE

This rule may be used irrespective of the mode of transport selected and may also be used where more than one mode of transport is employed.

"Free Carrier" means that the seller delivers the goods to the carrier or another person nominated by the buyer at the seller's premises or another named place. The parties are well advised to specify as clearly as possible the point within the named place of delivery, as the risk passes to the buyer at that points.

If the parties intend to deliver the goods at the seller's premises, they should identify the address of those premises as the named place of delivery. If, on the other hand, the parties intend the goods to be delivered at another place, they must identify a different specific place of delivery.

FCA requires the seller to clear the goods for export, where applicable. However, the seller has no obligation to clear the goods for import, pay any import duty or carry out any import customs formalities.

A THE SELLER'S OBLIGATIONS

A1 General obligations of the seller

The seller must provide the goods and the commercial invoice in conformity with the contract of sale and any other evidence of conformity that may be required by the contract

Any document referred to in A1－A10 may be an equivalent electronic record or procedure if agreed between the parties or customary.

A2 Licences, authorizations, security clearances and other formalities

Where applicable, the seller must obtain, at its own risk and expense, any export licence or other official authorization and carry out all customs formalities necessary for the export of the goods.

A3 Contracts of carriage and insurance

a) Contract of carriage

The seller has no obligation to the buyer to make a contract of carriage. However, if requested by the buyer or if it is commercial practice and the buyer does not give an instruction to the contrary in due time, the seller may contract for carriage on usual terms at the buyer's risk and expense. In either case, the seller may decline to make the contract of carriage and, if it does, shall promptly notify the buyer.

b) Contract of insurance

The seller has no obligation to the buyer to make a contract of insurance. However, the seller must provide the buyer, at the buyer's request, risk, and expense(if any), with information that the buyer needs for obtaining insurance.

A4 Delivery

The seller must deliver the goods to the carrier or another person nominated by the buyer at the agreed point, if any, at the named place on the agreed date or within the agreed period.

Delivery is completed:

a) If the named place is the seller's premises, when the goods have been loaded on the means of transport provided by the buyer.

b) In any other case, when the goods are placed at the disposal of the carrier or another person nominated by the buyer on the seller's means of transport ready for unloading.

If no specific point has been notified by the buyer under B7 d) within the named place of delivery, and if there are several points available, the seller may select the point that best suits its purpose.

Unless the buyer notifies the seller otherwise, the seller may deliver the goods for carriage in such a manner as the quantity and/or nature of the goods may require.

A5 Transfer of risks

The seller bears all risks of loss of or damage to the goods until they have been delivered in accordance with A4, with the exception of loss or damage in the circumstances described in B5.

A6 Allocation of costs

The seller must pay

a) all costs relating to the goods until they have been delivered in accordance with A4, other than those payable by the buyer as envisaged in B6; and

b) where applicable, the costs of customs formalities necessary for export, as well as all duties, taxes, and other charges payable upon export.

A7 Notices to the buyer

The seller must, at the buyer's risk and expense, give the buyer sufficient notice either that the goods have been delivered in accordance with A4 or that the carrier or another person nominated by the buyer has failed to take the goods within the time agreed.

A8 Delivery document

The seller must provide the buyer, at the seller's expense, with the usual proof that the goods have been delivered in accordance with A4.

The seller must provide assistance to the buyer, at the buyer's request, risk and expense, in obtaining a transport document.

A9 Checking – packaging – marking

The seller must pay the costs of those checking operations(such as checking quality, measuring, weighing, counting) that are necessary for the purpose of delivering the goods in accordance with A4, as well as the costs of any pre-shipment inspection mandated by the authority of the country of export.

The seller must, at its own expense, package the goods, unless it is usual for the particular trade to transport the type of goods sold unpackaged. The seller may package the goods in the manner appropriate for their transport, unless the buyer has notified the seller of specific packaging requirements before the contract of sale is concluded. Packaging is to be marked appropriately.

A10 Assistance with information and related costs

The seller must, where applicable, in a timely manner, provide to or render assistance in obtaining for the buyer, at the buyer's request, risk and expense, any documents and information, including security-related information, that the buyer needs for the import of the goods and/or for their transport to the final destination.

The seller must reimburse the buyer for all costs and charges incurred by the buyer in providing or rending assistance in obtaining documents and information as envisaged in B10.

B THE BUYER'S OBLIGATIONS

B1 General obligations of the buyer

The buyer must pay the price of the goods as provided in the contract of sale.

Any document referred to in B1-B10 may be an equivalent electronic record or procedure if agreed between the parties or customary.

B2 Licences, authorizations, security clearances and other formalities

Where applicable, it is up to the buyer to obtain, at its own risk and expense, any import licence or other official authorization and carry out all customs formalities for the import of the goods and for their transport through any country.

B3 Contracts of carriage and insurance

a) Contract of carriage

The buyer must contract at its own expense for the carriage of the goods from the named place of delivery, except when the contract of carriage is made by the seller as provided for in A3 a).

b) Contract of insurance

The buyer has no obligation to the seller to make a contract of insurance.

B4 Taking delivery

The buyer must take delivery of the goods when they have been delivered as envisaged in A4.

B5 Transfer of risks

The buyer bears all risks of loss of or damage to the goods from the time they have been delivered as envisaged in A4.

If

a) the buyer fails in accordance with B7 to notify the nomination of a carrier or another person as envisaged in A4 or to give notice; or

b) the carrier or person nominated by the buyer as envisaged in A4 fails to take the goods into its charge,

then, the buyer bears all risks of loss of or damage to the goods:

(i) from the agreed date, or in the absence of an agreed date,

(ii) from the date notified by the seller under A7 within the agreed period; or, if no such date has been notified,

(iii) from the expiry date of any agreed period for delivery,

provided that the goods have been clearly identified as the contract goods.

B6 Allocation of costs

The buyer must pay

a) all costs relating to the goods from the time they have been delivered as envisaged in A4, except, where applicable, the costs of customs formalities necessary for export, as well as all duties, taxes, and other charges payable upon export as referred to in A6 b);

b) any additional costs incurred, either because:

(i) The buyer fails to nominate a carrier or another person as envisaged in A4, or

(ii) the carrier or person nominated by the buyer as envisaged in A4 fails to take the goods into its charge, or

(iii) the buyer has failed to give appropriate notice in accordance with B7, provided that the goods have been clearly identified as the contract goods; and

c) where applicable, all duties, taxes and other charges as well as the costs of carrying out customs formalities payable upon import of the goods and the costs for their transport through any country.

B7 Notices to the seller

The buyer must notify the seller of

a) the name of the carrier or another person nominated as envisaged in A4 within sufficient time as to enable the seller to deliver the goods in accordance with that article;

b) where necessary, the selected time within the period agreed for delivery when the carrier or person nominated will take the goods;

c) the mode of transport to be used by the person nominated;

and

d) the point of taking delivery within the named place.

B8 Proof of delivery

The buyer must accept the proof of delivery provided as envisaged in A8.

B9 Inspection of goods

The buyer must pay the costs of any mandatory pre-shipment inspection, except when such inspection is mandated by the authorities of the country of export.

B10 Assistance with information and related costs

The buyer must, in a timely manner, advise the seller of any security information requirements so that the seller may comply with A10.

The buyer must reimburse the seller for all costs and charges incurred by the seller in providing or rendering assistance in obtaining documents and information as envisaged in A10.

The buyer must, where applicable, in a timely manner, provide to or render assistance in obtaining for the seller, at the seller's request, risk and expense, any documents and information, including security-related information, that the seller needs for the transport and export of the goods and for their transport through any country.

CPT
CARRIAGE PAID TO
CPT(insert named place of destination) Incoterms® 2010

GUIDANCE NOTE

This rule may be used irrespective of the mode of transport selected and may also be used where more than one mode of transport is employed.

"Carriage Paid to" means that the seller delivers the goods to the carrier or another person nominated by the seller at an agreed place(if any such place is agreed between the parties) and that the seller must contract for and pay the costs of carriage necessary to bring the goods to the named place of destination.

When CPT, CIP, CFR or CIF are used, the seller fulfills its obligation to deliver when it hands the goods over to the carrier and not when the goods reach the place of destination.

This rule has two critical points, because risk passes and costs are transferred at different places. The parties are well advised to identify as precisely as possible in the contract both the place of delivery, where the risk passes to the buyer, and the named place of destination to which the seller must contract for the carriage.

If several carriers are used for the carriage to the agreed destination and the parties do not agree on a specific point of delivery, the default position is that risk passes when the goods have been delivered to the first carrier at a point entirely of the seller's choosing and over which the buyer has no control. Should the parties wish the risk to pass at a later stage(e.g., at an ocean port or airport), they need to specify this in their contract of sale.

The parties are also well advised to identify as precisely as possible the point within the agreed place of destination, as the costs to that point are for the account of the seller. The seller is advised to procure contracts of carriage that match this choice precisely. If the seller incurs costs under its contract of carriage related to unloading at the named place of destination, the seller is not entitled to recover such costs from the buyer unless otherwise agreed between the parties.

CPT requires the seller to clear the goods for export, where applicable. However, the seller has no obligation to clear the goods for import, pay any import duty or carry out any import customs formalities.

A THE SELLER' OBLIGATIONS

A1 General obligations of the seller

The seller must provide the goods and the commercial invoice in conformity with the contract of sale and any other evidence of conformity that may be required by the contract.

Any document referred to in A1—A10 may be an equivalent electronic record of procedure if agreed between the parties or customary.

A2 Licences, authorizations, security clearances and other formalities

Where applicable, the seller must obtain, at its own risk and expense, any export licence or other official authorization and carry out all customs formalities necessary for the export of the goods, and for their transport through any country prior to delivery.

A3 Contracts of carriage and insurance

a) Contract of carriage

The seller must contract or procure a contract for the carriage of the goods from the agreed point of delivery, if any, at the place of delivery to the named place of destination or, if agreed, any point at that place. The contract of carriage must be made on usual terms at the seller's expense and provide for carriage by the usual route and in a customary manner. If a specific point is not agreed or is not determined by practice, the seller may select the point of delivery and the point at the named place of destination that best suit its purpose.

b) Contract of insurance

The seller has no obligation to the buyer to make a contract of insurance. However, the seller must provide the buyer, at the buyer's request, risk, and expense(if any), with information that the buyer needs for obtaining insurance.

A4 Delivery

The seller must deliver the goods by handing them over to the carrier contracted in accordance with A3 on the agreed date or within the agreed period.

A5 Transfer of risks

The seller bears all risks of loss of or damage to the goods until they have been delivered in accordance with A4, with the exception of loss or damage in the circumstances described in B5.

A6 Allocation of costs

The seller must pay

a) all costs relating to the goods until they have been delivered in accordance with A4, other than those payable by the buyer as envisaged in B6;

b) the freight and all other costs resulting from A3 a), including the costs of loading the goods and any charges for unloading at the place of destination that were for the seller's account under the contract of carriage; and

c) where applicable, the costs of customs formalities necessary for export, as well as all duties, taxes and other charges payable upon export, and the costs for their transport through any country that were for the seller's account under the contract of carriage.

A7 Notices to the buyer

The seller must notify the buyer that the goods have been delivered in accordance with A4.

The seller must give the buyer any notice needed in order to allow the buyer to take measures that are normally necessary to enable the buyer to take the goods.

A8 Delivery document

If customary or at the buyer's request, the seller must provide the buyer, at the seller's expense, with the usual transport document[s] for the transport contracted in accordance with A3.

This transport document must cover the contract goods and be dated within the period agreed for shipment. If agreed or customary, the document must also enable the buyer to claim the goods from the carrier at the named place of destination and enable the buyer to sell the goods in transit by the transfer of the document to a subsequent buyer or by notification to the carrier.

When such a transport document is issued in negotiable form and in several originals, a full set of originals must be presented to the buyer.

A9 Checking – packaging – marking

The seller must pay the costs of those checking operations(such as checking quality, measuring, weighing, counting) that are necessary for the purpose of delivering the goods in accordance with A4, as well as the costs of any pre–shipment inspection mandated by the authority of the country of export.

The seller must, at its own expense, package the goods, unless it is usual for the particular trade to transport the type of goods sold unpackaged. The seller may package the goods in the manner appropriate for their transport, unless the buyer has notified the seller of specific packaging requirements before the contract of sale is concluded. Packaging is to be marked appropriately.

A10 Assistance with information and related costs

The seller must, where applicable, in a timely manner, provide to or render assistance in obtaining for the buyer, at the buyer's request, risk and expense, any documents and information, including security–related information, that the buyer needs for the import of the goods and/or for their transport to the final destination.

The seller must reimburse the buyer for all costs and charges incurred by the buyer in providing or rendering assistance in obtaining documents and information as envisaged in B10.

B THE BUYER'S OBLIGATIONS

B1 General obligations of the buyer

The buyer must pay the price of the goods as provided in the contract of sale.

Any document referred to in B1–B10 may be an equivalent electronic record or procedure if agreed between the parties or customary.

B2 Licences, authorizations, security clearances and other formalities

Where applicable, it is up to the buyer to obtain, at its own risk and expense, any import licence or other official authorization and carry out all customs formalities for the import of the goods and for their transport through any country.

B3 Contracts of carriage and insurance

a) Contract of carriage

The buyer has no obligation to the seller to make a contract of carriage.

b) Contract of insurance

The buyer has no obligation to the seller to make a contract of insurance.

However, the buyer must provide the seller, upon request, with the necessary information for obtaining insurance.

B4 Taking delivery

The buyer must take delivery of the goods when they have been delivered as envisaged in A4 and receive them from the carrier at the named place of destination.

B5 Transfer of risks

The buyer bears all risks of loss of or damage to the goods from the time they have been delivered as envisaged in A4.

If the buyer fails to give notice in accordance with B7, it must bear all risks of loss of or damage to the goods from the agreed date or the expiry date of the agreed period for delivery, provided that the goods have been clearly identified as the contract goods.

B6 Allocation of costs

The buyer must, subject to the provisions of A3 a), pay

a) all costs relating to the goods from the time they have been delivered as envisaged in A4, except, where applicable, the costs of customs formalities necessary for export, as well as all duties, taxes, and other charges payable upon export as referred to in A6 c);

b) all costs and charges relating to the goods while in transit until their arrival at the agreed place of destination, unless such costs and charges were for the seller's account under the contract of carriage;

c) unloading costs, unless such costs were for the seller's account under the contract of carriage;

d) any additional costs incurred if the buyer fails to give notice in accordance with B7, from the agreed date or the expiry date of the agreed period for dispatch, provided that the goods have been clearly identified as the contract goods; and

e) Where applicable, all duties, taxes and other charges, as well as the costs of carrying out customs formalities payable upon import of the goods and the costs for their transport through any country, unless included within the cost of the contract of carriage.

B7 Notices to the seller

The buyer must, whenever it is entitled to determine the time for dispatching the goods and/or the named place of destination or the point of receiving the goods within that place, give the seller suffi cient notice thereof.

B8 Proof of delivery

The buyer must accept the transport document provided as envisaged in A8 if it is in conformity with the contract.

B9 Inspection of goods

The buyer must pay the costs of any mandatory pre－shipment inspection, except when such inspection is mandated by the authorities of the country of export.

B10 Assistance with information and related costs

The buyer must, in a timely manner, advise the seller of any security information requirements so that the seller may comply with A10.

The buyer must reimburse the seller for all costs and charges incurred by the seller in providing or rendering assistance in obtaining documents and information as envisaged in A10.

The buyer must, where applicable, in a timely manner, provide to or render assistance in obtaining for the seller, at the seller's request, risk and expense, any documents and information, including security-related information, that the seller needs for the transport and export of the goods and for their transport through any country.

CIP

CARRIAGE AND INSURANCE PAID TO

CIP(insert named place of destination) Incoterms® 2010

GUIDANCE NOTE

This rule may used irrespective of the mode of transport selected and may also be used where more than one mode of transport is employed.

"Carriage and Insurance Paid to" means that the seller delivers the goods to the carrier or another person nominated by the seller at an agreed place(if any such place is agreed between the parties) and that the seller must contract for and pay the costs of carriage necessary to bring the goods to the named place of destination.

The seller also contracts for insurance cover against the buyer's risk of loss of or damage to the goods during the carriage. The buyer should note that under CIP the seller is required to obtain insurance only on minimum cover. Should the buyer wish to have more insurance protection, it will need either to agree as much expressly with the seller or to make its own extra insurance arrangements.

When CPT, CIP, CFR or CIF are used, the seller fulfills its obligation to deliver when it hands the goods over to the carrier and not when the goods reach the place of destination.

This rule has two critical paints, because risk passes and costs are transferred at different places. The parties are well advised to identify as precisely as possible in the contract both the place of delivery, where the risk passes to the buyer, and the named place of destination to which the seller must contract for carriage. If several carriers are used for the carriage to the agreed destination and the parties do not agree on a specific point of delivery, the default position is that risk passes when the goods have been delivered to the fi rst carrier at a point entirely of the seller's choosing and over which the buyer has no control. should the parties wish the risk to pass at a later stage(e.g., at an ocean port or an airport), they need to specify this in their contract of sale.

The parties are also well advised to identify as precisely as possible the point within the agreed place of destination, as the costs to that point are for the account of the seller. The seller is advised to procure contracts of carriage that match this choice precisely. If the seller incurs costs under its contract of carriage related to unloading at the named place of destination, the seller is not entitled to recover such costs from the buyer unless otherwise agreed between the parties.

CIP requires the seller to clear the goods for export, where applicable. However, the sellers has no obligation to clear the goods for import, pay any import duty or carry out any import customs formalities.

A THE SELLER'S OBLIGATIONS

A1 General obligation of the seller

The seller must provide the goods and commercial invoice in conformity with the contract of sale and any other evidence of conformity that may be required by the contract.

Any document referred to in A1－A10 may be an equivalent electronic record or procedure if agreed between the parties and customary.

A2 Licences, authorizations, security clearances and other formalities

Where applicable, the seller must obtain, at its own risk and expense, any export licence or other official authorization and carry out all customs formalities necessary for the export of the goods and for their transport through any country prior to delivery.

A3 Contracts of carriage and insurance

a) Contract of carriage

The sellers must contract or procure a contract for the carriage of the goods from the agreed point of delivery, if any, at the place of delivery to the named place of destination or, if agreed, any point at that place. The contract of carriage must be made on usual terms at the seller's expense and provide for carriage by the usual route and in a customary manner. If a specific point is not agreed or is not determined by practice, the seller may select the point of delivery and the point at the named place of destination that best suit its purpose.

b) Contract of insurance

The seller must obtain at its own expense cargo insurance complying at least with the minimum cover as provided by Clauses(c) of the Institute Cargo Clauses(LMA/IUA) or any similar clauses. The insurance shall be contracted with underwriters or an insurance company of good repute and entitle the buyer, or any other person having an insurable interest in the goods, to claim directly from the insurer.

When required by the buyer, the seller shall, subject to the buyer providing any necessary information requested by the seller, provide at the buyer's expense any additional cover, if procurable, such as cover as provided by Clauses(A) or(B) of the Institute Cargo Clauses(LMA/IUA) or any similar clauses, and/or cover complying with the Institute War Clauses and/or Institute Strikes Clauses(LMA/IUA)
or any similar clauses.

The insurance shall cover, at a minimum, the price provided in the contract plus 10%(i.e., 110%) and shall be in the currency of the contract.

The insurance shall cover the goods from the point of delivery set out in A4 and A5 to at least the named place of destination.

The seller must provide the buyer with the insurance policy or other evidence of insurance cover.

Moreover, the seller must provide the buyer, at the buyer's request, risk, and expense(if any), with information that the buyer needs to procure any additional insurance.

A4 Delivery

The seller must deliver the goods by handing them over to the carrier contracted in accordance with A3 on the agreed date or within the agreed period.

A5 Transfer of risks

The seller bears all risks of loss of or damage to the goods until they have been delivered in accordance with A4, with the exception of loss or damage in the circumstances described in B5.

A6 Allocation of costs

The seller must pay

a) all costs relating to the goods until they have been delivered in accordance with A4, other than those payable by the buyer as envisaged in B6;

b) the freight and all other costs resulting from A3 a), including the costs of loading the goods and any charges for unloading at the place of destination that were for the seller's account under the contract of carriage;

c) the costs of insurance resulting from A3 b); and

d) where applicable, the costs of customs formalities necessary for export, as well as all duties, taxes and other charges payable upon export, and the costs for their transport though any country that were for the seller's account under the contract of carriage.

A7 Notices to the buyer

The seller must notify the buyer that the goods have been delivered in accordance with A4.

The seller must give the buyer any notice needed in order to allow the buyer to take measures that are normally necessary to enable the buyer to take the goods.

A8 Delivery document

If customary or at the buyer's request, the seller must provide the buyer, at the seller's expense, with the usual transport document[s] for the transport contracted in accordance with A3.

This transport document must cover the contract goods and be dated within the period agreed for shipment. If agreed or customary, the document must also enable the buyer to claim the goods from the carrier at the named place of destination and enable the buyer to sell the goods in transit by the transfer of the document to a subsequent buyer or by notification to the carrier.

When such a transport document is issued in negotiable form and in several originals, a full set of originals must be presented to the buyer.

A9 Checking —packaging— marking

The seller must pay the costs of those checking operations(such as checking quality, measuring, weighing, counting) that are necessary for the purpose of delivering the goods in accordance with A4 as well as the costs of any pre—shipment inspection mandated by the authority of the country of export.

The seller must, at its own expense, package the goods, unless it is usual for the particular trade to transport the type of goods sold unpackaged. The seller may package the goods in the manner appropriate for their transport, unless the buyer has notified the seller of specific packaging requirement before the contract of sale is concluded. Packaging is to be marked appropriately.

A10 Assistance with information and related costs

The seller must, where applicable, in a timely manner, provide to or render assistance in obtaining for the buyer, at the buyer's request, risk and expense, any document and information, including security—related information, that the buyer needs for the import of the goods and/or for their transport to the final destination.

The seller must reimburse the buyer for all costs and charges incurred by the buyer in providing or rendering assistance in obtaining documents and information as envisaged in B10.

B THE BUYER'S OBLIGATIONS

B1 General obligations of the buyer

The buyer must pay the price of the goods as provided in the contract of sale.

Any document referred to in B1—B10 may be an equivalent electronic record or procedure if agreed between the parties or customary.

B2 Licences, authorizations, security clearances and other formalities

Where applicable, it is up to the buyer to obtain, at its own risk and expense, any import licence or other offi cial authorization and carry out all customs formalities for the import of the goods and for their transport through any country.

B3 Contracts of carriage and insurance

a) Contract of carriage

The buyer has no obligation to the seller to make a contract of carriage.

b) Contract of insurance

The buyer has no obligation to the seller to make a contract of insurance.

However, the buyer must provide the seller, upon request, with any information necessary for the seller to procure any additional insurance requested by the buyer as envisaged in A3 b).

B4 Taking delivery

The buyer must take delivery of the goods when they have been delivered as envisaged in A4 and receive them from the carrier at the named place of destination.

B5 Transfer of risks

The buyer bears all risks of loss of or damage to the goods from the time they have been delivered as envisaged in A4.

If the buyer fails to give notice in accordance with B7, it must bear all risk of loss of or damage to the goods from the agreed date or the expiry date of the agreed period for delivery, provided that the goods have been clearly identified as the contract goods.

B6 Allocation of costs

The buyer must, subject to the provisions of A3 a), pay

a) all costs relating to the goods from the time they have been delivered as envisaged in A4, except, where applicable, the costs of customs formalities necessary for export, as well as all duties, taxes and other charges payable upon export as referred to in A6 d);

b) all costs and charges relating to the goods while in transit until their arrival at the agreed place of destination, unless such costs and charges were for the seller's account under contract of carriage;

c) unloading costs, unless such costs were for the seller's account under the contract of carriage;

d) any additional costs incurred if it fails to give notice in accordance with B7, from the agreed date or the expiry date of the agreed period for dispatch, provided that the goods have been clearly identified as the contract goods;

e) where applicable, all duties, taxes and other charges as well as the costs of carrying out customs formalities payable upon import of the goods and the costs for their transport through any country, unless included within the cost of the contract of carriage; and

f) the costs of any additional insurance procured at the buyer's request under A3 and B3.

B7 Notices to the seller

The buyer must, whenever it is entitled to determine the time for dispatching the goods and/or the named place of destination or the point of receiving the goods within that place, give the seller sufficient notice thereof.

B8 Proof of delivery

The buyer must accept the transport document provided as envisaged in A8 if it is in conformity with the contract.

B9 Inspection of goods

The buyer must pay the costs of any mandatory pre-shipment inspection, except when such inspection is mandated by the authorities of the country of export.

B10 Assistance with information and related costs

The buyer must, in a timely manner, advise the seller of any security information requirements so that the seller may comply with A10.

The buyer must reimburse the seller for all costs and charges incurred by the seller in providing or rendering assistance in obtaining documents and information as envisaged in A10.

The buyer must, where applicable, in a timely manner, provide to or render assistance in obtaining for the seller, at the seller's request, risk and expense, any documents and information, including security-related information, that the seller needs for the transport and export of the goods and for their transport though any country.

DAT

DELIVERED AT TERMINAL

DAT(insert named terminal at port or place of destination) Incoterms® 2010

GUIDANCE NOTE

This rule may be used irrespective of the mode of transport selected and may also be used where more than one mode of transport is employed.

"Delivered at Terminal" means that the seller delivers when the goods, once unloaded from the arriving means of transport, are placed at the disposal of the buyer at a named terminal at the named port or place of destination. "Terminal" includes any place, whether covered or not, such as a quay, warehouse, container yard or road, rail or air cargo terminal. The seller bears all risks involved in bringing the goods to and unloading them at the terminal at the named port or place of destination.

The parties are well advised to specify as clearly as possible the terminal and, if possible, a specific point within the terminal at the agreed port or place of destination, as the risks to that point are for the account of the seller. The seller is advised to procure a contract of carriage that matches this choice precisely.

Moreover, if the parties intend the seller to bear the risks and costs involved in transporting and handling the goods from the terminal to another place, then the DAP or DDP rules should be used.

DAT requires the seller to clear the goods for export, where applicable. However, the seller has no obligation to clear the goods for import, pay any import duty or carry out any import customs formalities.

A THE SELLER'S OBLIGATIONS

A1 General obligations of the seller

The seller must provide the goods and the commercial invoice in conformity with the contract of sale and any other evidence of conformity that may be required by the contract.

Any document referred to in A1—A10 may be an equivalent electronic record or procedure if agreed between the parties or customary.

A2 Licences, authorizations, security clearances and other formalities

Where applicable, the seller must obtain, at its own risk and expense, any export licence and other official authorization and carry out all customs formalities necessary for the export of the goods and for their transport through any country prior to delivery.

A3 Contracts of carriage and insurance

a) Contract of carriage

The seller must contract at its own expense for the carriage of the goods to the named terminal at the agreed port or place of destination. If a specific terminal is not agreed or is not determined by practice, the seller may select the terminal at the agreed port or place of destination that best suits its purpose.

b) Contract of insurance

The seller has no obligation to the buyer to make a contract of insurance.

However, the seller must provide the buyer, at the buyer's request, risk, and expense(if any), with information that the buyer needs for obtaining insurance.

A4 Delivery

The seller must unload the goods from the arriving means of transport and must then deliver them by placing them at the disposal of the buyer at the named terminal referred to in A3 a) at the port or place of destination on the agreed date or within the agreed period.

A5 Transfer of risks

The seller bears all risks of loss of or damage to the goods until they have been delivered in accordance with A4 with the exception of loss or damage in the circumstances described in B5.

A6 Allocation of costs

The seller must pay

a) in addition to costs resulting from A3 a), all costs relating to the goods until they have been delivered in accordance with A4, other than those payable by the buyer as envisaged in B6; and

b) where applicable, the costs of customs formalities necessary for export as well as all duties, taxes and other charges payable upon export and the costs for their transport through any country, prior to delivery in accordance with A4.

A7 Notices to the buyer

The seller must give the buyer any notice needed in order to allow the buyer to take measures that are normally necessary to enable the buyer to take delivery of the goods.

A8 Delivery document

The seller must provide the buyer, at the seller's expense, with a document enabling the buyer to take delivery of the goods as envisaged in A4/B4

A9 Checking – packaging – marking

The seller must pay the costs of those checking operations(such as checking quality, measuring, weighing, counting) that are necessary for the purpose of delivering the goods in accordance with A4, as well as the costs of any pre–shipment inspection mandated by the authority of the country of export.

The seller must, at its own expense, package the goods, unless it is usual for the particular trade to transport the type of goods sold unpackaged. The seller may package the goods in the manner appropriate for their transport, unless the buyer has notified the seller of specific packaging requirements before the contract of sale is concluded. Packaging is to be marked appropriately.

A10 Assistance with information and related costs

The seller must, where applicable, in a timely manner, provide to or render assistance in obtaining for the buyer, at the buyer's request, risk and expense, any documents and information, including security–related information, that the buyer needs for the import of the goods and/or for their transport to the final destination.

The seller must reimburse the buyer for all costs and charges incurred by the buyer in providing or rendering assistance in obtaining documents and information as envisaged in B10.

B THE BUYER'S OBLIGATIONS

B1 General obligations of the buyer

The buyer must pay the price of the goods as provided in the contract of sale.

Any document referred to in B1—B10 may be an equivalent electronic record or procedure if agreed between the parties or customary.

B2 Licences, authorizations, security clearances and other formalities

Where applicable, the buyer must obtain, at its own risk and expense, any import licence or other official authorization and carry out all customs formalities for the import of the goods.

B3 Contracts of carriage and insurance

a) Contract of carriage

The buyer has no obligation to the seller to make a contract of carriage.

b) Contract of insurance

The buyer has no obligations to the seller to make a contract of insurance.

However, the buyer must provide the seller, upon request, with the necessary information for obtaining insurance.

B4 Taking delivery

The buyer must take delivery of the goods when they have been delivered as envisaged in A4.

B5 Transfer of risks

The buyer bears all risks of loss of or damage to the goods from the time they have been delivered as envisaged in A4.

If

a) the buyer fails to fulfill its obligations in accordance with B2, then it bears all resulting risks of loss of or damage to the goods;

or

b) the buyer fails to give notice in accordance with B7, then it bears all risks of loss of or damage to the goods from the agreed date or the expiry date of the agreed period for delivery,

provided that the goods have been clearly identified as the contract goods.

B6 Allocation of costs

The buyer must pay

a) all costs relating to the goods form the time they have been delivered as envisaged in A4;

b) any additional costs incurred by the seller if the buyer fails to fulfill its obligations in accordance with B2, or to give notice in accordance with B7, provided that the goods have been clearly identified as the contract goods; and

c) where applicable, the costs of customs formalities as well as all duties, taxes and other charges payable upon import of the goods.

B7 Notices to the seller

The buyer must, whenever it is entitled to determine the time within an agreed period and/or the point of taking delivery at the named terminal, give the seller sufficient notice thereof.

B8 Proof of delivery

The buyer must accept the delivery document provided as envisaged in A8.

B9 Inspection of goods

The buyer must pay the costs of any mandatory pre-shipment inspection, except when such inspection is mandated by the authorities of the country of export.

B10 Assistance with information and related costs

The buyer must, in a timely manner, advise the seller of any security information requirements so that the seller may comply with A10.

The buyer must reimburse the seller for all costs and charges incurred by the seller in providing or rendering assistance in obtaining documents and information as envisaged in A10.

The buyer must, where applicable, in a timely manner, provide to or render assistance in obtaining for the seller, at the seller's request, risk and expense, any documents and information, including security-related information, that the seller needs for the transport and export of the goods and for their transport through any country.

DAP

DELIVERED AT PLACE

DAP(insert named place of destination) Incoterms® 2010

GUIDANCE NOTE

This rule may be used irrespective of the mode of transport selected and may also be used where more than one mode of transport is employed.

"Delivered at Place" means that the seller delivers when the goods are placed at the disposal of the buyer on the arriving means of transport ready for unloading at the named place of destination. The seller bears all risks involved in bringing the goods to the named place.

The parties are well advised to specify as clearly as possible the point within the agreed place of destination, as the risks to that point are for the account of the seller. The seller is advised to procure contracts of carriage that match this choice precisely. If the seller incurs costs under its contract of carriage related to unloading at the place of destination, the seller is not entitled to recover such costs from the buyer unless otherwise agreed between the parties.

DAP requires the seller to clear the goods for export, where applicable. However, the seller has no obligation to clear the goods for import, pay any import duty or carry out any import customs formalities. If the parties wish the seller to clear the goods for import, pay any import duty and carry out any import customs formalities, the DDP term should be used.

A THE SELLER'S OBLIGATIONS

A1 General obligations of the seller

The seller must provide the goods and the commercial invoice in conformity with the contract of sale and any other evidence of conformity that may be required by the contract.

Any document referred to in A1—A10 may be and equivalent electronic record or procedure if agreed between the parties or customary.

A2 License, authorizations, security clearances and other formalities

Where applicable, the seller must obtain, at its own risk and expense, any export license and other official authorization and carry out all customs formalities necessary for the export of the goods and for their transport through any country prior to delivery.

A3 Contracts of carriage and insurance

a) Contract of carriage

The seller must contract at its own expense for the carriage of the goods to the named place of destination or to the agreed point, if any, at the named place of destination. If a specific point is not agreed or is not determined by practice, the seller may select the point at the named place of destination that best suits its purpose.

b) Contract of insurance

The seller has no obligation to the buyer to make a contract of insurance.

However, the seller must provide the buyer, at the buyer's request, risk, and expense(if any), with information that the buyer needs for obtaining insurance.

A4 Delivery

The seller must deliver the goods by placing them at the disposal of the buyer on the arriving means of transport ready for unloading at the agreed point, if any, at the named place of destination on the agreed date or within the agreed period.

A5 Transfer of risks

The seller bears all risks of loss of or damage to the goods until they have been delivered in accordance with A4, with the exception of loss or damage in the circumstances described in B5.

A6 Allocation of costs

The seller must pay

a) in addition to costs resulting from A3 a), all costs relating to the goods until they have been delivered in accordance with A4, other than those payable by the buyer as envisaged in B6;

b) any charges for unloading at the place of destination that were for the seller's account under the contract of carriage; and

c) where applicable, the costs of customs formalities necessary for export as well as all duties, taxes and other charges payable upon export and the costs for their transport through any country, prior to delivery in accordance with A4.

A7 Notices to the buyer

The seller must give the buyer any notice needed in order to allow the buyer to take measures that are normally necessary to enable the buyer to take delivery of the goods.

A8 Delivery document

The seller must provide the buyer, at the seller's expense, with a document enabling the buyer to take delivery of the goods as envisaged in A4/B4.

A9 Checking – packaging – marking

The seller must pay the costs of those checking operations(such as checking quality, measuring, weighing, counting) that are necessary for the purpose of delivering the goods in accordance with A4, as well as the costs of any pre–shipment inspection mandated by the authority of the country of export.

The seller must, at its own expense, package the goods, unless it is usual for the particular trade to transport the type of goods sold unpackaged. The seller may package the goods in the manner appropriate for their transport, unless the buyer has notified the seller of specific packaging requirements before the contract for sale is concluded. Packaging is to be marked appropriately.

A10 Assistance with information and related costs

The seller, where applicable, in a timely manner, provide to or render assistance in obtaining for the buyer, at the buyer's request, risk and expense, any documents and information, including security–related information, that the buyer needs for the import of the goods and/or for their transport to the final destination.

The seller must reimburse the buyer for all costs and charges incurred by the buyer in providing or rendering assistance in obtaining documents and information as envisaged in B10.

B THE BUYER'S OBLIGATIONS

B1 General obligations of the buyer

The buyer must pay the price of the goods as provided in the contract of sale.

Any document referred to in B1–B10 may be an equivalent electronic record or procedure if agreed between the parties or customary.

B2 License, authorizations, security clearances and other formalities

Where applicable, the buyer must obtain, at its own risk and expense, any import license or other official authorization and carry out all customs formalities for the import of the goods.

B3 Contracts of carriage and insurance

a) contract of carriage

The buyer has no obligation to the seller to make a contract of carriage.

b) Contract of insurance

The buyer has no obligation to the seller to make a contract of insurance.

However, the buyer must provide the seller, upon request, with the necessary information for obtaining insurance.

B4 Taking delivery

The buyer must take delivery of the goods when they have been delivered as envisaged in A4.

B5 Transfer of risks

The buyer bears all risks of loss of or damage to the goods from the time they have been delivered as envisaged in A4.

If

a) the buyer fails to fulfill its obligation in accordance with B2, then it bears all resulting risks of loss of or damage to the goods;

or

b) the buyer fails to give notice in accordance with B7, then it bears all risks of loss of or damage to the goods from the agreed date or the expiry date of the agreed period for delivery,

provided that the goods have been clearly identified as the contract goods.

B6 Allocation of costs

The buyer must pay

a) all costs relating to the goods from the time they have been delivered as envisaged in A4;

b) all costs of unloading necessary to take delivery of the goods from the arriving means of transport at the named place of destination, unless such costs were for the seller's account under the contract of carriage;

c) any additional costs incurred by the seller if the buyer fails to fulfill its obligations in accordance with B2 or to give notice in accordance with B7, provided that the goods have been clearly identified as the contract goods; and

d) where applicable, the costs of customs formalities, as well as all duties, taxes and other charges payable upon import of the goods.

B7 Notices to the seller

The buyer must, whenever it is entitled to determine the time within an agreed period and/or the point of taking delivery within the named place of destination, give the seller sufficient notice thereof.

B8 Proof of delivery

The buyer must accept the delivery document provided as envisaged in A8.

B9 Inspection of goods

The buyer must pay the costs of any mandatory pre-shipment inspection, except when such inspection is mandated by the authorities of the country of export.

B10 Assistance with information and related costs

The buyer must, in a timely manner, advise the seller of any security information requirements so that the seller may comply with A10.

The buyer must reimburse the seller for all costs and charges incurred by the seller in providing or rendering assistance in obtaining documents and information as envisaged in A10.

The buyer must, where applicable, in a timely manner, provide to or render assistance in obtaining for the seller, at the seller's request, risk and expense, any documents and information, including security-related information, that the seller needs for the transport and export for the goods and for their transport through any country.

DDP

DELIVERED DUTY PAID

DDP(insert named place of destination) Incoterms® 2010

GUIDANCE NOTE

This rule may be used irrespective of the mode of transport selected and may also be used where more than one mode of transport is employed.

"Delivered Duty Paid" means that the seller delivers the goods when the goods are placed at the disposal of the buyer, cleared for import on the arriving means of transport ready for unloading at the named place of destination. The seller bears all the costs and risks involved in bringing goods not only for export but also for import, to pay any duty for both export and import and to carry out all customs formalities.

DDP represents the maximum obligation for the seller.

The parties are well advised to specify as clearly as possible the point within the agreed place of destination, as the costs and risks to that point are for the account of the seller. The seller is advised to procure contracts of carriage that match this choice precisely. If the seller incurs costs under its contract of carriage related to unloading at the place of destination, the seller is not entitled to recover such costs from the buyer unless otherwise agreed between the parties.

The parties are well advised not to use DDP if the seller is unable directly or indirectly to obtain import clearance.

If the parties wish the buyer to bear all risks and costs of import clearance, the DAP rule should be used.

Any VAT or other taxes payable upon import are for the seller's account unless expressly agreed otherwise in the sale contract.

A THE SELLER'S OBLIGATIONS

A1 General obligations of the seller

The seller must provide the goods and the commercial invoice in conformity with the contract of sale and any other evidence of conformity that may be required by the contract.

Any document referred to in A1－A10 may be an equivalent electronic record or procedure if agreed between the parties or customary.

A2 Licences, authorizations, security clearances and other formalities

Where applicable, the seller must obtain, at its own risk and expense, any export and import and import licence and other official authorization and carry out all customs formalities necessary for the export of the goods, for their transport through any country and for their import.

A3 Contracts of carriage and insurance

a) Contract of carriage

The seller must contract at its own expense for the carriage of the goods to the named place of destination or to the agreed point, if any, at the named place of destination. If a specific point is not agreed or is not determined by practice, the seller may select the point at the named place of destination that best suits its purpose.

b) Contract of insurance

The seller has no obligation to the buyer to make a contract of insurance.

However, the seller must provide the buyer, at the buyer request, risk, and expense(if any), with information that the buyer needs for obtaining insurance.

A4 Delivery

The seller must deliver the goods by placing them at the disposal of the buyer on the arriving means of transport ready for unloading at the agreed point, if any, at the named place of destination on the agreed date or within the agreed period.

A5 Transfer of risks

The seller bears all risks of loss of or damage to the goods until they have been delivered in accordance with A4, with the exception of loss or damage in the circumstances described in B5.

A6 Allocation of costs

The seller must pay

a) in addition to costs resulting from A3 a), all costs relating to the goods until they have been delivered in accordance with A4, other than those payable by the buyer as envisaged in B6;

b) any charges for unloading at the place of destination that were for the seller's account under the contract of carriage; and

c) where applicable, the costs of customs formalities necessary for export and import as well as all duties, taxes and other charges payable upon export and import of the goods, and the costs for their transport through any country prior to delivery in accordance with A4.

A7 Notices to the buyer

The seller must give the buyer any notice needed in order to allow the buyer to take measures that are normally necessary to enable the buyer to take delivery of the goods.

A8 Delivery document

The seller must provide the buyer, at the seller's expense, with a document enabling the buyer to take delivery of the goods as envisaged in A4/B4.

A9 Checking–packaging–marking

The seller must pay the costs of those checking operations(such as checking quality, measuring, weighing, counting) that are necessary for the purpose of delivering the goods in accordance with A4, as well as the costs of any pre–shipment inspection mandated by the authority of the country of export or of import.

The seller must, at its own expense, package the goods, unless it is usual for the particular trade to transport the type of goods sold unpackaged. The seller may package the goods in the manner appropriate for their transport, unless the buyer has notifi ed the seller of specific packaging requirements before the contract of sale is concluded. Packaging is to be marked appropriately.

A10 Assistance with information and related costs

The seller must, where applicable, in a timely manner, provide to or render assistance in obtaining for the buyer, at the buyer's request, risk and expense, any documents and information, including security−related information, that the buyer needs for the transport of the goods to the final destination, where applicable, from the named place of destination.

The seller must reimburse the buyer for all costs and charges incurred by the buyer in providing or rendering assistance in obtaining documents and information as envisaged in B10.

B THE BUYER'S OBLIGATIONS

B1 General obligations of the buyer

The buyer must pay the price of the goods as provided in the contract of sale.

Any document referred to in B1−B10 may be an equivalent electronic record or procedure if agreed between the parties or customary.

B2 Licences, authorizations, security clearances and other formalities.

Where applicable, the buyer must provide assistance to the seller, at the seller's request, risk and expense, in obtaining any import licence or other official authorization for the import of the goods.

B3 Contracts of carriage and insurance

a) Contract of carriage

The buyer has no obligation to the seller to make a contract of carriage.

b) Contract of insurance

The buyer has no obligation to the seller to make a contract of insurance.

However, the buyer must provide the seller, upon request, with the necessary information for obtaining insurance.

B4 Taking delivery

The buyer must take delivery of the goods when they have been delivered as envisaged in A4.

B5 Transfer of risks

The buyer bears all risks of loss of or damage to the goods from the time they have been delivered as envisaged in A4.

If

a) the buyer fails to fulfill its obligations in accordance with B2, then it bears all resulting risks of loss of or damage to the goods; or

b) the buyer fails to give notice in accordance with B7, then it bears all risks of loss of or damage to the goods from the agreed date or the expiry date of the agreed period for delivery,

provided that the goods have been clearly identified as the contract goods.

B6 Allocation of costs

The buyer must pay

a) all costs relating to the goods from the time they have been delivered as envisaged in A4;

b) all costs of unloading necessary to take delivery of the goods from the arriving means of transport at the named place of destination, unless such costs were for the seller's account under the contract of carriage; and

c) any additional costs incurred if it fails to fulfill its obligations in accordance with B2 or to give notice in accordance with B7, provided that the goods have been clearly identified as the contract goods.

B7 Notices to the seller

The buyer must, whenever it is entitled to determine the time within an agreed period and/or the point of taking delivery within the named place of destination, give the seller sufficient notice thereof.

B8 Proof of delivery

The buyer must accept the proof of delivery provided as envisaged in A8.

B9 Inspection of goods

The buyer has no obligation to the seller to pay the costs of any mandatory pre–shipment inspection mandated by the authority of the country of export or of import.

B10 Assistance with information and related costs

The buyer must, in a timely manner, advise the seller of any security information requirements so that the seller may comply with A10.

The buyer must reimburse the seller for all costs and charges incurred by the seller in providing or rendering assistance in obtaining documents and information as envisaged in A10.

The buyer must, where applicable, in a timely manner, provide to or render assistance in obtaining for the seller, at the seller's request, risk and expense, any documents and information, including security–related information, that the seller needs for the transport, export and import of the goods and for their transport through any country.

RULES FOR SEA AND INLAND WATERWAY TRANSPORT

FAS
FREE ALONGSIDE SHIP
FAS(insert named port of ship of shipment) Incoterms® 2010

GUIDANCE NOTE

This rule is to be used only for sea or inland waterway transport.

"Free Alongside Ship" means that the seller delivers when the goods are placed alongside the vessel(e.g., on a quay or a barge) nominated by the buyer at the named port of shipment. The risk of loss of or damage to the goods passes when the goods are alongside the ship, and the buyer bears all costs from that moment onwards.

The parties are well advised to specify as clearly as possible the loading point at the named port of shipment, as the costs and risks to that point are for the account of the seller and these costs and associated handling charges may vary according to the practice of the port.

The seller is required either to deliver the goods alongside the ship or to procure goods already so delivered for shipment. The reference to "procure" here caters for multiple sales down a chain('string sales'), particularly common in the commodity trades.

Where the goods are in containers, it is typical for the seller to hand the goods over to the carrier at a terminal and not alongside the vessel. In such situations, the FAS rule would be inappropriate, and the FCA rule should be used.

FAS requires the seller to clear the goods for export, where applicable. However, the seller has no obligation to clear the goods for import, pay any import duty or carry out any import customs formalities.

A THE SELLER`S OBLIGATIONS

A1 General obligations of the seller

The seller must provide the goods and the commercial invoice in conformity with the contract of sale and any other evidence of conformity that may be required by the contract.

Any document referred to in A1－A10 may be an equivalent electronic record or procedure if agreed between the parties or customary.

A2 Licences, authorizations, security clearances and other formalities

Where applicable, the seller must obtain, at its own risk and expense, any export licence or other official authorization and carry out all customs formalities necessary for the export of the goods.

A3 Contracts of carriage and insurance

a) Contract of carriage

The seller has no obligation to the buyer to make a contract of carriage.

However, if requested by the buyer of if it is commercial practice and the buyer does not give an instruction to the contrary in due time, the seller may contract for carriage on usual terms at the buyer's risk and expense. In either case, the seller may decline to make the contract of carriage and, if it does, shall promptly notify the buyer.

b) Contract of insurance

The seller has no obligation to the buyer to make a contract of insurance.

However, the seller must provide the buyer, at the buyer's request, risk, and expense(if any), with information that the buyer needs for obtaining insurance.

A4 Delivery

The seller must deliver the goods either by placing them alongside the ship nominated by the buyer at the loading point, if any, indicated by the buyer at the maned port of shipment or by procuring the goods so delivered. In either case, the seller must deliver the goods on the agreed date or within the agreed period and in the manner customary at the port.

If no specific loading point has been indicated by the buyer, the seller may select the point within the named port of shipment that best suits its purpose. If the parties have agreed that delivery should take place within a period, the buyer has the option to choose the date within that period.

A5 Transfer of risk

The seller bears all risks of loss of or damage to the goods until they have been delivered in accordance with A4 with the exception of loss or damage in the circumstances described in B5.

A6 Allocation of costs

The seller must pay

a) all costs relating to the goods until they have been delivered in accordance with A4, other than those payable by the buyer as envisaged in B6; and

b) where applicable, the costs of customs formalities necessary for export as well as all duties, taxes and other charges payable upon export.

A7 Notices to the buyer

The seller must, at the buyer's risk and expense, give the buyer sufficient notice either that the goods have been delivered in accordance with A4 or that the vessel has failed to take the goods within the time agreed.

A8 Delivery document

The seller must provide the buyer, at the seller's expense, with the usual proof that the goods have been delivered in accordance with A4.

Unless such proof is a transport document, the seller must provide assistance to the buyer, at the buyer's request, risk and expense, in obtaining a transport document.

A9 Checking – packaging – marking

The seller must pay the costs of those checking operations(such as checking quality, measuring, weighing, counting) that are necessary for the purpose of delivering the goods in accordance with A4, as well as the costs of any pre–shipment inspection mandated by the authority of the country of export.

The seller must, at its own expense, package the goods, unless it is usual for the particular trade to transport the type of goods sold unpackaged. The seller may package the goods in the manner appropriate for their transport, unless the buyer has notified the seller of specific packaging requirements before the contract of sale is concluded. Packaging is to be marked appropriately.

A10 Assistance with information and related costs

The seller must, where applicable, in a timely manner, provide to or render assistance in obtaining for the buyer, at the buyer's request, risk and expense, any documents and information, including security–related information, that the buyer needs for the import of the goods and/or for their transport to the final destination.

The seller must reimburse the buyer for all costs and charges incurred by the buyer in providing or rendering assistance in obtaining documents and information as envisaged in B10.

B THE BUYER`S OBLIGATIONS

B1 General obligations of the buyer

The buyer must pay the price of the goods as provided in the contract of sale.

Any document referred to in B1–B10 may be an equivalent electronic record or procedure if agreed between the parties or customary.

B2 Licences, authorizations, security clearances and other formalities

Where applicable, it is up to the buyer to obtain, at its own risk and expense, and import licence or other official authorization and carry out all customs formalities for the import of the goods and for their transport through any country.

B3 Contracts of carriage and insurance

a) Contracts of carriage

The buyer must contract, at its own expense for the carriage of the goods from the named port of shipment, except where the contract of carriage is made by the seller as provided for in A3 a).

b) Contract of insurance

The buyer has no obligation to the seller to make a contract of insurance.

B4 Taking delivery

The buyer must take delivery of the goods when they have been delivered as envisaged in A4.

B5 Transfer of risk

The buyer bears all risk of loss of or damage to the goods from the time they have been delivered as envisaged in A4.

If

a) the buyer fails to give notice in accordance with B7; or

b) the vessel nominated by the buyer fails to arrive on time, or fails to take the goods or closes for cargo earlier than the time notified in accordance with B7;

then the buyer bears all risks of loss of or damage to the goods from the agreed date or the expiry date of the agreed period for delivery, provided that the goods have been clearly identified as the contract goods.

B6 Allocation of costs

The buyer must pay

a) all costs relating to the goods from the time they have been delivered as envisaged in A4, except, where applicable, the costs of customs formalities necessary for export as well as all duties, taxes, and other changes payable upon export as referred to in A6 b)

b) any additional costs incurred, either because:

(i) the buyer has failed to give appropriate notice in accordance with B7, or

(ii) the vessel nominated by the buyer fails to arrive on time, is unable to take the goods, or closes for cargo earlier than the time notified in accordance with B7,

provided that the goods have been clearly identified as the contract goods; and

c) where applicable, all duties, taxes and other charges, as well as the costs of carrying out customs formalities payable upon import of the goods and the costs for their transport through any country.

B7 Notices to the seller

The buyer must give the seller sufficient notice of the vessel name, loading point and, where necessary, the selected delivery time within the agreed period.

B8 Proof of delivery

The buyer must accept the proof of delivery provided as envisaged in A8.

B9 Inspection of goods

The buyer must pay the costs of any mandatory pre－shipment inspection, except when such inspection is mandated by the authorities of the country of export.

B10 Assistance with information and related costs

The buyer must, in a timely manner, advise the seller of any security information requirements so that the seller may comply with A10.

The buyer must reimburse the seller for all costs and charges incurred by the seller in providing or rendering assistance in obtaining documents and information as envisaged in A10.

The buyer must, where applicable, in a timely manner, provide to or render assistance in obtaining for the seller, at the seller's request, risk and expense, any documents and information, including security-related information, that the seller needs for the transport and export of the goods and for their transport though any country.

FOB

FREE ON BOARD

FOB(insert named port of shipment) Incoterms® 2010

GUIDANCE NOTE

This rule is to be used only for sea or inland waterway transport.

"Free on Board" means that the seller delivers the goods on board the vessel nominated by the buyer at the named port of shipment or procures the goods already so delivered. The risk of loss of or damage to the goods passes when the goods are on board the vessel, and the buyer bears all costs from that moment onwards.

The seller is required either to deliver the goods on board the vessel or to procure goods already so delivered for shipment. The reference to "procure" here caters for multiple sales down a chain('string sales'), particularly common in the commodity trades.

FOB may not be appropriate where goods are handed over to the carrier before they are on board the vessel, for example goods in containers, which are typically delivered at a terminal. In such situations, the FCA rule should be used.

FOB requires the seller to clear the goods for export, where applicable. However, the seller has no obligation to clear the goods for import, pay any import duty or carry out any import customs formalities.

A THE SELLER'S OBLIGATIONS

A1 General obligations of the seller

The seller must provide the goods and the commercial invoice in conformity with the contract of sale and any other evidence of conformity that may be required by the contract.

Any document referred to in A1—A10 may be an equivalent electronic record or procedure if agreed between the parties or customary.

A2 Licences, authorizations, security clearances and other formalities

Where applicable, the seller must obtain, at its own risk and expense, any export licence or other official authorization and carry out all customs formalities necessary for the export of the goods.

A3 Contracts of carriage and insurance

a) Contract of carriage

The seller has no obligation to the buyer to make a contract of carriage.

However, if requested by the buyer or if it is commercial practice and the buyer does not give an instruction to the contrary in due time, the seller may contract for carriage on usual terms at the buyer's risk and expense. In either case, the seller may decline to make the contract of carriage and, if it does, shall promptly notify the buyer.

b) Contract of insurance

The seller has no obligation to the buyer to make a contract of insurance.

However, the seller must provide the buyer, at the buyer's request, risk, and expense(if any), with information that the buyer needs for obtaining insurance.

A4 Delivery

The seller must deliver the goods either by placing them on board the vessel nominated by the buyer at the loading point, if any, indicated by the buyer at the named port of shipment or by procuring the goods so delivered. In either case, the seller must deliver the goods on the agreed date or within the agreed period and in the manner customary at the port.

If no specific loading point has been indicated by the buyer, the seller may select the point within the named port of shipment that best suits its purpose.

A5 Transfer of risks

The seller bears all risks of loss of or damage to the goods until they have been delivered in accordance with A4 with the exception of loss or damage in the circumstances described in B5.

A6 Allocation of costs

The seller must pay

a) all costs relating to the goods until they have been delivered in accordance with A4, other than those payable by the buyer as envisaged in B6; and

b) where applicable, the costs of customs formalities necessary for export, as well as all duties, taxes and other charges payable upon export.

A7 Notices to the buyer

The seller must, at the buyer's risk and expense, give the buyer sufficient notice either that the goods have been delivered in accordance with A4 or that the vessel has failed to take the goods within the time agreed.

A8 Delivery document

The seller must provide the buyer, at the seller's expense, with the usual proof that the goods have been delivered in accordance with A4.

Unless such proof is a transport document, the seller must provide assistance to the buyer, at the buyer's request, risk and expense, in obtaining a transport document.

A9 Checking – packaging – marking

The seller must pay the costs of those checking operations(such as checking quality, measuring, weighing, counting) that are necessary for the purpose of delivering the goods in accordance with A4, as well as the costs of any pre-shipment inspection mandated by the authority of the country of export.

The seller must, at its own expense, package the goods, unless it is usual for the particular trade to transport the type of goods sold unpackaged. The seller may package the goods in the manner appropriate for their transport, unless the buyer has notified the seller of specific packaging requirements before the contract of sale is concluded. Packaging is to be marked appropriately.

A10 Assistance with information and related costs

The seller must, where applicable, in a timely manner, provide to or render assistance in obtaining for the buyer, at the buyer's request, risk and expense, any documents and information, including security-related information, that the buyer needs for the import of the goods and/or for their transport to the final destination.

The seller must reimburse the buyer for all costs and charges incurred by the buyer in providing or rendering assistance in obtaining documents and information as envisaged in B10.

B THE BUYER'S OBLIGATIONS

B1 General obligations of the buyer

The buyer must pay the price of the goods as provided in the contract of sale.

Any document referred to in B1-B10 may be an equivalent electronic record or procedure if agreed between the parties or customary.

B2 Licences, authorizations, security clearances and other formalities

Where applicable, it is up to the buyer to obtain, at its own risk and expense, any import licence or other official authorization and carry out all customs formalities for the import of the goods and for their transport through any country.

B3 Contracts of carriage and insurance

a) Contract of carriage

The buyer must contract, at its own expense for the carriage of the goods from the named port of shipment, except where the contract of carriage is made by the seller as provided for in A3 a).

b) Contracts of insurance

The buyer has no obligation to the seller to make a contract of insurance.

B4 Taking delivery

The buyer must take delivery of the goods when they have been delivered as envisaged in A4.

B5 Transfer of risks

The buyer bears all risks of loss of or damage to the goods from the time they have been delivered as envisaged in A4.

If

a) the buyer fails to notify the nomination of a vessel in accordance with B7;

or

b) the vessel nominated by the buyer fails to arrive on time to enable the seller to comply with A4, is unable to take the goods, or closes for cargo earlier than the time notified in accordance with B7;

then, the buyer bears all risks of loss of or damage to the goods:

(i) from the agreed date, or in the absence of an agreed date,

(ii) from the date notified by the seller under A7 within the agreed period, or, if no such date has been notified,

(iii) from the expiry date of any agreed period for delivery,

provided that the goods have been clearly identifi ed as the contract goods.

B6 Allocation of costs

The buyer must pay

a) all costs relating to the goods from the time they have been delivered as envisaged in A4, except, where applicable, the costs of customs formalities necessary for export, as well as all duties, taxes and other charges payable upon export as referred to in A6 b);

b) any additional costs incurred, either because:

(i) the buyer has failed to give appropriate notice in accordance with B7, or

(ii) the vessel nominated by the buyer fails to arrive on time, is unable to take the goods, or closes for cargo earlier than the time notified in accordance with B7, provided that the goods have been clearly identified as the contract goods; and

c) where applicable, all duties, taxes and other charges, as well as the costs of carrying out customs formalities payable upon import of the goods and the costs for their transport through any country.

B7 Notices to the seller

The buyer must give the seller sufficient notice of the vessel name, loading point and, where necessary, the selected delivery time within the agreed period.

B8 Proof of delivery

The buyer must accept the proof of delivery provided as envisaged in A8.

B9 Inspection of goods

The buyer must pay the costs of any mandatory pre-shipment inspection, except when such inspection is mandated by the authorities of the country of export.

B10 Assistance with information and related costs

The buyer must, in a timely manner, advise the seller of any security information requirements so that the seller may comply with A10.

The buyer must reimburse the seller for all costs and charges incurred by the seller in providing or rendering assistance in obtaining documents and information as envisaged in A10.

The buyer must, where applicable, in a timely manner, provide to or render assistance in obtaining for the seller, at the seller's request, risk and expense, any documents and information, including security-related information, that the seller needs for the transport and export of the goods and for their transport through any country.

CFR

COST AND FREIGHT

CFR(insert named port of destination) Incoterms® 2010

GUIDANCE NOTE

This rule is to be used only for sea or inland waterway transport.

"Cost and Freight" means that the seller delivers the goods on board the vessel or procures the goods already so delivered. The risk of loss of or damage to the goods passes when the goods are on board the vessel. The seller must contract for and pay the costs and freight necessary to bring the goods to the named port of destination.

When CPT, CIP, CFR or CIF are used, the seller fulfills its obligation to deliver when it hands the goods over to the carrier in the manner specified in the chosen rule and not when the goods reach the place of destination.

This rule has two critical points, because risk passes and costs are transferred at different places. While the contract will always specify a destination port, it might not specify the port of shipment, which is where risk passes to the buyer. If the shipment port is of particular interest to the buyer, the parties are well advised to identify it as precisely as possible in the contract.

The parties are well advised to identify as precisely as possible the point at the agreed port of destination, as the costs to that point are for the account of the seller. The seller is advised to procure contracts of carriage that match this choice precisely. If the seller incurs costs under its contract of carriage related to unloading at the specified point at the port of destination, the seller is not entitled to recover such costs from the buyer unless otherwise agreed between the parties.

CFR may not be appropriate where goods are handed over to the carrier before they are on board the vessel, for example goods in containers, which are typically delivered at a terminal. In such circumstances, the CPT rule should be used.

CFR requires the seller to clear the goods for export, where applicable. However, the seller has no obligation to clear the goods for import, pay any import duty or carry out any import customs formalities.

A THE SELLER'S OBLIGATIONS

A1 General obligations of the seller

The seller must provide the goods and the commercial invoice in conformity with the contract of sale and any other evidence of conformity that may be required by the contract.

Any document referred to in A1–A10 may be an equivalent electronic record or procedure if agreed between the parties or customary.

A2 Licences, authorizations, security clearances and other formalities

Where applicable, the seller must obtain, at its own risk and expense, any export licence or other official authorization and carry out all customs formalities necessary for the export of the goods.

A3 Contracts of carriage and insurance

a) Contract of carriage

The seller must contract or procure a contract for the carriage of the goods from the agreed point of delivery, if any, at the place of delivery to the named port of destination or, if agreed, any point at that port. The contract of carriage must be made on usual terms at the seller's expense and provide for carriage by the usual route in a vessel of the type normally used for the transport of the type of goods sold.

b) Contract of insurance

The seller has no obligation to the buyer to make a contract of insurance.

However, the seller must provide the buyer, at the buyer's request, risk, and expense(if any), with information that the buyer needs for obtaining insurance.

A4 Delivery

The seller must deliver the goods either by placing them on board the vessel or by procuring the goods so delivered. In either case, the seller must deliver the goods on the agreed date or within the agreed period and in the manner customary at the port.

A5 Transfer of risks

The seller bears all risks of loss of or damage to the goods until they have been delivered in accordance with A4, with the exception of loss or damage in the circumstances described in B5.

A6 Allocation of costs

The seller must pay

a) all costs relating to the goods until they have been delivered in accordance with A4, other than those payable by the buyer as envisaged in B6;

b) the freight and all other costs resulting from A3 a), including the costs of loading the goods on board and any charges for unloading at the agreed port of discharge that were for the seller's account under the contract of carriage; and

c) where applicable, the costs of customs formalities necessary for export as well as all duties, taxes and other charges payable upon export, and the costs for their transport through any country that were for the seller's account under the contract of carriage.

A7 Notices to the buyer

The seller must give the buyer any notice needed in order to allow the buyer to take measures that are normally necessary to enable the buyer to take the goods.

A8 Delivery document

The seller must, at its own expense, provide the buyer without delay with the usual transport document for the agreed port of destination.

This transport document must cover the contract goods, be dated within the period agreed for shipment, enable the buyer to claim the goods from the carrier at the port of destination and, unless otherwise agreed, enable the buyer to sell the goods in transit by the transfer of the document to a subsequent buyer or by notification to the carrier.

When such a transport document is issued in negotiable form and in several originals, a full set of originals must be presented to the buyer.

A9 Checking – packaging – marking

The seller must pay the costs of those checking operations(such as checking quality, measuring, weighing, counting) that are necessary for the purpose of delivering the goods in accordance with A4, as well as the costs of any pre－shipment inspection mandated by the authority of the country of export.

The seller must, at its own expense, package the goods, unless it is usual for the particular trade to transport the type of goods sold unpackaged. The seller may package the goods in the manner appropriate for their transport, unless the buyer has notified the seller of specific packaging requirements before the contract of sale is concluded. Packaging is to be marked appropriately.

A10 Assistance with information and related costs

The seller must, where applicable, in a timely manner, provide to or render assistance in obtaining for the buyer, at the buyer's request, risk and expense, any documents and information, including security－related information, that the buyer needs for the import of the goods and/or for their transport to the final destination.

The seller must reimburse the buyer for all costs and charges incurred by the buyer in providing or rendering assistance in obtaining documents and information as envisaged in B10.

B THE BUYER'S OBLIGATIONS

B1 General obligations of the buyer

The buyer must pay the price of the goods as provided in the contract of sale.

Any document referred to in B1－B10 may be an equivalent electronic record or procedure if agreed between the parties or customary.

B2 Licences, authorizations, security clearances and other formalities

Where applicable, it is up to the buyer to the buyer to obtain, at its own risk and expense, any import licence or other official authorization and carry out all customs formalities for the import of the goods and for their transport through any country.

B3 Contracts of carriage and insurance

a) Contract of carriage

The buyer has no obligation to the seller to make a contract of carriage.

b) Contract of insurance

The buyer has bo obligation to the seller to make a contract of insurance.

However, the buyer must provide the seller, upon request, with the necessary information for obtaining insurance.

B4 Taking delivery

The buyer must take delivery of the goods when they have been delivered as envisaged in A4 and receive them from the carrier at the named port of destination.

B5 Transfer of risks

The buyer bears all risks of loss of or damage to the goods from the time they have been delivered as envisaged in A4.

If the buyer fails to give notice in accordance with B7, then it bears all risks of loss of or damage to the goods from the agreed date or the expiry date of the agreed period for shipment, provided that the goods have been clearly identified as the contract goods.

B6 Allocation of costs

The buyer must, subject to the provisions of A3 a), pay

a) all costs relating to the goods from time they have been delivered as envisaged in A4, except, where applicable, the costs of customs formalities necessary for export as well as all duties, taxes, and other charges payable upon export as referred to in A6 c);

b) all costs and charges relating to the goods while in transit until their arrival at the port of destination, unless such costs and charges were for the seller's account under the contract of carriage;

c) unloading costs including lighterage and wharfage charges, unless such costs and chargers were for the seller's account under the contract of carriage;

d) any additional costs incurred if it fails to giver notice in accordance with B7, from the agreed date or the expiry date of the agreed period for shipment, provided that the goods have been clearly identified as the contract goods; and

e) where applicable, all duties, taxes and other charges, as well as the costs of carrying out customs formalities payable upon import of the goods and the costs for their transport through any country unless included within the cost of the contract of carriage.

B7 Notices to the seller

The buyer must, whenever it is entitled to determine the time for shipping the goods and/or the point of receiving the goods within the named port of destination, give the seller sufficient notice thereof.

B8 Proof of delivery

The buyer must accept the transport document provided as envisaged in A8 if is in conformity with the contract.

B9 Inspection of goods

The buyer must pay the costs of any mandatory pre-shipment inspection, except when such inspection is mandated by the authorities of the country of export.

B10 Assistance with information and related costs

The buyer must, in a timely manner, advise the seller of any security information requirements so that the seller may comply with A10.

The buyer must reimburse the seller for all costs and charges incurred by the seller in providing or rendering assistance in obtaining documents and information as envisaged in A10.

The buyer must, where applicable, in a timely manner, provide to or render assistance in obtaining for the seller, at the seller's request, risk and expense, any documents and information, including security-related information, that the seller needs for the transport and export of the goods and for their transport through any country.

CIF

COST INSURANCE AND FREIGHT

CIF(insert named port of destination) Incoterms 2010

GUIDANCE NOTE

This rule is to be used only for sea or inland waterway transport.

"Cost, Insurance and Freight" means that the seller delivers the goods on board the vessel or procures the goods already so delivered. The risk of loss of or damage to the goods passes when the goods are on board the vessel. The seller must contract for and pay the costs and freight necessary to bring the goods to the named port of destination.

The seller also contracts for insurance cover against the buyer's risk of loss of or damage to the goods during the carriage. The buyer should note that under CIF the seller is required to obtain insurance only on minimum cover. Should the buyer wish to have more insurance protection, it will need either to agree as much expressly with the seller or to make its own extra insurance arrangements.

When CPT, CIP, CFR, or CIF are used, the seller fulfills its obligation to deliver when it hands the goods over to the carrier in the manner specified in the chosen rule and not when the goods reach the place of destination.

This rule has two critical points, because risk passes and costs are transferred at different places. While the contract will always specify a destination port, it might not specify the port of shipment, which is where risk passes to the buyer. If the shipment port is of particular interest to the buyer, the parties are well advised to identify it as precisely as possible in the contract.

The parties are well advised to identify as precisely as possible the point at the agreed port of destination, as the costs to that point are for the account of the seller. The seller is advised to procure contracts of carriage that match this choice precisely. If the seller incurs costs under its contract of carriage related to unloading at the specified point at the port of destination, the seller is not entitled to recover such costs from the buyer unless otherwise agreed between the parties.

The seller is required either to deliver the goods on board the vessel or to procure goods already so delivered for shipment to the destination. In addition the seller is required either to make a contract of carriage or to procure such a contract.

The reference to "procure" here caters for multiple sales down a chain('string sales'), particularly common in the commodity trades.

CIF may not be appropriate where goods are handed over to the carrier before they are on board the vessel, for example goods in containers, which are typically delivered at a terminal. In such circumstances, the CIP rule should be used.

CIF requires the seller to clear the goods for export, where applicable. However, the seller has no obligation to clear the goods for import, pay any import duty or carry out any import customs formalities.

A THE SELLER'S OBLIGATIONS

A1 General obligations of the seller

The seller must provide the goods and the commercial invoice in conformity with the contract of sale and any other evidence of conformity that may be required by the contract.

Any document referred to in A1—A10 may be an equivalent electronic record or procedure if agreed between the parties or customary.

A2 Licences, authorizations, security clearances and other formalities

When applicable, the seller must obtain, at its own risk and expense, any export licence or other offi cial authorization and carry out all customs formalities necessary for the export of the goods.

A3 Contracts of carriage and insurance

a) Contract of carriage

The seller must contract or procure a contract for the carriage of the goods from the agreed point of delivery, if any, at the place of delivery to the named port of destination or, if agreed, any point at that port. The contract of carriage must be made on usual terms at the seller's expense and provide for carriage by the usual route in a vessel of the type normally used for the transport of the type of goods sold.

b) Contract of insurance

The seller must obtain, at its own expense, cargo insurance complying at least with the minimum cover provided by Clauses(C) of the Institute Cargo Clauses(LMA/IUA) or any similar clauses. The insurance shall be contracted with underwriters or an insurance company of good repute and entitle the buyer, or any other person having an insurable interest in the goods, to claim directly from the insurer.

When required by the buyer, the seller shall, subject to the buyer providing any necessary information requested by the seller, provide at the buyer's expense any additional cover, if procurable, such as cover as provided by Clauses(A) or(B) of the Institute Cargo Clauses(LMA/IUA) or any similar clauses and/or cover complying with the institute War Clauses and/or Institute Strikes Clauses(LMA/IUA) or any similar clauses.

The insurance shall cover, at a minimum, the price provided in the contract plus 10%(i.e.,110%) and shall be in the currency of the contract.

The insurance shall cover the goods from the point of delivery set out in A4 and A5 to at least the named port of destination.

The seller must provide, the buyer with the insurance policy or other evidence of insurance cover.

Moreover, the seller must provide the buyer, at the buyer's request, risk, and expense(if any), with information that the buyer needs to procure any additional insurance.

A4 Delivery

The seller must deliver the goods either by placing them on board the vessel or by procuring the goods so delivered. In either case, the seller must deliver the goods on the agreed date or within the agreed period and in the manner customary at the port.

A5 Transfer of risks

The seller bears all risks of loss of or damage to the goods until they have been delivered in accordance with A4, with the exception of loss or damage in the circumstances described in B5.

A6 Allocation of costs

The seller must pay

a) all costs relating to the goods until they have been delivered in accordance with A4, other than those payable by the buyer as envisaged in B6;

b) the freight and all other costs resulting from A3 a), including the costs of loading the goods on board and any charges for unloading at the agreed port of discharge that were for the seller's account under the contract of carriage;

c) the costs of insurance resulting from A3 b); and

d) where applicable, the costs of customs formalities necessary for export, and as well as all duties, taxes and other charges payable upon export, and the costs for their transport through any country that were for the seller's account under the contract of carriage.

A7 Notices to the buyer

The seller must give the buyer any notice needed in order to allow the buyer to take measures that are normally necessary to enable the buyer to take the goods.

A8 Delivery document

The seller must, at its own expense provide the buyer without delay with the usual transport document for the agreed port of destination.

This transport document must cover the contract goods, be dated within the period agreed for shipment, enable the buyer to claim the goods from the carrier at the port of destination and, unless otherwise agreed, enable the buyer to sell the goods in transit by the transfer of the document to a subsequent buyer or by notification to the carrier.

When such a transport document is issued in negotiable form and in several originals, a full set of originals must be presented to the buyer.

A9 Checking – packaging – marking

The seller must pay the costs of those checking operations(such as checking quality, measuring, weighing, counting) that are necessary for the purpose of delivering the goods in accordance with A4, as well as the costs of any pre–shipment inspection mandated by the authority of the country of export.

The seller must, at its own expense, package the goods, unless it is usual for the particular trade to transport the type of goods sold unpackaged. The seller may package the goods in the manner appropriate for their transport, unless the buyer has notified the seller of specific packaging requirements before the contract of sale is concluded. Packaging is to be marked appropriately.

A10 Assistance with information and related costs

The seller must, where applicable, in a timely manner, provide to or render assistance in obtaining for the buyer, at the buyer's request, risk and expense, any documents and information, including security–related information, that the buyer needs for the import of the goods and/or for their transport to the final destination.

The seller must reimburse the buyer for all costs and charges incurred by the buyer in providing or rendering assistance in obtaining documents and information as envisaged in B10.

B THE BUYER'S OBLIGATIONS

B1 General obligations of the buyer

The buyer must pay the price of the goods as provided in the contract of sale.

Any document referred to in B1–B10 may be an equivalent electronic record or procedure if agreed between the parties or customary.

B2 Licence, authorizations, security clearances and formalities

Where applicable, it is a up to the buyer to obtain, at its own risk and expense, any import licence or other official authorization and carry out all customs formalities for the import of the goods and for their transport through any country.

B3 Contracts of carriage and insurance

a) Contract of carriage

The buyer has no obligation to the seller's to make a contract of carriage.

b) Contract of insurance

The buyer has no obligation to the seller to make a contract of insurance.

However, the buyer must provide the seller, upon request, with any information necessary for the seller to procure any additional insurance requested by the buyer as envisaged in A3 b).

B4 Taking delivery

The buyer must take delivery of the goods when they have been delivered as envisaged in A4 and receive them from the carrier at the named port of destination.

B5 Transfer of risks

The buyer bears all risks of loss of or damage to the goods from the time they have been delivered as envisaged in A4.

If the buyer fails to give notice in accordance with B7, then it bears all risks of loss of or damage to the goods from the agreed date or the expiry date of the agreed period for shipment, provided that the goods have been clearly identified as the contract goods.

B6 Allocation of costs

The buyer must, subject to the provisions of A3 a), pay

a) all costs relating to the goods from the time they have been delivered as envisaged in A4, except, where applicable, the costs of customs formalities necessary for export, as well as all duties, taxes and other charges payable upon export as referred to in A6 d);

b) all costs and charges relating to the goods while in transit until their arrival at the port of destination, unless such costs and charges were for the seller's account under the contract of carriage;

c) unloading costs including lighterage and wharfage charges, unless such costs and charges were for the seller's account under the contract of carriage;

d) any additional costs incurred if it fails to give notice in accordance with B7, from the agreed date or the expiry date of the agreed period for shipment, provided that the goods have been clearly identified as the contract goods;

e) where applicable, all duties, taxes and other charges, as well as the costs of carrying out customs formalities payable upon import of the goods and the costs for their transport through any country, unless included within the cost of the contract of carriage; and

f) the costs of any additional insurance procured at the buyer's request under A3 b) and B3 b).

B7 Notices to the seller

The buyer must, whenever it is entitled to determine the time for shipping the goods and/or the point of receiving the goods within the named port of destination, give the seller sufficient notice thereof.

B8 Proof of delivery

The buyer must accept the transport document provided as envisaged in A8 if it is in conformity with the contract.

B9 Inspection of goods

The buyer must pay the costs of any mandatory pre-shipment inspection, except when such inspection is mandated by the authorities of the country of export.

B10 Assistance with information and related costs

The buyer must, in a timely manner, advise the seller of any security information requirements so that the seller may comply with A10.

The buyer must reimburse the seller for all costs and charges incurred by the seller in providing or rendering assistance in obtaining documents and information as envisaged in A10.

The buyer must, where applicable, in a timely manner, provide to or render assistance in obtaining for the seller, at the seller's request, risk and expense, any documents and information, including security-related information, that the seller needs for the transport and export of the goods and for their transport through any country.

2. The Uniform Customs and Practice for Documentary Credits, 2007 Revision, ICC Publication No. 600

Article 1 Application of UCP

The Uniform Customs and Practice for Documentary Credits, 2007 Revision, ICC Publication no. 600('UCP') are rules that apply to any documentary credits('credit') (including, to the extent to which they may be applicable, any standby letter of credit) when the text of the credit expressly indicates that it is subject to these rules. They are binding on all parties thereto unless expressly modified or excluded by the credit.

Article 2 Definitions

For the purpose of these rules:

Advising bank means the bank that advises the credit at the request of the issuing bank.

Applicant means the party on whose request the credit is issued.

Banking day means a day on which a bank is regularly open at place at which an act subject to these rules is to be performed.

Beneficiary means the party in whose favour a credit is issued.

Complying presentation means a presentation that is in accordance with the terms and conditions of the credit, the applicable provisions of these rules and international standard banking practice.

Confirmation means a definite undertaking of the confirming bank, in addition to that of the issuing bank, to honour or negotiate a complying presentation.

Confirming bank means the bank that adds its confirmation to a credit upon the issuing bank's authorization or request.

Credit means any arrangement, however named or described, that is irrevocable and thereby constitutes a definite undertaking of the issuing bank to honour a complying presentation.

Honour means:

a. to pay at sight if the credit is available by sight payment.

b. to incur a deferred payment undertaking and pay at maturity if the credit is available by deferred payment.

c. to accept a bill of exchange("draft") drawn by the beneficiary and pay at maturity if the credit is available by acceptance.

Issuing bank means the bank that issues a credit at the request of an applicant or on its own behalf.

Negotiation means the purchase by nominated bank of drafts(drawn on a bank other than the nominated bank) and/or documents under a complying presentation, by advancing or agreeing to advance funds to the beneficiary on or before the banking day on which reimbursement is due to the nominated bank.

Nominated bank means the bank with which the credit is available or any bank in the case of a credit available with any bank.

Presentation means either the delivery of documents under a credit to the issuing bank or nominated bank or the documents so delivered.

Presenter means a beneficiary, bank or other party that makes a presentation.

Article 3 Interpretations

For the purpose of these rules:

Where applicable, words in the singular include the plural and in the plural include singular.

A credit is irrevocable even if there is no indication to that effect.

A document may be signed by handwriting, facsimile signature, perforated signature, stamp, symbol or any other mechanical or electronic method of authentication.

A requirement for a document to be legalized, visaed, certified or similar will be satisfied by any signature, mark, stamp or label on the document which appears to satisfy that requirement.

Branches of a bank in different countries are considered to be separate banks.

Terms such as ‘first class’, ‘well known’, ‘qualified’, ‘independent’, ‘official’, ‘competent’ or ‘local’ used to describe the issuer of a document allow any issuer except the beneficiary to issue that document.

Unless required to be used in a document, words such as ‘prompt’, ‘immediately’ or ‘as soon as possible’ will be disregarded.

The expression “on or about” or similar will be interpreted as a stipulation that an event is to occur during a period of five calendar days before until five calendar days after the specified date, both start and end dates included.

The words ‘to’, ‘until’, ‘till’, ‘from’, and ‘between’ when used to determine a period of shipment include the date or dates mentioned, and the words ‘before’ and ‘after’ exclude the date mentioned.

The words ‘from’ and ‘after’ when used to determine a maturity date exclude the date mentioned.

The terms ‘first half’ and ‘second half’ of a month shall be construed respectively as the 1st to the 15th and the 16th to the last day of the month, all date inclusive.

The terms ‘beginning’, ‘middle’ and ‘end’ of a month shall be construed respectively as the 1st to the 10th, the 11th to the 20th and 21st to the last day of the month, all dates inclusive.

Article 4 Credits v. Contracts

a. A credit by its nature is a separate transaction from the sale or other contract on which it may be based. Banks are in no way concerned with or bound by such contract, even if any reference whatsoever to it is included in the credit. Consequently, the undertaking of a bank to honour, to negotiate or to fulfil any other obligation under the credit is not subject to claims or defences by the applicant resulting from its relationships with the issuing bank or the beneficiary.

A beneficiary can in no case avail itself of the contractual relationships existing between banks or between the applicant and the issuing bank.

b. An issuing bank should discourage any attempt by the applicant to include, as an integral part of the credit, copies of the underlying contract, proforma invoice and the like.

Article 5 Documents v. Goods, Services or Performance

Banks deal with documents and not with goods, services or performance to which the documents may relate.

Article 6 Availability, Expiry Date and place for Presentation

a. A credit must state the bank with which it is available or whether it is available with any bank. A credit available with a nominated bank is also available with the issuing bank.

b. A credit must state whether it is available by sight payment, deferred payment, acceptance or negotiation.

c. A credit must not be issued available by a draft drawn on the applicant.

d. A credit must state an expiry date for presentation. An expiry date stated for honour or negotiation will be deemed to be an expiry date for presentation.

The place of the bank with which the credit is available is the place for presentation. The place for presentation under a credit available with any bank is that of any bank. A place for presentation other than that of the issuing bank is in addition to the place of the issuing bank.

e. Except as provided in sub-article 29 (a), a presentation by or on behalf of the beneficiary must be made on or before the expiry date.

Article 7 Issuing Bank Undertaking

a. Provided that the stipulated documents are presented to the nominated bank or to the issuing bank and that they constitute a complying presentation, the issuing bank must honour if the credit is available by:

i. sight payment, deferred payment or acceptance with the issuing bank;

ii. sight payment with a nominated bank and that nominated bank does not pay;

iii. deferred payment with a nominated bank and that nominated bank does not incur its deferred payment undertaking or, having incurred its deferred payment undertaking, does not pay at maturity;

iv. acceptance with a nominated bank and that nominated bank does not accept a draft drawn on it or, having accepted a draft drawn on it, does not pay at maturity;

v. negotiation with a nominated bank and that nominated bank does not negotiate.

b. An issuing bank is irrevocably bound to honour as of the time it issues the credit.

c. An issuing bank undertakes to reimburse a nominated bank that has honoured or negotiated a complying presentation and forwarded the documents to the issuing bank. Reimbursement for the amount of a complying presentation under a credit available by acceptance or deferred payment is due at maturity, whether or not the nominated bank prepaid or purchased before maturity. An issuing bank's undertaking to reimburse a nominated bank is independent of the issuing bank's undertaking to the beneficiary.

Article 8 Confirming Bank Undertaking

a. Provided that the stipulated documents are presented to the confirming bank or to any other nominated bank and that they constitute a complying presentation, the confirming bank must:

i. honour, if the credit is available by

a) sight payment, deferred payment or acceptance with the confirming bank;

b) sight payment with another nominated bank and that nominated bank does not pay;

c) deferred payment with another nominated bank and that nominated bank does not incur its deferred payment undertaking or, having incurred its deferred payment undertaking, does not pay at maturity;

d) acceptance with another nominated bank and that nominated bank does not accept a draft drawn on it or, having accepted a draft drawn on it, does not pay at maturity;

e) negotiation with another nominated bank and that nominated bank does not negotiate.

ii. negotiate, without recourse, if the credit is available by negotiation with the confirming bank.

b. A confirming bank is irrevocably bound to honour or negotiate as of the time it adds its confirmation to the credit.

c. A confirming bank undertakes to reimburse another nominated bank that has honoured or negotiated a complying presentation and forwarded the documents to the confirming bank. Reimbursement for the amount of a complying presentation under a credit available by acceptance or deferred payment is due at maturity, whether or not another nominated bank prepaid or purchased before maturity. A confirming bank's undertaking to reimburse another nominated bank is independent of the confirming bank's undertaking to the beneficiary.

d. If a bank is authorized or requested by the issuing bank to confirm a credit but is not prepared to do so, it must inform the issuing bank without delay and may advise the credit without confirmation.

Article 9 Advising of Credits and Amendments

a. A credit and any amendment may be advised to a beneficiary through an advising bank. An advising bank that is not a confirming bank advises the credit and any amendment without any undertaking to honor or negotiate.

b. By advising the credit or amendment, the advising bank signifies that it has satisfied itself as to the apparent authenticity of the credit or amendment and that the advice accurately reflects the terms and conditions of the credit or amendment received.

c. An advising bank may utilize the services of another bank ("second advising bank") to advise the credit and any amendment to the beneficiary. By advising the credit or amendment, the second advising bank signifies that it has satisfied itself as to the apparent authenticity of the advice it has received and that the advice accurately reflects the terms and conditions of the credit or amendment received.

d. A bank utilizing the services of an advising bank or second advising bank to advise a credit must use the same bank to advise any amendment thereto.

e. If a bank is requested to advise a credit or amendment but elects not to do so, it must so inform, without delay, the bank from which the credit, amendment or advice has been received.

f. If a bank is requested to advise a credit or amendment but cannot satisfy itself as to the apparent authenticity of the credit, the amendment or the advice, it must so inform, without delay, the bank from which the instructions appear to have been received. If the advising bank or second advising bank elects nonetheless to advise the credit or amendment, it must inform the beneficiary or second advising bank that it has not been able to satisfy itself as to the apparent authenticity of the credit, the amendment or the advice.

Article 10 Amendments

a. Except as otherwise provided by article 38, a credit can neither be amended nor cancelled without the agreement of the issuing bank, the confirming bank, if any, and the beneficiary.

b. An issuing bank is irrevocably bound by an amendment as of the time it issues the amendment. A confirming bank may extend its confirmation to an amendment and will be irrevocably bound as of the time it advises the amendment. A confirming bank may, however, choose to advise an amendment without extending its confirmation and, if so, it must inform the issuing bank without delay and inform the beneficiary in its advice.

c. The terms and conditions of the original credit (or a credit incorporating previously accepted amendments) will remain in force for the beneficiary until the beneficiary communicates its acceptance of the amendment to the bank that advised such amendment. The beneficiary should give notification of acceptance or rejection of an amendment. If the beneficiary fails to give such notification, a presentation that complies with the credit and to any not yet accepted amendment will be deemed to be notification of acceptance by the beneficiary of such amendment. As of that moment the credit will be amended.

d. A bank that advises an amendment should inform the bank from which it received the amendment of any notification of acceptance or rejection.

e. Partial acceptance of an amendment is not allowed and will be deemed to be notification of rejection of the amendment.

f. A provision in an amendment to the effect that the amendment shall enter into force unless rejected by the beneficiary within a certain time shall be disregarded.

Article 11 Teletransmitted and Pre-Advised Credits and Amendments

a. An authenticated teletransmission of a credit or amendment will be deemed to be the operative credit or amendment, and any subsequent mail confirmation shall be disregarded. If the teletransmission states 'full details to follow' (or words of similar effect), or states that the mail confirmation is to be the operative credit or amendment, then the teletransmission will not be deemed to be the operative credit or amendment. The issuing bank must then issue the operative credit or amendment without delay in terms not inconsistent with the teletransmission.

b. A preliminary advice of the issuance of a credit or amendment ('pre-advice') shall only be sent if the issuing bank is prepared to issue the operative credit or amendment. An issuing bank that sends a pre-advice is irrevocably committed to issue the operative credit or amendment, without delay, in terms not inconsistent with the pre-advice.

Article 12. Nomination

a. Unless a nominated bank is the confirming bank, an authorization to honour or negotiate does not impose any obligation on that nominated bank to honour or negotiate, except when expressly agreed to by that nominated bank and so communicated to the beneficiary.

b. By nominating a bank to accept a draft or incur a deferred payment undertaking, an issuing bank authorizes that nominated bank to prepay or purchase a draft accepted or a deferred payment undertaking incurred by that nominated bank.

c. Receipt or examination and forwarding of documents by a nominated bank that is not a confirming bank does not make that nominated bank liable to honour or negotiate, nor does it constitute honour or negotiation.

Article 13 Bank-to-Bank Reimbursement Arrangements

a. If a credit states that reimbursement to be obtained by a nominated bank ('claiming bank') claiming on another party ('reimbursing bank'), the credit must state if the reimbursement is subject to the ICC rules for bank-to-bank reimbursements in effect on the date of issuance of the credit.

b. If a credit does not state that reimbursement is subject to the ICC rules for bank-to-bank reimbursements, the following apply:

i. An issuing bank must provide a reimbursing bank with a reimbursement authorization that conforms with the availability stated in the credit. The reimbursement authorization should not be subject to an expiry date.

ii. A claiming bank shall not be required to supply a reimbursing bank with a certificate of compliance with the terms and conditions of the credit.

iii. An issuing bank will be responsible for any loss of interest, together with any expenses incurred, if reimbursement is not provided on first demand by a reimbursing bank in accordance with the terms and conditions of the credit.

iv. A reimbursing bank's charges are for the account of the issuing bank. However, if the charges are for the account of the beneficiary, it is the responsibility of an issuing bank to so indicate in the credit and in the reimbursement authorization. If a reimbursing bank's charges are for the account of the beneficiary, they shall be deducted from the amount due to a claiming bank when reimbursement is made. If no reimbursement is made, the reimbursing bank's charges remain the obligation of the issuing bank.

c. An issuing bank is not relieved of any its obligations to provide reimbursement if reimbursement is not made by a reimbursing bank on first demand.

Article 14 Standard for Examination of Documents

a. A nominated bank acting on its nomination, a confirming bank, if any, and the issuing bank must examine a presentation to determine, on the basis of the documents alone, whether or not the documents appear on their face to constitute a complying presentation.

b. A nominated bank acting on its nomination, a confirming bank, if any, and the issuing bank shall each have a maximum of five banking days following the day of presentation to determine if a presentation is complying. This period is not curtailed or otherwise affected by the occurrence on or after the date of presentation of any expiry date or last day for presentation.

c. A presentation including one or more original transport documents subject to articles 19, 20, 21, 22, 23, 24 or 25 must be made by or on behalf of the beneficiary not later than 21 calendar days after the date of shipment as described in these rules, but in any event not later than the expiry date of the credit.

d. Data in a document, when read in context with the credit, the document itself and international standard banking practice, need not be identical to, but must not conflict with, data in that document, any other stipulated document or the credit.

e. In documents other than the commercial invoice, the description of the goods, services or performance, if stated, may be in general terms not conflicting with their description in the credit.

f. If a credit requires presentation of a document other than a transport document, insurance document or commercial invoice, without stipulating by whom the document is to be issued or its data content, banks will accept the document as presented if its content appears to fulfil the function of the required document and otherwise complies with sub−article 14 (d).

g. A document presented but not required by the credit will be disregarded and may be returned to the presenter.

h. If a credit contains a condition without stipulating the document to indicate compliance with the condition, banks will deem such condition as not stated and will disregard it.

i. A document may be dated prior to the issuance date of the credit, but must not be dated later than its date of presentation.

j. When the addresses of the beneficiary and the applicant appear in any stipulated document, they need not be the same as those stated in the credit or in any other stipulated document, but must be within the same country as the respective addresses mentioned in the credit. Contact details (telefax, telephone, email and the like) stated as part of the beneficiary's and the applicant's address will be disregarded. However, when the address and contact details of the applicant appear as part of the consignee or notify party details on a transport document subject to articles 19, 20, 21, 22, 23, 24 or 25, they must be as stated in the credit.

k. The shipper or consignor of the goods indicated on any document need not be the beneficiary of the credit.

l. A transport document may be issued by any party other than a carrier, owner, master or charterer provided that the transport document meets the requirements of articles 19,20,21,22,23 or 24 of these rules.

Article 15 Complying Presentation

a. When an issuing bank determines that a presentation is complying, it must honour.

b. When a confirming bank determines that a presentation is complying, it must honour or negotiate and forward the documents to the issuing bank.

c. When a nominated bank determines that a presentation is complying and honours or negotiates, it must forward the documents to the confirming bank or issuing bank.

Article 16 Discrepant Documents, Waiver and Notice

a. When a nominated bank acting on its nomination, a confirming bank, if any, or the issuing bank determines that a presentation does not comply, it may refuse to honour or negotiate.

b. When an issuing bank determines that a presentation does not comply, it may in its sole judgement approach the applicant for a waiver of the discrepancies. This does not, however, extend the period mentioned in sub-article 14 (b).

c. When a nominated bank acting on its nomination, a confirming bank, if any, or the issuing bank decides to refuse to honour or negotiate, it must give a single notice to that effect to the presenter.

The notice must state:

i. that the bank is refusing to honour or negotiate; and

ii. each discrepancy in respect of which the bank refuses to honour or negotiate; and

iii. a) that the bank is holding the documents pending further instructions from the presenter; or

b) that the issuing bank is holding the documents until it receives a waiver from the applicant and agrees to accept it, or receives further instructions from the presenter prior to agreeing to accept a waiver; or

c) that the bank is returning the documents; or

d) that the bank is acting in accordance with instructions previously received from the presenter.

d. The notice required in sub-article 16 (c) must be given by telecommunication or, if that is not possible, by other expeditious means no later than the close of the fifth banking day following the day of presentation.

e. A nominated bank acting on its nomination, a confirming bank, if any, or the issuing bank may, after providing notice required by sub-article 16 (c) (iii) (a) or (b), return the documents to the presenter at any time.

f. If an issuing bank or a confirming bank fails to act in accordance with the provisions of this article, it shall be precluded from claiming that the documents do not constitute a complying presentation.

g. When an issuing bank refuses to honour or a confirming bank refuses to honour or negotiate and has given notice to that effect in accordance with this article, it shall then be entitled to claim a refund, with interest, of any reimbursement made.

Article 17 Original Documents and Copies

a. At least one original of each document stipulated in the credit must be presented.

b. A bank shall treat as an original any document bearing an apparently original signature, mark, stamp, or label of the issuer of the document, unless the document itself indicates that it is not an original.

c. Unless a document indicates otherwise, a bank will also accept a document as original if it:

i. appears to be written, typed, perforated or stamped by the document issuer's hand; or

ii. appears to be on the document issuer's original stationery; or

iii. states that it is original, unless the statement appears not to apply to the document presented.

d. If a credit requires presentation of copies of documents, presentation of either originals or copies is permitted.

e. If a credit requires presentation of multiple documents by using terms such as 'in duplicate', 'in two fold' or 'in two copies', this will be satisfied by the presentation of at least one original and the remaining number in copies, except when the document itself indicates otherwise.

Article 18 Commercial Invoice

a. A commercial invoice:

i. must appear to have been issued by the beneficiary (except as provided in article 38);

ii. must be made out in the name of the applicant (except as provided in sub-article 38 (g));

iii. must be made out in the same currency as the credit; and

iv. need not be signed.

b. A nominated bank acting on its nomination, a confirming bank, if any, or the issuing bank may accept a commercial invoice issued for an amount in excess of the amount permitted by the credit, and its decision will be binding upon all parties, provided the bank in question has not honoured or negotiated for an amount in excess of that permitted by the credit.

c. The description of the goods, services or performance in a commercial invoice must correspond with that appearing in the credit.

Article 19 Transport Document Covering at Least Two Different Modes of Transport

a. A transport document covering at least two different modes of transport (multimodal or combined transport document), however named, must appear to:

i. indicate the name of the carrier and be signed by:

- the carrier or a named agent for or on behalf of the carrier, or
- the master or a named agent for or on behalf of the master.

Any signature by the carrier, master or agent must be identified as that of the carrier, master or agent.

Any signature by an agent must indicate whether the agent has signed for or on behalf of the carrier or for or on behalf of the master.

ii. indicate that the goods have been dispatched, taken in chare or shipped on board at the place stated in the credit, by:

- pre-printed wording, or
- a stamp or notation indicating the date on which the goods have been dispatched, taken in charge or shipped on board.

The date of issuance of the transport document will be deemed to be the date of dispatch, taking in charge or shipped on board, and the date of shipment. However, if the transport document indicates, by stamp or notation, a date of dispatch, taking in charge or shipped on board, this date will be deemed to be the date of shipment.

iii. indicate the place of dispatch, taking in charge or shipment and the place of final destination stated in the credit, even if:

- the transport document states, in addition, a different place of dispatch, taking in charge or shipment or place of final destination, or

• the transport document contains the indication "intended" or similar qualification in relation to the vessel, port of loading or port of discharge.

iv. be the sole original transport document or, if issued in more than one original, be the full set as indicated on the transport document.

v. contain terms and conditions of carriage or make reference to another source containing the terms and conditions of carriage (short form or blank back transport document). Contents of terms and conditions of carriage will not be examined.

i. contain no indication that it is subject to a charter party.

b. For the purpose of this article, transhipment means unloading from one means of conveyance and reloading to another means of conveyance (whether or not in different modes of transport) during the carriage from the place of dispatch, taking in charge or shipment to the place of final destination stated in the credit.

c. i. A transport document may indicate that the goods will or may be transhipped provided that the entire carriage is covered by one and the same transport document

ii. A transport document indicating that transhipment will or may take place is acceptable, even if the credit prohibits transshipment

Article 20 Bill of Lading

a. A bill of lading, however named, must appear to:

i. indicate the name of the carrier and be signed by:

、 the carrier or a named agent for or on behalf of the carrier, or

、 the master or a named agent for or on behalf of the master.

Any signature by the carrier, master or agent must be identified as that of the carrier, master or agent.

Any signature by an agent must indicate whether the agent has signed for or on behalf of the carrier or for or on behalf of the master.

ii. Indicate that the goods have been shipped on board a named vessel at the port of loading stated in the credit by:

、 pre−printed wording, or

、 an on board notation indicating the date on which the goods have been shipped on board.

The date of issuance of the bill of lading will be deemed to be the date of shipment unless the bill of lading contains an on board notation indicating the date of shipment, in which case the date stated in the on board notation will be deemed to be the date of shipment.

If the bill of lading contains the indication "intended vessel" or similar qualification in relation to the name of the vessel, an on board notation indicating the date of shipment and the name of the actual vessel is required.

iii. indicate shipment from the port of loading to the port of discharge stated in the credit.

If the bill of lading does not indicate the port of loading stated in the credit as the port of loading, or if it contains the indication 'intended' or similar qualification in relation to the port of loading, an on board notation indicating the port of loading as stated in the credit, the date of shipment and the name of the vessel is required. This provision applies even when loading on board or shipment on a named vessel is indicated by pre-printed wording on the bill of lading.

iv. be the sole original bill of lading or, if issued in more than one original, be the full set as indicated on the bill of lading.

v. contain terms and condition of carriage or make reference to another source containing the terms and conditions of carriage (short form or blank back bill of lading). Contents of terms and conditions of carriage will not be examined.

vi. contain no indication that it is subject to a charter party.

b. For the purpose of this article, transhipment means unloading from one vessel and reloading to another vessel during the carriage from the port of loading to the port of discharge stated in the credit.

c. i. A bill of lading may indicate that the goods will or may be transhipped provided that the entire carriage is covered by one and the same bill of lading.

ii. A bill of lading indicating that transshipment will or may take place is acceptable, even if the credit prohibits transhipment, if the goods have been shipped in a container, trailer or LASH barge as evidenced by the bill of lading.

d. Clauses in a bill of lading stating that the carrier reserves the right to tranship will be disregarded.

Article 21 Non-Negotiable Sea Waybill

a. A non-negotiable sea waybill, however named, must appear to:

i. indicate the name of the carrier and be signed by:

· the carrier or a named agent for or on behalf of the carrier, or

· the master or a named agent for or on behalf of the master.

Any signature by the carrier, master or agent must be identified as that of the carrier, master of agent.

Any signature by an agent must indicate whether the agent has signed for or on behalf of the carrier or for or on behalf of the master.

ii. indicate that the goods have been shipped on board a named vessel at the port of loading stated in the credit by:

· pre−printed wording, or

· an on board notation indicating the date on which the goods have been shipped on board.

The date of issuance of the non−negotiable sea waybill will be deemed to be the date of shipment unless the non−negotiable sea waybill contains an on board notation indicating the date of shipment, in which case the date stated in the on board notation will be deemed to be the date of shipment.

If the non−negotiable sea waybill contains the indication "intended vessel" or similar qualification in relation to the name of the vessel, an on board notation indicating the date of shipment and the name of the actual vessel is required.

iii. indicate shipment from the port of loading to the port of discharge stated in the credit.

If the non−negotiable sea waybill does not indicate the port of loading stated in the credit as the port of loading, or if it contains the indication "intended" or similar qualification in relation to the port of loading, an on board notation indicating the port of loading as stated in the credit, the date of shipment and the name of the vessel is required. This provision applies even when loading on board or shipment on a named vessel is indicated by pre−printed wording on the non−negotiable sea waybill.

iv. be the sole original non−negotiable sea waybill or, if issued in more than one original, be the full set as indicated on the non−negotiable sea waybill.

v. contain terms and conditions of carriage or make reference to another source containing the terms and conditions of carriage (short form or blank back non−negotiable sea waybill). Contents of terms and conditions of carriage will not be examined.

vi. contain no indication that it is subject to a charter party.

b. For the purpose of this article, transhipment means unloading from one vessel and reloading to another vessel during the carriage from the port of loading to the port of discharge stated in the credit.

c. i. A non−negotiable sea waybill may indicate that the goods will or may be transhipped provided that the entire carriage is covered by one and the same non−negotiable sea waybill.

ii. A non−negotiable sea waybill indicating that transhipment will or may take place is acceptable, even if the credit prohibits transhipment, if the goods have been shipped in a container, trailer or LASH barge as evidenced by the non−negotiable sea waybill.

d. Clauses in a non−negotiable sea waybill stating that the carrier reserves the right to tranship will be disregarded.

Article 22 Charter Party Bill of Lading

a. A bill of lading, however named, containing an indication that it is subject to a charter party (charter party bill of lading), must appear to:

i. be signed by:

· the master or a named agent for or on behalf of the master, or

· the owner or a named agent for or on behalf of the owner, or

· the charterer or a named agent for or on behalf of the charterer.

Any signature by the master, owner, charterer or agent must be identified as that of the master, owner, charterer or agent.

Any signature by an agent must indicate whether the agent has signed for or on behalf of the master, owner or charterer.

An agent signing for or on behalf of the owner or charterer must indicate the name of the owner or charterer.

ii. indicate that the goods have been shipped on board a named vessel at the port of loading stated in the credit by:

· pre-printed wording, or

· an on board notation indicating the date on which the goods have been shipped on board.

The date of issuance of the charter party bill of lading will be deemed to be the date of shipment unless the charter party bill of lading contains an on board notation indicating the date of shipment, in which case the date stated in the on board notation will be deemed to be the date of shipment.

iii. indicate shipment from the port of loading to the port of discharge stated in the credit. The port of discharge may also be shown as a range of ports or a geographical area, as stated in the credit.

iv. be the sole original charter party bill of lading or, if issued in more than one original, be the full set as indicated on the charter party bill of lading.

b. A bank will not examine charter party contracts, even if they are required to be presented by the terms of credit.

Article 23 Air Transport Document

a. An air transport document, however named, must appear to:

i. indicate the name of the carrier and be signed by:

· the carrier, or

· a named agent for or on behalf of the carrier.

Any signature by the carrier or agent must be identified as that of the carrier or agent.

Any signature by an agent must indicate that the agent has signed for or on behalf of the carrier.

ii. indicate that the goods have been accepted for carriage.

iii. indicate the date of issuance. This date will be deemed to be the date of shipment unless the air transport document contains a specific notation of the actual date of shipment, in which case the date stated in the notation will be deemed to be the date of shipment.

Any other information appearing on the air transport document relative to the flight number and date will not be considered in determining the date of shipment.

iv. indicate the airport of departure and the airport of destination stated in the credit.

v. be the original for consignor or shipper, even if the credit stipulates a full set of originals.

vi. contain terms and conditions of carriage or make reference to another source containing the terms and conditions of carriage. Contents of terms and conditions of carriage will not be examined.

b. For the purpose of this article, transhipment means unloading from one aircraft and reloading to another aircraft during the carriage from the airport of departure to the airport of destination stated in the credit.

c. i. An air transport document may indicate that the goods will or may be transhipped, provided that the entire carriage is covered by one and the same air transport document.

ii. An air transport document indicating that transhipment will or may take place is acceptable, even if the credit prohibits transhipment.

Article 24 Road, Rail or Inland Waterway Transport Documents

a. A road, rail or inland waterway transport document, however named, must appear to:

i. indicate the name of the carrier and:

- be signed by the carrier or a named agent for or on behalf of the carrier, or
- indicate receipt of the goods by signature, stamp or notation by the carrier or a named agent for or on behalf of the carrier.

Any signature, stamp or notation of receipt of the goods by the carrier or agent must be identified as that of the carrier or agent.

Any signature, stamp or notation of receipt of the goods by the agent must indicate that the agent has singed or acted for or on behalf of the carrier.

If a rail transport document does not identify the carrier, any signature or stamp of the railway company will be accepted as evidence of the document being signed by the carrier.

ii. indicate the date of shipment or the date the goods have been received for shipment, dispatch or carriage at the place stated in the credit. Unless the transport document contains a dated reception stamp, an indication of the date of receipt or a date of shipment, the date of issuance of the transport document will be deemed to be the date of shipment.

iii. indicate the place of shipment and the place of destination stated in the credit.

b. i. A road transport document must appear to be the original for consignor or shipper or bear no marking indicating for whom the document has been prepared.

ii. A rail transport document marked "duplicate" will be accepted as an original.

iii. A rail or inland waterway transport document will be accepted as an original whether marked as an original or not.

c. In the absence of an indication on the transport document as to the number of originals issued, the number presented will be deemed to constitute a full set.

d. For the purpose of this article, transhipment means unloading from one means of conveyance and reloading to another means of conveyance, within the same mode of transport, during the carriage from the place of shipment, dispatch or carriage to the place of destination stated in the credit.

e. i. A road, rail or inland waterway transport document may indicate that the goods will or may be transhipped provided that the entire carriage is covered by one and the same transport document.

ii. A road, rail or inland waterway transport document indicating that transhipment will or may take place is acceptable, even if the credit prohibits transhipment.

Article 25 Courier Receipt, Post Receipt or Certificate of Posting

a. A courier receipt, however named, evidencing receipt of goods for transport, must appear to:

i. indicate the name of the courier service and be stamped or signed by the named courier service at the place from which the credit states the goods are to be shipped; and

ii. indicate a date of pick-up or of receipt or wording to this effect. This date will be deemed to be the date of shipment.

b. A requirement that courier charges are to be paid or prepaid may be satisfied by a transport document issued by a courier service evidencing that courier charges are for the account of a party other than the consignee.

c. A post receipt or certificate of posting, however named, evidencing receipt of goods for transport, must appear to be stamped or signed and dated at the place from which the credit states the goods are to be shipped. This date will be deemed to be the date of shipment.

Article 26 "On Deck", "Shipper's Load and Count", "Said by Shipper to Contain" and Charges Additional to Freight

a. A transport document must not indicate that the goods are or will be loaded on deck. A clause on a transport document stating that the goods may be loaded on deck is acceptable.

b. A transport document bearing a clause such as "shipper's load and count" and "said by shipper to contain" is acceptable.

c. A transport document may bear a reference, by stamp or otherwise, to charges additional to the freight.

Article 27 Clean Transport Document

A bank will only accept a clean transport document. A clean transport document is one bearing no clause or notation expressly declaring a defective condition of the goods or their packaging. The word 'clean' need not appear on a transport document, even if a credit has a requirement for that transport document to be 'clean on board'.

Article 28 Insurance Document and Coverage

a. An insurance document, such as an insurance policy, an insurance certificate or a declaration under an open cover, must appear to be issued and signed by an insurance company, an underwriter or their agents or their proxies.

Any signature by an agent or proxy must indicate whether the agent or proxy has signed for or on behalf of the insurance company or underwriter.

b. When the insurance document indicates that it has been issued in more than one original, all originals must be presented.

c. Cover notes will not be accepted.

d. An insurance policy is acceptable in lien of insurance certificate or a declaration under an open cover.

e. The date of the insurance document must be no later than the date of shipment, unless it appears from the insurance document that the cover is effective from a date not later the date of shipment.

f. i. The insurance document must indicate the amount of insurance coverage and be in the same currency as the credit.

ii. A requirement in the credit for insurance coverage to be for a percentage of the value of the goods, of the invoice value or similar is deemed to be the minimum amount of coverage required.

If there is no indication in the credit of the insurance coverage required, the amount of insurance coverage must be at least 110% of the CIF or CIP value of the goods.

When the CIF or CIP value cannot be determined from the documents, the amount of insurance coverage must be calculated on the basis of the amount for which honour or negotiation is requested or the gross value of the goods as shown on the invoice, whichever is greater.

iii. The insurance document must indicate that risks are covered at least between the place of taking in charge or shipment and the place of discharge or final destination as stated in the credit.

g. A credit should state the type of insurance required and, if any, the additional risks to be covered. An insurance document will be accepted without regard to any risks that are not covered if the credit uses imprecise terms such as "usual risks" or "customary risks".

h. When a credit requires insurance against "all risks" and an insurance document is presented containing any "all risks" notation or clause, whether or not bearing the heading "all risks", the insurance document will be accepted without regard to any risks stated to be excluded.

i. An insurance document may contain reference to any exclusion clause.

j. An insurance document may indicate that the cover is subject to a franchise or excess (deductible).

Article 29 Extension of Expiry date or Last Day for Presentation

a. If the expiry date of a credit or the last day for presentation falls on a day when the bank to which presentation is to be made is closed for reasons other than those referred to in article 36, the expiry date or the last day for presentation, as the case may be, will be extended to the first following banking day.

b. If presentation is made on the first following banking day, a nominated bank must provide the issuing bank or confirming bank with a statement on its covering schedule that the presentation was made within the time limits extended in accordance with sub–article 29(a).

c. The latest date for shipment will not be extended as a result of sub–article 29(a).

Article 30 Tolerance in Credit Amount, Quantity and Unit Prices

a. The words "about" or "approximately" used in connection with the amount of the credit or the quantity or the unit price stated in the credit are to be construed as allowing a tolerance not to exceed 10% more or 10% less than the amount, the quantity or the unit price to which they refer.

b. A tolerance not to exceed 5% more or 5% less than the quantity of the goods is allowed, provided the credit does not state the quantity in terms of a stipulated number of packing units or individual items and the total amount of the drawings does not exceed the amount of the credit.

c. Even when partial shipments are not allowed, a tolerance not to exceed 5% less than the amount of the credit is allowed, provided that the quantity of the goods, if stated in the credit, is shipped in full and a unit price, if stated in the credit, is not reduced or that sub−article 30 (b) is not applicable. This tolerance does not apply when the credit stipulates a specific tolerance or uses the expressions referred to in sub−article 30 (a).

Article 31 Partial Drawings or Shipments

a. Partial drawings or shipments are allowed.

b. A presentation consisting of more than one set of transport documents evidencing shipment commencing on the same means of conveyance and for the same journey, provided they indicate the same destination, will not be regarded as covering a partial shipment, even if they indicate different dates of shipment or different ports of loading, places of taking in charge or dispatch.

If the presentation consists of more than one set of transport documents, the latest date of shipment as evidenced on any of the sets of transport documents will be regarded as the date of shipment. A presentation consisting of one or more sets of transport documents evidencing shipment on more than one means of conveyance within the same mode of transport will be regarded as covering a partial shipment, even if the means of conveyance leave on the same day for the same destination.

c. A presentation consisting of more than one courier receipt, post receipt or certificate of posting will not be regarded as a partial shipment if the courier receipts, post receipts or certificates of posting appear to have been stamped or signed by the same courier or postal service at the same place and date and for the same destination.

Article 32 Instalment Drawings or Shipments

If a drawing or shipment by instalments within given periods is stipulated in the credit and any instalment is not drawn or shipped within the period allowed for that instalment, the credit ceases to be available for that and any subsequent instalment.

Article 33 Hours of Presentation

A bank has no obligation to accept a presentation outside of its banking hours.

Article 34 Disclaimer on Effectiveness of Documents

A bank assumes no liability or responsibility for the form, sufficiency, accuracy, genuineness, falsification or legal effect of any document, or for the general or particular conditions stipulated in a document or superimposed thereon; nor does it assume any liability or responsibility for the description, quantity, weight, quality, condition, packing, delivery, value or existence of the goods, services or other performance represented by any document, or for the good faith or acts or omissions, solvency, performance or standing of the consignor, the carrier, the forwarder, the consignee or the insurer of the goods or any other person.

Article 35 Disclaimer on Transmission and Translation

A bank assumes no liability or responsibility for the consequences arising out of delay, loss in transit, mutilation or other error arising in the transmission of any messages or delivery of letters or documents, when such messages, letters or documents are transmitted or sent according to the requirements stated in the credits, or when The bank may have taken the initiative in the choice of the delivery service in the absence of such instructions in the credit.

If a nominated bank determines that a presentation is complying and forwards the documents to the issuing bank or confirming bank, whether or not the nominated bank has honoured or negotiated, an issuing bank or confirming bank must honour or negotiate, or reimburse that nominated bank, even when the documents have been lost in transit between the nominated bank and the issuing bank or confirming bank, or between the confirming bank and the issuing bank. A bank assumes no liability or responsibility for errors in translation or interpretation of technical terms and may transmit credit terms without translating them.

Article 36 Force Majeure

A bank assumes no liability or responsibility for the consequences arising out of the interruption of its business by Acts of God, riots, civil commotions, insurrections, wars, acts of terrorism, or by any strikes or lockouts or any other causes beyond its control. A bank will not, upon resumption of its business, honour or negotiate under a credit that expired during such interruption of its business.

Article 37 Disclaimer for Acts of an Instructed Party

a. A bank utilizing the services of another bank for the purpose of giving effect to the instructions of the applicant does so for the account and at the risk of the applicant.

b. An issuing bank or advising bank assumes no liability or responsibility should the instructions it transmits to another bank not be carried out, even if it has taken the initiative in the choice of that other bank.

c. A bank instructing another bank to perform services is liable for any commissions, fees, costs or expenses ("charges") incurred by that bank in connection with its instructions. If a credit states that charges are for the account of the beneficiary and charges cannot be collected or deducted from proceeds, the issuing bank remains liable for payment of charges. A credit or amendment should not stipulate that the advising to a beneficiary is conditional upon the receipt by the advising bank or second advising bank of its charges .

d. The applicant shall be bound by and liable to indemnify a bank against all obligations and responsibilities imposed by foreign laws and usages .

Article 38 Transferable Credits

a. A bank is under no obligation to transfer a credit except to the extend and in the manner expressly consented to by that bank.

b. For the purpose of this article:

Transferable credit means a credit that specifically states it is "transferable". A transferable credit may be made available in whole or in part to another beneficiary('second beneficiary') at the request of the beneficiary ('first beneficiary'). Transferring bank means a nominated bank that transfers the credit or, in a credit available with any bank, a bank that is specifically authorized by the issuing bank to transfer and that transfers the credit. An issuing bank may be a transferring bank. Transferred credit means a credit that has been made available by the transferring bank to a second beneficiary.

c. Unless otherwise agreed at the time of transfer, all charges (such as commissions, fees, costs or expenses) incurred in respect of a transfer must be paid by the first beneficiary.

d. A credit may be transferred in part to more than one second beneficiary provided partial drawings or shipments are allowed. A transferred credit cannot be transferred at the request of a second beneficiary to any subsequent beneficiary. The first beneficiary is not considered to be a subsequent beneficiary

e. Any request for transfer must indicate if and under what conditions amendments may be advised to the second beneficiary. The transferred credit must cleary indicate those conditions.

f. If a credit is transferred to more than one second beneficiary, rejection of an amendment by one or more second beneficiary does not invalidate the acceptance by any other second beneficiary, with respect to which the transferred credit will be amended accordingly. For any second beneficiary that rejected the amendment, the transferred credit will remain unamended.

g. The transferred credit must accurately reflect the terms and conditions of the credit, including confirmation, if any, with the exception of:

- the amount of the credit,
- any unit price stated therein,
- the expiry date,
- the period for presentation, or
- the latest shipment date or given period for shipment,

any or all of which may be reduced or curtailed.

The percentage for which insurance cover must be effected may be increased to provide the amount of cover stipulated in the credit or these articles.

The name of the first beneficiary may be substituted for that of the applicant in the credit.

If the name of the applicant is specifically required by the credit to appear in any document other than the invoice, such requirement must be reflected in the transferred credit.

h. The first beneficiary has the right to substitute its own invoice and draft, if any, for those of a second beneficiary for an amount not in excess of that stipulated in the credit, and upon such substitution the first beneficiary can draw under the credit for the difference, if any, between its invoice and the invoice of a second beneficiary.

i. If the first beneficiary is to present its own invoice and draft, if any, but fails to do so on first demand, or if the invoices presented by the first beneficiary create discrepancies that did not exist in the presentation made by the second beneficiary and the first beneficiary fails to correct them on first demand, the transferring bank has the right to present the documents as received from the second beneficiary to the issuing bank, without further responsibility to the first beneficiary.

j. The first beneficiary may, in its request for transfer, indicate that honour or negotiation is to be effected to a second beneficiary at the place to which the credit has been transferred, up to and including the expiry date of the credit. This is without prejudice to the right of the first beneficiary in accordance with sub-article 38 (h).

k. Presentation of documents by or on behalf of a second beneficiary must be made to the transferring bank.

Article 39 Assignment of Proceeds

The fact that a credit is not stated to be transferable shall not affect the right of the beneficiary to assign any proceeds to which it may be or may become entitled under the credit, in accordance with the provisions of applicable law. This article relates only to the assignment of proceeds and not to the assignment of the right to perform under the credit.

찾아보기

국문 찾아보기

[ㄱ]

가격조건 199
가득액 10
간이선하증권 419
간접무역 9
감정기관 194
강제검사 99
개방신용장 315
개별거래조건 174
개별계약 175
개별행정법 44
개인신용장 307
개장 227
개정미국무역정의 254
개품운송계약 335
거래제의장 92
건강증명서 436
검사증명서 436
검수표 112
검역증 436
견본검사 106
견본매매 186
견본송장 426
견적송장 426
결제은행 304
경상의 원칙 169, 294
계약상의 검사 99
계약운송인 358
계약운임제 338
계약의 좌절 212
계획적 클레임 232
고장부선하증권 113
곡손 397
공동계산제 337
공동해손 384
공영송장 427
공인검량인 197
과부족용인조건 198
관세법 43
관세협력이사회 상품분류 56
관세환급 71, 124
관습법 251
교차청약 168
구매대리업자 48
구매승인서 73
구상권대위 399
구상무역 27
구상무역신용장 322
구손 397
구조비용 386
구협회적하약관 223, 387
국제물품매매계약에 관한 UN협약 257

국제전자결제 221
국제팩토링 219
규격매매 191
근인설 376
기간경과선하증권 25, 329, 419
기간용선 336
기기수도증 351
기명식배서 413
기명식선하증권 412
기명지시식선하증권 413
기술수출 33
기탁신용장 322
기평가보험증권 371
기한부신용장 317

[ㄴ]
나용선 336
낙성계약 172
내국선하증권 415
내국수입유산스 318
내국신용장 72, 323
내륙수로선하증권 415
내륙컨테이너기지 352
내장 227
녹다운방식 수출 33

[ㄷ]
단독해손 384
단독해손담보조건 391
단순신용장 320
단순지시식선하증권 413
단일책임론 358
담보신용장 306
대가수취문구 408
대리인거래 184
대리점협정서 184
대위 398
대응구매 28
도달주의 170
도착지화물인도비용 340
독점계약 176
동맹선 337
동맹파업 392
동시발행신용장 322
동시이행조건 202

[ㄹ]
리스 220

[ㅁ]
마켓클레임 232
매매송장 426
매약서 177
매입 119
매입신용장 314
매입위탁송장 426
매입은행 218, 301
매입은행미지정신용장 315
매입제한신용장 315
맹외선 337
면책비율부적용 391
명세서매매 190
명시적 조항 173, 252
무기명식배서 414

무담보신용장 306
무사고선하증권 113
무역거래자 47
무역관리기구 45
무역금융 71
무역대리업자 48
무역서류 405
무역어음제도 75
무역업고유번호 53
무역업자 47
무역외신용장 306
무역위원회 45
무역인수신용장 318
무역인수환어음 303
무역진흥에 관한 법 45
무인증권 410
무화환신용장 306
무환수출입 30
묵시조항 175, 252
문언증권 411
물적손해 383
물품매도확약서 128
물품상환도조건 214
물품점검비용 263
미평가보험증권 371

[ㅂ]
반대청약 167
반품허용조건청약 167
발신주의 170
백지 배서 414
벌크화물 197
범선선하증권 415
법원 247
변형통일책임론 359
병행수입 31
보상은행 304
보세구역 138
보세구역 반입명령 110
보세운송 142
보세창고도거래 24, 436
보증신용장 306
보통품질조건 189
보험가액 371
보험각서 424
보험계약자 366
보험금액 370
보험자 366
보험증권 424
보험증명서 424
복합운송 100, 357
복합운송인 357
복합운송주선업 354
복합운송증권 357, 418
본선수취증 112
본선적재부기선하증권 115, 415
본인거래 183
부가위험담보조건 395
부두수취증 116
부두직통관제도 152
부정기선 334
부지약관선하증권 418
분석증명서 436
분손 384, 399

분손담보조건 391
분손부담보조건 390
분할선적 209
분할양도 325
불가항력 212
불요식계약 173
불통일책임론 359
불확정청약 166
비상위험 223
비용의 이전 262
비치견본 187

[ㅅ]
사기서류배제의 원칙 295
사략선 382
산업전용선 334
산업피해구제제도 46
산업협력 28
삼각무역 296
상관습법 251
상당인과관계설 377
상당일치의 원칙 294
상업송장 425
상업신용장 305
상징적 인도조건 203
상표매매 190
상환신용장 320
상환은행 304
상환증권 412
상환청구가능신용장 314
상환청구불능신용장 314
서류상환도 17, 214
서식의 전쟁 178
선내하역비 211
선내하역인부임 343
선박운송전용조건 268
선복 100
선복예약서 111
선복용선 343, 344
선비 336
선상신고제 103
선의의 소지인 302, 315
선장 및 선원의 악행 380
선적 전 검사 263
선적견본 187
선적서류 405
선적서류 대도 136
선적서류 심사 130
선적선하증권 114, 415
선적송장 426
선적수량조건 196
선적요청서 111
선적전검사 98
선적조건 201
선적지시서 111
선적통지 117
선적품질조건 192
선지급신용장 319
선지급조건 213
선착순매도조건청약 167
선택무기명식 배서 414
선하증권 410
세관검사 106, 150
세관송장 427

세관심사 106, 149
소요위험 392
소지인식배서 414
손해방지비용 386
송금결제방식 14, 216
송금수표 14, 216
송금신용장 321
송장 및 환어음 대체 328
수량조건 194
수익자 300
수입대리업자 50
수입신고 144
수입신고필증 151
수입화물선취보증서 132
수출대리업자 49
수출보험 76
수출송장 426
수출신고서 103
수출신고필증 108
수출입지원제도 71
수출입질서유지 69
수출입공고 55
수출입승인제도 60
수출입조합 70
수출통관 102
수출표준포장 226
수취선하증권 114
수탁가공무역 14
수탁판매수입 24
스위치무역 32
습격과 포획 381
승낙 169
시가위탁 23
신용위험 222, 285
신용장개설신청서 128
신용장발행은행 297
신용장발행의뢰인 295
신용장 218, 286
신용장대금의 양도 325
신용장의 독립성 130, 291
신용장의 추상성 130, 293
신용장의 한계 289
신용조회 88
신협회적하약관 224, 393
실손보상원칙 371
실제운송인 358
심몰 379
쌍무계약 172
쌍방과실충돌약관 386

[ㅇ]

악천후 379
알선 236
암호신용장 308
약식선하증권 419
양도가능신용장 324
양도불능신용장 324
양도은행 305, 327
양도통지서 325
양륙수량조건 197
양륙품질조건 192
양륙항선택권부화물 342, 419
어음매입수권서 312
어음지급수권서 313

엄밀일치의 원칙 294
여행자신용장 306
연계무역 26
연료할증료 341
연속매매 261
연지급신용장 304
열거책임주의 390
영사송장 427
예정보험증권 424
오파상 48, 49
외국인도수출 29
외국인수수입 29
외국환거래약정서 296
외국환관리법 42
외장 227
요식증권 411
요인증권 410
요지주의 170
용선계약선하증권 335, 416
용선운송계약 334, 335
용적화물 339
우범화물자동선별 장치 106
우편신용장 307, 308
우편환 14, 216
운송방식불문조건 267
운송위험 223
운송인 265
운송인용선 335
운송중개업자 416
운임연할려제 338
운임톤 339
운임할려제 339
운항비 336
원산지증명서 432
원신용장 323
위부 397
위탁가공무역 13
위탁매매 21
위탁판매송장 426
위탁판매수출 23
위험의 이전 262
유류할증료 341
유사견본 187
유사신용장 308
유상계약 172
유통증권 411
은행신용장 307
은행인수신용장 317
은행인수환어음 303
응소관할 239
이면조항 174
이종책임론 359
이중운임제 338
이화 343
인도 202, 266
인수수수료 303, 318
인수신용장 317
인수은행 303
인수인도조건 217
일람지급신용장 316
일람출급매입신용장 316
일람출급신용장 316
일반거래조건협정서 174, 243
일반신용장 315

일반특혜관세 원산지증명서 433
일반특혜관세제도 432
일부보험 371
일부용선 336, 343
임대수출 25
임의적 서류 264
임차수입 26
입체지불금 356

[ㅈ]
자유청약 166
자율관리보세구역 142
자율발급원산지증명서 432
잔존물대위 399
장치장 102
재매입은행 302
재판관할조항 239
적당조건설 377
적부비용 263
적색조항신용장 319
적입비용 263
적재비용 343
적하목록 138
전략물자수출입고시 59
전문무역상사 53
전부보험 371
전부용선 336
전속관할 239
전손 383, 399
전손담보 390
전송료 342
전신환 15, 216
전액양도 325
전위험담보조건 391
전자무역 e-네고 시스템 122
전자적 기록 또는 절차 266
점검매매 190
점검 후 매도조건청약 167
점유 202
접속비용 342
정기선 333
정기용선 336
정박기간 344
정박일수계산서 345
정식 배서 413
정형거래조건의 해석에 관한 국제규칙 253
제3자 서류 11
제3자선하증권 211, 419
조건부청약 166
조리 247
조적 209
조정 236
조차작업 352
조출료 344
종가운임 356
종합무역상사 53
종합보세구역 141
종합인증우수업체 154
좌주 379
좌초 379
주문 시 지급조건 213
주문확인서 177
주화인 228

준거법 240
중개무역 9
중개인 9
중량화물 340
중량화물할증료 342
중재 237
지가위탁 23
지급신용장 315
지급은행 302
지급인도조건 216
지시식배서 414
지시식선하증권 412
지시증권 411
지적 209
지정보세구역 141
지정통화제도 201
지체료 342
직접무역 8
집단선하증권 416
집화신용장 319

[ㅊ]
참조견본 187
창고간 약관 374
처분증권 412
천몰 379
청구권대위 399
청구권의 포기 235
청산계정결제방식 215
청약 157
체선료 344
초과보험 371
촉초 379
최종확인조건청약 166
추상포장 227
추심결제방식 18, 216
추심은행 217
추심의뢰은행 217
추정전손 383
충돌 379
충실보상제 339
취소가능신용장 311
취소불능신용장 312
침몰 379

[ㅋ]
컨테이너선하증권 117
컨테이너적치장 115
컨테이너화물취급장 115
컨테이너선하증권 418
클레임 231

[ㅌ]
타협 236
터미널화물처리비 340
토마스 신용장 323
통과무역 8
통관 266
통명매매 190
통선하증권 417
통운송 100
통일상품분류체계 56
통일책임론 358
통지은행 300

통지처 132
통합공고 59
통화할증료 341
투쟁선 338
투하 380
특별비용 385
특수전용선 334
특정거래 66
특정신용장 315
특허보세구역 141

[ㅍ]

파손화물보상장 113
파출검사 106
파훼문구 408
판매계산서 426
판매적격품질조건 189
평균중등품질조건 188
포괄계약서 174
포장 225, 266
포장명세서 430
포페이팅 220
폭동 392
표도 380
표면조항 173
표준국제무역분류 56
표준평균품질조건 188
표준품매매 188
표준형식선하증권 419
품질조건 185
품질증명서 436
플랜트수출 32
피드운임 341
피보험목적물 367
피보험이익 368
피보험자 367
필수적 서류 264

[ㅎ]

하역비용 343
한국통일상품분류체계 56
할려금선언서 339
할부선적 210
할인은행 302
할인이자 318
함부르그규칙 333
합의관할 239
항공화물운송장 422
항공화물운송주선업자 422
항해용선 336
해륙통선하증권 417
해상손해 382
해상위험 380
해상탈취와 나포 381
해상통선하증권 417
해석적 인도조건 203
해양선하증권 415
해외시장조사 81
해외은행인수신용장 318
해운동맹 337
헤이그-비스비규칙 333
현물상환도 16
현실적 인도조건 203
현실전손 383

협동일관수송 348
협정보험가액 371
협회적하약관 387
혼재 115, 335
혼적업자 353
혼적화물운송장 354
화(물)환신용장 306
화물수취증 114, 350
화물인도지시서 152
화물정리비용 343
화번 230
화인 228
화주용선 335
화해 236
화환어음 18
화환신용장 20
화환어음거래약정 122, 296
확인신용장 301, 313
확인은행 301
확정청약 162
환어음 407
환위험 200, 223
환적 8, 210
환적비 342
황천 379
회전신용장 322
후지급조건 215
흘수중량톤 197
희망이익 368

영문 찾아보기

[A]

abandonment 397
abstract packing 227
abstraction 130, 293
acceptance 169, 303
acceptance commission 303, 318
acceptance credit 317
accepting bank 303
account current payment 215
account sales 426
acknowledgement of order 177
acknowledgement theory 170
active improvement trade 14
actual carrier 358
actual delivery 203
actual total loss 383
advance payment 213
advance payment credit 319
advising bank 300
against all risks(AAR) 391
Agency Agreement 184
agent to principal 49
agreed value 371
agreement jurisdiction 239
Agreement of Foreign Exchange Transaction 296
air cargo agent 422
air waybill(AWB) 422
all risks(A/R) 391
American Land Bridge(ALB) 361

amicable settlement 236
anticipated profit 368
applicable law 240
applicant for the credit 295
arbitrary 342
arbitration 237
assignment of proceeds 325
assured 367
assurer 366
authority to pay 313
authority to purchase(A/P) 312
Authorized Economic Operator(AEO) 154
autonomy 291
average 382, 384

[B]

B/A market 303
B/L covering shipment by sailing vessel 415
baby credit 323
back to back credit 322
bank credit 307
banker's acceptance(B/A) 303
banker's usance credi 317
bareboat charter hire 336
barratry of master and mariners 380
barter trade 26
battle of forms 178
beared endorsement 414
bending 397
beneficiary 300
berth terms 211, 344
bilateral(obligation) contract 172
blank endorsement 414
bona−fide holder 302, 315
bonded transportation 142
bonded warehouse transaction(BWT) 24, 436
booking note(B/N) 111
both to blame collision clause 386
broker 9
bulk cargo 197
bulk unitization Charge(BUC) 356
bunker adjustment factor(BAF) 341
business as principal 183
buyer's usance credit 317
buying agent 50
buying office 48

[C]

cargo manifest 138
cargo receipt 114
cargo selectivity system(C/S) 106
carrier 265
case by case contract 175
case number 230
cash against document(CAD) 17, 214
cash on delivery(COD) 16, 214
cash with order(CWO) 213
Catch−All 59
certificate of analysis 436
certificate of inspection 99
certificate of origin(C/O) 432

certificate of quality 436
certificate of quarantine 436
CFR 279
CFS 340
charter party(C/P) 334, 335
charter−party B/L 416
charterage 335
CIF 280
CIF&C 426
CIP 273
claim 231
claim letter on General Average 401
class rate or commodity classification rate 355
clean B/L 113
clean credit 306
code or cypher credit 308
collecting bank 217
collection basis 18
collision 379
combined transport document(CTD) 357, 417, 418
commercial credit 305
commercial invoice 425
compensating bank 304
compensation trade 27
compromise 236
conciliation 236
concurrent condition 202
conditional offer 166
Conference Invoice Form 427
confirmed L/C 301, 313
confirming bank 301
consensual contract 172
consignment 21
consignment invoice 426
consignment note 350
consolidation 115, 335, 353
constructive Delivery 203
constructive total loss 383
consular invoice 427
contact with oil and/or other cargo(COOC) 396
container B/L 117, 418
container freight station charge 340
container freight station(CFS) 115
container yard(CY) 115
contract of affreightment in a general ship 335
contract of carriage by charter party 335
contract rate system 338
contracting carrier 358
costs of checking operation 263
counter offer 167
counter purchase 28
counter trade 26
cover note 424
CPT 272
credit inquiry 88
credit risk 222, 285
cross offer 168
currency adjustment factor(CAF) 341
custom 250

customary law 251
customary quick despatch(CQD) 345
Customs Cooperation Council Nomenclature(CCCN) 56
Customs Form 5515 427
customs formalities 266
customs invoice 427

[D]
daily charter 343
DAP 275
DAT 274
DDP 276
deferred payment 215
deferred payment L/C 304
deferred payment undertaking bank 304
deferred rebate system 338
delayed shipment 209
delivery 202, 266
delivery order(D/O) 152
demand draft(D/D) 14, 216
demise charter 336
demurrage 344
denting 397
despatch money 344
destination delivery charge(DDC) 340
detention charge 342
dimension 190
direct trade 8
disbursement amount 356
discount charge 318
discounting bank 302
dispatch theory or mailbox rule 170
dock receipt(D/R) 116
doctrine of proximate cause 376
doctrine of strict compliance 294
doctrine of substantial compliance 294
document against acceptance(D/A) 217
document against payment(D/P) 216
documentary bill of exchange 18
documentary L/C 20, 306
domestic import usance credit 318
draft weight 197
dry container 348
dual rate system 338
duplicate sample 187
duty of disclosure 375

[E]
e-Nego System 122
earlier shipment 209
EDO 351
electronic record or procedure 266
emergency risk 223
equipment receipt(ER) 351
escrow credit 322
exchange risk 200, 223
exclusive contract 176
exclusive jurisdiction 239
export and import without foreign exchange 30
export declaration 103
export invoice 426

export of techniques 33
export on consignment 23
export on lease 25
export permit(E/P) 108
export standard packing 226
express terms 173
EXW 270

[F]
fair average quality(FAQ) 188
FAS 277
FCA 271
FCL 116, 351
feeder charge 341
FIATA 359
fidelity rebate system 339
fighting ship 338
file sample 187
firm offer 162
fixed laydays 345
fixed value 371
floating policy 424
FOB 278
force majeure 212
forfeiting 220
forty−foot equivalent unit(FEU) 347
forwarding agent B/L 416
foul or dirty B/L 113
foundering 379
freight payable at destination(FPAD) 415
franchise 391
fraud rule 295
free discharge 211
free from particular average(FPA) 390
free in(FI) 211, 344
free in and out(FIO) 211, 344
free in, free out, stowed, trimmed(FIOST) 344
free offer 166
free out(FO) 211, 344
freight pool 337
frustration 212
fuel adjustment factor(FAF) 341
full container load cargo 116
full insurance 371
full or special endorsement 413

[G]
general average 384
general cargo rate(GCR) 355
general credit 315
general letter of hypothecation 122, 296
general terms and conditions 174
general trading company(GTC) 53
generalized system of preference(GSP) 432
generalized system of preferences certificate of origin(GSPCO) 433
good merchantable quality(GMQ) 189
governing law 240
grounding 379
groupage B/L 416

[H]

Hague－Visby Rules 333
Hamburg Rules 333
Harmonized Commodity Description and Coding System 56
Harmonized System Korea(HSK) 56
health certificate 436
heavy lift surcharge 342
heavy weather 379, 391
house airway bill 354
house B/L 416
HS Code 56

[I]

ICC(A) 393
ICC(B) 393
ICC(C) 393
implied terms 175
import on consignment 24
import on lease 26
import permit 151
Incoterms 253, 259
indent invoice 426
independence 130, 291
indirect trade 9
industrial carrier 334
industrial cooperation 28
informal contract 173
inland container depot(ICD) 352
inland waterway B/L 415
inner packing 227
inquiry 94
inspection certificate 436
insurable interest 368
insurable value 371
insurance certificate 424
insurance policy 424
insured 367
insured amount 370
insured value 371
insurer 366
intentional claim 232
intercession 236
interior packing 227
intermodal transport 348
international combined transport 357
international electronic payment 221
international factoring 219
international multimodal transport 357
international practice 250
irrevocable credit 312
issuing bank 297

[J]

jettison 380
jettison & washing over－board(JWOB) 397
jurisdiction clause 239

[K]

keep sample 187
Korean Trade Commission(KTC) 45

[L]

land bridge B/L 418
landed quality terms 192
landed quantity terms 197
laydays 344
laydays statement 345
laytime 344
LCL 116
leakage and/or shortage 396
lease 220
legal custom of commercial 251
less than container load cargo 116
letter of business proposal 92
letter of credit(L/C) 218
letter of General Average declaration 401
letter of guarantee(L/G) 132
letter of indemnity(L/I) 113
letter of instruction(L/I) '312
levelling 343
liner 333
liner terms 211, 344
loading charges 263
local bill of lading 415
long drayage 350
loyalty bonus system 339
lump-sum charter 343, 344

[M]

mail confirmation 308
mail credit 307
mail transfer(M/T) 14, 216
main mark 228
maritime loss 382
market claim 232
marshalling work 352
master 323
master contract 174, 175
mate's receipt(M/R) 112
measurement cargo 339
mediation 236
member liner 337
Memorandum of Agreement: Agreement on the General Terms and Conditions of Business 174
mercantile custom 251
merchandising trade 9
micro bridge B/L 418
mini land Bridge B/L 418
mini land bridge(MLB) 361
mirror image rule 169, 294
modified uniform liability system 359
more or less clause(M/L Clause) 198
multimodal transport 100
multimodal transport operator 357

[N]

negative list system 55
negotiating bank 219, 301
negotiation credit 314
negotiation(Nego) 119
network liability system 359
non-conference liner 337
non-transferable credit 324

non-vessel operating common carrier(NVOCC) 358
notice of general average 401
notify party 132

[O]
ocean, marine or port to port B/L 415
offer 157
offer agent 48
offer on approval 167
offer on sale or return 167
offer sheet 128
offer subject to our final confirmation 166
offer subject to prior sale 167
official invoice 427
original global management(OGM) 35
on board endorsement B/L 415
on board notation B/L 115
on-carriage charge 342
open account payment 215
open credit 315
open policy 424
open top container 348
operating expense cost 336
optional B/L 419
optional cargo 342, 419
optional documents 264
order endorsement 414
original 323
original development manufacturing (ODM) 34
original equipment manufacturing(OEM) 34
outer packing 227
outsider 337
over insurance 371
overland common point B/L(OCP B/L) 417
overland common point(OCP) 361
overseas banker's usance credit 318
overseas market research 81
overseas trade 7

[P]
packaging 266
packing 225
packing credit 319
packing list 430
parallel import 31
partial charter 336
partial insurance 371
partial loss 384
partial shipment 209
partial transfer 325
particular average 384
particular charge 385
passive improvement trade 13
paying bank 302
payment in advance 213
pen container 348
perils on the sea 380
physical loss 383
plant export 32

policy holder 366
political risk 223
pooling system 337
port congestion surcharge 341
port to port B/L 417
possession 202
pre-shipment inspection(PSI) 98, 263
premium 372
prime credit 323
principal to principal 183
private credit 307
privateer 382
proforma invoice 426
provisional policy 424
public weighter 197
purchase contract or purchase note 177

[Q]
quality terms 185
quantity terms 194

[R]
rain and/or fresh water damage(RFWD) 396
rebate circular 339
receipt theory 170
received B/L 114, 415
red clause credit 319
reference sample 187
regular long form B/L 419
reimbursement credit 320
reimbursing bank 304
remittance 216
remittance basis 14
remittance credit 321
remitting bank 217
remunerative contract 172
renegotiating bank 302
required documents 264
responding jurisdiction 239
restricted credit 315
retail unit packing 227
revenue ton(R/T) 339
Revised American Foreign Trade Definitions 255
revocable credit 311
revolving credit 322
rovers 380
Rules for Any Mode or Modes of Transport 267
Rules for Sea and Inland Waterway Transport 268
running laydays 345
rye terms(RT) 193

[S]
said by shipper to container 418
sailing B/L 415
sales by brand 190
sales by description 190
sales by grade or type 191
sales by inspection 190
sales by sample 186

sales by standard 188
sales by trade mark 190
sales contract or sales note 177
sales invoice 426
salvage charge 386
sample invoice 426
sea damaged(SD) 193
sea water damage 391
seller's usance credit 318
settling bank 304
shifting 343
shipment by instalment 210
shipment terms 201
shipped B/L 415
shipped or on board B/L 114
shipped quality terms 192
shipped weight terms 196
shipper's load and count B/L 418
shipper's usance credit 318
shipping advice 117
shipping conference 337
shipping documents 405
shipping invoice 426
shipping mark 228
shipping order(S/O) 111
shipping request(S/R) 111
shipping ring 337
shipping sample 187
ship's expenses 336
ship's space 100
ship's sweat 379
short form B/L 419
Siberian Land Bridge(SLB) 361
sight credit 316
sight negotiation credit 316
sight payment credit 316
similar credit 308
similar sample 187
simple credit 320
sinking 379
Special Customs Invoice 427
specialized vessel 334
specific commodity rate(SCR) 355
specific provisions or case by case conditions 174
specification or dimension 190
stale B/L 25, 329, 419
Standard International Trade Classification(SITC) 56
standard long form B/L 419
standby credit 306
stevedorage 211, 343
stowage 344
stowage charges 263, 343
straight credit 315
stranding 379
strikes, riots and civil commotions(SRCC) 392
string sales 261
stuffing 351
subject–matter insured 367
subrogation 398
subsidiary 323
substitution of invoices and drafts 328

subversion 379
sue and labour charges 386
surprisals and capture 381
survey report 194
swatch 186
sweat & heating 397
SWIFT Authentication Key(SAK) 308
switch trade 32
symbolic delivery 203

[T]

taking at sea & seizure 381
tale quale(TQ) 193
tally sheet 112
telegraphic transfer(T/T) 15, 216
terminal handling charge(THC) 261, 340
theft, pilferage & non-delivery(TPND) 396
The Society for Worldwide Inter bank Financial Telecommunications (SWIFT) 308
third party B/L 211, 419
third party documents 11
through B/L 417
through transport 100
time charter 336
Tomas credit 323
tonnage pool 337
total loss 383
total loss only(TLO) 390
total transfer 325
touch and go 379
trade acceptance credit 318
trade acceptance(T/A) 303
trade business code 53
trade control 39
trade documents 405
trade terms 253, 254
trade usage 251
tramper 334
transfer of cost 262
transfer of risk 262
transferable credit 324
transferring bank 305
transit trade 8
transportation risk 223
transshipment B/L 417
transshipment charge 342
transshipment trade 8
transshipment(T/S) 210
traveller's credit 306
triangular trade 296
trimming 343
trimming charge 343, 344
trip charter 336
trust receipt(T/R) 136
twenty-foot equivalent unit(TEU) 347

[U]

underwriter 366
unfixed laydays 345
UNI-PASS(Universal Pass) 105, 147
uniform liability system 358

unitary packing 227
United Nations Convention on Contracts for the International Sales of Goods 257
unknown clause B/L 418
unrestricted credit 315
unvalued policy 371
usage 250
usance credit or term credit 317
usual standard quality(USQ) 189

[V]
valuation charge(VC) 356
valuation clause 408
valued policy 371
vanning 351
vessel operating common carrier(VOCC) 358
voyage charter 336

[W]
waiver of claim 235
warehouse to warehouse clause 374
Warsaw－Oxford Rules for C.I.F. Contract 256
washing overboard 379
weather working days(WWD) 345
weight cargo 340
whole charter 336
with average payable irrespective of percentage(WAIOP) 391
with average(WA) 391
with price limit 23
with recourse credit 314
without price limit 23
without recourse credit 314
WWD SHEX unless used 345

[저자 약력]

류 해 민(柳海民)

중앙대학교(경제학사)
연세대학교(경제학 석사)
미국 Thunderbird School of Global Management, M.I.M.(국제경영학 석사)
중앙대학교(경영학 박사: 국제상학 전공)
한국무역협회 부산연수원 강사
부산지방공무원 연수원 강사
University of Washington Law School 객원교수(1994－1995, 2005－2006)
대한상공회의소 무역영어 검정고시 출제위원
부산외국어대학교 부설 무역경영연구소 소장
부산외국어대학교 기획실장
부산외국어대학교 상경대학 학장
부산외국어대학교 국제경영대학원 원장
부산외국어대학교 중앙도서관장
한국국제상학회 회장
현, 한국국제상학회 명예회장
한국개발원(KDI) 경제전문가 자문위원
부산외국어대학교 상경대학 무역유통학부 교수

주요 저서
국제무역실무(부산외대 출판부)
무역실무(도서출판 대명)
외환론(공저, 동성사)
은행인수환어음의 거래관행(중앙대학교 대학원)
효과적인 무역영어(부산외대 출판부)
무역영문해석(탑북스)
기본무역영어(두남)

國際貿易實務

초판인쇄 2015년 7월 20일
초판발행 2015년 7월 30일

지은이 류해민
펴낸이 박노일

총괄기획 김중용
편 집 심성보·김인숙

펴낸곳 pnc publishing and culture 피엔씨미디어
경기도 고양시 일산동구 강송로 153 310-1501
등록 제396-2012-000203호
전 화 070)7550-3758 팩 스 02)718-8554
홈페이지 www.pncmedia.co.kr 이메일 pnc@pncmedia.co.kr
ISBN 979-11-5730-227-7 93320

정 가 23,000원